Internationale Bibliothek

Band 61

Eduard Bernstein

Die Voraussetzungen des Sozialismus und die Aufgaben der Sozialdemokratie

Eingeleitet von Horst Heimann

Verlag J. H. W. Dietz Nachf.

ISBN 3-8012-1061-8

8. Auflage 1984 – Neusatz der 1921 erschienenen 2. Auflage

Copyright © 1984 by Verlag J.H.W. Dietz Nachf. GmbH
Berlin · Bonn
Godesberger Allee 143, D-5300 Bonn 2
Umschlag: Die Arbeitsgemeinschaft Uwe Loesch, Düsseldorf
Satz: elco satz Riemel, Bonn
Druck und Verarbeitung: Druckhaus Göttingen
Alle Rechte vorbehalten
Printed in Germany 1984

Inhalt

Viertes Kapitel
Die Aufgaben und Möglichkeiten der Sozialdemokratie

Schlußkapitel
Endziel und Bewegung

Horst Heimann
Einleitung zur Neuausgabe 1984

Als Eduard Bernstein 1899 „Die Voraussetzungen des Sozialismus und die Aufgaben der Sozialdemokratie" veröffentlichte, war der revolutionäre Marxismus in der deutschen Sozialdemokratie allgemein als die wissenschaftliche Grundlage des Sozialismus anerkannt. In Auseinandersetzung mit jenem damals vorherrschenden revolutionären Sozialismuskonzept begründete Bernstein in seinem Buch ein alternatives revisionistisch-reformistisches Sozialismusverständnis. Damit löste er die Revisionismusdebatte aus, eine der bedeutendsten geistigen Auseinandersetzungen um das theoretisch-programmatische Selbstverständnis der gesamten sozialistischen Arbeiterbewegung, die bis in die Gegenwart fortwirkt.

Mit seinem theoretischen Schaffen relativiert Bernstein eine These des österreichischen sozialistischen Intellektuellen Günther Nenning über das Verhältnis von Sozialdemokratie und Theorie. Er formulierte die durchaus nicht unbegründete Auffassung, daß die Sozialdemokratie als Interessenvertretung der Arbeiterschaft immer nur praktische Politik machte, ihre Ideen aber immer von außen importierte.[1] Die Entstehung einer politischen und sozialistischen Arbeiterbewegung in Westeuropa bestätigt zunächst Nennings These vom Theorieimport. Anders als in den USA, wo es bis heute nur eine gewerkschaftliche Arbeiterbewegung gibt, entstand im vorigen Jahrhundert in Westeuropa eine politische und sozialistische Arbeiterbewegung nur deshalb, weil es zu einer engen Verbindung zwischen der sich als Interessenvertretung organisierenden Arbeiterschaft und sozialistischen Theoretikern, also Intellektuellen kam. Denn nicht die Arbeiter selbst, die unter der kapitalistischen Ausbeutung am meisten zu leiden hatten, sondern nicht zur Arbeiterklasse gehörende Intellektuelle mit akademischer Ausbildung, wie z.B. Ferdinand Lassalle, Karl Marx, Friedrich Engels, entwickelten zunächst außerhalb des proletarischen Milieus sozialistische Ideen und Theorien. Und nur dort, wo die sich organisierende Arbeiterschaft diese Theorien importierte, entstand eine in politischen Parteien organisierte sozialistische Arbeiterbewegung.

---

[1] Die Neue Gesellschaft, Nr. 12, Dezember 1981, S. 1074.

Unter diesem Gesichtspunkt stellt Günther Nenning im Prinzip zutreffend fest: „Die Sozialdemokratie war immer nur . . . eine Interessenbewegung, wenn man so will: eine parlamentarisch operierende Gewerkschaft. . . . Ihre Ideen hat sie immer von außen importiert, ob das war der Marxismus oder der Revisionismus oder die Spuren von 68er Bewegung . . . ."[2] Nennings These vom Theorieimport trifft zwar auf den Marxismus zu und auf die „Spuren von 68er Bewegung", die von den Jungsozialisten aus den Universitäten in die SPD hineingetragen wurden, aber nicht auf den von Bernstein entwickelten Revisionismus. Karl Marx hatte in der Tat bereits vor seinem praktisch-politischen Engagement in intensiven philosophischen Reflexionen und Auseinandersetzungen an der Berliner Universität das imposante Theoriegebäude des Historischen Materialismus konzipiert, das erst später als fertiges Produkt in die Arbeiterbewegung hineingetragen wurde. Und die Träger der sozialistischen Theoriediskussion, vor allem in der Neuen Linken seit Mitte der sechziger Jahre, waren fast ausnahmslos adademisch ausgebildete Intellektuelle, die oft außerhalb der organisierten Arbeiterbewegung standen und ihre Diskussionen meist abgehoben von den realen politischen Problemen und Möglichkeiten führten.

Dagegen war Bernstein kein Intellektueller, dessen theoretisches Denken durch die Gesetzmäßigkeiten akademischer Sozialismusdiskussionen bestimmt wurde. Sein Interesse an Theorie entwickelte sich vielmehr aus seiner praktisch-politischen Arbeit in der deutschen Sozialdemokratie. Ausgehend von der praktischen Aufgabe, die Welt nicht nur zu interpretieren, sondern sie zu verändern, entwickelte er in einer kritischen Überprüfung des von außen importierten Marxismus innerhalb der Arbeiterbewegung sein alternatives revisionistisch-reformistisches Sozialismuskonzept. Damit wurde – trotz fehlender akademischer Ausbildung – Eduard Bernstein als Autodidakt zu einem der bedeutendsten sozialistischen Theoretiker, der den Beweis erbrachte, daß politisch brauchbare Beiträge zur praxisbezogenen Weiterentwicklung der Theorie des Sozialismus gerade innerhalb der Arbeiterbewegung selbst entstehen können. Die Sozialdemokratie ist also keineswegs naturnotwendig auf geistig-theoretischem Gebiet so unproduktiv, daß sie ihre Ideen und Theorien immer nur von außen importieren muß.

Eduard Bernstein, am 6. Januar 1850 in Berlin als siebentes Kind eines Lokomotivführers geboren, konnte – obwohl begabt und lernbegierig – aus finanziellen Gründen weder das Gymnasium abschließen noch an einer Universität studieren. Nach einer Banklehre arbeitete er daher von 1869 bis 1878 in Berlin als Bankangestellter. Nicht philosophisch-theoretische Überlegungen, sondern die unmittelbare Erfahrung mit der Not und dem Elend

---

2 Ebd., S. 1074

der arbeitenden Menschen im Berlin der Gründerjahre veranlaßten ihn, sich bereits 1872 der Sozialdemokratischen Arbeiterpartei anzuschließen, die 1869 von August Bebel in Eisenach gegründet worden war. Als erfolgreicher Organisator und Vortragsredner wurde Bernstein bald in wichtige politische Funktionen gewählt und 1874 auch als Delegierter zum Parteitag nach Coburg geschickt. Dort setzte er sich für die Vereinigung mit dem Allgemeinen Deutschen Arbeiterverein (ADAV) ein, der 1863 von Ferdinand Lassalle gegründet worden war. Bereits auf dem Gothaer Parteitag 1875 wurde diese Vereinigung zwischen den beiden konkurrierenden sozialdemokratischen Parteien vollzogen und die organisatorische Einheit der deutschen Arbeiterbewegung hergestellt.

Die theoretischen Grundlagen für sein praktisches Engagement in der Arbeiterbewegung entwickelte Bernstein nicht − wie z.B. Marx − durch eigene philosophische Reflexionen. Im Sinne der These Nennings vom Theorieimport rezipierte er − bis etwa 1895 − nur die von anderen sozialistischen Intellektuellen entworfenen Ideen, und zwar zunächst vor allem die sozialistischen Ideen Lassalles und des Berliner Hochschullehrers Eugen Dühring. Als Bernstein 1878 Sekretär des wohlhabenden Sozialisten Höchberg wurde und mit ihm nach Zürich ging, erhielt er Möglichkeit, sich auch intensiver mit den historischen und geistigen Grundlagen der sozialistischen Bewegung zu beschäftigen. Wie andere führende Sozialdemokraten wurde auch Bernstein erst 1879 durch die Lektüre des „Anti-Dühring" von Friedrich Engels, in dem das Konzept des Wissenschaftlichen Sozialismus allgemein verständlich zusammengefaßt war, „zur marxistischen Theorie bekehrt".[3] Doch Bernstein rezipierte damals nicht nur den Marxismus, sondern wurde darüber hinaus selbst zu einem international anerkannten marxistischen Theoretiker. Und durch seine publizistische Aktivität trug er − neben Friedrich Engels und Karl Kautsky − selbst maßgeblich dazu bei, daß in den achtziger Jahren der Marxismus zur allgemein anerkannten weltanschaulichen Grundlage der deutschen Sozialdemokratie wurde.

Nachdem 1878 durch das Sozialistengesetz nicht nur die SPD, sondern auch die damals umfangreiche sozialdemokratische Presse verboten worden war, wurde seit 1879 die Wochenzeitung „Sozialdemokrat" im Exil in Zürich gedruckt und illegal über die Grenze nach Deutschland gebracht. Nach einer Reise mit Bebel zu Marx und Engels nach London wurde Bernstein verantwortlicher Redakteur dieser Parteizeitung. Darüber hinaus wurde er auch Mitarbeiter der von Karl Kautsky herausgegebenen Theoriezeitschrift „Die Neue Zeit", die ebenfalls zur Verbreitung des Marxismus in der deutschen Sozialdemokratie beitrug. Nachdem auf Betreiben Bismarcks die Redaktion

---

3 Eduard Bernstein, Sozialdemokratische Lehrjahre, Berlin/Bonn 1978, S. 72.

des „Socialdemokrat" aus Zürich ausgewiesen worden war, setzte Bernstein seine theoretische und publizistische Arbeit in London fort, und zwar in enger Zusammenarbeit mit Friedrich Engels. Zum international anerkannten marxistischen Theoretiker wurde Bernstein auch dadurch, daß er mit Karl Kautsky ein neues Grundsatzprogramm ausarbeitete. Durch dieses 1891 verabschiedete Erfurter Programm wurde die marxistische Theorie zur verbindlichen weltanschaulichen und programmatischen Grundlage der deutschen Sozialdemokratie.

Dieses marxistische Erfurter Programm von 1891 ist durchaus nicht nur ein zeitbedingter und kurzlebiger Fremdkörper in der langen Theorie- und Programmtradition der deutschen Sozialdemokratie. Da auch im marxistischen Erfurter Programm — wie in allen früheren und späteren Programmen — die sozialistischen Zielvorstellungen eng mit den demokratischen und freiheitlichen Grundforderungen verbunden sind, wurde durch den beherrschenden Einfluß des Marxismus keineswegs — wie manche meinen — die freiheitlichdemokratische Tradition der deutschen Arbeiterbewegung unterbrochen. Auch die Gleichsetzung des Sozialismus mit Vergesellschaftung der Produktionsmittel ist nicht das spezifisch Marxistische im Erfurter Programm. Denn von den Anfängen der deutschen Sozialdemokratie in den sechziger Jahren des vorigen Jahrhunderts bis in die fünfziger Jahre unseres Jahrhunderts, bis zur Verabschiedung des Godesberger Programms 1959, konnte Sozialismus als Sozialisierung definiert werden.

Das spezifisch marxistische Element im Erfurter Programm liegt vielmehr in der Verbindung der sozialistischen Zielvorstellungen mit der materialistischen Geschichtsauffassung, die auch als Historischer Materialismus oder Wissenschaftlicher Sozialismus bezeichnet wird. In der deutschen Sozialdemokratie wurde dieses geschichtsphilosophisch begründete Sozialismuskonzept vor allem in der durch Engels und Kautsky popularisierten und systematisierten Fassung rezipiert. Friedrich Engels hatte dieses Sozialismuskonzept vor allem in der Broschüre „Die Entwicklung des Sozialismus von der Utopie zur Wissenschaft", einem Teil des umfassenden „Anti-Dühring", systematisch zusammengefaßt.

Kerngedanke dieses Wissenschaftlichen Sozialismus ist die Überzeugung, Marx habe das Entwicklungsgesetz der Geschichte entdeckt und damit wissenschaftlich bewiesen, daß die gesellschaftliche Entwicklung durch objektive Gesetze determiniert wird und unabwendbar zum Sozialismus führt. Wissenschaftlicher Sozialismus ist also Geschichtsdeterminismus. Nach seinem eigenen Selbstverständnis ist er nicht die programmatische Zusammenfassung der politischen und sozialen Forderungen der Arbeiterbewegung für die bewußte Veränderung der Gesellschaft, sondern eine wissenschaftliche Prognose über die gesellschaftlichen Veränderungen, die infolge des Wirkens

X

objektiver Gesetzmäßigkeiten unausweichlich und naturnotwendig eintreten werden. In der bevorstehenden sozialistischen Revolution wird die Arbeiterbewegung nur diese historischen Gesetzmäßigkeiten vollziehen, aber keineswegs etwa selbst gesetzte und bewußt gewählte Ziele verwirklichen. Der Wissenschaftliche Sozialismus fordert daher die Arbeiter auch nicht auf, eine Revolution zu machen, sondern er formuliert nur die wissenschaftliche Prognose: „Das Proletariat ergreift die öffentliche Gewalt und verwandelt kraft dieser Gewalt die den Händen der Bourgeoisie entgleitenden gesellschaftlichen Produktionsmittel in öffentliches Eigentum."[4] In diesem Sinne formuliert auch Karl Kautsky die wissenschaftliche Prognose, daß die Revolution in absehbarer Zeit naturnotwendig kommen wird: „Die Sozialdemokratie ist eine revolutionäre, nicht aber eine Revolution machende Partei. Wir wissen, daß unsere Ziele nur durch eine Revolution erreicht werden können, wir wissen aber auch, daß es ebensowenig in unserer Macht steht, diese Revolution zu machen, als in der unserer Gegner, sie zu verhindern. Es fällt uns daher auch gar nicht ein, eine Revolution anstiften oder vorbereiten zu wollen."[5]

Daß der Übergang zum Sozialismus in absehbarer Zeit auf revolutionärem Wege erfolgen muß, wird begründet durch die Zusammenbruchs- und die Verelendungstheorie sowie die Klassentheorie, die ebenfalls als wissenschaftliche Prognosen über die künftige gesellschaftliche Entwicklung angesehen werden: Nach der Zusammenbruchstheorie werden sich die Wirtschaftskrisen so zuspitzen, daß der Kapitalismus bald infolge seiner inneren Widersprüche zusammenbrechen wird. Die vor diesem Zusammenbruch fortschreitende Verelendung der Arbeiterklasse wird das revolutionäre Bewußtsein der Arbeiter schärfen und damit die subjektiven Voraussetzungen für den revolutionären Übergang zum Sozialismus schaffen. Nach der Klassentheorie werden sich durch das Verschwinden der Mittelschichten die Klassenstrukturen so vereinfachen, daß sich nur noch die zahlenmäßig immer kleiner werdende prokapitalistische Bourgeoisie und die zur überwältigenden Mehrheit gewordene sozialistische Arbeiterklasse im Klassenkampf gegenüberstehen. Der Sieg der Arbeiterklasse wird daher auch der Sieg der Demokratie sein, da er ja zur Herrschaft der großen Mehrheit über die kleine kapitalistische Minderheit führt.

Der Geschichtsdeterminismus des Wissenschaftlichen Sozialismus ist zugleich Geschichtsoptimismus, da er ja seinen Anhängern den baldigen Sieg des Sozialismus garantiert. Die wissenschaftlich begründete Verheißung, daß

---

4 Marx Engels Werke (MEW), Berlin (Ost), Bd. 19, S. 228.
5 Karl Kautsky, Der Weg zur Macht, Frankfurt 1972, S. 52 (1. Auflage 1909; das Zitat stammt aus einem schon 1893 veröffentlichten Artikel).

der noch übermächtig erscheinende Kapitalismus durch ein ehernes Geschichtsgesetz zum Untergang verurteilt ist und daß der noch ohnmächtigen Arbeiterklasse bald die politische Macht zufallen wird, begünstigte nicht passiv-fatalistisches Verhalten, sondern wirkte sogar mobilisierend und motivierend. Denn angesichts politischer Verfolgung und Ohnmacht — vor allem zur Zeit des Sozialistengesetzes — wurden zahlreiche Arbeiter erst durch diesen Glauben an die naturnotwendige Entwicklung zum Sozialismus ermutigt und motiviert, sich aktiv für die sozialistische Bewegung zu engagieren. Die motivierende und mobilisierende Glaubenskraft des Wissenschaftlichen Sozialismus trug daher dazu bei, die politisch verfolgte und schwache Arbeiterbewegung zu einer gut organisierten und selbstbewußten politischen Kraft mit immer mehr aktiven Mitgliedern und Wählern zu machen.

Wie bei zahlreichen anderen Sozialdemokraten beschränkte sich die theoretische Arbeit Bernsteins zunächst darauf, das hier kurz skizzierte Konzept des Wissenschaftlichen Sozialismus zu rezipieren und in der Arbeiterbewegung zu verbreiten. Während Karl Marx sein Theoriegebäude bereits vor seinem 30. Lebensjahr vollendet hatte, begann für Bernstein die schöpferische Phase seines theoretischen Schaffens erst im Alter von etwa 45 Jahren, Mitte der neunziger Jahre. Obwohl die SPD seit 1890 wieder legal arbeiten konnte, wurde Bernstein wegen seiner früheren illegalen Tätigkeit noch steckbrieflich gesucht. Er blieb daher als Mitarbeiter der neuen Parteizeitung „Vorwärts", die wieder legal in Berlin erschien, noch bis 1901 in seinem Londoner Exil. In der gleichen Bibliothek des Britischen Museums in London, in der Karl Marx jahrzehntelang mit Ausdauer und Fleiß immer wieder neue Beweise für die wissenschaftliche Begründung des Historischen Materialismus gesucht hatte, kamen Eduard Bernstein die ersten ernsthaften Zweifel an bestimmten Elementen dieses Theoriegebäudes, die ihn zu einer kritischen Überprüfung dieses Sozialismuskonzeptes veranlaßten. Die ersten Ergebnisse einer kritischen Überprüfung der marxistischen Theorie veröffentlichte er von 1896 bis 1898 in der Aufsatzreihe „Probleme des Sozialismus" in der von Kautsky herausgegebenen Theoriezeitschrift „Die Neue Zeit". Bereits diese Aufsatzserie führte zu Mißverständnissen, Fehlinterpretationen und polemischen Entgegnungen. Um Mißverständnisse auszuräumen und zu einer Versachlichung der beginnenden ideologischen Kontroverse beizutragen, stellte Bernstein — ermutigt durch Kautsky — die Ergebnisse seiner kritischen Überprüfung des Marxismus und seiner theoretischen Überlegungen ausführlich und zusammenhängend dar in dem 1899 erschienenen Buch „Die Voraussetzungen des Sozialismus und die Aufgaben der Sozialdemokratie". Doch damit wurde die Revisionismusdebatte noch verschärft.

In einem Nachwort zu einer Neuauflage dieses Buches schrieb er, daß er zwar mit „Widerspruch bei Parteigenossen" gerechnet habe, „daß es aber in

der Partei einen Entrüstungssturm gegen mich hervorrufen . . . sollte, hatte ich nicht vermutet. . . . Eine Flut von Angriffen ergoß sich . . . über mich, auf einem Parteitag – Hannover 1899 – ward förmlich Gericht über mich gehalten."[6]
Der damals noch von der preußischen Polizei gesuchte und zum Exil verdammte Bernstein wurde nicht nur scharf kritisiert, er wurde auch des Verrats an der Arbeiterklasse und der opportunistischen Anpassung an die bürgerliche Gesellschaft bezichtigt und dafür mit dem Ausschluß aus der Partei bedroht, für die er noch im Exil lebte.

Die heftigen Reaktionen auf sein Buch erklärt Bernstein selbst mit der Tatsache, „daß hier zum ersten Male von einem der marxistischen Schule zugehörenden Sozialisten an einer Reihe von Sätzen des Marxismus selbst Kritik geübt wurde, während bis dahin die Diskussion unter Marxisten fast immer nur um die Auslegung solcher Sätze . . . gehandelt hatte."[7] Bernstein war in der Tat der erste Marxist, der fragwürdige und widersprüchliche Aussagen von Marx nicht nur neu interpretierte, sondern der so respektlos war, sie als falsch zu verwerfen, weil er meinte: „Ein Irrtum wird dadurch nicht der Forterhaltung wert, daß Marx und Engels ihn einmal geteilt haben."[8] Wenn er bestimmte Theorien von Marx als falsch verwarf, wollte er damit aber keineswegs den Marxismus pauschal verwerfen. Er betonte im Gegenteil immer wieder die bleibenden Verdienste des Marxismus für die sozialistische Arbeiterbewegung und verteidigte ihn vehement gegen bornierte antimarxistische Kritiker. Seine Forderung nach einem „zurück auf Kant" wollte er auch nicht als „ein weg von Marx" verstanden wissen; er unterstrich damit nur seine kritische Auffassung, „daß der Sozialdemokratie ein Kant not tut, der einmal mit der überkommenen Lehrmeinung mit voller Schärfe kritisch sichtend ins Gericht geht, . . . der mit überzeugender Schärfe bloßlegte, was von dem Werke unserer großen Vorkämpfer wert und bestimmt ist fortzuleben und was fallen muß und fallen kann".[9]

Nicht Bernstein selbst, sondern seine Kritiker führten den Begriff „Revisionismus" mit negativem Vorzeichen in die Auseinandersetzungen ein, um jede kritische Infragestellung marxistischer Theorien als Abfall von der revolutionären Weltanschauung der Arbeiterklasse moralisch-politisch zu disqualifizieren. Doch da dieser Begriff der Intention, „mit überkommenen Lehrmeinungen mit voller Schärfe kritisch sichtend ins Gericht zu gehen",

---

6 Eduard Bernstein, Die Voraussetzungen des Sozialismus und die Aufgaben der Sozialdemokratie, Bonn 1984, S. 221 u. S. 222.
7 Ebd., S. 221.
8 Ebd., S. 204.
9 Ebd., S. 219.

durchaus angemessen ist, akzeptierte Bernstein schließlich selbst den Begriff Revisionismus zur Kennzeichnung seines Theorieansatzes. Denn er ist ja abgeleitet von den aus dem Lateinischen stammenden Wörtern „revidieren" und „Revision". Das Lateinische „revidere" heißt wörtlich übersetzt „wiederhinsehen", „revisio" bedeutet „prüfende Wiederdurchsicht". Revisionismus, „prüfende Wiederdurchsicht", ist also jene kritische Aktivität des menschlichen Geistes, durch die zu entscheiden ist, ob überkommene Aussagen und Theorien im Lichte neuer Tatsachen und Erkenntnisse fortbestehen können oder als Irrtümer zu verwerfen sind.

Die Anwendung dieser kritischen Methode auf marxistische Theorien rief deshalb so leidenschaftliche Proteste hervor, weil bei vielen orthodoxen Marxisten ein antirevisionistisches Marxismusverständnis vorherrschte, das die Möglichkeit von Irrtümern bei Marx grundsätzlich ausschloß und daher jede kritische Überprüfung als Angriff auf die Wahrheit ansah. Denn dieses antirevisionistische Verständnis verlangt, die überkommenen marxistischen Lehrmeinungen „nicht-revisionistisch", d.h. „unbesehen" als endgültige Wahrheit anzuerkennen. Und da die Antirevisionisten darüber hinaus im Marxismus die einzig mögliche theoretische Grundlage des Sozialismus sehen, betrachten sie Kritik an einzelnen marxistischen Theorien nicht nur als völlige Verwerfung des Marxismus, sondern auch als völlige Abkehr von sozialistischen Zielvorstellungen und als Bekenntnis zur kapitalistischen Gesellschaft.

Bernstein selbst wollte weder den Marxismus insgesamt verwerfen noch die sozialistischen Zielvorstellungen aufgeben. Seine kritischen Einwände galten nicht dem gesellschaftsverändernden Ziel des Sozialismus, sondern der Gesellschaftstheorie, der Einschätzung der gesellschaftlichen Entwicklung im Konzept des Wissenschaftlichen Sozialismus. Als Irrtum verwarf er die geschichtsdeterministische Auffassung, die Gesellschaft entwickle sich gesetzmäßig und naturnotwendig zum Sozialismus. Nach seiner Meinung ist die Geschichte vielmehr für unterschiedliche Entwicklungsmöglichkeiten offen. Nicht durch das Wirken eines objektiven Geschichtsgesetzes, sondern nur durch die bewußte sozialistische Praxis der Arbeiterbewegung kann sich die Gesellschaft in Richtung Sozialismus entwickeln. Daher gehört es zu den Aufgaben der Arbeiterbewegung, auf der Grundlage einer realistischen Einschätzung der bestehenden Gesellschaft eine Strategie zu ihrer zielstrebigen Veränderung zu entwickeln und politisch durchzusetzen.

Da die Gesellschaftstheorien des Wissenschaftlichen Sozialismus, nämlich die Zusammenbruchstheorie, die Verelendungs- und Klassentheorie aber ein unrealistisches und falsches Bild von der Gesellschaft zeichnen, ihre Aussagen nicht mit der tatsächlichen Entwicklung der Gesellschaft übereinstimmen, müssen sie revidiert werden. Die Zusammenbruchstheorie ist als widerlegt anzusehen, weil sich der Kapitalismus trotz wiederkehrender Wirtschaftskrisen als anpassungs- und überlebensfähig erwiesen hat, so daß mit seinem Zusammenbruch nicht zu rechnen ist. Im Gegensatz zur Verelendungstheorie hat die politische und gewerkschaftliche Arbeiterbewegung den Beweis erbracht, daß bereits im Kapitalismus reale Verbesserungen der Lebensbedingungen für die Arbeiter erkämpft werden können. Und da die Mittelschichten in der gesellschaftlichen Wirklichkeit nicht verschwinden, kommt es auch nicht zu der von der Klassentheorie vorausgesagten Polarisierung zwischen der immer kleiner werdenden Zahl von Großkapitalisten und der großen Masse des einheitlichen und verelendeten, aber revolutionären Proletariats. Die Aussagen dieser durch die Wirklichkeit widerlegten Gesellschaftstheorien waren aber die Begründung für die Revolutionstheorie, d. h. für die Erwartung, daß durch die naturnotwendig kommende sozialistische Revolution in absehbarer Zeit der Sprung in eine völlig neue, gerechte und harmonische sozialistische Gesellschaft vollzogen wird.

Aus der Einsicht, daß die Erwartung vom kurz bevorstehenden revolutionären Übergang zum Sozialismus auf einer falschen und illusionären Einschätzung der gesellschaftlichen Wirklichkeit beruht, zog Bernstein aber nicht — wie ihm seine Gegner unterstellen — die Schlußfolgerung, die Arbeiterbewegung solle auf ihre gesellschaftsverändernden Zielvorstellungen verzichten und die kapitalistische Gesellschaft als unabänderlich hinnehmen. Aus der realistischen Einschätzung der gesellschaftlichen Wirklichkeit zog er vielmehr die Schlußfolgerung, daß sozialistische Zielvorstellungen nur durch eine gesellschaftsverändernde Reformstrategie zu verwirklich sind, also nur auf reformistischem Wege.

In den Zeiten der Ohnmacht hatte der Geschichtsoptimismus durch seine mobilisierende Kraft gewiß dazu beigetragen, die Arbeiterbewegung zu einer gut organisierten und offensiv auftretenden politischen Kraft zu machen. Doch dann hinderte der Glaube an den naturnotwendigen Sieg des Sozialismus die Sozialdemokratie eher daran, ihre politische Kraft auf der Grundlage einer realistischen politischen Strategie auch erfolgreich einzusetzen. Gerade im Interesse einer erfolgreichen politischen Praxis fordert Bernstein die Revision überkommener Lehrmeinungen, denn sonst könne „die Überlieferung zur drückenden Last, aus einer motorischen Kraft eine hemmende Fessel werden". [10]

Ergebnis der eigenständigen theoretischen Arbeit des Autodidakten Bernstein ist also nicht die Abkehr vom Sozialismus, sondern der Entwurf und die theoretische Begründung eines neuen alternativen Sozialismuskonzeptes, das als revisionistisch-reformistisches Konzept zu bezeichnen ist. Denn nicht

---

10 Ebd., S. 200.

durch den totalen Bruch mit dem Marxismus, sondern durch die Revision überholter marxistischer Theorien und damit in der marxistischen Tradition stehend, hat Bernstein das theoretische Fundament für ein reformistisches Sozialismuskonzept geschaffen. Den engen Zusammenhang zwischen dem auf die Theorie bezogenen Revisionismus und dem auf die politische Praxis bezogenen Reformismus begründet er selbst wie folgt: „Revisionismus, ein Wort, das im Grunde nur für theoretische Fragen Sinn hat, heißt ins Politische übersetzt: Reformismus, Politik der systematischen Reformarbeit im Gegensatz zur Politik, der eine revolutionäre Katastrophe als gewolltes oder für unvermeidlich erkanntes Stadium der Bewegung vor Augen schwebt."[11] Als Intention seines 1899 erschienenen Buches nennt er, daß es „die theoretische Begründung für die Notwendigkeit und Möglichkeit einer grundsätzlich reformistischen Politik der Sozialdemokratie zu liefern und die Grundlinien dieser Politik in allgemeinen Umrissen zu kennzeichnen suchte".[12]

Die Unterschiede zwischen dem antirevisionistisch-revolutionären und dem revisionistisch-reformistischen Sozialismuskonzept beziehen sich nicht nur auf die unterschiedlichen Wege zum Sozialismus. Im antirevisionistisch-revolutionären Sozialismuskonzept besteht eine undurchlässige Systemgrenze zwischen der kapitalistischen und der ganz anderen sozialistischen Gesellschaft, die nur durch den „Hammerschlag der Revolution" (Rosa Luxemburg) zu durchbrechen ist. Dagegen beruht die reformistische Strategie auf der gesellschaftstheoretischen Voraussetzung, daß es eine solche starre Systemgrenze nicht gibt und Reformpolitik daher gesellschaftsverändernd sein kann, d.h. „stückweise vollzogene Verwirklichung des Sozialismus".[13] Dieser reformistische Weg, auf dem schrittweise nur Teilziele des Sozialismus verwirklicht werden, wird allerdings von der Arbeiterbewegung nicht geringere, sondern größere geistige und politische Anstrengungen verlangen als der vom Wissenschaftlichen Sozialismus vorausgesagte revolutionäre Sprung in den Sozialismus. Und darüber hinaus wird der Weg des Reformismus nicht nur schwieriger, anstrengender und langwieriger sein, sondern das Ziel selbst wird nicht so erhaben sein wie die Vision des revolutionären Sozialismus von einer vollkommenen und harmonischen Gesellschaft. Nach dem revisionistischen Sozialismuskonzept wird der Sozialismus zwar eine qualitativ andere und bessere Gesellschaft mit mehr Gerechtigkeit, Demokratie und Freiheit

11 Eduard Bernstein, Der Revisionismus in der Sozialdemokratie, in: Helmut Hirsch (Hrsg.), Ein revisionistisches Sozialismusbild, Drei Vorträge von Eduard Bernstein, Hannover 1966, S. 42.
12 Eduard Bernstein, Wie eine Revolution zugrunde ging, Stuttgart 1921, S. 9.
13 Eduard Bernstein, Zur Theorie und Geschichte des Sozialismus, Teil II, Berlin 1904, S. 80.

sein, aber kein paradiesischer Endzustand, sondern eine „ständige Aufgabe", wie es im Godesberger Programm heißt.

In der reformistischen Strategie einer „stückweise vollzogenen Verwirklichung des Sozialismus" erhält die Demokratie einen besonders hohen Stellenwert. Wenn sich auch die marxistische Sozialdemokratie immer uneingeschränkt zur Demokratie bekannte, so hat doch erst Bernstein das Verhältnis zwischen Demokratie und Sozialismus im Sinne des modernen Demokratischen Sozialismus geklärt. Obwohl er an der Forderung nach Vergesellschaftung der wichtigsten Produktionsmittel festhält, ist für ihn Sozialismus nicht mehr einfach auf Sozialisierung reduziert, sondern eher als fortschreitende Demokratisierung aller Bereiche der Gesellschaft zu verstehen. Sein Sozialismuskonzept schließt nicht nur die demokratischen, sondern auch die liberalen Prinzipien mit ein. Sozialismus ist also keine Gegenposition zum geistig-politischen Liberalismus, sondern „nicht nur der Zeitfolge, sondern auch dem geistigen Gehalt nach sein legitimer Erbe".[14] Da Freiheit für alle aber nur durch Organisation möglich ist, kann man „den Sozialismus auch organisatorischen Liberalismus nennen".[15] Wenn sich dennoch die Sozialdemokratie in Gegnerschaft zu liberalen Parteien befindet, dann deshalb, weil „die Parteien, die sich den Namen liberal zulegten, . . . im Verlauf reine Schutzgarden des Kapitalismus (waren oder wurden)".[16]

Die Veröffentlichung seines Buches 1899 und die Rückkehr nach Deutschland im Jahre 1901 trugen kaum zu der von Bernstein erhofften Versachlichung der Diskussion und zur theoretischen Klärung bei. Der angedrohte Ausschluß aus der Partei, für die er 21 Jahre im Exil verbracht hatte, blieb ihm zwar erspart. 1902 wurde er für den Wahlkreis Breslau-West sogar in den Reichstag gewählt, dem er bis 1918 angehörte und in der Weimarer Republik von 1920 bis 1928. Doch sein alternatives revisionistisch-reformistisches Sozialismuskonzept fand nur wenig positive Resonanz, obwohl sich, besonders wegen des wachsenden Einflusses der stärker werdenden Gewerkschaften, immer mehr eine reformistische Praxis durchsetzte. Mehrere Parteitage, wie z.B. 1903 in Dresden, verurteilten mit überwältigenden Mehrheiten Bernsteins „revisionistische Bestrebungen".

Der preußisch-deutsche Obrigkeitsstaat, dem die politischen Voraussetzungen für demokratische Reformpolitik fehlten, war gewiß auch eine Ursache dafür, daß Bernstein mit seinen Bemühungen um ein theoretisches Fundament für eine demokratisch-sozialistische Reformstrategie weitgehend iso-

---

14 Eduard Bernstein, Die Voraussetzungen des Sozialismus . . . a.a.O., S. 158 f.
15 Ebd., S. 161.
16 Ebd., S. 158.

liert blieb. Aber die Hauptursache dafür, daß keine eigenständige revisionistisch-reformistische Theorietradition entstand, liegt im strikten Antirevisionismus der meisten Theoretiker und im theoretischen Desinteresse der reformistischen Praktiker. Der Parteisekretär Ignaz Auer, der selbst für die reformistische Praxis eintrat, wandte sich ausdrücklich gegen Bernsteins Bemühungen, durch Revision der revolutionären Theorie der sich immer mehr durchsetzenden reformistischen Praxis eine angemessene theoretische Grundlage zu verschaffen. Die meisten praktischen Reformisten teilten Auers Einwand gegen Bernsteins theoretische Ausführungen: „So etwas beschließt man nicht, so etwas sagt man nicht, so etwas tut man einfach." Und so stimmten auch die meisten Reformisten auf den Parteitagen für die Verurteilung der „revisionistischen Bestrebungen" Bernsteins.

Georg von Vollmar, der bereits 1891 in mehreren Reden für eine Reformstrategie plädiert hatte [17], wurde zwar auch kritisiert, provozierte aber keine so leidenschaftliche Grundsatzdebatte, weil er die revolutionäre marxistische Theorie nicht in Frage gestellt hatte. Bereits vor dem ersten Weltkrieg kam es daher zu einer stillschweigenden Auseinanderentwicklung zwischen der revolutionären marxistischen Theorie, die im theoretisch artikulierten Selbstverständnis der Sozialdemokratie vorherrschend blieb, und dem in der politischen Praxis vorherrschenden Reformismus. Nicht zuletzt dank der gewollten theoretischen Sprachlosigkeit des Reformismus führte diese Entwicklung aber kaum zu nennenswerten geistigen Auseinandersetzungen zwischen revolutionären Theoretikern und reformistischen Praktikern. Denn die Reformisten stellten nicht die Vorherrschaft der revolutionären Theorie in Frage, weil sie sich in Bezug auf ihren Reformismus von Ignaz Auers Maxime leiten ließen: So etwas beschließt man nicht, so etwas sagt man nicht, so etwas tut man einfach. Und die revolutionären Theoretiker beeinträchtigten nicht die reformistische Praxis, weil sie sich in Bezug auf ihre revolutionäre Theorie von der revidierten Maxime leiten ließen: So etwas beschließt man, so etwas sagt man, aber so etwas tut man einfach nicht.

Die heftigen theoretischen Auseinandersetzungen um Bernsteins Revisionismus, die um die Jahrhundertwende für ein knappes Jahrzehnt weltweites Aufsehen erregt hatten, waren vor dem ersten Weltkrieg bereits abgeflaut. Als Reichstagsabgeordneter leistete er als Experte für Steuerfragen weniger Aufsehen erregende politische Kleinarbeit. Daneben setzte er seine intensive wissenschaftlich-publizistische Arbeit fort, hielt Vorträge, referierte an einer Gewerkschaftsschule, veröffentlichte zahlreiche Schriften und Aufsätze sowie 1907 das historische Standardwerk „Geschichte der Berliner Arbeiterbewegung". Als Herausgeber der „Dokumente des Sozialismus" und als regel-

---

17 Georg von Vollmar, Reden und Schriften zur Reformpolitik, Bonn 1977.

mäßiger Mitarbeiter der „Sozialistischen Monatshefte" hatte er auch die Möglichkeit, seine revisionistische Theorie weiter publizistisch zu vertreten. Zu Beginn des ersten Weltkriegs kam es zum Bruch zwischen den „Sozialistischen Monatsheften" und Bernstein. Denn nach anfänglichem Schwanken kam er bereits im Herbst 1914 zu der Einsicht, daß das Deutsche Reich keinen Verteidigungskrieg, sondern einen imperialistischen Eroberungskrieg führte. Nicht aus Pazifismus, sondern aus politisch-moralischen Gründen mochte er nicht in den verbreiteten pseudopatriotischen Jubel über diesen massenmörderischen Eroberungskrieg einstimmen. So nutzte er die letzten verbliebenen publizistischen Möglichkeiten, um gegen Krieg, Nationalismus, Chauvinismus und Imperialismus zu argumentieren. Er verteidigte Karl Liebknecht, der schon im Dezember 1914 gegen die Kriegskredite gestimmt hatte. 1915 stimmte auch Bernstein den Kriegskrediten nicht mehr zu; zunächst enthielt er sich der Stimme, im Dezember stimmte er dagegen. Im Juni 1915 verfaßte er mit dem Parteivorsitzenden Hugo Haase und Karl Kautsky, seinem Widersacher aus der Revisionismusdebatte, einen Aufruf gegen den Krieg. Nach dem Ausschluß aus der Reichstagsfraktion wurde Bernstein 1917 Gründungsmitglied der Unabhängigen Sozialdemokratischen Partei Deutschlands (USPD), neben Kautsky, Hugo Haase, Karl Liebknecht, Rosa Luxemburg.

Nach dem Ende des Krieges und der Novemberrevolution bemühte er sich um die Wiedervereinigung der gespaltenen Arbeiterbewegung, indem er als Mitglied der USPD auch wieder in die Mehrheits-SPD (MSPD) eintrat. Als 1919 die USPD, die sich bereits zu radikalisieren begann, Doppelmitgliedschaften verbot, entschied sich Bernstein für die MSPD. 1920 wurde er wieder Reichstagsabgeordneter und vom MSPD-Parteitag in die Kommission gewählt, die ein neues Programm ausarbeiten sollte. Das 1921 verabschiedete Görlitzer Programm, das maßgeblich durch Bernsteins revisionistisch-reformistisches Sozialismusverständnis beeinflußt war, wurde zum ersten reformistischen Grundsatzprogramm der deutschen Sozialdemokratie. Doch Bernsteins Einfluß auf das theoretisch-programmatische Selbstverständnis und damit auch auf die Selbstdarstellung der Partei in der Öffentlichkeit währte nur kurze Zeit. Denn schon 1922, als sich die Mehrheits-SPD mit dem nicht zur KPD übergetretenen Teil der USPD vereinigte, wurde eine Kommission mit der Ausarbeitung eines neuen Parteiprogramms beauftragt. Das 1925 verabschiedete Heidelberger Programm, stark von Kautsky und anderen marxistischen Intellektuellen beeinflußt, knüpfte wieder weitgehend an das orthodox-marxistische Erfurter Programm von 1891 an.

Die Restauration eines orthodox-marxistischen Sozialismuskonzeptes im Heidelberger Programm führte zwar nicht zur Abkehr vom Reformismus in der politischen Praxis, aber zur erneuten Auseinanderentwicklung von Theorie und Praxis. Im theoretisch artikulierten Selbstverständnis und in der ideologischen Selbstdarstellung der Partei blieb ein orthodox-marxistisches Sozialismusverständnis vorherrschend, dem aber ihre reformistische Praxis nicht entsprach, so daß sie ihre programmatischen Forderungen offensichtlich nicht politisch einzulösen vermochte. Andererseits waren die politischen Praktiker kaum gewillt und in der Lage, ihre reformistische Politik angemessen und überzeugend zu begründen. Die aber durchaus vorhandenen theoretischen Bemühungen um die Begründung und Weiterentwicklung eines reformistischen Sozialismuskonzeptes standen nicht in einem bewußten revisionistisch-reformistischen Traditionszusammenhang; es handelte sich mehr um theoretische Klärungsversuche einzelner Theoretiker, die aber kaum in einem Zusammenhang mit der theoretisch nur wenig reflektierten reformistischen Praxis der SPD standen. Die dabei entstandenen beachtlichen Beiträge zu einer reformistischen Sozialismustheorie wurden darüber hinaus kaum von der SPD rezipiert oder genutzt, um die geistige Attraktivität ihrer reformistischen Praxis zu erhöhen [18].

Politisch und geistig in der Defensive, erhielt die SPD bei den letzten freien Wahlen in der Weimarer Republik, im November 1932, gerade noch 20,4 % der Stimmen. Eduard Bernstein, der die heroische Phase der SPD und ihre Triumphe miterlebt hatte (1912 = 34,8 % der Stimmen, Januar 1919 = 45,5 % (einschließlich der 7,6 % der USPD), spielte in dieser Phase des Niedergangs der Weimarer Republik und der deutschen Sozialdemokratie keine politische Rolle mehr. Die Historikerin Susanne Miller verweist darauf, daß Bernstein sein theoretisches Werk bereits um die Jahrhundertwende vollendet hatte. Aber auch die Jahrzehnte seines späteren Wirkens als Parlamentarier, politischer Publizist und Historiker haben Bedeutung für uns: ,,Sie zeigen einen Mann, der sich in Fragen der politischen Moral nicht beirren ließ – und das ist nicht wenig.'' [19] Diese Einstellung Bernsteins dürfte die Ursache dafür sein, daß er auch in der Weimarer Republik als unbequemer Mahner und Kritiker, z.B. nationalistischer Tendenzen in der eigenen Partei, noch öfter den Unwillen seiner Genossen erregte. Sein theoretisches Hauptwerk von 1899 erlebte auch in der Weimarer Republik noch mehrere Neuauflagen, die letzte allerdings schon 1923. Trotz seines hohen Alters noch

---

18 Ein wissenschaftlicher Kongreß der Friedrich-Ebert-Stiftung ,,Beiträge zur reformistischen Sozialismustheorie in der Weimarer Republik'' vom 9. bis 12. Oktober 1980 in Freudenberg ist dokumentiert in: Horst Heimann/Thomas Meyer (Hrsg.), Reformsozialismus und Sozialdemokratie, Berlin/Bonn 1982.

19 Susanne Miller, Bernsteins Haltung im Ersten Weltkrieg und in der Revolution 1918/19, in: Horst Heimann/Thomas Meyer (Hrsg.), Bernstein und der Demokratische Sozialismus – Bericht über den wissenschaftlichen Kongreß ,,Die historische Leistung und aktuelle Bedeutung Eduard Bernsteins'', Berlin/Bonn 1978, S. 421.

immer geistig aktiv, nahm er weiter publizistisch zu politischen und theoretischen Fragen Stellung. Doch die sozialdemokratischen Publikationsorgane begannen seine nach wie vor unbequemen Beiträge zunehmend zurückzuweisen, so daß er in den letzten Jahren der Weimarer Republik zunehmend isoliert wurde und in Vergessenheit geriet. Nur noch einmal wurde die SPD an Bernstein erinnert, als er am 18. Dezember 1932 im Alter von 82 Jahren in Berlin starb. Seine Beisetzung wurde zu einer der letzten eindrucksvollen Manifestationen der Arbeiterbewegung vor der Machtübergabe an Hitler. Dennoch bleibt Bruno Kreiskys Urteil über das Verhältnis der Weimarer Sozialdemokratie zu Bernstein zutreffend: „Die deutsche Sozialdemokratie wurde reformistisch, sie hat sich so sehr auf den Kurs des Reformsozialisten Eduard Bernstein eingelassen, daß die Welt es gar nicht merkte. Man hatte sogar vergessen, daß Bernstein zu jener Zeit noch lebte. Er ist ganz still gestorben, ohne daß man ihm die Ehre erwiesen hätte, die ihm gebührte. Er war ja in Wirklichkeit der große politische Reformator, nicht Marx."[20]

Aber erlebte nicht Eduard Bernstein, der schon zu Lebzeiten in der Weimarer Republik vergessen worden war, Jahrzehnte nach seinem Tode einen verspäteten Triumph? Erklärte doch Carlo Schmid auf einer Sitzung der Sozialistischen Internationale im September 1964: „Eduard Bernstein hat auf der ganzen Linie gesiegt."[21] Im Prinzip zutreffend ist diese Feststellung Carlo Schmids unter folgendem Gesichtspunkt: Im Godesberger Programm von 1959 hatte sich die SPD endgültig vom orthodox-marxistischen Sozialismusbegriff abgewandt und das von Bernstein begründete revisionistisch-reformistische Sozialismuskonzept zur Grundlage ihres theoretisch-programmatischen Selbstverständnisses gemacht. Aber den meisten Sozialdemokraten war dieser Zusammenhang zwischen Bernsteins Revisionismus und dem Godesberger Programm nie bewußt.

Nach der Wiedergründung 1945 knüpfte die SPD trotz einiger Korrekturen wieder an die orthodox-marxistische Tradition des noch gültigen Heidelberger Programms von 1925 an. Wiederbelebt wurde vor allem der Glaube des Wissenschaftlichen Sozialismus, daß schon die nahe Zukunft unausweichlich dem Sozialismus gehören werde. Nur die enttäuschenden Wahlniederlagen und die Stagnation im „30-Prozent-Turm" gaben jenen Kräften Auftrieb, die für eine theoretisch-programmatische Erneuerung der SPD eintraten.

Die intensiven Theorie- und Marxismusdiskussionen in den fünfziger Jahren, vor allem in den verschiedenen Kommissionen, wirken wie eine Neuauflage

20 Der Spiegel, Nr. 14, 4. April 1983, S. 132.
21 Zitiert in: Helmut Hirsch (Hrsg.), Ein revisionistisches Sozialismusbild, a.a.O., S. 13.

der Revisionismusdebatte um die Jahrhundertwende.[22] Doch obwohl die gleichen Themen diskutiert werden, vor allem auch wieder das Problem des Geschichtsdeterminismus, und obwohl die Kritiker des orthodoxen Marxismus meist die gleichen oder zumindest ähnliche Antworten geben wie Bernstein vor mehr als einem halben Jahrhundert, knüpfen sie fast nie bewußt an die revisionistischen Wurzeln ihres politischen Denkens an. Nicht die Befürworter der Programmrevision beriefen sich auf Bernstein, um ihren aktuellen Bemühungen eine zusätzliche Legitimation aus der Theoriegeschichte zu verschaffen. Es waren vielmehr die Gegner der programmatischen Neuorientierung, die auf den Zusammenhang mit dem Revisionismus Bernsteins verwiesen, um die Neuorientierung zusätzlich als Abfall vom Sozialismus zu disqualifizieren. Das Buch von Erika König „Vom Revisionismus zum Demokratischen Sozialismus", das 1964 in Ost-Berlin veröffentlicht wurde und 1973 auch in West-Berlin erschien, verweist in eben dieser disqualifizierenden Absicht auf die inhaltliche Übereinstimmung zwischen Bernsteins Revisionismus und dem Godesberger Programm, das den endgültigen Bruch der SPD mit dem Sozialismus bedeute.

Obwohl die SPD mit dem Godesberger Programm von 1959 endlich die Einheit zwischen ihrer reformistischen Praxis und der Theorie hergestellt hatte, entstand auch jetzt keine eigenständige und geistig offensiv wirkende revisionistisch-reformistische Theorietradition. Einzelne Theoretiker, wie z.B. Willi Eichler, bemühten sich zwar, durch intensive Aufklärungsarbeit und politische Bildung den Mitgliedern das neue reformistische Sozialismusverständnis zu vermitteln. Doch die Partei insgesamt tat in den sechziger Jahren kaum etwas, um dem verbreiteten Eindruck entgegenzuwirken, sie habe mit dem Godesberger Programm auf ihre sozialistischen Zielvorstellungen verzichtet.

Die Begriffe Revisionismus und Reformismus bezogen sich in den fünfziger und sechziger Jahren vor allem auf politische Entwicklungen in Osteuropa. Als revisionistische und reformistische Abweichungen vom Sozialismus wurden von den kommunistischen Parteiführungen in Osteuropa alle Liberalisierungs- und Reformbemühungen verurteilt, die über die kontrollierte Entstalinisierung hinauszugehen versuchten.[23] Im Kampf gegen revisionistische Tendenzen erinnerten die Ideologen des Sowjetkommunismus immer wie-

---

22 Zu den theoretischen Auseinandersetzungen auf dem Weg der SPD nach Godesberg vergl.: Helmut Köser, Die Grundsatzdebatte in der SPD von 1945/46 bis 1958/59, Diss. Freiburg 1971.

23 Zum Revisionismus in Osteuropa vergl.: Leopold Labedz (Hrsg.), Der Revisionismus, Köln/Berlin 1966[2].

der auch an den deutschen Sozialdemokraten Eduard Bernstein, den Urheber des revisionistischen Sündenfalles. Die Zurückhaltung der Sozialdemokratie in theoretischen Fragen wurde mit zu einer Ursache dafür, daß die durch die Studentenbewegung Ende der sechziger Jahre ausgelösten intensiven Theoriediskussionen zur Rekonstruktion eines orthodox-marxistischen Sozialismuskonzeptes führten, das ausdrücklich als antirevisionistisch und antireformistisch, und daher auch antisozialdemokratisch verstanden wurde. Auch die Jungsozialisten, die die Theoriediskussionen der akademischen Linken in die SPD hineintrugen, rezipierten nur verschiedene Varianten jenes antirevisionistisch-antireformistischen Sozialismuskonzeptes. Während in der akademischen Linken und bei den Jungsozialisten scharfe ideologische Auseinandersetzungen über verschiedene Varianten dieses orthodoxen Sozialismuskonzeptes geführt wurden, spielte das Konzept des Godesberger Programms dabei keine Rolle.

Vor allem die nie endenden Angriffe seiner Gegner haben allmählich das Interesse an Bernsteins Werk wiederbelebt. Sein theoretisches Hauptwerk, „Die Voraussetzungen des Sozialismus und die Aufgaben der Sozialdemokratie", war nach zahlreichen Neuausgaben zum letzten Male 1923 herausgegeben worden. Auch in der Zeit des Godesberger Programms, als nach Carlo Schmid Bernstein auf der ganzen Linie siegte, war nicht einmal sein Hauptwerk im Buchhandel erhältlich. Erst 1964, also 41 Jahre nach der letzten Ausgabe, brachte der Verlag J.H.W. Dietz Nachf. einen fotostatischen Nachdruck seines Hauptwerkes heraus. Im gleichen Verlag gab Helmut Hirsch 1966 unter dem Titel „Ein revisionistisches Sozialismusbild" drei wichtige Vorträge Bernsteins heraus. Zahlreiche Publikationen, Veranstaltungen und Diskussionen über Bernsteins Revisionismus in den siebziger Jahren veranlaßten einige Journalisten sogar, von einer „Bernstein-Renaissance" oder „Renaissance des Revisionismus" zu sprechen.[24] Wichtige Anregungen für eine von der Sozialdemokratie ausgehende Diskussion über den Revisionismus gab der „Wissenschaftliche Kongreß über die historische Leistung und aktuelle Bedeutung Eduard Bernsteins"[25], der im September 1977 von der Friedrich-Ebert-Stiftung in Freudenberg veranstaltet wurde. Im gleichen Jahr hatte Thomas Meyer in seinem Buch „Bernsteins konstruktiver Sozialismus" die erste umfassende wissenschaftliche Gesamtdarstellung des theoretischen Werkes Bernsteins vorgelegt und überzeugend nachgewiesen, daß Bernstein nicht nur, wie manche meinen, die Theorie von Marx kri-

---

24 Die aktuelle Auseinandersetzung um den Revisionismus ist dargestellt und kritisch analysiert in: Michael Scholing/Franz Walter, Bernstein-Renaissance in der Sozialdemokratie, Göttingen 1979.
25 Die Referate und Diskussionsbeiträge dieses Kongresses sind dokumentiert in: Horst Heimann/Thomas Meyer, Bernstein und der Demokratische Sozialismus, a.a.O.

tisiert hat, sondern selbst einen alternativen Theorieansatz des Sozialismus konzipiert hat.

Während der Revisionismus Bernsteins früher in den theoretischen Auseinandersetzungen vorwiegend von seinen Gegnern abgehandelt wurde, erschienen 1977 mehrere Publikationen, die Bernstein eher positiv einschätzten, z.b. Helga Grebing, Der Revisionismus – von Bernstein bis zum Prager Frühling; Helmut Hirsch, Der Fabier Eduard Bernstein; Detlef Lehnert, Reform und Revolution in den Strategiediskussionen der klassischen Sozialdemokratie; Thomas Meyer, Bernsteins konstruktiver Sozialismus; Eduard Bernstein, Texte zum Revisionismus, mit einer Einleitung von Horst Heimann, Die Aktualität Eduard Bernsteins. Der Bernstein-Kongreß der Friedrich-Ebert-Stiftung 1977 sowie jene Publikationen haben eine Voraussetzung dafür geschaffen, den lange Zeit ignorierten, verdrängten oder verzerrt dargestellten Theorieansatz des Revisionismus erstmals in der Geschichte der sozialistischen Theorie umfassend zu diskutieren, mit rationalen Argumenten zu überprüfen und weiterzuentwickeln.

Für die Zukunft der sozialistischen Idee hat ein revisionistisch-reformistisches Sozialismusverständnis in den letzten Jahren zusätzliche Bedeutung erhalten. Denn die spektakuläre Renaissance eines orthodoxen Marxismus, die in der geistig einflußreichen akademischen Linken zu einem neuen euphorischen Geschichtsoptimismus mit überzogenen Erwartungen an die kurz bevorstehende sozialistische Umwälzung geführt hatte, wurde inzwischen abgelöst durch die Diskussion über die Krise des Marxismus. Die Enttäuschung darüber, daß die überhöhten Verheißungen des revolutionären Marxismus nicht erfüllt wurden, hat inzwischen in der akademischen Linken – dem nach wie vor einflußreichsten Träger der sozialistischen Theorie – zu Resignation und Geschichtspessimismus geführt und bei vielen zur Abkehr von allen sozialistischen Zielvorstellungen und zu dem von André Gorz proklamierten „Abschied vom Proletariat".

Während die nie einzulösenden überzogenen Verheißungen eines orthodoxmarxistischen Sozialismuskonzeptes nach kurzem Enthusiasmus immer wieder zur enttäuschten Abkehr vom Sozialismus überhaupt führen werden, bietet das revisionistisch-reformistische Sozialismusverständnis, das realistischer ist und nur bescheidenere Ziele formuliert, eine weit bessere geistige Grundlage für ein ausdauerndes und langfristiges sozialistisches Engagement. Und dieses bescheidenere Sozialismuskonzept verleugnet keineswegs den emanzipatorischen Anspruch des Marxismus. Denn durch die kritische Revision wollte Bernstein den Marxismus nur von jenen theoretischen Widersprüchen und Fesseln befreien, die die praktische Einlösung seines emanzipatorischen Anspruchs verhindern. Wie zahlreiche andere Wissenschaftler steht auch Bernstein auf den Schultern von Marx. Und da er auf den Schultern von Marx stehend sein eigenes Denken entfaltet, ist er als sozialistischer Theoretiker auch größer als jene orthodoxen Marxisten, die nur vor Marx knien und sich damit begnügen, den Marxismus verschieden zu interpretieren, statt die Gesellschaft zu verändern.

Ein realitäts- und praxisbezogenes Sozialismuskonzept ist auch flexibel genug, um die neuen ökologischen Fragestellungen aufzugreifen und zu beantworten, ohne die noch immer legitimen ökonomischen und sozialen Interessen der Arbeiter zu opfern. Die beginnende Diskussion über ein Fortschreiben des Godesberger Programms bietet der Sozialdemokratie die Chance, sich stärker auf die geistig-historischen Wurzeln ihres Godesberger Programms zurückzubesinnen und ihr in einer langen Tradition wurzelndes revisionistisch-reformistisches Konzept des Demokratischen Sozialismus weiterzuentwickeln und künftig offensiver zu vertreten. Die Neuauflage von Bernsteins „Die Voraussetzungen des Sozialismus und die Aufgaben der Sozialdemokratie" kann dazu einen Beitrag leisten. Und da diesmal nicht nur ein fotostatischer Nachdruck in alten Schriftzeichen erscheint, sondern das Buch neu gesetzt wurde und in moderner Schrift herauskommt, wird es auch für die jüngere Generation leichter zu lesen sein. Diese Neuauflage dürfte ein erfreuliches Zeichen dafür sein, daß dieser bedeutende Ansatz der sozialistischen Theorie nie mehr − so wie von Mitte der zwanziger bis Mitte der sechziger Jahre − so zum Schaden für die geistige Attraktivität des Demokratischen Sozialismus dem Vergessen anheimfallen wird. Denn eine neue Generation von Lesern, zu der auch zahlreiche ältere Interessenten gehören dürften, wird bei der Lektüre dieses Buches feststellen: Vieles von dem, was Eduard Bernstein 1899 schrieb, gehört auch heute noch zu den „Voraussetzungen des Sozialismus und den Aufgaben der Sozialdemokratie".

Freudenberg, Januar 1984   Horst Heimann

Eduard Bernstein

Die Voraussetzungen des Sozialismus und die Aufgaben der Sozialdemokratie

Und deshalb war die Zehnstundenbill nicht
bloß ein großer praktischer Erfolg, sie war
der Sieg eines Prinzips.
Karl Marx, Inaugural-Adresse der Internationale

Neue, verbesserte und ergänzte Ausgabe
Zweite Auflage

Stuttgart   1921   Berlin

J. H. W. Dietz Nachfolger | Buchhandlung Vorwärts
G.m.b.H.   G.m.b.H.

Zur neuen Ausgabe

Nachdem die verschiedenen Neuauflagen dieser Schrift, die im Laufe der Zeit nötig wurden, aus den im Vorwort zum zehnten Tausend entwickelten Gründen ohne jede Änderung des ursprünglichen Textes in die Welt gegangen sind, habe ich mich entschlossen, die nun, einundzwanzig Jahre nach Erscheinen der ersten Ausgabe, notwendig gewordene Neuauflage doch wenigstens in einigen Beziehungen einer Durchsicht zu unterziehen. Noch immer ist Bedacht darauf genommen worden, dem Buch seinen nun einmal historisch gewordenen Charakter zu erhalten. So viele Erwägungen zum Beispiel für die Umarbeitung des Kapitels über die Geschäftskrisen und noch mehr des in verschiedenen Punkten wirklich überholten Abschnitts über die nächsten Aufgaben der Sozialdemokratie sprachen, so habe ich sie doch im Hinblick auf den Umstand zurücktreten lassen, daß das Wesentliche dieses Buches die Entwicklung von Grundsätzen in der Behandlung der theoretischen und praktischen Streitfragen der Sozialdemokratie und Kennzeichnung des Ganges der Wirtschaftsentwicklung sowie der durch diese bewirkten Verschiebungen in der sozialen Klassengliederung ist und daß für diesen Zweck auch das nicht mehr Aktuelle in den bezeichneten Kapiteln seinen Illustrationswert behält, dem Erfordernis der Berücksichtigung inzwischen eingetretener Veränderungen in Tatsachen und Urteil auch ohne solche Umarbeitung Genüge geleistet werden kann.
Es geschieht das zum Teil in Zusatznoten zum Text des Buches. Diesen selbst habe ich fast nur von stilistischen Unebenheiten zu reinigen gesucht, und hier und dort ist, was in gewissem Sinne auch noch dazu gehört, in der Polemik gegen mittlerweile verstorbene Kritiker im Text wie auch in polemischen Fußnoten der Ton entsprechend gemildert worden. Einzelne solcher polemischen Fußnoten sind, weil gegenstandslos geworden, ganz in Wegfall gekommen.
Die Zusatznoten habe ich möglichst kurz gefaßt. Ein Teil von ihnen verzeichnet nur neuere Ergebnisse der Statistik. Andere weisen auf Vorgänge hin, die mit dem im Text Ausgeführten in einem gewissen Widerspruch zu stehen scheinen, beschränken sich aber fast ausnahmslos gleichfalls auf die einfache Feststellung. In einem Nachtragkapitel dagegen, das die bedeutsamen Veränderungen behandelt, die der Weltkrieg und die durch ihn in verschiedenen Ländern herbeigeführten Revolutionen mit Bezug auf in dieser Schrift behandelte Fragen zur Folge gehabt haben, wird auch auf jene Vorgänge eingegangen und untersucht, ob und inwieweit sie die hier nieder-

gelegten Ansichten widerlegen. Zusammenfassend kann ich nur sagen, daß die Erfahrung von einundzwanzig Jahren mich in den in dieser Schrift entwickelten Anschauungen nur bestärken konnte, einige untergeordnete Schätzungsurteile ausgenommen. Ganz besonders haben diejenigen Stücke des Kapitels Marxismus und Blanquismus Bestätigung erfahren, welche die Probleme darlegten, vor die bei einer in kürzerer Zeit eintretenden politischen Revolution die in vorgeschrittenen Ländern alsdann ohne weiteres in eine herrschende Stellung gelangenden sozialistischen Arbeiterparteien sich gestellt sehen würden. Auf diese Stücke glaube ich um so mehr verweisen zu sollen, als sie die Gedanken zusammenfassen, die mich zur Niederschrift der diesem Buch vorausgegangenen Artikelreihe „Probleme des Sozialismus" veranlaßten und ihm selbst in allen seinen Kapiteln die Richtung gegeben haben.

Berlin-Schöneberg, Februar 1920   Eduard Bernstein

4

Vorwort zur ersten Auflage

Die vorliegende Arbeit ist im wesentlichen der Begründung von Anschauungen gewidmet, die der Unterzeichnete in einer Zuschrift an den vom 3. bis 8. Oktober 1898 in Stuttgart versammelten Parteitag der deutschen Sozialdemokratie entwickelt hat. Diese Zuschrift lautete:

„Die in der Serie ‚Probleme des Sozialismus' von mir niedergelegten Ansichten sind neuerdings in sozialistischen Blättern und Versammlungen zur Erörterung gelangt, und es ist die Forderung ausgesprochen worden, daß der Parteitag der deutschen Sozialdemokratie zu ihnen Stellung nehmen solle. Für den Fall, daß dies geschieht und der Parteitag auf die Forderung eingeht, sehe ich mich zu folgender Erklärung veranlaßt.

Das Votum einer Versammlung, und stehe sie noch so hoch, kann mich selbstverständlich in meinen aus der Prüfung der sozialen Erscheinungen gewonnenen Anschauungen nicht irre machen. Was ich in der ‚Neuen Zeit' geschrieben habe, ist der Ausdruck meiner Überzeugung, von der ich in keinem wesentlichen Punkte abzugehen mich veranlaßt sehe.

Aber es ist ebenso selbstverständlich, daß ein Votum des Parteitags mir nichts weniger als gleichgültig sein kann. Und darum wird man es begreifen, wenn ich vor allen Dingen das Bedürfnis fühle, mich gegen fälschliche Auslegung meiner Ausführungen und falsche Schlußfolgerungen aus ihnen zu verwahren. Verhindert, selbst auf dem Kongreß zu erscheinen, tue ich dies hiermit auf dem Wege schriftlicher Mitteilung.

Es ist von gewisser Seite behauptet worden, die praktische Folgerung aus meinen Aufsätzen sei der Verzicht auf die Eroberung der politischen Macht durch das politisch und wirtschaftlich organisierte Proletariat.

Das ist eine ganz willkürliche Folgerung, deren Richtigkeit ich entschieden bestreite.

Ich bin der Anschauung entgegengetreten, daß wir vor einem in Bälde zu erwartenden Zusammenbruch der bürgerlichen Gesellschaft stehen und daß die Sozialdemokratie *ihre Taktik durch die Aussicht auf eine solche bevorstehende große soziale Katastrophe bestimmen beziehungsweise von ihr abhängig machen soll. Das halte ich in vollem Umfang aufrecht.*

Die Anhänger dieser Katastrophentheorie stützen sich im wesentlichen auf die Ausführungen des ‚Kommunistischen Manifests'. In jeder Hinsicht mit Unrecht.

Die Prognose, welche das ‚Kommunistische Manifest' der Entwicklung der modernen Gesellschaft stellt, war richtig, soweit sie die allgemeinen Tendenzen dieser Entwicklung kennzeichnete. Sie irrte aber in verschiedenen speziellen Folgerungen, vor allem in der Abschätzung der *Zeit*, welche die Entwicklung in Anspruch nehmen würde. Letzteres ist von Friedrich Engels, dem Mitverfasser des ‚Manifests', im Vorwort zu den ‚Klassenkämpfen in Frankreich' rückhaltlos anerkannt worden. Es liegt aber auf der Hand, daß, indem die wirtschaftliche Entwicklung eine weit größere Spanne Zeit in Anspruch nahm, als vorausgesetzt wurde, sie auch *Formen* annehmen, zu Gestaltungen führen mußte, die im ‚Kommunistischen Manifest' nicht vorausgesehen wurden und nicht vorausgesehen werden konnten.

Die Zuspitzung der gesellschaftlichen Verhältnisse hat sich nicht in der Weise vollzogen, wie sie das ‚Manifest' schildert. Es ist nicht nur nutzlos, es ist auch die größte Torheit, sich dies zu verheimlichen. Die Zahl der Besitzenden ist nicht kleiner, sondern größer geworden. Die enorme Vermehrung des gesellschaftlichen Reichtums wird nicht von einer zusammenschrumpfenden Zahl von Kapitalmagnaten, sondern von einer wachsenden Zahl von Kapitalisten aller Grade begleitet. Die Mittelschichten ändern ihren Charakter, aber sie verschwinden nicht aus der gesellschaftlichen Stufenleiter.

Die Konzentrierung der Produktion vollzieht sich in der Industrie auch heute noch nicht durchgängig mit gleicher Kraft und Geschwindigkeit. In einer großen Anzahl Produktionszweige rechtfertigt sie zwar alle Vorhersagungen der sozialistischen Kritik, in anderen Zweigen bleibt sie jedoch noch heute hinter ihnen zurück. Noch langsamer geht der Prozeß der Konzentration in der *Landwirtschaft* vor sich. Die Gewerbestatistik weist eine außerordentlich abgestufte Gliederung der Betriebe auf; keine Größenklasse macht Anstalt, aus ihr zu verschwinden. Die bedeutsamen Veränderungen in der inneren Struktur der Betriebe und ihren gegenseitigen Beziehungen kann über diese Tatsache nicht hinwegtäuschen.

Politisch sehen wir das Privilegium der kapitalistischen Bourgeoisie in allen vorgeschrittenen Ländern Schritt für Schritt demokratischen Einrichtungen weichen. Unter dem Einfluß dieser und getrieben von der sich immer kräftiger regenden Arbeiterbewegung hat eine gesellschaftliche Gegenaktion gegen die ausbeuterischen Tendenzen des Kapitals eingesetzt, die zwar heute noch sehr zaghaft und tastend vorgeht, aber doch da ist und immer mehr Gebiete des Wirtschaftslebens ihrem Einfluß unterzieht. Fabrikgesetzgebung, die Demokratisierung der Gemeindeverwaltungen und die Erweiterung ihres Arbeitsgebiets, die Befreiung des Gewerkschafts- und Genossenschaftswesen von allen gesetzlichen Hemmungen, Berücksichtigung der Arbeiterorganisationen bei allen von öffentlichen Behörden vergebenen Arbeiten kennzeichnen diese Stufe der Entwicklung. Daß in Deutschland man noch daran denken kann, die Gewerkschaften zu knebeln, kennzeichnet nicht den Höhegrad, sondern die *Rückständigkeit* seiner politischen Entwicklung.

Je mehr aber die politischen Einrichtungen der modernen Nationen demokratisiert werden, um so mehr verringern sich die Notwendigkeiten und Gelegenheiten großer politischer Katastrophen. Wer an der Theorie der Katastrophen festhält, muß die hier gezeichnete Entwicklung nach Möglichkeit bekämpfen und zu hemmen suchen, wie das die konsequenten Verfechter dieser Theorie übrigens früher auch getan haben. Heißt aber die Eroberung der politischen Macht durch das Proletariat bloß die Eroberung dieser Macht durch eine politische Katastrophe? Heißt es die ausschließliche Besitzergreifung und Benutzung der Staatsmacht durch das Proletariat gegen die ganz nichtproletarische Welt?

Wer das bejaht, der sei hier an zweierlei erinnert. 1872 erklärten Marx und Engels im Vorwort zur Neuauflage des ‚Kommunistischen Manifestes‘, die Pariser Kommune habe namentlich den Beweis geliefert, daß ‚die Arbeiterklasse nicht die fertige Staatsmaschine einfach in Besitz nehmen und sie für ihre eigene Zwecke in Bewegung setzen kann‘. Und 1895 hat Friedrich Engels im Vorwort zu den ‚Klassenkämpfen‘ ausführlich dargelegt, daß die Zeit der politischen Überrumpelungen, der von ‚kleinen bewußten Minoritäten an der Spitze bewußtloser Massen durchgeführten Revolutionen‘ heute vorbei sei, daß ein Zusammenstoß auf großem Maßstabe mit dem Militär das Mittel wäre, das stetige Wachstum der Sozialdemokratie *aufzuhalten* und selbst für eine Weile *zurückzuwerfen*, – kurz, daß die Sozialdemokratie, *weit besser den gesetzlichen Mitteln als bei den ungesetzlichen und dem Umsturz*‘ gedeiht. Und er bezeichnet demgemäß als die nächste Aufgabe der Partei, ‚das Wachstum ihrer Stimmen ununterbrochen in Gang zu halten‘ – beziehungsweise *langsame Propaganda der parlamentarischen Tätigkeit*‘.

So Engels, der, wie seine Zahlenbeispiele zeigen, bei alledem die Schnelligkeit des Entwicklungsganges immer noch etwas überschätzte. Wird man ihm nachsagen, er habe auf die Eroberung der politischen Macht durch die Arbeiterklasse verzichtet, weil er es vermieden sehen wollte, daß das durch die gesetzliche Propaganda gesicherte stetige Wachstum der Sozialdemokratie durch eine politische Katastrophe unterbrochen werde?

Wenn nicht, wenn man seine Ausführungen unterschreibt, dann wird man auch vernünftigerweise daran keinen Anstoß nehmen können, wenn erklärt wird, was die Sozialdemokratie noch auf lange hinaus zu tun habe, sei, statt auf den großen Zusammenbruch zu spekulieren, ‚die Arbeiterklasse politisch zu organisieren und zur Demokratie auszubilden und für alle Reformen im Staate zu kämpfen, welche geeignet sind, die Arbeiterklasse zu heben und das Staatswesen im Sinne der Demokratie umzugestalten'.

Das ist es, was ich in meinem angefochtenen Artikel gesagt habe und was ich auch jetzt noch seiner vollen Tragweite nach aufrechterhalte. Für die vorliegende Frage läuft es auf das gleiche hinaus wie die Engelsschen Sätze, denn die Demokratie heißt *jedesmal soviel Herrschaft der Arbeiterklasse, als diese nach ihrer intellektuellen Reife und dem Höhegrad der wirtschaftlichen Entwicklung überhaupt auszuüben fähig ist.* Übrigens beruft sich Engels an der angeführten Stelle auch noch ausdrücklich darauf, daß schon das ,Kommunistische Manifest' ,die Erkämpfung der Demokratie als eine der ersten und wichtigsten Aufgaben des streitbaren Proletariats proklamiert' habe.

Kurz, Engels ist so sehr von der Überlebtheit der auf die Katastrophen zugespitzten Taktik überzeugt, daß er auch für die romanischen Länder, wo die Tradition ihr viel günstiger ist als in Deutschland, eine *Revision von ihr hinweg* für geboten hält. ,Haben sich die Bedingungen für den Völkerkrieg geändert, so nicht minder für den Klassenkampf', schreibt er. Hat man das schon vergessen?

Kein Mensch hat die Notwendigkeit der Erkämpfung der Demokratie für die Arbeiterklasse in Frage gestellt. Worüber gestritten wurde, ist die Zusammenbruchstheorie und die Frage, ob bei der gegebenen wirtschaftlichen Entwicklung Deutschlands und dem Reifegrad seiner Arbeiterklasse in Stadt und Land der Sozialdemokratie an einer plötzlichen Katastrophe gelegen sein kann. Ich habe die Frage verneint und verneine sie noch, weil meines Erachtens im stetigen Vormarsch eine größere Gewähr für dauernden Erfolg liegt wie in den Möglichkeiten, die eine Katastrophe bietet.

Und weil ich der festen Überzeugung bin, daß sich wichtige Epochen in der Entwicklung der Völker nicht überspringen lassen, darum lege ich auf die nächsten Aufgaben der Sozialdemokratie, auf den Kampf um das politische Recht der Arbeiter, auf die politische Betätigung der Arbeiter in Stadt und Gemeinde für die Interessen ihrer Klasse sowie auf das Werk der wirtschaftlichen Organisation der Arbeiter den allergrößten Wert. In diesem Sinne habe ich seinerzeit den Satz niedergeschrieben, daß mir die Bewegung alles, — das, was man gemeinhin Endziel des Sozialismus nenne, nichts sei, und in diesem Sinne unterschreibe ich ihn noch heute. Selbst wenn das Wort ,gemeinhin' nicht angezeigt hätte, daß der Satz nur bedingt zu verstehen war, lag es ja auf der Hand, daß er nicht Gleichgültigkeit betreffs der endlichen Durchführung sozialistischer Grundsätze ausdrücken *konnte,* sondern nur Gleichgültigkeit oder, vielleicht besser ausgedrückt, Unbesorgtheit über das ,Wie' der schließlichen Gestaltung der Dinge. Ich habe zu keiner Zeit ein über allgemeine Grundsätze hinausgehendes Interesse an der Zukunft gehabt, noch kein Zukunftsgemälde zu Ende lesen können.

Den Aufgaben der Gegenwart und nächsten Zukunft gilt mein Sinnen und Trachten, und nur soweit sie mir die Richtschnur für das zweckmäßigste Handeln in dieser Hinsicht geben, beschäftigen mich die darüber hinausgehenden Perspektiven.

Die Eroberung der politischen Macht durch die Arbeiterklasse, die Expropriation der Kapitalisten sind an sich keine Endziele, sondern nur Mittel zur Durchführung bestimmter Ziele und Bestrebungen. Als solche sind sie Forderungen des Programms der Sozialdemokratie und von niemand bestritten. Über die Umstände ihrer Durchführung läßt sich nichts voraussagen, es läßt sich nur für ihre Verwirklichung kämpfen. Zur Eroberung der politischen Macht aber gehören politische *Rechte*, und die wichtigste Frage der Taktik, welche die deutsche Sozialdemokratie zurzeit zu lösen hat, scheint mir die nach dem *besten Wege der Erweiterung der politischen und gewerblichen Rechte* der deutschen Arbeiter zu sein. Ohne daß auf diese Frage eine befriedigende Antwort gefunden wird, würde die Betonung der anderen schließlich nur Deklamation sein."

An diese Erklärung knüpfte sich eine kurze Polemik zwischen mir und Karl Kautsky, in die auch, in der „Wiener Arbeiterzeitung", Viktor Adler eingriff. Sie veranlaßte mich zu einer zweiten, im „Vorwärts" vom 23. Oktober 1898 abgedruckten Erklärung, aus der hier folgende Stücke Aufnahme finden mögen:

„Von Karl Kautsky und Viktor Adler ist in ihren vom ‚Vorwärts' abgedruckten Antworten auf meinen Artikel ‚Eroberung der politischen Macht' die mir von ihnen früher schon brieflich kundgegebene Meinung ausgedrückt worden, daß eine zusammenfassende Darstellung meines in den ‚Problemen des Sozialismus' entwickelten Standpunkts in Buchform wünschenswert sei. Ich habe mich bisher gegen den Rat dieser Freunde gesträubt, weil ich der Meinung war (der ich auch jetzt noch bin), daß die Tendenz dieser Artikel durchaus in der allgemeinen Entwicklungslinie der Sozialdemokratie liege. Da sie ihn indes jetzt öffentlich wiederholt haben und auch von verschiedenen anderen Freunden der gleiche Wunsch geäußert worden ist, habe ich mich entschlossen, diesen Anregungen Folge zu geben und meine Auffassung von Ziel und Aufgaben der Sozialdemokratie in einer Schrift systematisch zu entwickeln. . . .

Adler und auch andere haben daran Anstoß genommen, daß ich mit der Entwicklung demokratischer Einrichtungen eine Milderung der Klassenkämpfe in Aussicht stellte, und meinen, da sähe ich die Verhältnisse lediglich durch die englische Brille. Letzteres ist durchaus nicht der Fall. Selbst angenommen, daß der Satz: ‚das entwickeltere Land zeigt dem minder entwickelten das Bild der eigenen Zukunft', neuerdings seine Geltung eingebüßt hätte und alle Unterschiede zwischen der festländischen und der englischen Entwicklung, die ja auch mir nicht ganz unbekannt sind, voll berücksichtigt, so stützt meine Ansicht sich auf Erscheinungen auf dem Festlande, die man in der Hitze des Kampfes allenfalls zeitweise übersehen, die man aber nicht dauernd verkennen kann. Überall in vorgeschritteneren Ländern sehen wir den Klassenkampf mildere Formen annehmen, und es wäre ein wenig hoffnungsvoller Ausblick in die Zukunft, wenn es anders wäre. Selbstverständlich schließt der allgemeine Gang der Entwicklung periodische Rückfälle nicht aus, aber wenn man sich vergegenwärtigt, welche Stellung zum Beispiel selbst in Deutschland ein wachsender Teil des bürgerlichen Publikums heute den Streiks gegenüber einnimmt, wie viele Streiks heute auch dort in ganz anderer, verständigerer Weise behandelt werden wie noch vor zehn und zwanzig Jahren, so kann man doch nicht bestreiten, daß hier ein Fortschritt zu verzeichnen ist. Sagt das auch nicht − um mit Marx zu reden −, ‚daß morgen Wunder geschehen werden‘, so zeigt es doch nach meinem Dafürhalten der sozialistischen Bewegung einen hoffnungsvolleren Weg als die Katastrophentheorie, und braucht weder der Begeisterung noch der Energie ihrer Kämpfer Abbruch zu tun. Das wird mir Adler gewiß nicht bestreiten.

Es gab eine Zeit, wo die von mir ausgedrückte Auffassung auf keinen Widerspruch in der Partei gestoßen wäre. Wenn das heute anders ist, so sehe ich darin nur eine begreifliche Reaktion gegen gewisse Erscheinungen des Tages, die mit diesen Tageserscheinungen vergehen und der Rückkehr zu der Erkenntnis Platz machen wird, daß mit der Zunahme demokratischer Einrichtungen die humanere Auffassungsweise, die sich in unserem sonstigen sozialen Leben langsam, aber stetig Bahn bricht, auch vor den bedeutsameren Klassenkämpfen nicht haltmachen kann, sondern für sie ebenfalls mildere Formen der Austragung schaffen wird. Wir setzen heute durch Stimmzettel, Demonstrationen und ähnliche Pressionsmittel Reformen durch, für die es vor hundert Jahren blutiger Revolutionen bedurft hätte."
London, den 20. Oktober 1898

Im Sinne dieser Ausführungen ist die nachfolgende Arbeit verfaßt.
Ich bin mir durchaus dessen bewußt, daß sie in verschiedenen wichtigen Punkten von den Anschauungen abweicht, wie sie in der Theorie von Karl Marx und Friedrich Engels vertreten wurden − Männer, deren Schriften auf mein sozialistisches Denken den größten Einfluß ausgeübt haben und von denen der eine, Friedrich Engels, mich nicht nur bis zu seinem Tode seiner persönlichen Freundschaft gewürdigt, sondern mir auch in seinen letztwilligen Verfügungen über das Grab hinaus einen Beweis seines großen Vertrauens erwiesen hat. Diese Abweichung in der Auffassungsweise datiert freilich

nicht erst seit kurzem, sie ist das Produkt eines jahrelangen inneren Kampfes, von dem ich den Beweis in Händen habe, daß er Friedrich Engels kein Geheimnis war, wie ich denn überhaupt Engels entschieden dagegen verwahren muß, daß er so beschränkt gewesen wäre, von seinen Freunden bedingungsloses Unterschreiben seiner Ansichten zu verlangen. Immerhin wird man es nach dem Dargelegten verstehen, warum ich bisher nach Möglichkeit vermieden habe, der Darlegung meiner abweichenden Ansichten die Form einer Kritik der Marx-Engelsschen Lehre zu geben. Es ließ sich dies auch bisher um so leichter vermeiden, als in bezug auf die praktischen Fragen, um die es sich dabei handelt, Marx und Engels selbst im Laufe der Zeit ihre Ansichten erheblich modifiziert haben.

Das ist jetzt anders geworden. Ich habe es nunmehr polemisch mit Sozialisten zu tun, die gleich mir aus der Marx-Engelsschen Schule hervorgegangen sind, und ihnen gegenüber bin ich genötigt, wenn ich meine Ansichten vertreten will, auf die Punkte zu verweisen, wo mir die Marx-Engelssche Doktrin hauptsächlich zu irren oder sich in Widersprüchen zu bewegen scheint.

Ich bin dieser Aufgabe nicht ausgewichen, aber sie ist mir aus den angegebenen persönlichen Gründen nicht leicht geworden. Ich bekenne dies offen, damit der Leser in der zaghaften, schwerfälligen Form der ersten Kapitel nicht Unsicherheit in der Sache suche. Was ich geschrieben, dazu stehe ich mit ganzer Entschiedenheit. Aber ich habe es nicht immer über mich bekommen, diejenige Form und diejenigen Argumente zu wählen, mittels deren meine Gedanken am schärfsten zum Ausdruck gelangt wären. In dieser Hinsicht bleibt meine Arbeit hinter manchen von anderer Seite veröffentlichten Arbeiten über denselben Gegenstand sehr zurück. Einiges in den ersten Abschnitten Versäumte habe ich im Schlußkapitel nachgeholt. Ferner hat, da das Erscheinen der Schrift sich etwas verzögerte, das Kapitel über die Genossenschaften einige Zusätze erfahren, bei denen Wiederholungen nicht völlig vermieden werden konnten.

Im übrigen möge die Schrift für sich selbst sprechen. Ich bin nicht so naiv, zu erwarten, daß sie diejenigen sofort bekehren werde, die meinen vorhergegangenen Aufsätzen entgegengetreten sind, noch bin ich töricht genug, zu verlangen, daß diejenigen, die prinzipiell mit mir auf gleichem Standpunkt stehen, alles unterschreiben, was ich darin gesagt. In der Tat ist die bedenklichste Seite der Schrift, daß sie zuviel umfaßt. Sobald ich auf die Aufgaben der Gegenwart zu sprechen kam, mußte ich, wollte ich mich nicht auf das Schwimmen in Allgemeinheiten verlegen, in allerhand Einzelfragen eintreten, über die selbst unter sonst Gleichgesinnten Meinungsverschiedenheiten unvermeidlich sind. Und doch gebot mir die Ökonomie der Schrift, auch hier mich auf die Betonung einiger Hauptpunkte zu beschränken, mehr anzudeuten als zu beweisen. Indes kommt es mir auch nicht darauf an, daß man mir in allen Einzelfragen zustimme. Woran mir liegt, was den Hauptzweck dieser Schrift bildet, ist, durch Bekämpfung der Reste utopistischer Denkweise in der sozialistischen Theorie das realistische wie das idealistische Element in der sozialistischen Bewegung gleichmäßig zu stärken.

London, Januar 1899   Eduard Bernstein

Vorwort zum zehnten Tausend

Von der vorliegenden Schrift, die zuerst in einer Auflage von fünftausend gedruckt wurde, sind im Laufe der Zeit noch mehrere Neuabzüge notwendig geworden. Mit dem gegenwärtigen Abzug erreicht die Auflage das zehnte Tausend.

Bei den bisherigen Neudrucken wurde von jeder Textänderung abgesehen, und in der Hauptsache ist der gleiche Grundsatz auch diesmal innegehalten worden. Nur einige wenige Stellen machen eine Ausnahme. So hat der Einleitungssatz im Abschnitt b des ersten Kapitels (Seite 30) eine Fassung erhalten, welche den Unterschied der materialistischen von anderen Welterklärungen genauer bestimmt, als dies in der ursprünglichen Lesart geschah, gegen die begründete Einwände geltend gemacht werden können. Auf Seite 90 sind die Tabelle über die Entwicklungen der Bodenbetriebe in Holland, die eine falsche Zahl enthielt, und eine auf sie bezügliche Bemerkung richtiggestellt, und auf Seite 217 hat ein, wie seinerzeit sofort zugegeben, zu schroff gefaßter Satz über die Verkürzung des Arbeitstags eine sachgemäßere Form erhalten. Daneben sind noch an zwei oder drei Stellen Veränderungen erfolgt, die bloß den dort entwickelten Gedanken eine korrektere Form geben. Von diesen die grundlegenden Gedanken des Buches unberührt lassenden Änderungen abgesehen erhält es der Leser genau in der gleichen Gestalt, die es von Anfang an getragen.

Wie ich schon anderwärts ausgeführt habe, folge ich mit dem Verzicht auf eine durchgreifendere Revision des Textes einer mir von verschiedenen Seiten gewordenen Anregung. Durch die Debatten, die sich in Zeitschriften, Büchern und Versammlungen an dieses Buch geknüpft haben, habe es einen dokumentarischen Charakter erhalten, den eine Umarbeitung beeinträchtigen würde. Wer dies Buch anschaffe, wünsche das Objekt jener Debatten zu besitzen, und darum sei es angezeigt, es möglichst unverändert zu lassen. So äußerten sich Freunde und Gegner der Schrift, denen ich vom Plan einer Umarbeitung Mitteilung gemacht hatte, und nach einiger Überlegung habe ich ihren Vorstellungen Folge gegeben.

Ich konnte dies um so eher, als die geplanten Änderungen sich nicht auf die in diesem Buch entwickelten Thesen beziehen, an denen ich vielmehr in allen wesentlichen Punkten unverändert festhalte. Aber die Technik und, wenn der Ausdruck erlaubt ist, Architektur des Buches könnten manche Verbesserung vertragen, und während einige Wiederholungen enthaltende Stellen erhebliche Kürzungen zulassen, würde ich dafür gern noch einige

Lücken in der Beweisführung ausgefüllt, das Beweismaterial ergänzt und jenen sozialistischen Kritiken des Buches Rechnung getragen haben, denen es in bezug auf den Sozialismus nicht positiv genug erscheint. Zwar kann ich nicht zugeben, daß es der Schrift an Ausführungen fehlt, die dem Sozialismus positiv das Wort reden, aber es sei meinen Kritikern immerhin so viel eingeräumt, daß sie gegenüber dem kritischen Teil des Buches vielfach zu aphoristisch gehalten sind. Es ist dies eine Folge des Umstandes, daß, als ich das Buch schrieb, es mir lediglich auf eine Auseinandersetzung mit oder, wenn man will, unter Sozialisten ankam, wobei man Dinge, über die man einig ist, teils gar nicht erst heranzieht, teils nur flüchtig streift. Anders natürlich mit einer Schrift, die auf ein weiteres Publikum berechnet ist. Aber als eine solche war das Buch nicht von mir geplant.

In dem Umstand, daß der vom Verfasser selbst bezeichnete Zweck des Buches später außer Augen gelassen wurde, liegt für mich die Erklärung einer ganzen Reihe von irrtümlichen Auslegungen seiner Sätze. So nur ist es zum Beispiel begreiflich, daß, um eines herauszugreifen, die Nachweise über die Zunahme der Klasse der Besitzenden beziehungsweise der Kapitalisten als eine Art Rechtfertigung der gegenwärtigen Gesellschaftsordnung von den einen begrüßt und von den anderen bekämpft werden konnten. Tatsächlich hat die Frage mit der Gerechtigkeit oder Ungerechtigkeit dieser Ordnung gar nichts zu tun. Diejenigen, welche in sozialpolitischen Debatten speziell als die Besitzenden bezeichnet werden, machen einen so geringen Prozentsatz der Gesamtbevölkerung aus, daß die Vermehrung, welche wir vor uns sehen, in keiner Weise zugunsten der gegenwärtigen Eigentumsverteilung spricht. Ich habe darüber in meiner Schrift nicht den mindesten Zweifel gelassen. „Ob das gesellschaftliche Mehrprodukt von zehntausend Personen monopolistisch aufgehäuft oder zwischen einer halben Million Menschen in abgestuften Mengen verteilt wird, ist für die neun oder zehn Millionen Familienhäupter, die bei diesem Handel zu kurz kommen, prinzipiell gleichgültig", heißt es auf Seite 77 ausdrücklich. Und dann anschließend: „Es möchte weniger Mehrarbeit kosten, einige tausend Privilegierte in Üppigkeit zu erhalten als eine halbe Million und mehr in unbilligem Wohlstand." Deutlicher kann man es wohl nicht zum Ausdruck bringen, welche geringe Bedeutung dieser Tatsache von mir für die Begründung des Sozialismus beigelegt wird.

In der Tat ist der Sozialismus erst in zweiter Linie ein Verteilungsproblem. In erster Linie ist er vielmehr ein Problem der Produktionsordnung und Produktionsentfaltung. Das intime Gegenseitigkeitsverhältnis, das zwischen beiden Problemen besteht, so daß eine widersinnige Verteilung gegebenenfalls ein Hemmnis, eine Umwälzung auf dem Verteilungsgebiet ein mächtiger Faktor der Produktionsentfaltung werden kann, wird keinen ökonomisch

Denkenden über die Tatsache hinwegtäuschen, daß das Problem der höchsten Produktivität, der höchsten Ergiebigkeit der gesellschaftlichen Gesamtarbeit das entscheidende Moment für die sozialistische Fortentwicklung der Gesellschaft bildet. Denn von ihm hängt zuletzt die Erzielung des höchstmöglichen Grades von allgemeinem Wohlstand ab, dieses vernunftgemäße Endziel jeder Gesellschaftsform, zu dem die jeweiligen Organisations- und Verteilungsordnungen in untergeordnetem Verhältnis stehen. Es ist aber der Beweis unschwer zu erbringen, daß beim heutigen Stand der Produktionsbedingungen eine nennenswerte Vermehrung der Zahl der Besitzenden eine größere *Lahmlegung* von Produktivkräften, eine größere *Beeinträchtigung des allgemeinen Reichtums* und der *allgemeinen Wohlfahrt* bedeuten kann als ihre relative Abnahme.

Indes ist die Tatsache, daß die Zahl der Kapitalisten sich vermehrt, inzwischen auch von denen zugegeben worden, die sie mir ursprünglich bestritten. Und wie sollte es möglich sein, sie sich zu verhehlen, sobald man nur das betreffende Material näher untersucht. Konnte doch erst jüngst wieder der sozialistische Abgeordnete Hoch im Deutschen Reichstag feststellen (Sitzung vom 20. Januar 1902), daß zwischen 1896 und 1900 sich die Zahl der Personen, die ein Einkommen von über 100.000 Mark jährlich versteuern, in Preußen und Sachsen wie folgt vermehrt hat:

	1896	1900
Preußen	2.830	3.277
Sachsen	394	583

Eine Zunahme, die, wie Hoch hinzusetzte, *weit über die gleichzeitige Zunahme der Bevölkerung hinausgegangen ist.* Zugleich ist das *Durchschnittseinkommen* dieser Personen in Preußen von 257.000 auf 306.000, in Sachsen von 218.400 auf 236.000 Mark jährlich *gestiegen*. In entsprechendem Maße haben aber auch die übrigen Klassen oder Schichten der höheren Einkommensgruppen zugenommen. Um an eine in der vorliegenden Schrift gegebene Zahl anzuknüpfen, hat sich in der kurzen Spanne Zeit von 1897/98 bis 1901 die Zahl der Personen in Preußen, die ein Einkommen über 3.000 Mark versteuerten, von 347.328 auf 435.696 vermehrt, eine Zunahme, die auch dann noch als erheblich zu bezeichnen ist, wenn man die im gleichen Zeitraum eingetretene Erhöhung der Lebensmittelpreise ihr gegenüberstellt.

Ähnlich wie mit den Aufstellungen der Schrift über die Einkommensbewegung verhält es sich mit ihren Darlegungen über *die Entwicklung der Größenklassen der Gewerbebetriebe*. Irgend etwas zurückzunehmen oder einzuschränken gibt es da ebenfalls nicht. Die Ökonomie der Schrift und die zu ihrer Abfassung gesetzte Zeit verhinderten eine tiefere Durcharbeitung des vorhandenen Materials, so daß der ganze Abschnitt die betreffenden Verhältnisse nur in sehr groben Umrissen zur Anschauung bringt und nur sehr bedingte Folgerungen zuläßt. Mehr beansprucht er aber auch nicht zu geben, und so enthält er keinen Satz, der nicht vor der genaueren Prüfung standhielte.

Soweit der Abschnitt die Ergebnisse der deutschen Berufs- und Gewerbezählungen behandelt, ist es interessant, seine Aufstellungen mit den Folgerungen zu vergleichen, zu denen ein Statistiker von Fach, der Prager Professor *Heinrich Rauchberg,* in seinem jüngst erschienenen Werke „Die Berufs- und Gewerbezählung im Deutschen Reich vom 14. Juni 1895"[1] gelangt. Rauchberg hat die Ergebnisse seiner sehr sorgfältigen Analyse der deutschen Gewerbezählungen am Schlusse seines Buches in einem besonderen Kapitel „Entwicklungstendenzen der deutschen Volkswirtschaft" zusammengefaßt, und ihm seien einige Sätze entnommen, die sich auf die gleichen Punkte beziehen, von denen im betreffenden Abschnitt des vorliegenden Buches gehandelt wird.

Über den *Fortbestand von Klein- und Mittelbetrieben neben den an Zahl und Umfang zunehmenden Großbetrieben* heißt es:

„Wenn von einer Konzentrationstendenz in der modernen Industrie gesprochen wird, so bedeutet das also nicht etwa Aufsaugung des Kleinbetriebs durch den Großbetrieb. Der Kleinbetrieb hat sich vielmehr als solcher ungeschmälert erhalten; ja er hat sogar einen, wenn auch nur mäßigen Fortschritt erzielt. Aber es bedeutet eine rasche Fortentwicklung in der Richtung zum Großbetrieb durch Erweiterung ehemals kleinerer Betriebe oder durch große Neugründungen: Dadurch werden das Schwergewicht der Produktion und die Mehrzahl der Gewerbetätigen in Betriebe von immer größerem Umfang herübergezogen. Daneben besteht jene Konzentration aber auch in einer engeren Verbindung von formell selbständigen kleinen Betrieben mit den großen, sei es in der Form der Produktionsteilung oder der Absatzorganisation." (Seite 393.)

„ . . . Alles in allem genommen, hat die fortschreitende Entwicklung zum Großbetrieb weder dem handwerksmäßigen Kleinbetrieb noch der Hausindustrie die Daseinsbedingungen verkümmert. Mag auch der fabrikmäßige Großbetrieb technisch höher stehen, in sozialer Hinsicht die besseren Aussichten bieten, er ist doch weit entfernt davon, sich zur Alleinherrschaft aufzuschwingen. Denn die deutsche Volkswirtschaft ist nicht in allen ihren Teilen gleich weit vorgeschritten. Die einzelnen Gebietsabschnitte, Ost und West, Stadt und Land, ja selbst die einzelnen Gewerbezweige gehören oft

---

1 Berlin 1901, Carl Heymanns Verlag.

sehr verschiedenen Entwicklungsstufen an; *alle Zwischenglieder der gewerb-*
lichen Entfaltung, vom primitiven Handwerk an bis zum modernen Riesen-
betrieb finden sich auch heute noch nebeneinander vor. Während der moderne technische und soziale Fortschritt sowohl in der Produktion als auch
in der Absatzorganisation die Entstehung und Fortbildung von Großbetrieben begünstigt, sehen wir von der anderen Seite her noch immer neue Men-
schenmassen aus der bisher mehr oder weniger geschlossenen Hauswirt-
schaft heraus in das Getriebe der Volkswirtschaft übertreten. . . . Immer von
neuem werden die Voraussetzungen geschaffen für das Entstehen handwerksmäßiger und hausindustrieller Betriebe, die anderwärts, von einer späteren Entwicklungsstufe aus, bereits wieder zu höheren Betriebs- und Orga-
nisationsformen sich umzubilden im Begriffe stehen." (Seite 395.)
Man vergleiche hiermit die Ausführungen auf Seite 87/88 dieser Schrift, und
man wird finden, daß die Folgerungen Rauchbergs durchaus mit dem dort
Entwickelten übereinstimmen.
Über die Ergebnisse der *belgischen* Gewerbezählung vom Oktober 1896
schreibt der Direktor des Institut de Sociologie, Professor E. Waxweiler, in
Nr. 11 des 19. Jahrganges der „Sozialen Praxis" (12. Dezember 1901), nachdem er festgestellt hat, daß Belgien *„ein Land der Großindustrie"* ist und es
„bei Strafe des Falles" bleiben muß, es sei „bemerkenswert, wie die Zahlen
der belgischen Statistik die wesentlichen Daten der . . . Kritik Bernsteins
gegen das Gesetz der marxistischen Konzentration [muß heißen: gegen
übertriebene Folgerungen aus dem Gesetz der Konzentration. Ed. B.] bestätigen. . . . Im allgemeinen entwickelt sich die Großindustrie *neben* der kleinen und mittleren; ferner sind in den letzten fünfzig Jahren zahlreiche neue
Industriezweige (mehr als 300) hervorgetreten, von denen eine Zahl der
Kleinindustrie verblieben ist." Die Widerstandsfähigkeit der Kleinindustrie
gehe „auch aus der Tatsache hervor, daß trotz der Entwicklung des Maschi-
nenwesens die Herstellung mit der Hand sich in zahlreichen Industrien
aufrechterhält, wo der mechanische Prozeß für selbstverständlich gehalten
wird". Über einen hiermit verwandten Gegenstand, der auch an der angegebenen Stelle dieser Schrift (Seite 88) berücksichtigt wird, heißt es bei
Rauchberg: „Es darf jedoch nicht übersehen werden, daß gerade die mäch-
tigsten Maschinen häufig Produktionszwecken dienen, welche ohne diese
Maschinen überhaupt nicht verwirklicht werden könnten. In diesem Falle
ruft die Maschine erst die Produktion hervor. Sie konkurriert dann überhaupt nicht mit menschlichen Arbeitskräften." (S. 400/401, Note.)
Bei Untersuchung der Frage nach den *Rechtsformen der Unternehmungen*
betont Rauchberg die *starke Zunahme der Kollektivunternehmungen und*
gemeinwirtschaftlichen Betriebe, welche ersteren immer mehr von wirtschaftlichen Gesellschaften und Genossenschaften geeignet werden. „Der

Konzentration des Betriebs", schreibt er, „steht hier die Teilnahme weiterer Kreise an Besitz und Ertrag gegenüber." (Seite 395.) Desgleichen hebt Waxweiler die steigende Verbreitung der Aktiengesellschaften hervor. In 70 Industriezweigen Belgiens beschäftigen nach ihm die *Aktiengesellschaften mehr als drei Viertel der Arbeiter.* Das ist, wie Waxweiler auch betont, ebenso wie das Vorhergehende ein weiterer Beleg zu dem auf Seite 73 dieser Schrift Dargelegten. Nun ist der Hinweis auf die Dezentralisation des Besitzes durch die Aktiengesellschaften ziemlich alt — er treibt sich seit Dezennien in der Literatur der Verteidiger der bestehenden Gesellschaftsordnung herum. Sein Alter beweist aber nicht, daß er falsch ist, es können überhaupt nur von ihm abgeleitete Folgerungen in Frage gestellt werden, die Tatsache selbst wird niemand bestreiten wollen, der als Ökonom ernsthaft genommen sein will. Es sind nun zunächst die Zahlen angezweifelt worden, die ich auf Seite 74/75 über die große Zahl der Aktionäre einiger englischer Großunternehmungen gegeben habe, zumal dort die Quellen, aus denen diese Zahlen stammen, nicht genannt sind. Um letzterem Mangel abzuhelfen, sei daher bemerkt, daß die Zahlen über die Verteilung des Aktienkapitals der Firma Spiers & Pond mir von der Firma selbst bereitwillig auf einem Fragebogen, den ich ihr und anderen zugeschickt, mitgeteilt wurden und daß die Angaben über die Zahl der Aktionäre des Nähgarntrusts und der Spinnereigesellschaft Coats dem Handelsteil englischer Tageszeitungen entnommen wurden, wo sie seinerzeit ohne jede Bezugnahme auf sozialpolitische Folgerungen und Tendenzen als Kuriosa mitgeteilt worden waren. Die Art der Notifizierungen schloß jeden Verdacht aus, daß es sich dabei etwa um Bearbeitung der öffentlichen Meinung handle. Übrigens sind in der Zwischenzeit noch einige Statistiken dieser Art zu meiner Kenntnis gelangt, die eine ganz ähnliche Verteilung der Aktien gewerblicher Unternehmungen aufweisen. Eine davon steht in dem klassischen Werk von Rowntree und Sherwell, Temperance Problem and Social Reform, London. Als eines der großen Hindernisse, die einer durchgreifenden Gesetzgebung gegen den Alkoholismus im Wege stehen, bezeichnen die Verfasser dort (Seite 31 der billigen Ausgabe) die weite Verbreitung des ungeheuren Aktienkapitals der großen Brauereien und Brennereien, und sie veranschaulichen diese Verbreitung durch folgende Liste über die Inhaber der Anteile von fünf sehr bekannten englischen Brauereien:

| Brauereien | Zahl der Aktionäre | |
	Stammaktien	Prioritätsaktien
Artur Guinneß, Son & Co	5.450	3.768
Baß, Ratcliff & Gretton	17	1.368
Threlfall's	577	872
Combe & Co.	10	1.040
Samuel Alsopp & Co.	1.313	2.189
	7.367	9.237

Insgesamt 16.604 Aktionäre für ein Stamm- und Prioritätenkapital von zusammen 194 Millionen Mark (9.710.000 Pfund Sterling). Daneben hatten die fünf Gesellschaften aber noch ein Obligationenkapital von 122 Millionen Mark (6.110.000 Pfund Sterling), über welches keine Inhaberliste vorliegt. Nimmt man, wofür viele Gründe sprechen, eine Verbreitung im gleichen Verhältnis an wie die der Stamm- und Prioritätsaktien, so verteilt sich das *Eigentum der bezeichneten fünf Brauereien* auf 27.052 Personen! Auf der Londoner Börse wurden aber im Jahre 1898 die Aktien usw. von nicht weniger als 119 Brauereien und Brennereien notiert, deren aufgelegtes Kapital allein sich auf über 1.400 Millionen Mark belief, während außerdem das Stammkapital von 67 dieser Gesellschaften in „Privathänden" (meist die ursprünglichen Besitzer und deren Familienmitglieder) war. Daß diese Brauereien und Brennereien nur zum Teil das Eigentum von Millionären sind, zum Teil aber jede einige Bataillone oder selbst Regimenter von Aktionären hinter sich haben, macht sich den englischen Mäßigkeitsreformern insbesondere bei den Wahlen sehr unangenehm fühlbar. ·

Wie in diesem Falle, so hat auch in anderen diese Dezentralisation des Eigentums an den Betriebsunternehmungen gerade vom Standpunkt des Reformers aus ihre großen Schattenseiten, ja in den Augen des Sozialisten gehört sie überhaupt zu den Schattenseiten der modernen Entwicklung. Indes nicht um diese Frage hat es sich in der vorliegenden Untersuchung gehandelt. Worum diese sich dreht, ist das rein wirtschaftliche Problem: Hat die zunehmende Konzentration der Betriebsunternehmungen eine Abnahme oder Zunahme der Kapitalistenklasse im Gefolge? Nur dadurch, daß man dies übersah und, wie schon oben bemerkt, der Beantwortung in dem einen oder anderen Sinn eine Bedeutung für den Sozialismus beimaß, die sie gar nicht hat, konnte die Debatte über diesen Punkt einen so unerquicklichen Charakter annehmen — unerquicklich vor allem dadurch, daß um Kleinigkeiten gestritten und das wirkliche Problem, das die gestellte Frage einschließt, vollständig vernachlässigt, wenn nicht überhaupt ignoriert wurde. Ich habe dies Problem, nämlich die Frage, wo bei stetig zunehmender Produktivität der Arbeit das gesellschaftliche Mehrprodukt bleibt, wenn die Klasse der Kapitalisten ab- und nicht zunimmt, auf Seite 78 bis 81 möglichst deutlich auseinandergesetzt und kann es nur bedauern, daß die Diskussion nicht in dem Geist weitergeführt worden ist, in dem die Frage dort von mir aufgeworfen wurde.

Meinerseits habe ich sie noch einmal in einem Nachtragskapitel zu einer Artikelserie über das Lohngesetzproblem berührt, die ursprünglich in der „Neuen Zeit" erschienen war und von mir neuerdings in einer Sammlung älterer und neuerer Aufsätze („Zur Geschichte und Theorie des Sozialismus", Berlin und Bern 1901) wieder veröffentlicht wurde. Auch dort wird (Seite 107) als bezeichnend für die Gegenwart „die Vermehrung der Zahl der Reichen und ihres Reichtums" hingestellt. Das war noch in England geschrieben, wo mir für Deutschland nur einige trockene Zahlen zur Verfügung standen. Die Rückkehr nach Deutschland hat mir Gelegenheit gegeben, mich davon zu überzeugen, wie sinnenfällig sich die Tatsache hier auch in den Dingen selbst kundgibt. Mit geradezu aufreizender Aufdringlichkeit macht sich die Vermehrung und der zunehmende Reichtum der Besitzenden in den sich immer weiter ausdehnenden vornehmen Quartieren der Großstädte breit. Insbesondere spricht die Entwicklung von Berlin West in dieser Hinsicht Bände.

In enger Verbindung mit der Frage des Verbleibs des Mehrprodukts steht die Frage der *Krisen.* Im Augenblick, wo ich dies schreibe, leiden große Industriezweige in Deutschland und auch anderwärts unter teilweise sehr starkem Geschäftsdruck. Es ist dies verschiedentlich als eine schlagende Widerlegung der in diesem Buch niedergelegten Ausführungen über die Krisenfrage hingestellt worden. Wer aber den betreffenden Abschnitt (Kapitel 3 d) nachliest, wird sich überzeugen, daß der bisherige Verlauf der erwähnten Krise, weit entfernt, das dort Entwickelte zu widerlegen, es vielmehr *durchaus bestätigt.* Zu einem Teile ist die Krise in Deutschland eine *Geldkrisis,* die, abgesehen von Vorgängen auf dem internationalen Geldmarkt (Krieg in China und im Transvaal, Schließung der Goldminen des Transvaal, Mißernten in Indien), durch maßlose Schwindeleien von *Hypothekeninstituten* herbeigeführt wurde, zum Teil in der Tat eine Krisis aus Überproduktion, und zwar namentlich aus Überproduktion in *Maschinenanlagen* und dergleichen. In der Prosperitätsperiode der letzten Jahre ist in Deutschland ein ungeheures Kapital in Form von Betriebseinrichtungen festgelegt worden, die dem Bedarf weit vorauseilten. Nicht genug, daß die Fabrikanten sich darin überboten, ihre Werke nach neuestem Stil neu einzurichten, wurden die Neueinrichtungen auch meist auf erweiterter Basis durchgeführt. Die deutsche Industrie hat so, wie die Engländer es ausdrücken, ein größeres Stück in den Mund genommen, als sie zu kauen vermag. Sie leidet nun an Schlingbeschwerden — wie gewöhnlich zum größten Teil auf Kosten der Arbeiter —, während die englische Industrie, die es mit den Erneuerungen nicht gar so hastig hatte und dafür schon totgesagt wurde, den Geschäftsdruck erheblich weniger verspürt als die deutsche. Ein englischer Fabrikant deutscher Abstammung, der beide Länder sehr gut kennt, Herr Alexander Siemens in London, hat diesen Punkt vor einiger Zeit in einem Fachblatt sehr energisch hervorgehoben. Jedenfalls ist die Geschäftsstockung vorläufig noch auf einzelne Länder und Industrien beschränkt und hat auch dort noch keineswegs jenen Umfang und Höhegrad angenommen wie die letzte große Krise der Industriewelt: die der siebziger Jahre. Es ist also zum mindesten verfrüht, aus den vorliegenden Krisenerscheinungen beweiskräftige Folgerungen für die Frage ableiten zu wollen, um welche sich das Krisenkapitel der vorliegenden Schrift dreht. Die Krisenerscheinungen, die wir tatsächlich vor uns sehen, fallen sämtlich in das Gebiet dessen, was hier auf Seite 102/103 und Seite 108 ff. ausdrücklich als das naturgemäße Produkt der heutigen Wirtschaftsorgansation hingestellt wird.

Ganz und gar verfrüht ist es vor allem, im gegenwärtigen Moment ein abschließendes Urteil über die Wirkungen und Fähigkeiten der Unternehmersyndikate mit Bezug auf das Krisenproblem abgeben zu wollen. Die betreffenden Verbände oder Körperschaften befinden sich zum großen Teil noch in ihren Anfängen, und Mißerfolge in diesem Stadium beweisen noch ganz und gar nichts für die Endergebnisse. Die Gewerkschaftsbewegung der Arbeiter war jahrzehntelang eine Bewegung von Mißerfolgen, bis ihre Leistungsfähigkeit so unzweifelhaft erwiesen war, daß einer nach dem anderen ihrer Verächter überzeugt klein beigeben mußte.

Man wird also auch bezüglich der Unternehmersyndikate noch etwas zu warten haben, bevor man zu einem leidlich schlußfähigen Urteil über ihr Können und Nichtkönnen befähigt sein wird. Inzwischen tut man gut, sich zu vergegenwärtigen, daß es sich da weniger um Beseitigung der Überproduktion handelt, die vielmehr, wie auf Seite 103 dieser Schrift bemerkt wird, eine unvermeidliche Erscheinung des modernen Wirtschaftslebens ist, sondern um die Abmilderung und Verkürzung, beziehungsweise Überbrückung der auf sie folgenden Stockungsperioden. Ähnlich, wie oft bei den Gewerkschaften, liegt daher hier der Probebeweis auf der negativen Seite, das heißt dreht er sich darum, was jeweilig an Schlimmerem verhütet wurde. Es ist nun bezeichnend, daß die gegenwärtige Geschäftskrise, die nach einigen übereifrigen Kritikern dieser Schrift den Bankrott des Syndikatswesens hätte bringen müssen, *eine wesentliche Stärkung* desselben sich vollziehen sieht. Im Handelsteil des „Vorwärts" vom 26. Januar dieses Jahres werden eine ganze

Reihe von Tatsachen aus der Bergwerks-, Hütten- und Metallverarbeitungsindustrie vorgeführt, welche für eine Entwicklung in diesem Sinne Zeugnis ablegen. Unter anderem wird da festgestellt, daß der Halbzeugverband „nach wie vor fast ausschließlich die Produktion der Stahlwerke beherrscht, ohne daß bei den schwierigen Verhältnissen der Eisenindustrie trotz des Drängens der Verbraucher so erhebliche Preisnachlässe zu verzeichnen wären, wie sie bei der freien Entfaltung der Konkurrenz hätten eintreten müssen". Es liegt auf der Hand, und in dem betreffenden Artikel des „Vorwärts" wird dies auch hervorgehoben, daß die damit angezeigte Wirkungskraft des Syndikatswesens ihre große Kehrseite hat, aber gerade diese Kehrseite ist denn auch, wie man sich überzeugen wird, im vorliegenden Buch aufs schärfste hervorgehoben worden. „Virtuell trägt das kapitalistische Abwehrmittel gegen die Krisen", heißt es dort, „die Keime zu einer verstärkten *Hörigkeit* der Arbeiterklasse in sich sowie zu Produktionsprivilegien, die eine verschärfte Form der alten Zunftprivilegien darstellen. Viel wichtiger, als die ‚Impotenz' der Kartelle und Trusts zu prophezeien, erscheint es mir vom Standpunkt der Arbeiter aus, ihre Möglichkeiten sich gegenwärtig zu halten." (Seite 110.) Im Hinblick auf hier nicht näher zu qualifizierende Kritiken, die gerade dem Kapitel zuteil geworden sind, worin dies steht, darf ich es mit einer gewissen Genugtuung begrüßen, daß die Zahl derer sich mehrt, welche die Frage der kapitalistischen Syndikate im gleichen Sinne behandeln, wie es dort geschehen.

Kämpfende Parteien sind immer wieder der Gefahr ausgesetzt, daß unter dem Einfluß von Tagesvorkommnissen sich die Schwerpunkte sie angehender Fragen in ihren Augen zeitweise verschieben oder tatsächliche Verschiebungen ihnen eine Zeitlang verborgen bleiben. Solche optische Inversion wird alsdann leicht zur Ursache unnötiger Verbitterungen in der Debatte. Worin der eine die notwendige Abwendung von einem gegenstandslos gewordenen Kampfobjekt erblickt, das erscheint dem anderen als verräterische Preisgabe einer Position von entscheidender Bedeutung. Es dauert dann immer eine gewisse Zeit, bis es allen gleichmäßig zum Bewußtsein kommt, welches der wahre Charakter der fraglich gewordenen — praktischen oder theoretischen — Streitobjekte ist, welche wirkliche Bedeutung ihnen nunmehr innewohnt. Von einem Teil der in diesem Buche behandelten Fragen kann gesagt werden, daß die Debatte über sie sich schon erheblich geklärt und so viel hat erkennen lassen, daß die Ausführungen des Verfassers, was immer sich sonst etwa gegen sie einwenden läßt, nichts in Frage stellen, was für den Befreiungskampf der Arbeiterklasse von wirklicher Bedeutung, eine wirkliche Lebensfrage der Sozialdemokratie ist. Es ist meine feste Überzeugung, daß mit der Zeit dies auch in bezug auf die anderen der hier erörterten

Fragen der Fall sein wird. In diesem Bewußtsein übergebe ich diesen Neuabdruck der Öffentlichkeit.

*

Die „Voraussetzungen des Sozialismus" sind außer in deutscher noch in französischer und russischer Sprache erschienen — letzteres in drei Ausgaben, und zwar eine in London, eine in Moskau und eine in St. Petersburg. Übersetzungen ins Tschechische und Spanische sind, wie mir mitgeteilt wird, im Werke. Die französische Ausgabe ist mit meiner Zustimmung veranstaltet und von mir mit einem besonderen Vorwort versehen worden, dagegen sind sämtliche russischen Ausgaben ohne mein Wissen veranstaltet worden. Bei der Moskauer und der Petersburger Ausgabe ist dies erklärlich genug, ebenso gewisse „wissenschaftliche" Umschreibungen des Textes in der Übersetzung. Weniger selbstverständlich dünkt es mich, daß die Veranstalter der dritten, in London im Verlag des Russian Free Press Fund erschienenen Ausgabe es nicht fertig brachten, vor Anfertigung der Übersetzung den in der gleichen Stadt wohnenden Verfasser aufzufinden und ihn in den Stand zu setzen, irgendwelche ihm etwa notwendig erscheinenden Korrekturen, Streichungen oder Zusätze vorzunehmen sowie seine Erlaubnis zu denjenigen Streichungen einzuholen, die sie selbst vorzunehmen für gut fanden. Da es nicht geschah, sehe ich mich zu der Erklärung genötigt, daß ich für die Londoner russische Ausgabe ebensowenig irgendwelche Verantwortung übernehmen kann wie für die zwei anderen.

Berlin, Ende Januar 1902   Eduard Bernstein

Vorwort zum dreizehnten Tausend

Nach zehn Jahren

Das dreizehnte Tausend dieser Schrift erscheint gerade zur Zeit, wo es zehn Jahre her sind, daß ich an ihre Abfassung herantrat. Dies mag ein neues Geleitwort rechtfertigen.

Aus den gleichen Gründen, die im Vorwort zum zehnten Tausend entwickelt wurden, geht das Buch auch in dieser neuen Auflage unverändert in die Welt. Ich hätte es gewiß in manchen Punkten zu ergänzen, vielleicht auch manchen Ausdruck anders zu wählen, ich habe es aber in keinem Punkt grundsätzlich abzuändern. Was ich der sozialistischen Kritik dieses Buches zu erwidern hatte, ist in den Aufsätzen geschehen, die jetzt den dritten Teil der Sammelschrift „Zur Geschichte und Theorie des Sozialismus" (Berlin, Dümmler, vierte Auflage) bilden. Sie werden durch einige in den „Sozialistischen Monatsheften" erschienene Aufsätze und die Artikelreihe „Allerhand Wertheoretisches" im fünften Jahrgang der nun eingegangenen „Dokumente des Sozialismus" ergänzt.

Die auf Seite 76 gemachten Angaben über die Einkommensbewegung in Preußen sind beanstandet worden, weil sie die Änderungen der Steuergesetzgebung unberücksichtigt lassen, die sich in der Zeit, von der sie handeln, vollzogen haben. Es mag daher interessieren, daß von 1892, dem ersten Jahre *nach* Einführung der Miquelschen Steuerreform, bis zum Jahre 1907 die Zahl der Zensiten mit Einkommen zwischen 3.000 und 6.000 Mark um 80,3 Prozent, nämlich von 204.714 auf 369.046, die der Zensiten mit über 6.000 Mark von 112.175 auf 190.445, das heißt um 69,8 Prozent gestiegen ist. Selbst wenn man ein Drittel davon auf Rechnung der immer sicherer arbeitenden Einschätzung setzt, bleibt noch ein Wachstum, das die Rate der gleichzeitigen Zunahme der Bevölkerung, nämlich 25,3 Prozent, weit hinter sich läßt.

Hinsichtlich der Frage der *gewerblichen Konzentration* liefern die bei Abfassung dieses Vorworts vorliegenden Hauptergebnisse der gewerblichen Betriebsstatistik vom 12. Juni 1907 für Preußen Zahlen, die das hier im Abschnitt über die Betriebsklassen in der Produktion des gesellschaftlichen Reichtums Gesagte durchaus bestätigen. Es haben danach in den zwölf Jahren seit der Gewerbezählung von 1895 bis 1907 in Preußen die *Alleinbetriebe* eine *Abnahme* von 951.642 auf 784.197 oder um 17,60 Prozent erfahren, die *Gehilfen-* und *Motorenbetriebe* aber sich von 791.694 auf

1.111.300 oder um 40,37 Prozent *vermehrt*. Mit anderen Worten, „nur die Zwergbetriebe gehen absolut und relativ zurück", die Klein- und Mittelbetriebe nehmen aber immer noch zu, die sprunghafte Ausbreitung und Ausdehnung der Großbetriebe zeigt „nur eine Seite der wirtschaftlichen Entwicklung der Gegenwart" (Seite 87/88 dieser Schrift).

Nun fällt freilich die Entwicklung der Betriebe nicht mit der Entwicklung der Unternehmungen zusammen, da oft eine Unternehmung eine Vielheit von Betrieben umfaßt. Das ist aber mehr in der Großindustrie und der mittleren Industrie der Fall als im Kleingewerbe, das heißt in den Zweigen der Industrie, wo die Unternehmung immer mehr Kollektiveigentum wird, von welcher Entwicklung die vorerwähnte Zunahme der höheren Einkommensklassen Zeugnis ablegt. Daß die Großbetriebe der Zahl der Beschäftigten nach den Löwenanteil an der vorbezeichneten Entwicklung hatten, ist selbstverständlich. Insgesamt stieg die Zahl der in den Gehilfen- und Motorenbetrieben Beschäftigten von 4.924.441 auf 7.548.715 oder um 53,29 Prozent. Die Zahl der in Betrieben mit über 500 Personen Beschäftigten aber hat sich um 89,11 Prozent vermehrt, das heißt nahezu verdoppelt. Der Groß- und Riesenbetrieb nimmt einen immer größeren Raum im gewerblichen Leben ein, aber er monopolisiert es nicht.

Im übrigen sei noch einmal betont, daß dies Buch von der Auffassung diktiert ist, daß das geschichtliche *Recht* und das *Ziel* des großen Befreiungskampfes der Arbeiterklasse an keiner fertigen Formel hängen, sondern von den *geschichtlichen Daseinsbedingungen* und den sich aus ihnen ergebenden *wirtschaftlichen, politischen* und *ethischen* Bedürfnissen dieser Klasse bestimmt sind, daß die Arbeiterklasse *Ideale, aber keine Doktrinen* zu verwirklichen hat. Will man diese Auffassung „Revisionismus" nennen, so mag man es tun. Aber dann soll man nicht vergessen, daß auch Marx und Engels zu ihrer Zeit Revisionisten waren, daß sie die größten Revisionisten waren, welche die Geschichte des Sozialismus kennt. Revisionismus ist jede neue Wahrheit, jede neue Erkenntnis, und da die Entwicklung keinen Stillstand kennt, da mit den Bedingungen des Kampfes auch seine Formen dem Gesetz der Veränderung unterworfen sind, wird es auch immer in Praxis wie Theorie Revisionismus geben. Ich versage es mir, an dieser Stelle auf den Nachweis einzugehen, wie sehr gerade die bedeutungsvollsten Fortschritte auf dem Gebiet der Praxis des politischen, gewerkschaftlichen und genossenschaftlichen Arbeiterkampfes, die sich seit Abfassung dieses Buches vollzogen haben, in Einklang mit seinen Darlegungen stehen. Er ist von mir an anderer Stelle geliefert worden. Hier sei nur noch bemerkt, daß, wie sehr auch heute die Meinungen im sozialdemokratischen Lager über die berührten Fragen im einzelnen auseinandergehen, durch alle Diskussionen doch immer deutlicher die eine Überzeugung als *gemeinsames Erkenntnisgut* hindurchbricht, daß wir mit einer längeren Lebensdauer und stärkeren Elastizität der gegenwärtigen Gesellschaftsordnung zu rechnen haben, als früher angenommen wurde, und demgemäß die Praxis unseres Kampfes zu entwickeln haben, und gerade diese Idee ist das A und O des vorliegenden Buches.

Hinsichtlich seiner Ausgaben in fremden Sprachen sei noch bemerkt, daß zu den schon erwähnten Übersetzungen noch zwei ins Schwedische hinzugekommen sind und eine englische im Werk ist.[1]

Schöneberg-Berlin, Dezember 1908   Eduard Bernstein

---

1 *Zusatznote.* Sie ist 1909 unter dem Titel Evolutionary Socialism im Verlag der Independent Labour Party erschienen. Von weiteren Übersetzungen sei noch eine in holländischer und eine in tschechischer Sprache erwähnt.

Erstes Kapitel
Die grundlegenden Sätze des marxistischen Sozialismus

a) *Die Wissenschaftselemente des Marxismus*

> „Mit ihnen wurde der Sozialismus eine Wissenschaft, die
> es sich nun handelt, in allen ihren Einzelheiten und Zu-
> sammenhängen weiter auszuarbeiten."
> *Engels,* Herrn Eugen Dührings Umwälzung der Wissen-
> schaft.

Die deutsche Sozialdemokratie erkennt heute als die theoretische Grundlage
ihres Wirkens die von Marx und Engels ausgearbeitete und von ihnen als
wissenschaftlicher Sozialismus bezeichnete Gesellschaftslehre an. Das soll
besagen, daß während die Sozialdemokratie als kämpfende Partei bestimmte
Interessen und Tendenzen vertritt, für *selbstgesetzte Ziele* streitet, sie bei
der Bestimmung dieser Ziele in letzter, entscheidender Linie einer Erkenntnis folgt, die eines objektiven, nur auf Erfahrung und Logik als Beweismaterial angewiesenen und mit ihnen übereinstimmenden Beweises fähig ist.
Denn was eines solchen Beweises nicht fähig ist, ist nicht mehr Wissenschaft,
sondern beruht auf subjektiven Eingebungen, auf bloßem Wollen oder Meinen.
Bei allen Wissenschaften kann man zwischen einer reinen und einer angewandten Lehre unterscheiden. Die erstere besteht aus Erkenntnissätzen, die
aus der Gesamtheit der einschlägigen Erfahrungen abgeleitet sind und daher
als allgemeingültig betrachtet werden. Sie bilden in der Theorie das beständige Element. Aus den Anwendungen dieser Sätze auf die Einzelerscheinungen
oder die Einzelfälle der Praxis baut sich die angewandte Wissenschaft auf:
die aus dieser Anwendung gewonnenen Erkenntnisse, die in Lehrsätze zusammengefaßt werden, sind Sätze der angewandten Wissenschaft. Sie bilden
im Lehrgebäude das veränderliche Element.
Beständig und veränderlich sind indes hier nur bedingt zu verstehen. Auch
die Sätze der reinen Wissenschaft sind Veränderungen unterworfen, die aber
zumeist in der Form von Einschränkungen vor sich gehen. Mit der fortschreitenden Erkenntnis werden Sätze, denen vorher absolute Gültigkeit beigelegt wurde, als bedingt erkannt und durch neue Erkenntnissätze ergänzt,
welche diese Gültigkeit einschränken, aber zugleich das Gebiet der reinen

Wissenschaft erweitern.[1] Umgekehrt behalten in der angewandten Wissenschaft die einzelnen Sätze für bestimmte Fälle dauernde Geltung. Ein Satz der Agrikulturchemie oder der Elektrotechnik, sofern er überhaupt erprobt worden, bleibt immer richtig, sobald die Voraussetzungen, auf denen er beruht, wiederhergestellt sind. Aber die Vielheit der Voraussetzungselemente und ihrer Verbindungsmöglichkeiten bewirken eine unendliche Mannigfaltigkeit solcher Sätze und eine beständige Verschiebung im Wertverhältnis derselben zueinander. Die Praxis schafft immer neuen Erkenntnisstoff und verändert das Gesamtbild sozusagen mit jedem Tage, läßt fortgesetzt in die Rubrik der veralteten Methoden wandern, was einst neue Errungenschaft war.

Eine systematische Ausschälung der reinen Wissenschaft des marxistischen Sozialismus von ihrem angewandten Teile ist bisher noch nicht versucht worden, wenngleich es an wichtigen Vorarbeiten dazu nicht fehlt. Marx' bekannte Darlegung seiner Geschichtsauffassung im Vorwort von „Zur Kritik der politischen Ökonomie" und der dritte Abschnitt von Fr. Engels: „Die Entwicklung des Sozialismus von der Utopie zur Wissenschaft" sind als die bedeutsamsten Darlegungen hier an erster Stelle zu nennen. Im erwähnten Vorwort legt Marx die allgemeinen Grundzüge seiner Geschichts- oder Gesellschaftsphilosophie in so knappen, bestimmten, von allen Beziehungen auf Spezialerscheinungen und Spezialformen getrennten Sätzen dar, wie es in gleicher Reinheit nirgends anders geschehen ist. Es fehlt da kein für die Marxsche Geschichtsphilosophie wesentlicher Gedanke.

Das Engelssche Schriftwerk ist teils eine gemeinverständlichere Fassung, teils eine Erweiterung der Marxschen Sätze. Es wird darin auf Spezialerscheinungen der Entwicklung, wie die von Marx als bürgerlich charakterisierte moderne Gesellschaft, Bezug genommen und wird deren weiterer Entwicklungsgang eingehender vorgezeichnet, so daß man an vielen Stellen schon von angewandter Wissenschaft sprechen kann. Einzelnes kann da schon herausgebrochen werden, ohne daß der Fundamentalgedanke Schaden leidet. Aber in den Hauptsätzen ist die Darstellung noch allgemein genug, um für die reine Wissenschaft des Marxismus beansprucht werden zu können. Dazu berechtigt und nötigt auch die Tatsache, daß der Marxismus mehr sein will als abstrakte Geschichtstheorie. Er will zugleich Theorie der modernen Gesellschaft und ihrer Entwicklung sein. Man kann, wenn man streng unterscheiden will, diesen Teil der marxistischen Lehre schon als angewandte Doktrin bezeichnen, aber es ist eine für den Marxismus durchaus wesentliche Anwen-

---

1 In dieser Hinsicht bieten namentlich die Naturwissenschaften überzeugende Beispiele. Man denke unter anderem an das Schicksal der Atomenlehre.

dung, ohne die er so ziemlich jede Bedeutung als politische Wissenschaft verlöre. Es müssen daher die allgemeinen oder Hauptsätze dieser Ausführungen über die moderne Gesellschaft noch der reinen Lehre des Marxismus zugerechnet werden. Wenn die gegenwärtige, rechtlich auf dem Privateigentum und der freien Konkurrenz beruhende Gesellschaftsordnung für die Geschichte der Menschheit ein spezieller Fall ist, so ist sie für die gegenwärtige Kulturepoche doch zugleich der allgemeine und dauernde Fall. Alles, was von der Marxschen Kennzeichnung der bürgerlichen Gesellschaft und ihres Entwicklungsganges bedingungslose, das heißt von nationalen und lokalen Besonderheiten unabhängige Geltung beansprucht, würde demgemäß in das Gebiet der reinen Doktrin gehören, alles, was sich auf zeitliche und örtliche Spezialerscheinungen und Konjekturen bezieht, alle Spezialformen der Entwicklung dagegen in die angewandte Wissenschaft.

Es ist seit einiger Zeit Mode geworden, das mehr analytische Eindringen in die Marxsche Lehre mit dem Worte Scholastik zu diskreditieren. Solche Schlagworte sind sehr bequem und fordern gerade deswegen zur größten Vorsicht heraus. Untersuchung der Begriffe, Scheidung des Zufälligen vom Wesentlichen wird immer wieder von neuem notwendig, wenn die Begriffe sich nicht verflachen, die Ableitungen sich nicht zu reinen Glaubenssätzen versteinern sollen. Die Scholastik hat nicht bloß begriffliche Haarspalterei getrieben, sie hat nicht nur die Handlangerin der Orthodoxie gespielt, sondern sie hat, indem sie die Dogmen der Theologie begrifflich analysierte, sehr viel zur Überwindung des Dogmatismus beigetragen; sie hat den Wall unterminiert, den die orthodoxe Dogmenlehre der freien philosophischen Forschung entgegensetzte – auf dem Boden, den die Scholastik urbar gemacht, ist die Philosophie eines Descartes und Spinoza erwachsen. Es gibt eben verschiedene Arten von Scholastik: apologetische und kritische. Die letztere ist seit jeher aller Orthodoxie ein Greuel.

Indem wir die Elemente des Marxschen Lehrgebäudes in der vorerwähnten Weise trennen, gewinnen wir einen leitenden Maßstab der Wertung einzelner seiner Sätze für das ganze System. Mit jedem Satze der reinen Wissenschaft würde ein Stück des Fundaments weggerissen und ein großer Teil des ganzen Gebäudes seiner Stütze beraubt und hinfällig werden. Anders mit den Sätzen der angewandten Wissenschaft. Diese können fallen, ohne das Fundament im geringsten zu erschüttern. Ja, ganze Satzreihen der angewandten Wissenschaft könnten fallen, ohne die anderen Teile in Mitleidenschaft zu ziehen. Es müßte sich nur nachweisen lassen, daß im Aufbau der Mittelglieder ein Fehler gemacht wurde. Wo sich solche Fehler nicht nachweisen lassen, würde allerdings der unvermeidliche Schluß der sein, daß im Fundament ein Fehler oder eine Lücke war.

Es liegt indes außerhalb des Planes dieser Arbeit, hier eine solche systematische Teilung bis in die feineren Einzelheiten vorzunehmen, da es sich um keine erschöpfende Darstellung und Kritik der Marxschen Lehre handelt. Es genügt für meinen Zweck, das schon erwähnte Programm des historischen Materialismus, die (in ihm bereits im Keim enthaltene) Lehre von den Klassenkämpfen im allgemeinen und dem Klassenkampf zwischen Bourgeoisie und Proletariat im besonderen sowie die Mehrwertlehre mit der Lehre von der Produktionsweise der bürgerlichen Gesellschaft und den in ihr begründeten Entwicklungstendenzen dieser Gesellschaft als die Hauptbestandteile dessen zu kennzeichnen, was meines Erachtens das Gebäude der reinen Wissenschaft des Marxismus bildet. Wie die Sätze der angewandten sind auch die der reinen Wissenschaft selbstverständlich unter sich wieder von verschiedenem Werte für das System.

So wird von niemand bestritten werden, daß das wichtigste Glied im Fundament des Marxismus sozusagen das Grundgesetz, daß das System durchdringt, seine spezifische Geschichtstheorie ist, die den Namen materialistische Geschichtsauffassung trägt. Mit ihr steht und fällt es im Prinzip, in dem Maße, wie sie Einschränkungen erleidet, wird die Stellung der übrigen Glieder zueinander in Mitleidenschaft gezogen. Jede Untersuchung seiner Richtigkeit muß daher von der Frage ausgehen, ob oder wie weit diese Theorie Gültigkeit hat.

b) *Die materialistische Geschichtsauffassung und die historische Notwendigkeit*

> „Wir hatten, den Gegnern gegenüber, das von diesen geleugnete Hauptprinzip (die ökonomische Seite) zu betonen, und da war nicht immer Zeit, Ort und Gelegenheit, die übrigen, an der Wechselwirkung beteiligten Momente zu ihrem Recht kommen zu lassen."
> *Friedrich Engels,* Brief von 1890, abgedruck im „Soz. Akademiker", Oktober 1895.

Die Frage nach der Richtigkeit der materialistischen Geschichtsauffassung ist die Frage nach der geschichtlichen Notwendigkeit und ihren Ursachen. Materialist sein heißt zunächst, alles Geschehen auf notwendige Bewegungen der Materie zurückführen. Die Bewegung der Materie vollzieht sich nach der materialistischen Lehre mit Notwendigkeit als ein mechanischer Prozeß. Kein Vorgang ist da ohne seine von vornherein notwendige Wirkung, kein Geschehen ohne seine materielle Ursache. Es ist also die Bewegung der Materie, welche die Gestaltung der Ideen und Willensrichtungen bestimmt, und so sind auch diese und damit alles Geschehen in der Menschenwelt materiell notwendig. So ist der Materialist ein Calvinist ohne Gott. Wenn er an keine von einer Gottheit verfügte Vorherbestimmung glaubt, so glaubt er doch und muß es glauben, daß von jedem beliebigen Zeitpunkt an alles weitere Geschehen durch die Gesamtheit der gegebenen Materie und die Kraftbeziehungen ihrer Teile im voraus bestimmt ist.

Die Übertragung des Materialismus in die Geschichtserklärung heißt daher von vornherein die Behauptung der Notwendigkeit aller geschichtlichen Vorgänge und Entwicklungen. Die Frage für den Materialisten ist nur, auf welche Weise setzt sich in der menschlichen Geschichte die Notwendigkeit durch, welches Kraftelement oder welche Kraftfaktoren sprechen da das entscheidende Wort, welches ist das Verhältnis der verschiedenen Kraftfaktoren zueinander, welche Rolle kommt der Natur, der Wirtschaft, den Rechtseinrichtungen, den Ideen in der Geschichte zu.

Marx gibt an der schon erwähnten Stelle die Antwort dahin, daß er als den bestimmenden Faktor die jeweiligen materiellen Produktivkräfte und Produktionsverhältnisse der Menschen bezeichnet. „Die Produktionsweise des materiellen Lebens bedingt den sozialen, politischen und geistigen Lebensprozeß überhaupt. Es ist nicht das Bewußtsein der Menschen, das ihr Sein, sondern umgekehrt ihr gesellschaftliches Sein, das ihr Bewußtsein bestimmt. Auf einer gewissen Stufe ihrer Entwicklung geraten die materiellen Produktivkräfte der Gesellschaft in Widerspruch mit den vorhandenen Produktionsverhältnissen, oder, was nur ein juristischer Ausdruck dafür ist, mit den Eigentumsverhältnissen, innerhalb deren sie sich bisher bewegt hatten. Aus Entwicklungsformen der Produktivkräfte schlagen diese Verhältnisse in Fesseln derselben um. Es tritt dann eine Epoche sozialer Revolution ein. Mit der Veränderung der ökonomischen Grundlage wälzt sich der ganze ungeheure Überbau (die rechtlichen und politischen Einrichtungen, denen bestimmte gesellschaftliche Bewußtseinsformen entsprechen) langsamer oder rascher um. . . . Eine Gesellschaftsformation geht nie unter, bevor alle Produktivkräfte entwickelt sind, für die sie weit genug ist, und neue höhere Produktionsverhältnisse treten nie an die Stelle, bevor die materiellen Existenzbedingungen derselben im Schoße der alten Gesellschaft selbst ausgebrütet sind. . . . Die bürgerlichen Produktionsverhältnisse sind die letzte antagonistische Form des gesellschaftlichen Produktionsprozesses . . . aber die im Schoße der bürgerlichen Gesellschaft sich entwickelnden Produktivkräfte schaffen zugleich die materiellen Bedingungen zur Lösung dieses Antagonismus. Mit dieser Gesellschaftsform schließt daher die Vorgeschichte der menschlichen Gesellschaft ab." („Zur Kritik der politischen Ökonomie", Vorwort.)

Es sei zunächst vorwegnehmend bemerkt, daß der Schlußsatz und das Wort

„letzte" in dem ihm vorhergehenden Satz nicht beweisbar, sondern mehr oder weniger begründete Annahmen sind. Sie sind aber auch für die Theorie unwesentlich, gehören vielmehr schon zu den Anwendungen und können daher hier übergangen werden.

Betrachtet man die übrigen Sätze, so fällt vor allem, von dem „langsamer oder rascher" abgesehen (in dem allerdings sehr viel liegt), ihre apodiktische Fassung auf. So werden im zweiten der zitierten Sätze „Bewußtsein" und „Sein" so schroff gegenübergestellt, daß die Folgerung naheliegt, die Menschen würden lediglich als lebendige Agenten geschichtlicher Mächte betrachtet, deren Werk sie geradezu wider Wissen und Willen ausführen. Und das wird nur zum Teil modifiziert durch einen hier als nebensächlich fortgelassenen Satz, worin die Notwendigkeit betont wird, bei sozialen Umwälzungen zwischen der materiellen Umwälzung in den Produktionsbedingungen und den „ideologischen Formen" zu unterscheiden, „worin sich die Menschen dieses Konflikts bewußt werden und ihn ausfechten". Im ganzen erscheint das Bewußtsein und Wollen der Menschen als ein der materiellen Bewegung sehr untergeordneter Faktor.

Auf einen nicht minder prädestinatorisch lautenden Satz stoßen wir im Vorwort zum ersten Band des „Kapitals". „Es handelt sich", heißt es da mit Bezug auf die „Naturgesetze" der kapitalistischen Produktion, „um diese *mit eherner Notwendigkeit wirkenden und sich durchsetzenden* Tendenzen." Und doch, wo eben noch von *Gesetz* gesprochen ward, drängt sich am Schluß statt dieses starren ein biegsamerer Begriff ein: die *Tendenz*. Und auf dem nächsten Blatte steht dann der oft zitierte Satz, daß die Gesellschaft die Geburtswehen naturgemäßer Entwicklungsphasen „abkürzen und mildern" kann.

Sehr viel bedingter erscheint die Abhängigkeit der Menschen von den Produktionsverhältnissen in der Erklärung, wie sie Fr. Engels noch zu Lebzeiten von Karl Marx und in Übereinstimmung mit ihm in der Streitschrift wider Dühring vom historischen Materialismus gibt. Da heißt es, daß „die letzten Ursachen aller gesellschaftlichen Veränderungen und politischen Umwälzungen" nicht in den Köpfen der Menschen, sondern „in Veränderungen der Produktions- und Austauschweise" zu suchen seien. „*Letzte* Ursachen" schließt aber mitwirkende Ursachen anderer Art ein, Ursachen zweiten, dritten usw. Grades, und es ist klar, daß je größer die Reihe solcher Ursachen ist, um so mehr die bestimmende Kraft der letzten Ursachen qualitativ wie quantitativ beschränkt wird. Die Tatsache ihrer Wirkung bleibt, aber die schließliche Gestaltung der Dinge hängt nicht allein von ihr ab. Eine Wirkung, die das Ergebnis des Waltens verschiedener Kräfte ist, läßt sich nur dann mit Sicherheit berechnen, wenn alle Kräfte genau bekannt sind und nach ihrem vollen Wert in Rechnung gesetzt werden. Die Ignorierung selbst einer Kraft niederen Grades kann, wie jeder Mathematiker weiß, die größten Abweichungen zur Folge haben.

In seinen späteren Arbeiten hat Fr. Engels die bestimmende Kraft der Produktionsverhältnisse noch weiter eingeschränkt. Am meisten in zwei im „Sozialistischen Akademiker" vom Oktober 1895 abgedruckten Briefen, der eine davon im Jahre 1890, der andere im Jahre 1894 verfaßt. Dort werden „Rechtsformen", politische, juristische, philosophische Theorien, religiöse Anschauungen beziehungsweise Dogmen als Einflüsse aufgezählt, die auf den Verlauf der geschichtlichen Kämpfe einwirken und in vielen Fällen *vorwiegend* deren *Form* bestimmen". „Es sind also unzählige, einander durchkreuzende Kräfte", heißt es, „eine unendliche Gruppe von Kräfteparallelogrammen, daraus eine *Resultante* — das geschichtliche Ereignis — hervorgeht, die selbst wieder als das Produkt einer, als Ganzes bewußtlos und willenlos wirkenden Macht angesehen werden kann. Denn was jeder einzelne will, wird von jedem anderen verhindert, und was *herauskommt, ist etwas, was keiner gewollt hat.*" (Brief von 1890.) „Die politische, rechtliche, philosophische, religiöse, literarische, künstlerische usw. Entwicklung beruht auf der ökonomischen. *Aber sie alle reagieren aufeinander und auf die ökonomische Basis.*" (In einem Schreiben von 1895.) Man wird gestehen, daß dies etwas anders klingt als die eingangs zitierte Stelle bei Marx.

Es soll natürlich nicht behauptet werden, daß Marx und Engels zu irgendeiner Zeit die Tatsache übersehen hätten, daß nichtökonomische Faktoren auf den Verlauf der Geschichte einen Einfluß ausüben. Unzählige Stellen aus ihren ersten Schriften ließen sich gegen solche Annahme anführen. Aber es handelt sich hier um ein *Maßverhältnis,* nicht darum, ob ideologische Faktoren anerkannt wurden, sondern welches *Maß* von Einfluß, welche Bedeutung für die Geschichte ihnen zugeschrieben wurden. In dieser Hinsicht aber ist ganz und gar nicht zu bestreiten, daß Marx und Engels ursprünglich den nichtökonomischen Faktoren eine sehr viel geringere Mitwirkung bei der Entwicklung der Gesellschaften, eine sehr viel geringere Rückwirkung auf die Produktionsverhältnisse zuerkannt haben als in ihren späteren Schriften. Es entspricht dies auch dem natürlichen Entwicklungsgang jeder neuen Theorie. Stets tritt eine solche zuerst in einer schroffen, apodiktischen Formulierung auf. Um sich Geltung zu verschaffen, muß sie die Hinfälligkeit der alten Theorien beweisen, und in diesem Kampfe sind Einseitigkeit und Übertreibung von selbst angezeigt. In dem Satz, den wir diesem Abschnitt als Motto vorangestellt haben, erkennt Engels dies rückhaltlos an, und anschließend an ihn bemerkt er noch: „Es ist aber leider zu häufig, daß man glaubt, eine neue Theorie vollkommen verstanden zu haben und ohne weiteres handhaben zu können, sobald man die Hauptsätze sich angeeignet hat. . . ." Wer heute die materialistische Geschichtstheorie anwendet, ist verpflichtet, sie in ihrer ausgebildetsten und nicht in ihrer ursprünglichen Form anzuwenden, das heißt, er ist verpflichtet, neben der Entwicklung und dem Einfluß der Produktivkräfte und Produktionsverhältnisse den Rechts- und Moralbegriffen, den geschichtlichen und religiösen Traditionen jeder Epoche, den Einflüssen von geographischen und sonstigen Natureinflüssen, wozu denn auch die Natur des Menschen selbst und seiner geistigen Anlagen gehört, voll Rechnung zu tragen. Es ist das ganz besonders da im Auge zu behalten, wo es sich nicht mehr bloß um reine Erforschung früherer Geschichtsepochen, sonern schon um Projizierung kommender Entwicklungen handelt, wo die materialistische Geschichtsauffassung als Wegweiser für die Zukunft helfen soll.

Den Theorien gegenüber, die die menschliche Natur als etwas Gegebenes und Unveränderliches behandeln, ist von der sozialistischen Kritik mit Recht auf die großen Veränderungen hingewiesen worden, welche die menschliche Natur in den verschiedenen Ländern im Laufe der Zeiten durchgemacht hat, die Veränderungsfähigkeit, welche Menschen einer bestimmten Epoche an den Tag legen, wenn sie in andere Verhältnisse versetzt werden. In der Tat ist die Natur des Menschen sehr elastisch, soweit es sich um die Anpassungsfähigkeit an neue Naturverhältnisse und eine neue soziale Umgebung handelt. Aber man muß eines nicht vergessen. Wo so große Massen in Frage kommen wie die modernen Nationen mit ihren aus jahrtausendelanger Entwicklung herausgewachsenen Lebensgewohnheiten, ist selbst von größeren Eigentumsumwälzungen eine rasche Wandlung der Menschennatur um so weniger zu erwarten, als die Wirtschafts- und Eigentumsverhältnisse nur einen Teil der sozialen Umgebung ausmachen, die auf den menschlichen Charakter bestimmend einwirkt. Auch hier ist eine Vielheit von Faktoren in Betracht zu ziehen, und zu der Produktions- und Austauschweise, auf welche der historische Materialismus das Hauptgewicht legt, kommt unter anderem hinzu das zwar durch diese bedingte, aber, einmal gegeben, eigene Rückwirkungen äußernde territoriale Gruppierungs- oder Agglomerationsverhältnis, das heißt die örtliche Verteilung der Bevölkerung und das Verkehrswesen.

In einem Briefe an Konrad Schmidt, datiert vom 27. Oktober 1890, hat Friedrich Engels in trefflicher Weise gezeigt, wie sich *gesellschaftliche Einrichtungen* aus Erzeugnissen wirtschaftlicher Entwicklung zu *sozialen Mächten* mit *Eigenbewegung* verselbständigen, die nun ihrerseits auf jene zurückwirken und sie je nachdem fördern, aufhalten oder in andere Bahnen lenken können. Er führt als Beispiel in erster Linie die *Staatsmacht* an, wobei er die meist von ihm gegebene Definition des Staates als Organ der Klassenherrschaft und Unterdrückung durch die sehr bedeutsame Zurückführung des

Staates auf die gesellschaftliche *Teilung der Arbeit* ergänzt.[2] Der historische Materialismus leugnet also durchaus nicht eine Eigenbewegung politischer und ideologischer Mächte, er bestreitet nur die Unbedingtheit dieser Eigenbewegung und zeigt, daß die Entwicklung der ökonomischen Grundlagen des Gesellschaftslebens — Produktionsverhältnisse und Klassenentwicklung — schließlich doch auf die Bewegung jener Mächte den stärkeren Einfluß übt.

Aber jedenfalls bleibt die Vielheit der Faktoren, und es ist keineswegs immer leicht, die Zusammenhänge, die zwischen ihnen bestehen, so genau bloßzulegen, daß sich mit Sicherheit bestimmen läßt, wo im gegebenen Falle die jeweilig stärkste Triebkraft zu suchen ist. Die rein ökonomischen Ursachen schaffen zunächst nur die Anlage zur Aufnahme bestimmter Ideen, wie aber diese dann aufkommen und sich ausbreiten und welche Form sie annehmen, hängt von der Mitwirkung einer ganzen Reihe von Einflüssen ab. Man tut dem historischen Materialismus mehr Abbruch, als man ihm nützt, wenn man die entschiedene Betonung der Einflüsse anderer als rein ökonomischer Natur und die Rücksicht auf andere ökonomische Faktoren als die Produktionstechnik und ihre vorausgesehene Entwicklung von vornherein als Eklektizismus vornehm zurückweist. Der Eklektizismus — das Auswählen aus verschiedenen Erklärungen und Behandlungsarten der Erscheinungen — ist oft nur die natürliche Reaktion gegen den doktrinären Drang, alles aus einem herzuleiten und nach einer und derselben Methode zu behandeln. Sobald solcher Drang überwuchert, wird sich der eklektische Geist immer wieder mit elementarer Gewalt Bahn brechen. Er ist die Rebellion des nüchternen Verstandes gegen die jeder Doktrin innewohnende Neigung, den Gedanken „in spanische Stiefel einzuschnüren".[3]

---

2 Allerdings wird auch im „Ursprung der Familie" eingehend gezeigt, wie die gesellschaftliche Arbeitsteilung das Aufkommen des Staates nötig machte. Aber Engels läßt diese Seite der Entstehung des Staates später völlig fallen und behandelt, wie im „Anti-Dühring", den Staat schließlich nur noch als Organ der politischen Repression.

3 Damit soll natürlich weder die verflachende Tendenz des Eklektizismus, noch der große theoretische wie praktische Wert des Strebens nach einheitlicher Erfassung der Dinge geleugnet werden. Ohne dieses Streben kein wissenschaftliches Denken. Aber das Leben ist umfassender als alle Theorie, und so hat sich die gestrenge Doktrin noch immer schließlich dazu bequemen müssen, bei der Eklektik, dieser frivolen Person, die im Garten des Lebens keck herumnascht, unterderhand stille Anleihen zu machen und sie vor der Welt damit zu quittieren, daß sie nachträglich erklärte, sie habe dies oder jenes „im Grunde auch immer" gemeint.

In je höherem Grade nun neben den rein ökonomischen Mächten andere Mächte das Leben der Gesellschaft beeinflussen, um so mehr verändert sich auch das Walten dessen, was wir historische Notwendigkeit nennen. In der modernen Gesellschaft haben wir in dieser Hinsicht zwei große Strömungen zu unterscheiden. Auf der einen Seite zeigt sich eine wachsende Einsicht in die Gesetze der Entwicklung und namentlich der ökonomischen Entwicklung. Mit dieser Erkenntnis geht, teils als ihre Ursache, teils aber wiederum als ihre Folge, Hand in Hand eine steigende Fähigkeit, die ökonomische Entwicklung zu *leiten*. Wie die physische wird auch die ökonomische Naturmacht in dem Maße von der Herrscherin zur Dienerin der Menschen, als ihr Wesen erkannt ist. Die Gesellschaft steht so der ökonomischen Triebkraft theoretisch freier als je gegenüber, und nur der Gegensatz der Interessen zwischen ihren Elementen — die Macht der Privat- und Gruppeninteressen — verhindert die volle Übersetzung dieser theoretischen in praktische Freiheit. Indes gewinnt auch hier das Allgemeininteresse in wachsendem Maße an Macht gegenüber dem Privatinteresse, und in dem Grade, wie dies der Fall, und auf allen Gebieten, wo dies der Fall, hört das elementarische Walten der ökonomischen Mächte auf. Ihre Entwicklung wird vorweggenommen und setzt sich deshalb um so rascher und leichter durch. Individuen und ganze Völker entziehen so einen immer größeren Teil ihres Lebens dem Einfluß einer sich ohne oder gegen ihren Willen durchsetzenden Notwendigkeit.

Weil aber die Menschen den ökonomischen Faktoren immer größere Beachtung schenken, gewinnt es leicht den Anschein, als spielten diese heute eine größere Rolle als früher. Das ist jedoch nicht der Fall. Die Täuschung wird bloß dadurch erweckt, daß das ökonomische Motiv heute frei auftritt, wo es früher durch Herrschaftsverhältnisse und Ideologien aller Art verkleidet war. An Ideologie, die nicht von der Ökonomie und der als ökonomische Macht wirkenden Natur bestimmt ist, ist die moderne Gesellschaft vielmehr reicher als frühere Gesellschaften.[4] Die Wissenschaften, die Künste, eine größere

---

„Doch hat Genie und Herz vollbracht,
Was Locke und Descartes nie gedacht,
Sogleich wird auch von diesen
Die Möglichkeit bewiesen."
Ein gutes Beispiel dafür liefert in der Geschichte der Sozialwissenschaften die Geschichte der Theorie und Praxis des Genossenschaftswesens.

4 Wem das paradox erscheint, der sei daran erinnert, daß die zahlreichste Klasse der Bevölkerung überhaupt erst in der modernen Gesellschaft für die in dem oben entwickelten Sinne freie Ideologie mitzählt. Landvolk und Arbeiter waren früher teils für ökonomische Zwecke rechtlich gebunden, teils unter dem Einfluß von Ideolo-

Reihe sozialer Beziehungen sind heute viel weniger von der Ökonomie abhängig als zu irgendeiner früheren Zeit. Oder um keiner Mißdeutung Raum zu geben, der heute erreichte Stand ökonomischer Entwicklung läßt den ideologischen und insbesondere den ethischen Faktoren einen größeren Spielraum selbständiger Betätigung, als dies vordem der Fall war. Infolgedessen wird der Kausalzusammenhang zwischen technisch-ökonomischer Entwicklung und der Entwicklung der sonstigen sozialen Einrichtungen ein immer mehr mittelbarer, und damit werden die Naturnotwendigkeiten der ersteren immer weniger maßgebend für die Gestaltung der letzteren.

Der „Geschichte ehernes Muß" erhält auf diese Weise eine Einschränkung, die für die Praxis der Sozialdemokratie, um dies vorauszuschicken, keine Minderung, sondern eine *Steigerung* und *Qualifizierung* der sozialpolitischen Aufgaben bedeutet.

Nach alledem sehen wir die materialistische Geschichtsauffassung heute in anderer Gestalt vor uns, als sie ihr zuerst von ihren Urhebern gegeben wurde. Bei ihnen selbst hat sie eine Entwicklung durchgemacht, bei ihnen selbst an absolutistischer Deutung Einschränkungen erlitten. Das ist, wie gezeigt, die Geschichte jeder Theorie. Es wäre der größte Rückschritt, etwa von der reifen Form, die ihr Engels in den Briefen an Konrad Schmidt und den vom „Sozialistischen Akademiker" veröffentlichten Briefen gegeben hat, zurückzugehen auf die ersten Definitionen und ihr gestützt auf diese eine „monistische" Deutung zu geben. Vielmehr sind die ersten Definitionen durch jene Briefe zu ergänzen. Der Grundgedanke der Theorie verliert dadurch nicht an Einheitlichkeit, aber die Theorie selbst gewinnt an Wissenschaftlichkeit. Sie wird mit diesen Ergänzungen erst wahrhaft zur Theorie wissenschaftlicher Geschichtsbetrachtung. In ihrer ersten Form konnte sie in der Hand eines Marx zum Hebel großartiger geschichtlicher Entdeckungen werden, aber

---

gien, in denen sich die Beherrschung des Menschen durch die Natur widerspiegelte. Letzteres ist bekanntlich auch der Grundzug der Ideologien (Aberglauben) der Naturvölker. Wenn also Ernst Belfort-Bax in seinem Artikel „Synthetische und materialistische Geschichtsauffassung" („Sozialistische Monatshefte", Dezember 1897) sagt, er gebe zu, daß in der Zivilisation das ökonomische Moment fast immer ausschlaggebend gewesen sei, in der vorgeschichtlichen Periode habe es dagegen auf den spekulativen Glauben weniger direkten Einfluß gehabt, da seien die „Grundgesetze menschlichen Denkens und Fühlens" bestimmend gewesen, so stellt er, auf rein äußerliche Unterschiede hin, die Dinge auf den Kopf. Bei den vorgeschichtlichen Völkern ist die sie umgebende *Natur* die *entscheidende ökonomische* Macht und als solche von größtem Einfluß auf ihr Denken und Fühlen. Bax' Kritik des historischen Materialismus schießt unter anderem auch deshalb fast immer am Ziele vorbei, weil er gerade da ultra-orthodox ist, wo in der Vorführung des historischen Materialismus ursprünglich am meisten übertrieben wurde.

selbst sein Genie ward durch sie zu allerhand Fehlschlüssen verleitet.[5] Wieviel mehr erst alle diejenigen, welche weder über sein Genie noch über seine Kenntnisse verfügen. Als wissenschaftliche Grundlage für die sozialistische Theorie kann die materialistische Geschichtsauffassung heute nur noch in der vorgeführten Erweiterung gelten, und alle Anwendungen, die ohne Berücksichtigung oder mit ungenügender Berücksichtigung der damit angezeigten Wechselwirkung der materiellen und ideologischen Kräfte vorgenommen wurden, sind, ob von den Urhebern der Theorie selbst oder von anderen herrührend, demgemäß entsprechend zu berichtigen.

*

Das Vorstehende war bereits geschrieben, als mir das Oktoberheft der „Deutschen Worte", Jahr 1898, mit einem Artikel von Wolfgang Heine über „Paul Barths Geschichtsphilosophie und seine Einwände gegen den Marxismus" zuging. Heine verteidigt dort die Marxsche Geschichtsauffassung gegen den Vorwurf des bekannten Leipziger Dozenten, den Begriff des Materiellen auf das Technisch-Ökonomische zu beschränken, so daß auf sie eher die Bezeichnung ökonomische Geschichtsauffassung paßte. Er hält dieser Bemerkung die zitierten Engelsschen Briefe aus den neunziger Jahren gegenüber und ergänzt sie durch einige sehr beachtenswerte eigene Betrachtungen über die Einzelbeweise des Marxismus und die Entstehung, Fortbildung und Wirkungskraft der Ideologien. Nach ihm kann die marxistische Theorie der Ideologie größere Zugeständnisse machen, als es bisher geschehen, ohne dadurch an ihrer gedanklichen Einheit zu verlieren, und muß sie ihr solche Zugeständnisse machen, um wissenschaftliche, die Tatsachen gebührend würdigende Theorie zu bleiben. Nicht darauf komme es an, ob sich die marxistischen Schriftsteller überall des unleugbaren Zusammenhangs zwischen dem Einfluß überlieferter Ideen und neuer ökonomischer Tatsachen eingedenk gewesen seien oder ihn genügend betont hätten, sondern

---

5 „Es ist viel leichter", sagt Marx an einer viel zitierten Stelle im „Kapital", „durch Analyse den irdischen Kern der religiösen Nebenbildungen zu finden, als umgekehrt aus den jedesmaligen wirklichen Lebensverhältnissen ihre verhimmelten Formen zu entwickeln. *Das letztere ist die einzig materialistische und daher wissenschaftliche Methode.*" („Kapital", I, 2. Aufl., Seite 386.) In dieser Gegenüberstellung liegt eine große Übertreibung. Ohne daß man die verhimmelten Formen schon kennt, würde die beschriebene Art der Entwicklung zu allerhand willkürlichen Konstruktionen verleiten, und wenn man sie kennt, ist die geschilderte Entwicklung Mittel wissenschaftlicher Analyse, aber nicht wissenschaftlicher Gegensatz analytischer Erklärung.

ob sich seine volle Anerkennung in das System der materialistischen Geschichtsauffassung hineinfüge.

Prinzipiell ist diese Fragestellung unbedingt richtig. Es handelt sich hier, wie zuletzt überall in der Wissenschaft, um eine *Grenzfrage*. So stellt sie auch Karl Kautsky in seiner Abhandlung: „Was kann die materialistische Geschichtsauffassung leisten?" Aber man muß sich dessen bewußt bleiben, daß ursprünglich die Frage nicht in dieser Begrenzung gestellt, sondern dem technisch-ökonomischen Faktor eine fast unbeschränkte Bestimmungsmacht in der Geschichte zugeschrieben wurde.

Der Streit dreht sich schließlich, meint Heine, um das *quantitative* Verhältnis der bestimmenden Faktoren, und er setzt hinzu, die Entscheidung habe „mehr praktische als theoretische Wichtigkeit".

„Ich würde vorschlagen, statt „mehr – als" „ebensoviel – wie" zu sagen. Aber daß es sich um eine Frage von großer praktischer Wichtigkeit handelt, ist auch meine Überzeugung. Es ist von großer praktischer Bedeutung, Sätze, die auf Grund übermäßiger Hervorhebung des technisch-ökonomischen Bestimmungsfaktors in der Geschichte formuliert wurden, nach Maßgabe des erkannten Quantitätsverhältnisses der anderen Faktoren zu berichtigen. Es ist nicht genug, daß die Praxis die Theorie korrigiert, die Theorie – wenn sie überhaupt einen Wert haben soll – muß sich dazu verstehen, die Bedeutung der Korrektur anzuerkennen.

Es erhebt sich dann schließlich die Frage, bis zu welchem Punkte die materialistische Geschichtsauffassung noch Anspruch auf ihren Namen hat, wenn man fortfährt, sie in der vorerwähnten Weise durch Einfügung anderer Potenzen zu erweitern. Tatsächlich ist sie nach Engels' vorgeführten Erklärungen nicht rein materialistisch, geschweige denn rein ökonomisch. Ich leugne nicht, daß Name und Sache sich nicht völlig decken. Aber ich suche den Fortschritt nicht in der Verwischung, sondern in der Präzisierung der Begriffe, und da es bei Bezeichnung einer Geschichtstheorie vor allem darauf ankommt, erkennen zu lassen, worin sie sich von anderen unterscheidet, würde ich, weit entfernt, an Barths Titel „Ökonomische Geschichtsauffassung" Anstoß zu nehmen, trotz alledem ihn für die angemessene Bezeichnung der marxistischen Geschichtstheorie halten.

In dem Gewicht, das sie auf die Ökonomie legt, ruht ihre Bedeutung, aus der Erkenntnis und Wertung der ökonomischen Tatsachen stammen ihre großen Leistungen für die Geschichtswissenschaft, stammt die Bereicherung, die ihr dieser Zweig des menschlichen Wissens verdankt. Ökonomische Geschichtsauffassung braucht nicht zu heißen, daß bloß ökonomische Kräfte, bloß ökonomische Motive anerkannt werden, sondern nur, daß die Ökonomie die immer wieder entscheidende Kraft, den Angelpunkt der großen Bewegungen in der Geschichte bildet. Dem Worte materialistische Geschichtsauffassung haften von vornherein alle Mißverständnisse an, die sich überhaupt an den Begriff Materialismus knüpfen. Der philosophische oder naturwissenschaftliche Materialismus ist streng deterministisch, die marxistische Geschichtsauffassung aber mißt der ökonomischen Grundlage des Völkerlebens keinen bedingungslos bestimmenden Einfluß auf dessen Gestaltungen zu.

c) *Die marxistische Lehre vom Klassenkampf und der Kapitalsentwicklung*

Auf der Grundlage der materialistischen Geschichtsauffassung ruht die Lehre von den Klassenkämpfen. „Es fand sich", schreibt Fr. Engels im Anti-Dühring, „daß *alle* bisherige Geschichte[6] die Geschichte von Klassenkämpfen war, daß diese einander bekämpfenden Klassen jedesmal Erzeugnisse sind der Produktions- und Verkehrsverhältnisse, mit einem Worte der ökonomischen Verhältnisse ihrer Epoche." (3. Auflage, Seite 12.) In der modernen Gesellschaft ist es der Klassenkampf zwischen den kapitalistischen Besitzern der Produktionsmittel und den kapitallosen Produzenten, den Lohnarbeitern, der ihr in dieser Hinsicht seinen Stempel aufdrückt. Für die erstere Klasse hat Marx den Ausdruck Bourgeoisie, für die letztere den Ausdruck Proletariat aus Frankreich übernommen, wo sie zur Zeit, als er seine Theorie ausarbeitete, von den dortigen Sozialisten schon mit Vorliebe gebraucht wurden. Dieser Klassenkampf zwischen Bourgeoisie und Proletariat ist der auf die *Menschen* übertragene Gegensatz in den heutigen Produktions*verhältnissen,* nämlich zwischen dem *privaten* Charakter der *Aneignungs*weise und dem *gesellschaftlichen* Charakter der *Produktions*weise. Die Produktionsmittel sind Eigentum von einzelnen Kapitalisten, die sich den Ertrag der Produktion *aneignen,* die Produktion selbst aber ist ein *gesellschaftlicher* Prozeß geworden, das heißt eine von *vielen* auf Grund planmäßiger Teilung und Organisation der Arbeit ausgeführte Herstellung von Gebrauchsgütern. Und dieser Gegensatz birgt in sich oder hat als Ergänzung einen zweiten: der planmäßigen Teilung und Organisation der Arbeit innerhalb der Produktionsanstalten (Werkstatt, Fabrik, Fabrikkomplex usw.) steht die planlose Veräußerung der Produkte auf dem Markte gegenüber.

Ausgangspunkt des Klassenkampfes zwischen Kapitalisten und Arbeiter ist der Interessengegensatz, wie er sich aus der Natur der Verwertung der Arbeit des letzteren durch den ersteren ergibt. Die Untersuchung dieses Ver-

---

6 In der vierten Auflage der Schrift „Die Entwicklung des Sozialismus usw." folgen hier die einschränkenden Worte: „mit Ausnahme der Urzustände".

wertungsprozesses führt zur Lehre vom *Wert* und der Produktion und Aneignung des *Mehrwerts.*

Bezeichnend für die kapitalistische Produktion und für die auf ihr beruhende Gesellschaftsordnung ist, daß sich die Menschen in ihren wirtschaftlichen Beziehungen als Käufer und Verkäufer gegenüberstehen. Sie anerkennt im Wirtschaftsleben keine formalgesetzliche, sondern nur tatsächliche, aus den rein wirtschaftlichen Beziehungen (Besitzunterschiede, Lohnverhältnisse usw.) sich ergebende Abhängigkeitsverhältnisse. Der Arbeiter verkauft dem Kapitalisten seine Arbeitskraft für bestimmte Zeit und unter bestimmten Bedingungen zu einem bestimmten Preis, dem Arbeitslohn. Der Kapitalist verkauft die mit Hilfe des Arbeiters respektive von der Gesamtheit der von ihm beschäftigten Arbeiter hergestellte Produktenmasse auf dem Warenmarkt zu einem Preis, der in der Regel und als Bedingung des Fortgangs seiner Unternehmung einen Überschuß über den Betrag ergibt, den ihn die Herstellung gekostet hat. Was ist nun dieser Überschuß?

Nach Marx ist er der *Mehrwert* der vom Arbeiter geleisteten Arbeit. Die Waren tauschen sich auf dem Markte zu einem Wert aus, der bestimmt wird durch die in ihnen verkörperte Arbeit, gemessen nach Zeit. Was der Kapitalist an vergangener — wir können auch sagen toter — Arbeit in Form von Rohstoff, Hilfsstoff, Maschinenabnutzung, Miete und anderen Unkosten in die Produktion gesteckt hat, erscheint im Werte des Produkts unverändert wieder. Anders mit der aufgewendeten lebendigen Arbeit. Diese kostet den Kapitalisten den Arbeits*lohn,* sie bringt ihm einen diesen übersteigenden Erlös, den Gegenwert des Arbeits*werts.* Der Arbeitswert ist der Wert der in dem Produkt steckenden Arbeits*menge,* der Arbeitslohn ist der Kaufpreis der in der Produktion aufgewendeten Arbeits*kraft.* Preis beziehungsweise Wert der Arbeitskraft sind bestimmt durch die Unterhaltskosten des Arbeiters, wie sie dessen geschichtlich ausgebildeten Lebensgewohnheiten entsprechen. Die Differenz zwischen dem Gegenwert (Erlös) des Arbeitswerts und dem Arbeitslohn ist der *Mehrwert,* den möglichst zu erhöhen und jedenfalls nicht sinken zu lassen das natürliche Bestreben des Kapitalisten ist.

Nun drückt aber die Konkurrenz auf dem Warenmarkt beständig auf die Warenpreise, und Vergrößerung des Absatzes ist immer wieder nur durch Verbilligung der Produktion zu erzielen. Der Kapitalist kann diese Verbilligung auf dreierlei Weise erzielen: Herabsetzung der Löhne, Verlängerung der Arbeitszeit, Steigerung der Produktivität der Arbeit. Da es jedesmal bestimmte Grenzen für die zwei ersteren gibt, wird seine Energie immer wieder auf die letztere hingelenkt. Bessere Organisierung der Arbeit, Verdichtung der Arbeit und Vervollkommnung der Maschinerie ist in der entwickelten kapitalistischen Gesellschaft das vorherrschende Mittel, die Produktion zu verbilligen. In allen diesen Fällen ist die Folge, daß sich die *organische Zusammensetzung des Kapitals,* wie Marx es nennt, ändert. Das Verhältnis des auf Rohstoffe, Arbeitsmittel usw. ausgelegten Kapitalteils steigt, das des auf Arbeitslöhne ausgelegten Kapitalteils sinkt; dieselbe Produktenmasse wird durch weniger Arbeiter, eine erhöhte Produktenmasse durch die alte oder ebenfalls eine verringerte Zahl von Arbeitern hergestellt. Das Verhältnis des Mehrwerts zu dem in Löhnen ausgelegten Kapitalteil nennt Marx die *Mehrwerts-* oder *Ausbeutungsrate,* das Verhältnis des Mehrwerts zum gesamten in die Produktion gesteckten Kapital die *Profitrate.* Es liegt nach dem Vorhergehenden auf der Hand, daß die Mehrwertsrate steigen kann, während gleichzeitig die Profitrate sinkt.

Je nach der Natur des Produktionszweigs finden wir eine sehr verschiedene organische Zusammensetzung des Kapitals. Es gibt Unternehmungen, wo ein unverhältnismäßig großer Kapitalteil für Arbeitsmittel, Rohstoffe usw. und ein im Verhältnis nur geringer Kapitalteil für Löhne verausgabt wird, und andere, wo die Löhne den wichtigsten Teil der Kapitalsauslage bilden. Die ersteren stellen *höhere,* die letzteren *niedere* organische Zusammensetzungen des Kapitals dar. Herrschte durchgängig das gleiche proportionelle Verhältnis zwischen erzieltem Mehrwert und Arbeitslohn, so müßten in diesen letzteren Produktionszweigen die Profitraten die der ersteren Gruppen in vielen Fällen um ein Vielfaches übersteigen. Das ist aber nicht der Fall. Tatsächlich werden die Waren in der entwickelten kapitalistischen Gesellschaft nicht zu ihrem Arbeitswert, sondern zu ihren *Produktionspreisen* veräußert, die in den ausgelegten Herstellungskosten (Arbeitslohn plus verausgabter toter Arbeit) und einem Aufschlag bestehen, der dem Durchschnittsprofit der gesellschaftlichen Gesamtproduktion oder der Profitrate derjenigen Produktionszweige entspricht, in denen die organische Zusammensetzung des Kapitals ein Durchschnittsverhältnis vom Lohnkapital zum übrigen angewandten Kapital aufweist. Die Preise der Waren bewegen sich also in den verschiedenen Produktionszweigen keineswegs in gleicher Weise um ihre Werte. In den einen sind sie beständig weit unter, in anderen beständig über dem Wert, und nur in Produktionszweigen mittlerer organischer Zusammensetzung des Kapitals nähern sie sich den Werten an. Das Wertgesetz verschwindet völlig aus dem Bewußtsein der Produzenten, es wirkt nur hinter ihrem Rücken, indem sich nach ihm in längeren Zwischenräumen die Höhe der Durchschnittsprofitrate reguliert.

Die Zwangsgesetze der Konkurrenz und der wachsende Kapitalreichtum der Gesellschaft wirken auf ein beständiges Sinken der Profitrate hin, das durch gegenwirkende Kräfte verlangsamt, aber nicht dauernd aufgehalten wird. Überproduktion von Kapital geht mit Überschüssigmachung von Arbeitern Hand in Hand. Immer größere Zentralisation greift in Industrie, Handel und

Landwirtschaft um sich und immer stärkere Expropriation kleiner Kapitalisten durch größere. Periodische Krisen, herbeigeführt durch die Produktionsanarchie in Verbindung mit der Unterkonsumtion der Massen, treten immer heftiger, immer zerstörender auf und beschleunigen durch Vernichtung unzähliger kleiner Kapitalisten den Zentralisierungs- und Expropriierungsprozeß. Auf der einen Seite verallgemeinert sich die kollektivistische – kooperative – Form des Arbeitsprozesses auf stets wachsender Stufenleiter in steigendem Grade, auf der anderen wächst „mit der beständig abnehmenden Zahl der Kapitalmagnaten, welche alle Vorteile dieses Umwandlungsprozesses usurpieren und monopolisieren, die Masse des Elends, des Druckes, der Knechtschaft, der Entartung, der Ausbeutung, aber auch der Empörung der stets anschwellenden und durch den Mechanismus des kapitalistischen Produktionsprozesses selbst geschulten, vereinten und organisierten Arbeiterklasse". So strebt die Entwicklung einem Punkte zu, wo das Kapitalmonopol zur Fessel wird der mit ihm aufgeblühten Produktionsweise, wo die Zentralisation der Produktionsmittel und die Vergesellschaftung der Arbeit unverträglich werden mit ihrer kapitalistischen Hülle. Diese wird alsdann gesprengt, die Expropriierer und Usurpatoren werden durch die Volksmasse expropriiert, das kapitalistische Privateigentum wird aufgehoben.

Dies die geschichtliche Tendenz der kapitalistischen Produktions- beziehungsweise Aneignungsweise nach Marx. Die Klasse, die dazu berufen ist, die Expropriation der Kapitalistenklasse und die Verwandlung des kapitalistischen in öffentliches Eigentum durchzuführen, ist die Klasse der Lohnarbeiter, das Proletariat. Zu diesem Behuf ist es als politische Partei der Klasse zu organisieren. Diese Klasse ergreift im gegebenen Moment die Staatsmacht und „verwandelt die Produktionsmittel zunächst in Staatseigentum. Aber damit hebt das Proletariat sich selbst als Proletariat, damit hebt es alle Klassenunterschiede und Klassengegensätze auf und damit auch den Staat als Staat." Der Kampf ums Einzeldasein mit seinen Konflikten und Exzessen hört auf, der Staat hat nichts mehr zu unterdrücken und „stirbt ab" (Engels, Entwicklung des Sozialismus).

*

Dies in möglichst knapper Zusammenfassung die wichtigsten Sätze desjenigen Teiles der marxistischen Lehre, den wir noch zur reinen Theorie des auf ihr beruhenden Sozialismus zu rechnen haben. Ebensowenig oder vielmehr noch weniger wie die materialistische Geschichtstheorie ist dieser Teil von Anfang an in vollendeter Form dem Haupte seiner Urheber entsprungen. Mehr noch als dort läßt sich hier eine Entwicklung der Lehre nachweisen, die, bei Festhaltung der Hauptgesichtspunkte, in Einschränkung zuerst apodiktisch hingestellter Sätze besteht. Teilweise ist diese Änderung der Lehre von Marx und Engels selbst zugestanden worden. Im Vorwort zum „Kapital" (1867), im Vorwort zur Neuauflage des „Kommunistischen Manifests" (1872), im Vorwort und einer Note zur Neuauflage des „Elends der Philosophie" (1884) und im Vorwort zu „Die Klassenkämpfe in der Französischen Revolution" (1895) sind einige der Wandlungen angezeigt, die sich mit Bezug auf verschiedene der einschlägigen Fragen in den Ansichten von Marx und Engels im Laufe der Zeit vollzogen haben. Aber nicht alle der dort und anderwärts zu konstatierenden Wandlungen hinsichtlich einzelner Teile oder Voraussetzungen der Theorie haben bei der schließlichen Ausgestaltung dieser volle Berücksichtigung gefunden. Um nur ein Beispiel herauszugreifen. Im Vorwort zur Neuauflage des „Kommunistischen Manifests" sagen Marx und Engels von dem in diesem entwickelten Revolutionsprogramm: „Gegenüber der immensen Fortentwicklung der großen Industrie in den letzten fünfundzwanzig Jahren und der mit ihr fortschreitenden Parteiorganisation der Arbeiterklasse, gegenüber den praktischen Erfahrungen zuerst der *Februarrevolution* und noch weit mehr der *Pariser Kommune,* wo das Proletariat zum ersten Male zwei Monate lang die politische Gewalt inne hatte, ist heute dies Programm stellenweise veraltet. Namentlich hat die Kommune den Beweis geliefert, daß ‚die Arbeiterklasse nicht die fertige Staatsmaschinerie einfach in Besitz nehmen und sie für ihre eigenen Zwecke in Bewegung setzen kann'." Das war 1872 geschrieben. Aber fünf Jahre später, in der Streitschrift gegen Dühring, heißt es wieder kurzweg: „Das Proletariat ergreift die Staatsgewalt und verwandelt die Produktionsmittel zunächst in Staatseigentum." (1. Auflage, S. 233, 3. Auflage, S. 302). Und in der Neuauflage der „Enthüllungen über den Kommunistenprozeß" druckt Engels 1885 ein auf Grund der alten Auffassung aufgestelltes Revolutionsprogramm von 1848 sowie ein ebenfalls im Sinne dieser abgefaßtes Rundschreiben der Exekutive des Kommunistenbundes ab und bemerkt vom ersteren nur lakonisch, daß aus ihm „auch heute noch mancher etwas lernen kann", vom zweiten, daß „manches von dem dort Gesagten auch heute noch paßt" (Seite 14). Man kann nun auf die Worte „zunächst", „mancher", „manches" verweisen und erklären, daß die Sätze eben nur bedingt zu verstehen sind, aber damit wird, wie wir noch sehen werden, die Sache nicht verbessert. Marx und Engels haben sich darauf beschränkt, die Rückwirkungen, welche die von ihnen anerkannten Änderungen in den Tatsachen und die bessere Erkenntnis der Tatsachen auf die Ausgestaltung und Anwendung der Theorie haben müssen, teils überhaupt nur anzudeuten, teils bloß in bezug auf einzelne Punkte festzustellen. Und auch in letzterer Beziehung fehlt es bei ihnen nicht an Widersprüchen. Die Aufgabe, wieder Einheit in die Theorie zu bringen und Einheit zwischen Theorie und Praxis herzustellen, haben sie ihren Nachfolgern hinterlassen.

Diese Aufgabe kann aber nur gelöst werden, wenn man sich rückhaltlos Rechenschaft ablegt über die Lücken und Widersprüche der Theorie. Mit anderen Worten, die *Fortentwicklung* und *Ausbildung* der marxistischen Lehre muß *mit ihrer Kritik beginnen.* Heute[7] steht es so, daß man aus Marx und Engels *alles* beweisen kann. Das ist für den Apologeten und den literarischen Rabulisten sehr bequem. Wer sich aber nur ein wenig theoretischen Sinn bewahrt hat, für wen die Wissenschaftlichkeit des Sozialismus nicht auch „bloß ein Schaustück ist, das man bei festlichen Anlässen aus dem Silberschrank nimmt, sonst aber unberücksichtigt läßt", der wird, sobald er sich dieser Widersprüche bewußt wird, auch das Bedürfnis empfinden, mit ihnen aufzuräumen. Darin und nicht im ewigen Wiederholen der Worte der Meister beruht die Aufgabe ihrer Schüler.

In diesem Sinne wird im nachfolgenden an die Kritik einiger Elemente der marxistischen Lehre gegangen. Der Wunsch, die in erster Linie auf Arbeiter berechnete Schrift in mäßigem Umfang zu halten, und die Notwendigkeit, sie innerhalb weniger Wochen fertigzustellen, mögen es erklären, daß erschöpfende Behandlung des Gegenstandes nicht einmal versucht wurde. Zugleich sei hier ein für allemal erklärt, daß kein Anspruch auf Originalität der Kritik erhoben wird. Das meiste, wenn nicht alles von dem hier Folgenden ist der Sache nach auch schon von anderen ausgeführt oder mindestens angedeutet worden. Insofern besteht die Legitimierung dieser Schrift nicht darin, daß sie vordem Unbekanntes aufdeckt, sondern darin, daß sie schon Entdecktes anerkennt.

Aber auch das ist notwendige Arbeit. Es war, glaube ich, Marx selbst, der einmal mit Bezug auf die Schicksale von Theorien schrieb: „Moors Geliebte kann nur durch Moor sterben." So können die Irrtümer einer Lehre nur dann als überwunden gelten, wenn sie als solche von den Verfechtern der Lehre anerkannt sind. Solche Anerkennung bedeutet noch nicht den Untergang der Lehre. Es kann sich vielmehr herausstellen, daß nach Ablösung dessen, was für irrig erkannt ist — man erlaube mir die Benützung eines Lassalleschen Bildes —, es schließlich doch Marx ist, der gegen Marx recht behält.

Zweites Kapitel
Der Marxismus und Hegelsche Dialektik

a) *Die Fallstricke der hegelianisch-dialektischen Methode*

> „Während langer, oft übernächtiger Debatten infizierte
> ich ihn zu seinem großen Schaden mit Hegelianismus."
> Karl Marx über Proudhon

Die marxistische Geschichtsauffassung und die auf ihr beruhende sozialistische Lehre wurden in ihrer ersten Form in den Jahren von 1844 bis 1847 ausgearbeitet, in einer Zeit, wo sich West- und Mitteleuropa in einer großen revolutionären Gärung befanden. Sie können als das radikalste Produkt dieser Epoche bezeichnet werden.

In Deutschland war jene Zeit die Epoche des erstarkenden bürgerlichen Liberalismus. Wie in anderen Ländern trieb auch hier die ideologische Vertretung der gegen das Bestehende ankämpfenden Klasse weit über das praktische Bedürfnis der Klasse hinaus. Das Bürgertum, worunter die breite Schicht der nichtfeudalen und nicht im Lohnverhältnis stehenden Klassen zu verstehen ist, kämpfte gegen den noch halbfeudalen Staatsabsolutismus, seine philosophische Vertretung begann mit der Negierung des Absoluten, um mit der Negierung des Staates zu enden.

Die philosophische Strömung, die mit Max Stirner ihren nach dieser Seite hin radikalsten Vertreter fand, ist als die radikale Linke der Hegelschen Philosophie bekannt. Wie bei Friedrich Engels nachzulesen, der ebenso wie Marx eine gewisse Zeit in ihrem Bannkreis lebte — sie verkehrten zu verschiedener Zeit in Berlin mit den „Freien" der Hippelschen Weinstube —, verwarfen die Vertreter dieser Richtung das Hegelsche System, gefielen sich aber um so mehr in dessen Dialektik, bis teils der praktische Kampf gegen die positive Religion (damals eine wichtige Form des politischen Kampfes), teils der Einfluß Ludwig Feuerbachs sie zur rückhaltlosen Anerkennung des Materialismus trieben. Marx und Engels blieben indes bei dem bei Feuerbach immer noch wesentlich naturwissenschaftlichen Materialismus nicht stehen, sondern entwickelten nun mit Anwendung der ihres mystischen Charakters entkleideten Dialektik und unter dem Einfluß des in Frankreich und noch weit mächtiger in England spielenden Klassenkampfes zwischen Bourgeoisie und Arbeiterklasse ihre Theorie des historischen Materialismus.

Engels hat mit großer Energie die Mitwirkung der dialektischen Methode bei der Entstehung dieser Theorie hervorgehoben. Nach dem Vorbild Hegels unterscheidet er zwischen metaphysischer und dialektischer Betrachtung der Dinge und erklärt die erstere dahin, daß sie die Dinge oder ihre Gedankenbilder, die Begriffe, in ihrer Vereinzelung als starre, ein für allemal gegebene Gegenstände behandle. Die letztere dagegen betrachte sie in ihren Zusammenhängen, ihren Veränderungen, ihren Übergängen, wobei sich ergebe, daß die beiden Pole eines Gegensatzes, wie positiv und negativ, trotz aller Gegensätzlichkeit sich gegenseitig durchdringen. Während aber Hegel die Dialektik als die Selbstentwicklung des Begriffs auffasse, ward bei Marx und ihm die Begriffsdialektik zum bewußten Reflex der dialektischen Bewegung der wirklichen Welt, womit die Hegelsche Dialektik wieder „vom Kopf auf die Füße gestellt wurde".

So Engels in seiner Schrift „Ludwig Feuerbach und der Ausgang der klassischen Philosophie".

Es ist indes mit dem „Auf-die-Füße-stellen" der Dialektik keine so einfache Sache. Wie immer sich die Dinge in der Wirklichkeit verhalten, sobald wir den Boden der erfahrungsgemäß feststellbaren Tatsachen verlassen und über sie hinausdenken, geraten wir in die Welt der abgeleiteten Begriffe, und wenn wir dann den Gesetzen der Dialektik folgen, wie Hegel sie aufgestellt hat, so befinden wir uns, ehe wir es gewahr werden, doch wieder in den Schlingen der „Selbstentwicklung des Begriffs". Hier liegt die große wissenschaftliche Gefahr der Hegelschen Widerspruchslogik. Ihre Sätze mögen unter Umständen sehr gut zur Veranschaulichung von Beziehungen und Entwicklungen realer Objekte dienen.[1] Sie mögen auch für die Formulierung wissenschaftlicher Probleme von großem Nutzen gewesen sein und zu wichtigen Entdeckungen Anstoß gegeben haben. Aber sobald auf Grund dieser

---

1 Obwohl auch da der wirkliche Sachverhalt durch sie oft mehr verdunkelt als erhellt wird. So wird die Tatsache, daß eine Veränderung im Mengenverhältnis der Bestandteile irgendeines Gegenstands dessen Eigenschaften ändert, durch den Satz vom „Umschlagen der Quantität in die Qualität" mindestens sehr schief und äußerlich ausgedrückt.

Beiläufig sei bemerkt, daß ich die Engelsschen Definitionen der Begriffe metaphysische und dialektische Anschauungsweise mit dem Vorbehalt übernehme, daß die qualifizierenden Beiworte „metaphysisch" und „dialektisch" in dem ihnen damit beigelegten Sinne nur für diese Gegenüberstellung gelten sollen. Sonst sind metaphysische Betrachtung der Dinge und Betrachtung der Dinge in ihrer Vereinzelung und Erstarrung meines Erachtens zwei ganz verschiedene Sachen.

Schließlich sei hier noch erklärt, daß es mir selbstverständlich nicht einfällt, Hegel selbst hier kritisieren zu wollen noch die großen Dienste zu bestreiten, die dieser bedeutende Denker der Wissenschaft geleistet hat. Ich habe es nur mit seiner Dialektik zu tun, wie sie auf die sozialistische Theorie von Einfluß gewesen ist.

Sätze Entwicklungen deduktiv vorweggenommen werden, fängt auch schon die Gefahr willkürlicher Konstruktion an. Diese Gefahr wird um so größer, je zusammengesetzter der Gegenstand ist, um dessen Entwicklung es sich handelt. Bei einem leidlich einfachen Objekt schützen uns meist Erfahrung und logisches Urteilsvermögen davor, durch Analogiesätze wie „Negation der Negation" uns zu Folgerungen hinsichtlich seiner Veränderungsmöglichkeiten verleiten zu lassen, die außerhalb des Bereichs der Wahrscheinlichkeit liegen. Je zusammengesetzter aber ein Gegenstand ist, je größer die Zahl seiner Elemente, je verschiedenartiger ihre Natur und je mannigfaltiger ihre Kraftbeziehungen, um so weniger können uns solche Sätze über seine Entwicklungen sagen, denn um so mehr geht, wo auf Grund ihrer geschlossen wird, alles Maß der Schätzung verloren.

Damit soll der Hegelschen Dialektik nicht jedes Verdienst abgesprochen werden. Vielmehr dürfte, was ihren Einfluß auf die Geschichtsschreibung anbetrifft, Fr. A. Lange sie am treffendsten beurteilt haben, als er in seiner „Arbeiterfrage' von ihr schrieb, man könne die Hegelsche Geschichtsphilosophie mit ihren Grundgedanken, der Entwicklung in Gegensätzen und deren Ausgleichung „fast eine anthropologische Entdeckung nennen". Aber Lange hat auch gleich den Finger in die Wunde „fast" gelegt, wenn er hinzufügte, daß „wie im Leben des einzelnen, so auch in der Geschichte die Entwicklung durch den Gegensatz sich weder so leicht und radikal, noch so präzis und symmetrisch macht wie in der spekulativen Konstruktion" (3. Aufl., Seite 248/49). Für die Vergangenheit wird dies jeder Marxist heute zugeben, nur für die Zukunft, und zwar schon eine sehr nahe Zukunft sollte dies nach der marxistischen Lehre anders sein. Das „Kommunistische Manifest" erklärte 1847, daß die bürgerliche Revolution, an deren Vorabend Deutschland stehe, bei der erreichten Entwicklung des Proletariats und den vorgeschrittenen Bedingungen der europäischen Zivilisation „nur das unmittelbare Vorspiel einer proletarischen Revolution sein kann".

Diese geschichtliche Selbsttäuschung, wie sie der erste beste politische Schwärmer kaum überbieten konnte, würde bei einem Marx, der schon damals ernsthaft Ökonomie getrieben hatte, unbegreiflich sein, wenn man in ihr nicht das Produkt eines Restes Hegelscher Widerspruchsdialektik zu erblicken hätte, das Marx — ebenso wie Engels — sein Lebtag nicht völlig losgeworden zu sein scheint, das aber damals, in einer Zeit allgemeiner Gärung, ihm um so verhängnisvoller werden sollte. Wir haben da nicht bloße Überschätzung der Aussichten einer politischen Aktion, wie sie temperamentvollen Führern unterlaufen kann und ihnen unter Umständen schon zu überraschenden Erfolgen verholfen hat, sondern eine rein spekulative Vorwegnahme der Reife einer *ökonomischen* und *sozialen* Entwicklung, die noch kaum die ersten Sprossen gezeitigt hatte. Was Generationen zu seiner Erfüllung brauchen sollte, das ward im Lichte der Philosophie der Entwicklung von und in Gegensätzen schon als das unmittelbare Resultat einer *politischen* Umwälzung betrachtet, die erst der bürgerlichen Klasse freien Raum zu ihrer Entfaltung zu schaffen hatte. Und wenn Marx und Engels schon zwei Jahre nach der Abfassung des Manifests sich genötigt sahen — bei der Spaltung des Kommunistenbundes —, ihren Gegnern im Bunde „die unentwickelte Gestalt des deutschen Proletariats" vorzuhalten und dagegen zu protestieren, daß man „das Wort Proletariat zu einem heiligen Wesen mache" („Kölner Kommunistenprozeß", Seite 21), so war das zunächst nur das Resultat einer momentanen Ernüchterung. In anderen Formen sollte sich derselbe Widerspruch zwischen wirklicher und konstruierter Entwicklungsreife noch verschiedene Male wiederholen.

Da es sich hier um einen Punkt handelt, der meines Dafürhaltens der Marx-Engelsschen Lehre am verhängnisvollsten geworden ist, sei die Vorführung eines Beispiels erlaubt, das in die jüngste Vergangenheit fällt.

In einer Polemik mit einem süddeutschen sozialdemokratischen Blatte hat Franz Mehring kürzlich [1898] in der „Leipziger Volkszeitung" eine Stelle aus dem Vorwort der zweiten Auflage von Fr. Engels' Schrift „Zur Wohnungsfrage" neu abgedruckt, wo Engels vom „Bestehen eines gewissen kleinbürgerlichen Sozialismus" in der deutschen Sozialdemokratie spricht, der „bis in die Reichstagsfraktion hinein" seine Vertretung finde. Engels charakterisiert dort den kleinbürgerlichen Charakter dieser Richtung dahin, daß sie zwar die Grundanschauungen des modernen Sozialismus als berechtigt anerkenne, ihre Verwirklichung aber in eine entfernte Zeit verlege, womit man „für die Gegenwart auf bloßes soziales Flickwerk angewiesen" sei. Engels erklärte diese Richtung in Deutschland begreiflich genug, aber bei dem „wunderbar gesunden Sinn" der deutschen Arbeiter für ungefährlich. Mehring bringt diese Ausführungen mit dem Streite über die Dampfersubventionsfrage in Verbindung, der kurz vor ihrer Abfassung in der deutschen Sozialdemokratie gespielt hatte und den er als „die erste größere Auseinandersetzung über ‚praktische Politik' und proletarisch-revolutionäre Taktik in der Partei" hinstellt. Was Engels an der betreffenden Stelle sage, sei dasjenige, was die Vertreter der proletarisch-revolutionären Richtung, zu der er sich rechnet, „meinen und wollen": Auseinandersetzung mit den so qualifizierten „kleinbürgerlichen Sozialisten".

Es läßt sich nicht leugnen, daß Mehring die betreffende Stelle bei Engels richtig interpretiert. So sah Engels damals — Januar 1887 — die Sachlage an. Und fünfzehn Monate vorher hatte er der Neuauflage der „Enthüllungen über den Kommunistenprozeß" die beiden von ihm und Marx verfaßten Rundschreiben aus dem März und Juni 1850 beigegeben, die als die Politik des revolutionären Proletariats „die Revolution in Permanenz" proklamieren, und im Vorwort bemerkt, manches von dem dort Gesagten passe auch für die bald fällige „europäische Erschütterung". Als die letzte frühere derartige Erschütterung wird der Krieg von 1870/71 hingestellt, die Verfallzeit der europäischen Revolutionen aber währe in unserem Jahrhundert fünfzehn bis achtzehn Jahre.

Das ward 1885/87 geschrieben. Wenige Jahre später kam es in der deutschen Sozialdemokratie zum Konflikt mit den sogenannten „Jungen". Schon längere Zeit schleichend, ward er 1890 aus Anlaß der Frage der Feier des 1. Mai durch Arbeitsruhe akut. Daß die Mehrheit der „Jungen" ehrlich glaubten, im Sinne von Engels zu handeln, wenn sie den damaligen „Opportunismus" der Reichstagsfraktion bekämpften, wird heute niemand bestreiten. Wenn sie die Mehrheit der Reichstagsfraktion als „kleinbürgerlich" angriffen – wer anders war ihre Autorität dafür als Engels? Bestand jene da doch aus denselben Leuten, die in der Dampfersubventionsfrage die opportunistische Mehrheit gebildet hatten. Als aber die damalige Redaktion der „Sächsischen Arbeiterzeitung" sich schließlich für ihe Auffassung auf Engels berief, fiel die Antwort, wie Mehring weiß, in einer Weise aus, die ganz anders lautete als jene von ihm zitierte Notiz. Engels erklärte die Bewegung der Jungen für eine bloße „Literaten- und Studentenrevolte", warf ihr „krampfhaft verzerrten Marxismus" vor und erklärte, was von dieser Seite der Fraktion vorgeworfen werde, laufe im besten Falle auf Lappalien hinaus; möge die „Sächsische Arbeiterzeitung" auf eine Überwindung der erfolgsüchtigen parlamentarischen Richtung in der Sozialdemokratie durch den gesunden Sinn der deutschen Arbeiter hoffen, solange sie wolle, er, Engels, hoffe nicht mit, ihm sei von einer solchen Mehrheit in der Partei nichts bekannt.

Daß Engels bei der Abfassung dieser Erklärung durchaus nur seiner Überzeugung folgte, weiß niemand besser als der Schreiber dieser Zeilen. Ihm stellte sich die Bewegung der „Jungen", die doch mindestens auch eine solche von Arbeitern war, und zwar von Arbeitern, die unter dem Sozialistengesetz zu den tätigsten Propagandisten der Partei gehört hatten, als eine von radikalisierenden Literaten angezettelte Revolte dar und die von ihr befürwortete Politik als im Moment für so schädlich, daß ihr gegenüber die „Kleinbürgereien" der Fraktion tatsächlich zu Lappalien zusammenschrumpften.

Aber so politisch verdienstvoll die im „Sozialdemokrat" vom 13. September 1890 veröffentlichte „Antwort" war, so zweifelhaft ist es, ob Engels sonst auch völlig im Rechte war, wenn er die Jungen in dieser Weise von seinen Rockschößen abschüttelte. Stand die europäische Revolution so nahe vor der Tür, wie er es im Vorwort zu den „Enthüllungen" hingestellt hatte – nach dem dort Gesagten war die Verfallzeit mittlerweile eingetreten –, und war die in dem Rundschreiben skizzierte Taktik prinzipiell noch gültig, dann waren die Jungen in der Hauptsache Fleisch von seinem Fleisch und Blut von seinem Blut. Wenn aber nicht, dann lag der Fehler weniger bei den Jungen wie bei den 1885 und 1887 in die Propaganda geworfenen Schriften mit den erwähnten Anhängen und den zweifacher Auslegung fähigen Zusätzen. Diese Zweideutigkeit aber, die so wenig dem Charakter von Engels entsprach, wurzelte zuletzt in der von Hegel übernommenen Dialektik. Deren „ja, nein und nein, ja" statt des „ja, ja und nein, nein", ihr Ineinanderfließen der Gegensätze und Umschlagen von Quantität in Qualität, und was der dialektischen Schönheiten noch mehr sind, stellte sich immer wieder der vollen Rechenschaftsablegung über die Tragweite erkannter Veränderungen hindernd entgegen. Sollte das ursprünglich hegelianisch konstruierte Entwicklungsschema bestehen bleiben, so mußte entweder die Wirklichkeit umgedeutet oder bei der Ausmessung der Bahn zum erstrebten Ziel alle reale Proportion ignoriert werden. Daher der Widerspruch, daß peinliche, dem Bienenfleiß des Genies entsprechende Genauigkeit in der Erforschung der ökonomischen Struktur der Gesellschaft Hand in Hand geht mit fast unglaublicher Vernachlässigung der handgreiflichsten Tatsachen, daß dieselbe Lehre, die von dem maßgebenden Einfluß der Ökonomie über die Gewalt ausgeht, in einem wahren Wunderglauben an die schöpferische Kraft der Gewalt ausläuft und daß die theoretische Erhebung des Sozialismus zur Wissenschaft so häufig in eine Unterordnung der Ansprüche jeder Wissenschaftlichkeit unter die Tendenz „umschlägt".[2]

Wenn nichts anderes, so ist es jedenfalls durchaus unwissenschaftlich, den Standpunkt eines Politikers oder Theoretikers schlechthin nach der Auffassung zu bestimmen, die er von der Schnelligkeit des Ganges der gesellschaftlichen Entwicklung hat. Die Identifizierung des Begriffs „proletarisch" mit der Vorstellung unvermittelter, unmittelbarer Aufhebung von Gegensätzen läuft auf eine sehr niedrige Auslegung dieses Begriffs hinaus. Das Krasse, Grobe, Banausische wäre danach das „Proletarische". Wenn der Glaube an die jedesmal in Kürze zu erwartende revolutionäre Katastrophe den proletarisch-revolutionären Sozialisten macht, so sind es die Putsch-Revolutionä-

---

2 Wie ich schon bald nach Erscheinen der ersten Auflage dieser Schrift getan, will ich auch hier bemerken, daß ich zugebe, in dem vorstehenden Stück gegen Hegel und Marx-Engels etwas zu scharf mich ausgedrückt zu haben. Worauf es mir ankam, war, einen mir unfaßbar erscheinenden Widerspruch in den Schriften der Verfasser des Kommunistischen Manifests psychologisch zu erklären. Im übrigen mag der Leser entscheiden, mit welchem Recht ich damals schrieb: „Wenn ich in meiner Schrift mit Hegel etwas unglimpflich verfahren bin, so sicherlich nicht, um Marx und Engels herabzusetzen." (Vergleiche den Aufsatz „Dialektik und Entwicklung", „Neue Zeit" 1898/99, Band II, aufgenommen in meine Sammelschrift „Zur Theorie und Geschichte des Sozialismus", Berlin 1904, 4. Auflage.)

re, die vor allem auf diesen Namen Anspruch haben. In einer wissenschaftlichen Lehre sollte doch mindestens irgendein rationeller Maßstab für die Entfernungslinie da sein, diesseits derer der Phantast und jenseits derer der Kleinbürger zu suchen wäre. Aber davon war keine Rede, die Abschätzung blieb Sache der reinen Willkür. Da nun die Proportionen immer kleiner erscheinen, aus je weiterer Ferne man die Dinge betrachtet, so stellt sich in der Praxis gewöhnlich die merkwürdige Tatsache heraus, daß man die in dem obigen Sinne „kleinbürgerlichste" Auffassung bei Leuten findet, die, selbst der Arbeiterklasse angehörig, in intimster Berührung mit der wirklichen proletarischen Bewegung stehen, während der bürgerlichen Klasse angehörige oder in bürgerlichen Verhältnissen lebende Leute, die entweder gar keine Fühlung mit der Arbeiterwelt haben oder sie nur aus politischen, von vornherein auf einen gewissen Ton gestimmten Versammlungen kennen, von proletarisch-revolutionärer Stimmung überfließen.

Engels hat am Abend seines Lebens, im Vorwort zu den „Klassenkämpfen", den Irrtum, den Marx und er in der Abschätzung der Zeitdauer der sozialen und politischen Entwicklung begangen hatten, rückhaltlos eingestanden. Das Verdienst, das er sich durch dieses Schriftstück, das man wohl mit Recht sein politisches Testament nennen darf, um die sozialistische Bewegung erworben hat, ist gar nicht hoch genug zu schätzen. Es steckt in ihm mehr, als es verspricht. Weder war jedoch das Vorwort der Ort dazu, alle Folgerungen zu ziehen, die sich aus dem so freimütig gemachten Geständnis ergeben, noch konnte man überhaupt von Engels erwarten, daß er die damit nötige Revision der Theorie selbst vornehmen werde. Hätte er es getan, so hätte er unbedingt, wenn nicht ausdrücklich, so doch in der Sache, mit der Hegeldialektik abrechnen müssen. Sie ist das Verräterische in der Marxschen Doktrin, der Fallstrick, der aller folgerichtigen Betrachtung der Dinge im Wege liegt. Über sie konnte oder mochte Engels nicht hinaus. Er zog die Folgerungen aus der gewonnenen Erkenntnis nur hinsichtlich bestimmter Methoden und Formen des politischen Kampfes. So Bedeutungsvolles er auch in dieser Hinsicht sagt, so deckt es doch nur einen Teil des Gebiets der nunmehr aufgeworfenen Fragen.

So ist es zum Beispiel klar, daß wir die politischen Kämpfe, über die uns Marx und Engels Monographien hinterlassen haben, heute unter etwas anderem Gesichtswinkel zu betrachten haben, als dies von ihnen geschah. Ihr Urteil über Parteien und Personen konnte bei den Selbsttäuschungen, denen sie sich über den Gang der Ereignisse hingaben, trotz der sehr realistischen Betrachtungsweise kein völlig zutreffendes sein, und ebensowenig ihre Politik immer die richtige. Die nachträgliche Korrektur wäre von keiner praktischen Bedeutung, wenn nicht gerade in der sozialistischen Geschichtsschreibung, soweit die neuere Zeit in Betracht kommt, die Überlieferung eine so große Rolle spielte und wenn nicht anderseits doch immer wieder auf diese früheren Kämpfe als Beispiel zurückgegriffen würde.

Wichtiger aber als die Korrektur, welche die sozialistische Geschichtsschreibung der Neuzeit nach dem Engelsschen Vorwort vorzunehmen hat, ist die Korrektur, welche sich aus ihm für die ganze Auffassung vom Kampfe und den Aufgaben der Sozialdemokratie ergibt. Und dies führt uns zunächst auf einen bisher wenig erörterten Punkt, nämlich den ursprünglichen inneren Zusammenhang des Marxismus mit dem Blanquismus und die Auflösung dieser Verbindung.

b) *Marxismus und Blanquismus*

> „Wenn die Nation ihre Hilfsquellen im voraus erschöpft hat;
> Wenn das Land ohne Produktion und ohne Verkehr ist;
> Wenn die durch die Politik der Klubs und durch das Stillstehen der Nationalwerkstätten demoralisierten Arbeiter sich zu Soldaten anwerben lassen, um nur leben zu können —
> O, dann werdet ihr wissen, was eine Revolution ist, die durch Advokaten hervorgerufen, durch Künstler zustande gebracht, durch Romandichter und Poeten geleitet wird.
> Erwachet aus eurem Schlummer, ihr Montagnards, Feuillants, Cordeliers, Muscadins, Jansonisten und Babouvisten! Ihr seid nicht sechs Wochen von den Ereignissen entfernt, die ich euch verkünde."
> Proudhon im „Représentant du Peuple"
> am 29. April 1848.

Die Hegelsche Philosophie ist von verschiedenen Schriftstellern als ein Reflex der großen Französischen Revolution bezeichnet worden, und in der Tat kann sie mit ihren gegensätzlichen Evolutionen der Vernunft als das ideologische Gegenstück jener großen Kämpfe bezeichnet werden, in denen nach Hegel „der Mensch sich auf den Kopf, das ist auf den Gedanken stellte". Im Hegelschen System kulminiert freilich die Evolution der politischen Vernunft im preußischen aufgeklärten Polizeistaat der Restaurationszeit. Aber ein Jahr vor Hegels Tod wich in Frankreich die Restauration dem Bourgeoiskönigtum, ein radikaler Drang zog wieder durch Europa, der schließlich zu immer heftigeren Angriffen gegen dieses und die Klasse führte, deren Schildträger er war: die Bourgeoisie. Das Kaisertum und die Restauration erschienen den radikalen Vertretern des Neuen jetzt nur als Unterbrechungen des aufsteigenden Entwicklungsganges der großen Revolution, mit dem Bourgeoiskönigtum hatte die Wendung zur alten Entwicklung eingesetzt, die nunmehr, angesichts der veränderten sozialen Bedingungen, nicht mehr das Hindernis auf ihrem Wege vorfinden sollte, das den Lauf der Französischen Revolution unterbrach.

Das radikalste Produkt der großen Französischen Revolution war die Bewegung Babeufs und der Gleichen gewesen. Ihre Traditionen wurden in Frankreich von den geheimen revolutionären Gesellschaften aufgenommen, die unter Louis Philipp ins Leben traten und aus denen später die blanquistische Partei hervorging. Ihr Programm war: Sturz der Bourgeoisie durch das Proletariat mittels gewaltsamer Expropriation. In der Februarrevolution von 1848 werden die Klubrevolutionäre noch ebenso oft ,,Babouvisten" und ,,Partei Barbès" genannt, wie nach dem Manne, der mittlerweile ihr geistiges Haupt geworden war, Auguste Blanqui.

In Deutschland kamen Marx und Engels auf Grund der radikalen Hegelschen Dialektik zu einer dem Blanquismus durchaus verwandten Lehre. Erben der Bourgeois konnten nur deren radikalstes Gegenstück, die Proletarier, sein, dieses ureigene soziale Produkt der Bourgeoisökonomie. Im Anschluß an die heute mit Unrecht geringschätzig angesehenen sozialkritischen Arbeiten der Sozialisten der Owenschen, Fourierschen und Saint-Simonistischen Schulen begründeten sie es ökonomisch-materialistisch, aber im Materialismus argumentierten sie doch wieder hegelianisch. Das moderne Proletariat, das schon bei den Saint-Simonisten dieselbe Rolle gespielt hatte wie im vorigen Jahrhundert bei der Schule Rousseaus der Bauer, ward von ihnen in der Theorie völlig idealisiert, vor allem nach seinen geschichtlichen Möglichkeiten, zugleich aber auch nach seinen Anlagen und Neigungen. Auf diese Weise gelangten sie trotz der tieferen philosophischen Schulung zu ähnlicher politischer Auffassung wie die babouvistischen Geheimbündler. Die partielle Revolution ist Utopie, nur die proletarische Revolution ist noch möglich, deduziert Marx in den ,,Deutsch-französischen Jahrbüchern" (vergl. den Aufsatz ,,Zur Kritik der Hegelschen Rechtsphilosophie"). Diese Auffassung leitete direkt zum Blanquismus.

Man faßt in Deutschland den Blanquismus nur als die Theorie der Geheimbündelei und des politischen Putsches auf, als die Doktrin von der Einleitung der Revolution durch eine kleine, zielbewußte, nach wohlüberlegtem Plane handelnde Revolutionspartei. Das ist aber eine Betrachtung, die bei einer reinen Äußerlichkeit haltmacht und höchstens gewisse Epigonen des Blanquismus trifft. Der Blanquismus ist mehr als die Theorie einer Methode, seine Methode ist vielmehr bloß der Ausfluß, das Produkt seiner tiefer liegenden politischen Theorie. Diese nun ist ganz einfach die Theorie von der unermeßlichen schöpferischen Kraft der revolutionären politischen Gewalt und ihrer Äußerung, der revolutionären Expropriation. Die Methode ist teilweise Sache der Umstände. Wo Vereine und Presse nicht frei sind, ist die Geheimbündelei von selbst angezeigt, und wo ein politisches Zentrum in revolutionären Erhebungen faktisch das Land beherrscht, wie bis 1848 in Frankreich, da war auch der Putsch, sofern nur bestimmte Erfahrungen dabei berücksichtigt wurden, nicht so irrationell, wie er dem Deutschen erscheint.[3] Die Verwerfung des Putsches ist daher noch keine Emanzipation vom Blanquismus. Nichts zeigt dies klarer als das Studium der von Marx und Engels herrührenden Schriften aus der Zeit des Kommunistenbundes. Mit Ausnahme der Verwerfung des Putsches atmen sie schließlich immer wieder blanquistischen beziehungsweise babouvistischen Geist. Im Kommunistischen Manifest bleiben bezeichnenderweise von aller sozialistischen Literatur die Schriften Babeufs unkritisiert; es heißt von ihnen nur, daß sie in der großen Revolution „die Forderungen des Proletariats aussprachen", eine jedenfalls zeitwidrige Charakteristik. Das revolutionäre Aktionsgrogramm des Manifests ist durch und durch blanquistisch. In den Schriften „Die Klassenkämpfe" und „Der 18. Brumaire" und ganz besonders in den Rundschreiben des Kommunistenbundes werden die Blanquisten als *die* proletarische Partei hingestellt — „die eigentliche proletarische Partei" heißt es im Rundschreiben vom Juni 1850 —, was lediglich in dem Revolutionarismus, keineswegs aber in der sozialen Zusammensetzung dieser Partei begründet war. Die proletarische Partei Frankreichs waren 1848 die um das Luxemburg gruppierten Arbeiter. Die gleiche Rücksicht entscheidet für die Parteistellung zu den streitenden Fraktionen im Lager der Chartisten.[4] In der Darstellung des Ganges der Ereignisse in Frankreich mischt sich in den „Klassenkämpfen" und „Brumaire" in die meisterhafte Analyse der wirklich treibenden Kräfte die schon stark ausgebildete Legende der Blanquisten ein. Aber nirgends kommt der blanquistische Geist so scharf und uneingeschränkt zum Ausdruck wie in dem Rundschreiben des Kommunistenbundes vom März 1850

---

3 Der Blanquismus hat denn auch keineswegs bloß Niederlagen auf seinem Konto, sondern neben solchen sehr bedeutende zeitweilige Erfolge. 1848 und 1870 war die Proklamierung der Republik in hohem Grade dem Eingreifen der blanquistischen Sozialrevolutionäre geschuldet. Umgekehrt sind der Juni 1848 und der Mai 1871 in letzter Linie Niederlage des Blanquismus.

4 Mit einer gewissen Genugtuung stellt das Rundschreiben unter „England" fest, daß der Bruch zwischen der revolutionären und der gemäßigten Fraktion der Chartisten durch „Delegierte des (Kommunisten-)Bundes wesentlich beschleunigt worden" sei. Ob der völlige Niedergang des Chartismus ohne jenen Bruch vermieden worden wäre, ist höchst zweifelhaft. Aber die Genugtuung über den glücklich erzielten Bruch ist echt blanquistisch.

in seinen genauen Anweisungen, wie bei dem bevorstehenden Neuausbruch der Revolution die Kommunisten alles aufzubieten haben, die Revolution „permanent" zu machen. Alle theoretische Einsicht in die Natur der modernen Ökonomie, alle Kenntnis des gegebenen Standes der ökonomischen Entwicklung Deutschlands, der doch noch tief hinter dem des damaligen Frankreich zurück war, von dem Marx um dieselbe Zeit schrieb, daß in ihm „der Kampf des industriellen Arbeiters gegen den industriellen Bourgeois erst ein partielles Faktum sei", alles ökonomische Verständnis verfliegt in nichts vor einem Programm, wie es der erste beste Klubrevolutionär nicht illusorischer aufstellen konnte. Was Marx sechs Monate später den Willich-Schapper vorwarf, proklamierten er und Engels da selbst; statt der wirklichen Verhältnisse machen sie „den *bloßen Willen* zur Triebkraft der Revolution". Die Bedürfnisse des modernen Wirtschaftslebens werden vollständig ignoriert und das Stärkeverhältnis und der Entwicklungsstand der Klassen gänzlich außer Augen gelassen. Der proletarische Terrorismus aber, der nach Lage der Dinge in Deutschland als solcher nur zerstörerisch auftreten konnte und daher vom ersten Tage an, wo er in der angegebenen Weise *gegen* die bürgerliche Demokratie ins Werk gesetzt wurde, politisch *und* wirtschaftlich reaktionär wirken mußte, wird zur Wunderkraft erhoben, welche die Produktionsverhältnisse auf jene Höhe der Entwicklung treiben sollte, die als die Vorbedingung der sozialistischen Umgestaltung der Gesellschaft erkannt war.

Es wäre unbillig, bei der Kritik des Rundschreibens zu übersehen, daß es im Exil verfaßt wurde, zu einer Zeit, wo die durch den Sieg der Reaktion doppelt erregten Leidenschaften in den höchsten Wogen gingen. Indes diese so natürliche Erregung erklärt wohl gewisse Übertreibungen hinsichtlich der Nähe des revolutionären Rückschlags — Erwartungen, von denen Marx und Engels indes sehr bald zurückkamen — sowie gewisse Ausschreitungen in der Darstellung, aber jener schreiende Gegensatz zwischen Wirklichkeit und Programm wird durch sie nicht erklärt. Er war nicht das Produkt einer Augenblicksstimmung — ihn damit entschuldigen wollen, hieße den Verfassern des Rundschreibens geschichtlich Unrecht antun —, er war das Produkt eines Dualismus in ihrer Theorie.

Man kann in der modernen sozialistischen Bewegung zwei große Strömungen unterscheiden, die zu verschiedenen Zeiten in verschiedenem Gewand und oft gegensätzlich zueinander auftreten. Die eine knüpft an die von sozialistischen Denkern ausgearbeiteten Reformvorschläge an und ist im wesentlichen auf das *Aufbauen* gerichtet, die andere schöpft ihre Inspiration aus den revolutionären Volkserhebungen und zielt im wesentlichen auf das *Niederreißen* ab. Je nach den Möglichkeiten, wie sie in den Zeitverhältnissen begründet liegen, erscheint die eine als *utopistisch, sektiererisch, friedlich-evolutionistisch*, die andere als *konspiratorisch, demagogisch, terroristisch*.

Je mehr wir uns der Gegenwart nähern, um so entschiedener lautet die Parole hier: Emanzipation durch *wirtschaftliche Organisation,* und dort Emanzipation durch *politische Expropriation.* In früheren Jahrhunderten war die erstere Richtung meist nur durch vereinzelte Denker, die letztere durch unregelmäßige Volksbewegungen vertreten. In der ersten Hälfte dieses Jahrhunderts standen schon auf beiden Seiten dauernd wirkende Gruppen: hier die sozialistischen Sekten sowie allerhand Arbeitergenossenschaften und dort revolutionäre Verbindungen aller Art. An Versuchen der Vereinigung hat es nicht gefehlt, auch sind die Gegensätze nicht immer absolut. So trifft der Satz des Kommunistischen Manifests, daß die Fourieristen Frankreichs gegen die dortigen Reformisten, die Oweniten Englands gegen die Chartisten reagieren, vollständig nur für die Extreme hüben und drüben zu. Die Masse der Oweniten war durchaus für die politische Reform — man denke nur an Männer wie Lloyd Jones — sie opponierten aber dem Gewaltkultus, wie ihn die radikaleren Chartisten — die ,,physical force men" — trieben, und zogen sich zurück, wo diese die Oberhand behielten. Ähnlich bei den Anhängern Fouriers in Frankreich.

Die Marxsche Theorie suchte den Kern beider Strömungen zusammenzufassen. Von den Revolutionären übernahm sie die Auffassung des Emanzipationskampfes der Arbeiter als eines politischen Klassenkampfes, von den Sozialisten das Eindringen in die ökonomischen und sozialen Vorbedingungen der Arbeiteremanzipation. Aber die Zusammenfassung war noch keine Aufhebung des Gegensatzes, sondern mehr ein Kompromiß, wie ihn Engels in der Schrift ,,Die Lage der arbeitenden Klasse" den englischen Sozialisten vorschlägt: Zurücktreten des spezifisch-sozialistischen hinter das politischradikale, sozialrevolutionäre Element. Und welche Fortentwicklung die Marxsche Theorie später auch erfahren hat, im letzten Grunde behielt sie stets den Charakter dieses Kompromisses, beziehungsweise des Dualismus. In ihm haben wir die Erklärung dafür zu suchen, daß der Marxismus wiederholt in ganz kurzen Zwischenräumen ein wesentlich verschiedenes Gesicht zeigt. Es handelt sich dabei nicht um solche Verschiedenheiten, wie sie sich für jede kämpferische Partei aus den mit den wechselnden Verhältnissen selbst wechselnden Anforderungen der Taktik ergeben, sondern um Verschiedenheiten, die ohne zwingende äußere Notwendigkeit spontan auftreten, lediglich als Produkt innerer Widersprüche.

Der Marxismus hat den Blanquismus erst nach einer Seite hin — hinsichtlich der Methode — überwunden. Was aber die andere, die Überschätzung der schöpferischen Kraft der revolutionären Gewalt für die sozialistische Umgestaltung der modernen Gesellschaft anbetrifft, ist er nie völlig von der blanquistischen Auffassung losgekommen. Was er an ihr korrigiert hat, so zum

Beispiel die Idee straffer Zentralisation der Revolutionsgewalt, geht immer noch mehr auf die Form als auf das Wesen.

In dem Artikel, aus dem wir einige Sätze diesem Kapitel als Motto vorausgeschickt haben und wo er in seiner Weise fast auf den Tag die Junischlacht von 1848 voraussagt, hält Proudhon den in und von den Klubs bearbeiteten Pariser Arbeitern vor, daß, da die ökonomische Revolution des neunzehnten Jahrhunderts grundverschieden sei von der des achtzehnten Jahrhunderts, die Überlieferungen von 1793, die ihnen in den Klubs fortgesetzt gepredigt wurden, ganz und gar nicht auf die Zeitverhältnisse paßten. Der Schrecken von 1793, führt er aus, bedrohte in keiner Weise die Existenzbedingungen der übergroßen Masse der Bevölkerung. Im Jahre 1848 aber würde das Schreckensregiment zwei große Klassen im Zusammenstoß miteinander sehen, die beide für ihre Existenz auf den Umlauf der Produkte und die Gegenseitigkeit der Beziehungen angewiesen seien, ihr Zusammenstoß würde den Ruin aller bedeuten.

Das war proudhonistisch übertrieben ausgedrückt, traf aber bei der gegebenen ökonomischen Verfassung Frankreichs in der Sache den Nagel auf den Kopf.

Die Produktion und ihr Austausch waren im Frankreich von 1789 bis 1794 zu mehr als neun Zehnteln auf lokale Märkte beschränkt, der innere nationale Markt spielte, bei der geringen Differenzierung der Wirtschaft auf dem Lande, eine sehr untergeordnete Rolle. So arg daher der Schrecken hauste, so ruinierte er, was die industriellen Klassen anbetraf, wohl Individuen und zeitweilig gewisse lokale Gewerbe, aber das nationale Wirtschaftsleben ward durch ihn nur sehr indirekt betroffen. Keine Sektion der in Produktion und Handel tätigen Klassen war als solche durch ihn bedroht, und so konnte das Land ihn eine ziemliche Weile aushalten und wurden die Wunden, die er ihm geschlagen, schnell geheilt. Im Jahre 1848 dagegen hieß schon die Unsicherheit, in welche die Zusammensetzung der provisorischen Regierung und das Aufschießen und Gebaren der allmächtig scheinenden Klubs die Geschäftswelt versetzten, zunehmende Stillsetzung von Produktionsbetrieben und Lähmung von Handel und Verkehr. Jede Steigerung und jeder Tag Verlängerung dieses Zustandes hieß immer neuer Ruin, immer neue Arbeitslosigkeit, bedrohte die ganze erwerbstätige Bevölkerung der Städte und zum Teil auch schon des flachen Landes mit großen Verlusten. Von einer sozialpolitischen Expropriation der groß- und kleinkapitalistischen Produktionsleiter konnte keine Rede sein, weder war die Industrie entwickelt genug dazu, noch waren die Organe vorhanden, die ihre Stelle übernehmen konnten. Man hätte immer nur das eine Individuum durch irgendein anderes oder eine Gruppe von Individuen ersetzen müssen, womit an der sozialen Verfassung des Landes nichts geändert, an der Wirtschaftslage nichts gebessert worden wäre. An die

Stelle erfahrener Geschäftsleiter wären Neulinge getreten mit allen Schwächen des Dilettantismus. Kurz, eine Politik nach dem Muster des Schreckens von 1793 war das Sinnloseste und Zweckwidrigste, was man sich nur denken konnte, und weil sie sinnlos war, war das Anlegen der Kostüme von 1793, das Wiederholen und Überbieten der Sprache von 1793 mehr als albern, es war, gerade weil man in einer politischen Revolution war, ein Verbrechen, für das bald genug Tausende von Arbeitern mit ihrem Leben, andere Tausende mit ihrer Freiheit büßen sollten. Mit all ihren grotesken Übertreibungen zeugte daher die Warnung des „Kleinbürgers" Proudhon von einer Einsicht und einem moralischen Mute inmitten der Saturnalien der revolutionären Phrase, die ihn politisch hoch über die Literaten, Künstler und sonstigen bürgerlichen Zigeuner stellte, die sich in das „proletarisch-revolutionäre" Gewand hüllten und nach neuen Prairials lechzten. Marx und Proudhon schildern fast gleichzeitig — der erstere in den „Klassenkämpfen", der letztere in den „Bekenntnissen eines Revolutionärs" — den Verlauf der Februarrevolution als einen Geschichtsvorgang, bei dem jeder bedeutendere Abschnitt eine Niederlage der Revolution darstellt. Aber anders als Proudhon sah Marx gerade in der Erzeugung der Konterrevolution den revolutionären Fortschritt; erst durch Bekämpfung dieser, schrieb er, reife die Umsturzpartei zur wirklich revolutionären Partei heran. Daß er sich dabei in der Zeitabschätzung getäuscht hatte — denn es handelt sich hier um revolutionär im politischen Sinne —, sah Marx bald genug ein, aber den prinzipiellen Irrtum, der dieser Voraussetzung zugrunde lag, scheint er nie vollständig erkannt zu haben, und ebensowenig hat ihn Engels im Vorwort zu den „Klassenkämpfen" aufgedeckt.

Engels und Marx gingen immer wieder von der Voraussetzung einer Revolution aus, die, bei aller Veränderung des Inhalts, äußerlich einen ähnlichen Verlauf nehmen würde wie die Revolutionen des siebzehnten und achtzehnten Jahrhunderts. Das heißt, es sollte zunächst eine vorgeschrittene, bürgerlich-radikale Partei ans Ruder kommen, mit der revolutionären Arbeiterschaft als kritisierender und drängender Kraft hinter sich. Nachdem jene abgewirtschaftet, gegebenenfalls eine noch radikalere bürgerliche beziehungsweise kleinbürgerliche Partei, bis der sozialistischen Revolution die Bahn völlig geebnet worden und der Moment für die Ergreifung der Herrschaft durch die revolutionäre Partei des Proletariats gekommen sei. Wie dieser Gedanke in dem Rundschreiben vom März 1850 zum Ausdruck gebracht ist, so kehrt er auch 1887 im Vorwort zu den „Enthüllungen über den Kommunistenprozeß" sehr deutlich wieder, wenn es dort heißt, daß in Deutschland bei der nächsten europäischen Erschütterung „die kleinbürgerliche Demokratie *unbedingt zunächst ans Ruder kommen muß*". Das „unbedingt" war hier nicht sowohl das Ergebnis einer objektiven Schätzung, es war noch mehr die Kennzeichnung des für die erfolgreiche Herrschaft der Sozialdemokratie *notwendig* erachteten Entwicklungsgangs. Mündliche und briefliche Äußerungen von Engels lassen darüber nicht den geringsten Zweifel. Zudem ist dieser Gedankengang, einmal die Voraussetzungen gegeben, durchaus rationell.

Indes gerade mit den Voraussetzungen steht es bedenklich. Alle Anzeichen deuten darauf hin, daß eine politische Revolution, die zunächst eine bürgerlich-radikale Partei zur Herrschaft brächte, in den vorgeschrittenen Ländern Europas ein Ding der Vergangenheit ist. Die modernen Revolutionen haben die Tendenz, die radikalsten der überhaupt möglichen Regierungskombinationen sofort am Anfang ans Ruder zu bringen. Das war schon 1848 in Frankreich der Fall. Die provisorische Regierung war damals die radikalste der selbst nur vorübergehend möglichen Regierungen Frankreichs. Das sah auch Blanqui ein, und darum trat er am 26. Februar dem Vorhaben seiner Anhänger, die „verräterische Regierung" gleich auseinanderzutreiben und durch eine waschecht revolutionäre zu ersetzen, mit aller Schärfe entgegen. Gleicherweise machte er auch am 15. Mai, als das in die Kammer eingedrungene revolutionäre Volk eine aus ihm und anderen Revolutionären und Sozialisten bestehende Regierung ausrief, ungleich dem „ritterlichen" Schwärmer Barbès, keinerlei Versuch, sich auf dem Stadthaus einzurichten, sondern ging ganz still nach Hause. Sein politischer Scharfblick siegte über seine Revolutionsideologien. Ähnlich wie 1848 ging es 1870 bei der Proklamierung der Republik zu, die Blanquisten erzwangen die Ausrufung der Republik, aber in die Regierung kamen nur bürgerliche Radikale. Als dagegen im März 1871 unter dem Einfluß der blanquistischen Sozialrevolutionäre es in Paris zum Aufstand gegen die von der Nationalversammlung eingesetzte Regierung kam und die Kommune proklamiert wurde, da zeigte sich eine andere Erscheinung: die bürgerlichen und kleinbürgerlichen Radikalen zogen sich zurück und überließen den Sozialisten und Revolutionären das Feld und damit auch die politische Verantwortung.

Es spricht alles dafür, daß jede Erhebung in vorgeschrittenen Ländern in der nächsten Zeit diese Form annehmen würde. Die bürgerlichen Klassen sind da überhaupt nicht mehr revolutionär, und die Arbeiterklasse ist schon zu stark, um nach einer von ihr erkämpften siegreichen Erhebung in kritisierender Opposition verharren zu können. Vor allem in Deutschland wäre bei Fortgang der bisherigen Parteientwicklung am Tage nach einer Revolution eine andere als eine sozialdemokratische Regierung ein Ding der Unmöglichkeit. Eine rein bürgerlich-radikale Regierung hätte keinen Tag Bestand, und eine aus bürgerlichen Demokraten und Sozialisten zusammengesetzte Kompromißregierung würde praktisch nur bedeuten, daß entweder ein paar der ersteren als Dekoration in eine sozialistische Regierung eingetreten wären oder die Sozialdemokratie vor der bürgerlichen Demokratie die Segel gestrichen hätte. In einer revolutionären Epoche sicher eine ganz unwahrscheinliche Kombination.

Man darf wohl annehmen, daß Überlegungen dieser Art mitbestimmend waren, als Friedrich Engels im Vorwort zu „Die Klassenkämpfe" mit einer Entschiedenheit wie nie vorher das allgemeine Wahlrecht und die parlamentarische Tätigkeit als Mittel der Arbeiteremanzipation pries und der Idee der Eroberung der politischen Macht durch revolutionäre Überrumpelungen den Abschied gab.

Es war das eine weitere Abstoßung blanquistischer, wenn auch modernisiert blanquistischer Vorstellungen. Aber die Frage wird doch noch ausschließlich mit Bezug auf die Tragweite für die Sozialdemokratie als *politische* Partei untersucht. Auf Grund der veränderten militärisch-strategischen Bedingungen wird die geringe Aussicht künftiger Aufstände bewußter Minderheiten nachgewiesen und die Teilnahme der über den Charakter der vorzunehmenden vollständigen Umgestaltung der Gesellschaftsordnung aufgeklärten Massen als unerläßliche Vorbedingung der Ausführung dieser Umgestaltung betont. Das betrifft jedoch nur die *äußeren Mittel* und den *Willen*, die *Ideologie*. Die *materielle* Grundlage der sozialistischen Revolution bleibt ununtersucht, die alte Formel „Aneignung der Produktions- und Austauschmittel" erscheint unverändert, und keine Silbe zeigt an, daß oder ob sich in den ökonomischen Voraussetzungen der Verwandlung der Produktionsmittel in Staatseigentum durch einen großen revolutionären Akt irgend etwas geändert habe. Nur das *Wie* der Gewinnung der politischen Macht wird revidiert, betreffs der *ökonomischen Ausnutzungsmöglichkeiten* der politischen Macht bleibt es bei der alten, an 1793 und 1796 anknüpfenden Lehre.

Ganz noch im Sinne dieser Auffassung hatte Marx 1850 in „Die Klassenkämpfe" geschrieben: „Der öffentliche Kredit und der Privatkredit sind der ökonomische Thermometer, woran man die Intensität einer Revolution messen kann. *In demselben Grade, worin sie fallen, steigt die Glut und die Zeugungskraft der Revolution"* (a.a.O., S. 31). Ein echt Hegelscher und allen an Hegelsche Kost gewöhnten Köpfen sehr einleuchtender Satz. Es gibt aber jedesmal einen Punkt, wo die Glut aufhört zu zeugen und nur noch zerstörend und verheerend wirkt. Sobald er überschritten wird, tritt nicht Weiterentwicklung, sondern Rückentwicklung ein, das Gegenteil des ursprünglichen Zweckes. Daran ist noch jedesmal in der Geschichte die blanquistische Taktik gescheitert, auch wenn sie anfangs siegreich war. Hier und nicht in der Putschtheorie ist ihr wundester Punkt, und gerade hier ist sie von marxistischer Seite nie kritisiert worden.

Es ist das kein Zufall. Denn hier wäre die Kritik des Blanquismus zur Selbstkritik des Marxismus geworden — zur Selbstkritik nicht nur einiger Äußerlichkeiten, sondern sehr wesentlicher Bestandteile seines Lehrgebäudes. Vor allem, wie wir hier wieder sehen, seiner Dialektik. Jedesmal, wo wir die Lehre, die von der Ökonomie als Grundlage der gesellschaftlichen Entwicklung ausgeht, vor der Theorie kapitulieren sehen, die den Kultus der Gewalt auf den Gipfel treibt, werden wir auf einen Hegelschen Satz stoßen. Vielleicht nur als Analogie, aber das ist dann um so schlimmer. Die große Täuschung der Hegelschen Dialektik ist, daß sie nie ganz im Unrecht ist. Sie schielt nach Wahrheit wie ein Irrlicht nach Erleuchtung. Sie widerspricht sich nicht, weil ja nach ihr jedes Ding seinen Widerspruch in sich trägt. Ist es ein Widerspruch, die Gewalt dahin zu setzen, wo eben noch die Ökonomie saß? O nein, denn die Gewalt ist ja selbst „eine ökonomische Potenz".

Kein vernünftiger Mensch wird die relative Richtigkeit dieses letzteren Satzes bestreiten. Aber wenn wir uns die Frage vorlegen, wie und wann die Gewalt als ökonomische Potenz so wirkt, daß das gewollte Resultat herauskommt, dann läßt uns die Hegelsche Dialektik im Stiche, dann müssen wir mit konkreten Tatsachen und genau — „metaphysisch" — definierten Begriffen rechnen, wollen wir nicht die gröbsten Böcke schießen. Die logischen Purzelbäume des Hegelianismus schillern radikal und geistreich. Wie das Irrlicht, zeigt er uns in unbestimmten Umrissen jenseitige Prospekte. Sobald wir aber im Vertrauen auf ihn unseren Weg wählen, werden wir regelmäßig im Sumpfe landen. Was Marx und Engels Großes geleistet haben, haben sie nicht möge der Hegelschen Dialektik, sondern trotz ihrer geleistet. Wenn sie andererseits an dem bedeutsamsten Fehler des Blanquismus achtlos vorbeigegangen sind, so ist das in erster Linie dem Hegelschen Beisatz in der eigenen Theorie geschuldet. [5]

5 *Zusatznote.* Die durch den Weltkrieg hervorgerufenen politischen Revolutionen haben auf das in diesem Kapitel Ausgeführte die Probe geliefert. Im wesentlich rückständigen Rußland verlief sie noch nach dem alten Schema, wobei jedoch zu bemerken ist, daß der Sieg des Bolschewismus zwar der Sieg einer sich auf proletarische Elemente stützenden sozialistischen Partei war, aber unter Ausnutzung von Antrieben erzielt wurde, die mit dem sozialistischen Klassenkampf des Proletariats wenig zu tun hatten, und daß die verhältnismäßig lange Dauer der Herrschaft der Bolschewisten durch die rücksichtslose Anwendung der Gewalt der Bajonette ermöglicht wurde, der eine Reihe von Verzichten auf ursprünglich in Angriff genommene Sozialisierungen beziehungsweise von Zugeständnissen an den Eigentumssinn der sieben Achtel der Bevölkerung ausmachenden Bauernschaft zur Seite ging. Ähnlich wie in Rußland ging es zunächst in Ungarn zu, nur brach hier der Bolschewismus, da ihm die militärischen Machtmittel fehlten, schnell zusammen, gefolgt von der agrarisch-militaristischen Reaktion.
Im industriell entwickelten Deutschland dagegen brachte, genau wie oben angezeigt, die Revolution sofort die Sozialdemokratie ans Ruder. Vom 9. November 1918 bis

Drittes Kapitel
Die wirtschaftliche Entwicklung der modernen Gesellschaft

a) *Etwas über die Bedeutung der Marxschen Wertthorie*

> „Woraus nebenbei noch die Nutzanwendung folgt, daß
> es mit dem beliebten Anspruch des Arbeiters auf den
> ‚vollen Arbeitsertrag‘ doch auch manchmal seinen Haken
> hat."
>
> *Engels*, Herrn Dührings Umwälzung.

Nach der Marxschen Lehre ist, wie wir gesehen haben, der Mehrwert der Angelpunkt der Ökonomie der kapitalistischen Gesellschaft. Um aber den
Mehrwert zu verstehen, muß man zunächst wissen, was der Wert ist. Die
Marxsche Darstellung der Natur und des Entwicklungsganges der kapitalistischen Gesellschaft setzt daher mit der Analyse des Wertes ein.
Der Wert der Waren besteht in der moderen Gesellschaft nach Marx in der
auf sie aufgewendeten gesellschaftlich notwendigen Arbeit, gemessen nach
Zeit. Bei diesem Maßstab des Wertes ist aber eine Reihe von Abstraktionen
und Reduktionen erfordert. Zuerst muß der reine Tauschwert entwickelt,
das heißt vom besonderen Gebrauchswert der einzelnen Waren abstrahiert
werden. Dann − bei der Bildung des Begriffs der allgemein oder abstrakt
menschlichen Arbeit − von den Besonderheiten der einzelnen Arbeitsarten
(Zurückführung höherer oder zusammengesetzter Arbeit auf einfache oder
abstrakte Arbeit). Hierauf, um zur gesellschaftlich notwendigen Arbeitszeit
als Maßstab des Arbeitswerts zu gelangen, von den Unterschieden in Fleiß,

---

zum Zusammentritt der Nationalversammlung bildete der aus Sozialdemokraten
zusammengesetzte „Rat der Volksbeauftragten" das regierende Kabinett, die bürgerlichen Minister vertraten nur bestimmte Fachämter („Ressorts"). Inzwischen
hatte jedoch die bis zum heftigen Bruderkampf getriebene Spaltung der Sozialdemokratie eine Mehrheit aus bürgerlichen Parteien in die Nationalversammlung gebracht, und so mußte die regierungsfähige Fraktion der Sozialdemokratie mit den
auf die Seite der Republik getretenen bürgerlichen Parteien eine Koalitionsregierung
bilden, die nicht nur deshalb anders aussieht, als oben angedeutet, weil sie nur eine
Fraktion der Sozialdemokratie umfaßt, sondern auch deshalb, weil die Revolution
durch den Krieg unter Umständen herbeigeführt worden war, die eine ausschließliche Herrschaft der Arbeiterklasse in Deutschland unmöglich und unwünschbar machen.

Tüchtigkeit, Ausrüstung der einzelnen Arbeiter und weiterhin, sobald es sich um Verwandlung des Wertes in Marktwert beziehungsweise Preis handelt, von der für die einzelnen Wareneinheiten erforderten gesellschaftlich notwendigen Arbeitszeit. Aber auch der so gewonnene Arbeitswert erfordert eine neue Abstraktion. In der entwickelten kapitalistischen Gesellschaft werden die Waren, wie ebenfalls schon erwähnt worden, nicht gemäß ihrem individuellen Werte, sondern zu ihrem Produktionspreis, das heißt dem wirklichen Kostpreis plus einer durchschnittlichen proportionellen Profitrate veräußert, deren Höhe vom Verhältnis des Gesamtwerts der gesellschaftlichen Produktion zum Gesamtlohn der in Produktion, Austausch usw. verwendeten menschlichen Arbeitskraft bestimmt wird, wobei die Grundrente von jenem Gesamtwert abgezogen und die Verteilung des Kapitals in industrielles, Kaufmanns- und Bankkapital in Rechnung gestellt werden muß.

Auf diese Weise verliert der Wert, soweit die einzelne Ware oder Warenkategorie in Betracht kommt, jede Meßbarkeit und wird zur rein gedanklichen Konstruktion. Was aber wird unter diesen Umständen aus dem „Mehrwert"? Dieser besteht nach der Marxschen Lehre in der Differenz zwischen dem Arbeitswert der Waren und der Bezahlung der in der Produktion derselben von den Arbeitern verausgabten Arbeits*kraft*. Es ist daher klar, daß in dem Augenblick, wo der Arbeitswert bloß noch als gedankliche Formel oder wissenschaftliche Hypothese Geltung beanspruchen darf, der Mehrwert erst recht zur bloßen Formel würde, zu einer Formel, die sich auf eine Hypothese stützt.

Wie bekannt, hat Friedrich Engels in einem nachgelassenen Aufsatz, der in der „Neuen Zeit" vom Jahre 1895/96 abgedruckt ist, auf eine Lösung des Problems durch die geschichtliche Betrachtung des Vorganges hingewiesen. Das Wertgesetz hat danach wirklich unmittelbar gegolten, es hat den Warenaustausch unmittelbar wirklich beherrscht in der der kapitalistischen Wirtschaft vorhergehenden Periode des Warentausches. Solange die Produktionsmittel dem Produzierenden selbst gehören, sei es, daß urwüchsige Gemeinden den Überschuß ihrer Produkte austauschen oder selbstwirtschaftende Bauern und Handwerker ihre Produkte auf den Markt bringen, ist es danach der Arbeitswert dieser Produkte, um den ihr Preis pendelt. Wie sich aber das Kapital zwischen den wirklichen Produzenten und den Konsumenten schiebt, zuerst als Handels- und kaufmännisches Verlegerkapital, dann als Manufakturkapital und schließlich als großindustrielles Kapital, verschwindet der Arbeitswert immer mehr von der Oberfläche, und in den Vordergrund tritt der Produktionspreis. Die vorerwähnten Abstraktionen sind gedankliche Wiederholungen von Vorgängen, die sich in der Geschichte abgespielt haben und die noch heute nachwirken und sich in bestimmten Fällen und Formen tatsächlich wiederholen. Der Arbeitswert bleibt Realität, wenn er auch nicht mehr direkt die Preisbewegung beherrscht.

Engels sucht dies in der Anknüpfun an eine Stelle im dritten Bande des „Kapital" eingehend an der Hand der Wirtschaftsgeschichte nachzuweisen. Aber so glänzend er das Aufkommen und die Ausbildung der Profitrate veranschaulicht, so fehlt dem Artikel doch gerade da die zwingende Beweiskraft, wo es sich um die Frage des Wertes handelt. Nach der Engelsschen Darstellung soll das Marxsche Wertgesetz fünf bis sieben Jahrtausende, von den Anfängen des Austausches von Produkten als Waren (in Babylonien, Ägypten usw.) bis zum Aufkommen der kapitalistischen Produktion, allgemein als ökonomisches Gesetz geherrscht haben. Gegen diese Ansicht hat schon Parvus im gleichen Jahrgang der „Neuen Zeit" einige triftige Einwände geltend gemacht unter Hinweis auf eine Reihe von Tatsachen (Feudalverhältnisse, undifferenzierte Wirtschaft auf dem Lande, Zunft- usw. Monopole), welche der Bildung eines auf der Arbeitszeit der Produzenten beruhenden allgemeinen Tauschwerts im Wege standen. Ganz offenbar kann Tausch auf Grundlage eines Arbeitswerts so lange nicht allgemeine Regel werden, als die Produktion für den Tausch Nebenzweig der Wirtschaftseinheiten ist, Verwendung von Überschußarbeit usw., und als sie bei den austauschenden Produzenten unter grundsätzlich verschiedenartigen Bedingungen erfolgt. Das Problem der Tauschwert bildenden Arbeit, und damit des Werts und Mehrwerts, liegt auf jenen Stufen der Wirtschaft nicht klarer als heute.

Was aber dort klarer zutage tritt als heute, das ist die Tatsache der *Mehrarbeit*. Wo im Altertum und im Mittelalter Mehrarbeit geleistet wurde, da herrschte über sie keinerlei Täuschung, ward sie durch keine Wertvorstellung verdunkelt. Der Sklave war, wo er für den Austausch zu produzieren hatte, reine Mehrarbeitsmaschine, der Leibeigene und Hörige leisteten Mehrarbeit in der offenkundigen Form von Frondiensten, Naturalabgaben beziehungsweise Zehnten. Der Geselle des Zunftmeisters konnte mit Leichtigkeit übersehen, was seine Arbeit den Meister kostete und wie hoch sie dieser dem Kunden anrechnete.[1] Diese Durchsichtigkeit der Beziehungen zwischen Arbeitslohn und Warenpreis herrscht auch noch an der Schwelle der kapitalistischen Periode vor. Aus ihr erklären sich manche uns heute überraschende

---

[1] Wo vorkapitalistische Gewerbsmethoden sich in die Neuzeit hinübergerettet haben, zeigt sich auch heute noch die Mehrarbeit unverhüllt. Der Gehilfe des kleinen Maurermeisters, der bei irgendeinem von dessen Kunden Arbeiten für ihn ausführt, weiß ganz genau, daß sein Stundenlohn soundsoviel geringer ist als der Preis, den der Meister jenem pro Arbeitsstunde in Rechnung setzt. Ähnlich beim Kundenschneider, Kundengärtner usw.

Stellen in wirtschaftspolitischen Schriften jener Zeit über die Mehrarbeit und die Arbeit als alleinige Erzeugerin des Reichtums. Was uns als Frucht tieferer Betrachtung der Dinge erscheint, war damals fast Gemeinplatz. Es fiel den Reichen jener Epoche gar nicht ein, ihren Reichtum als Frucht ihrer eigenen Arbeit hinzustellen. Die zu Anfang der Manufakturperiode aufkommende Lehre von der Arbeit als Maß des sich nun erst verallgemeinernden (Tausch-)Werts knüpft zwar an die Vorstellung von der Arbeit als der alleinigen Erzeugerin des Reichtums an und faßt den Wert noch ganz konkret auf, trägt aber alsbald mehr dazu bei, die Auffassungen von der Mehrarbeit zu verwirren, als sie aufzuhellen. Wie dann später Adam Smith auf Grund ihrer Profit und Grundrente als Abzüge vom Arbeitswert darstellte, Ricardo diesen Gedanken weiter durcharbeitete und Sozialisten ihn gegen die bürgerliche Ökonomie kehrten, kann man bei Marx selbst nachlesen.

Aber bei Adam Smith wird der Arbeitswert schon als Abstraktion von der vorherrschenden Wirklichkeit aufgefaßt. Er hat nach Smith volle Wirklichkeit nur „in dem frühen und rohen Gesellschaftszustand", der der Akkumulation von Kapital und der Aneignung von Land vorhergeht, sowie in rückständigen Gewerben. In der kapitalistischen Welt dagegen sind für Smith neben der Arbeit beziehungsweise dem Lohn Profit und Rente konstituierende Elemente des Wertes, und der Arbeitswert dient Smith nur noch als „Begriff", um die Verteilung des Produkts der Arbeit, das heißt die Tatsache der Mehrarbeit aufzudecken.

Im Marxschen System ist es prinzipiell nicht anders. Wohl hält Marx den von ihm viel strenger, aber auch abstrakter gefaßten Begriff des Arbeitswerts sehr viel fester als Smith. Aber während die Marxsche Schule, darunter der Verfasser dieses, noch des Glaubens war, in der leidenschaftlich diskutierten Frage, ob das Attribut „gesellschaftlich notwendige Arbeitszeit" im Arbeitswert sich nur auf die *Art* der Herstellung der betreffenden Ware oder auch zugleich auf das Verhältnis der produzierten *Menge* dieser Ware zur effektiven Nachfrage beziehe, einen Punkt von fundamentalster Wichtigkeit für das System vor sich zu haben, lag im Pulte von Marx schon eine Lösung fertig, welche mit anderen auch dieser Frage ein völlig anderes Gesicht gab, sie auf ein anderes Gebiet, in eine andere Linie schob. Der Wert der individuellen Ware oder Warenart wird jetzt etwas ganz Sekundäres, da die Waren sich zu ihrem Produktionspreis — Herstellungskosten plus Profitrate — veräußern. In den Vordergrund rückt der *Wert der Gesamtproduktion der Gesellschaft* und das Mehr *dieses* Wertes über die Gesamtsumme der Löhne der Arbeiterklasse, das heißt nicht der individuelle, sondern der ganze *soziale Mehrwert*. Was die *Gesamtheit* der Arbeiter in einem gegebenen Moment über den ihnen zufallenden Anteil hinaus produzieren, bildet den sozialen Mehrwert, den Mehrwert der gesellschaftlichen Produktion, in den sich die Einzelkapitalisten in annähernd gleicher Proportion nach Maßgabe des von ihnen wirtschaftlich angewandten *Kapitals* teilen. Aber dieses Mehrprodukt wird nur in dem Maße realisiert, als die Gesamtproduktion dem Gesamtbedarf, respektive der Aufnahmefähigkeit des Marktes entspricht. Von diesem Gesichtspunkt aus, das heißt die *Produktion* als *Ganzes* genommen, ist der Wert jeder einzelnen Warengattung bestimmt durch die Arbeitszeit, die notwendig war, sie unter normalen Produktionsbedingungen in derjenigen Menge herzustellen, die der Markt, das heißt die Gesamtheit als Käufer betrachtet, jeweilig aufnehmen kann. Nun gibt es jedoch gerade für die hier in Betracht kommenden Waren in Wirklichkeit kein Maß des jeweiligen Gesamtbedarfs, und so ist auch der wie vorstehend begriffene Wert eine rein gedankliche Tatsache, nicht anders als der Grenznutzenwert der Gossen-Jevons-Böhmschen Schule. Beiden liegen wirkliche Beziehungen zugrunde, aber beide sind aufgebaut auf Abstraktionen.[2]

2 Einen interessanten Versuch, dem Arbeitswert einen konkreteren Gehalt zu geben, beziehungsweise ihn in eine theoretisch meßbare Größe umzubilden, begegnen wir in der Schrift von Leo von Buch: „Intensität der Arbeit, Wert und Preis der Waren" (Leipzig, Duncker & Humblot, 1896). Der Verfasser, der offenbar bei Abfassung seines Werkes den dritten Band „Kapital" noch nicht kannte, konstruiert als Maß für die Größe des Arbeitswerts die Grenzdichtigkeit („Limitarintensität") der Arbeit, ein Produkt aus dem Verhältnis der täglichen Arbeitszeit zum Achtstundentag und dem Verhältnis des faktischen Arbeitslohns zum Wert des Arbeitsprodukts (Ausbeutungsrate). Je kürzer der Arbeitstag und je geringer die Ausbeutungsrate, um so höher die Dichtigkeit der Arbeit und damit der Arbeitswert des Produkts. Nach Buch findet demgemäß auf der Basis des Arbeitswerts keine Ausbeutung statt. Diese ergibt sich erst aus dem Verhältnis des Arbeitswerts zum Marktwert des Produkts, der dem Preise zugrunde liegt und den Buch Schätzungswert nennt, unter Verwerfung des Wortes Tauschwert, das heute, wo nicht mehr getauscht werde, inhaltlos sei.

So befremdend die Theorie auf den ersten Blick anmutet, so hat sie doch eines für sich: dadurch, daß Buch Arbeitswert und Marktwert grundsätzlich auseinanderhält, vermeidet er jeden begrifflichen Dualismus und kann er den ersteren sehr viel strenger und reiner entwickeln. Es fragt sich nur, ob es dann nicht eine Vorwegnahme war, den letzteren „Wert" in die Bestimmung des Arbeitswerts hineinzuziehen. Was Buch wollte: dem Arbeitswert im Gegensatz zum Marktwert eine physiologische Begründung geben, konnte er auch, wenn er direkt den faktisch bezahlten Arbeitslohn als Maßfaktor einsetzte. Diejenigen aber, welche die Beziehung des Arbeitswerts auf den Lohn hier grundsätzlich verwerfen, seien auf die Stelle im Kapitel „Arbeitsprozeß und Verwertungsprozeß" bei Marx aufmerksam gemacht, wo es heißt: „Ist der Wert dieser Kraft (der Arbeitskraft) aber höher, so äußert sie sich auch in höherer Arbeit und vergegenständlicht sie sich daher, in denselben Zeiträumen, in verhältnismäßig höheren Werten." (Buch I, 2. Auflage, Seite 186.) Die Buchsche Abhandlung, von der mir nur der erste Teil vorliegt und die ich mir vorbehalte, bei passender Gelegenheit eingehender zu besprechen, erscheint mir als das Produkt nicht geringer Schärfe der Analyse und ein bemerkenswerter Beitrag zu einem keineswegs völlig aufgeklärten Problem.

Solche Abstraktionen sind natürlich bei der Betrachtung komplizierter Erscheinungen gar nicht zu umgehen. Wie weit sie zulässig sind, hängt ganz vom Gegenstand und Zweck der Untersuchung ab. Von Hause aus ist es Marx ebenso erlaubt, von den Eigenschaften der Waren soweit abzusehen, daß sie schließlich nur noch Verkörperungen von Mengen einfacher menschlicher Arbeit bleiben, wie es der Böhm-Jevonsschen Schule freisteht, von allen Eigenschaften der Waren außer ihrer Nützlichkeit zu abstrahieren. Aber die einen wie die anderen Abstraktionen sind nur für bestimmte Zwecke der Beweisführung zulässig, die auf Grund jener gefundenen Sätze haben nur innerhalb bestimmter Grenzen Anspruch auf Geltung.

Wenn es indes kein sicheres Maß für den jeweiligen Gesamtbedarf einer bestimmten Warenart gibt, so zeigt die Praxis doch, daß innerhalb gewisser Zeiträume Nachfrage und Zufuhr aller Waren sich annähernd ausgleichen. Die Praxis zeigt ferner, daß an der Herstellung und Zustellung[3] der Waren nur ein Teil der Gesamtheit tätig teilnimmt, während ein anderer Teil aus Leuten besteht, die entweder Einkommen für Dienste genießen, die in keiner direkten Beziehung zur Produktion stehen, oder arbeitsloses Einkommen haben. Von der gesamten in der Produktion enthaltenen Arbeit lebt also eine bedeutend größere Zahl Menschen, als daran tätig mitwirken, und die Statistik der Einkommen zeigt uns, daß die nicht in der Produktion tätigen Schichten obendrein einen viel größeren Anteil vom Gesamtprodukt sich aneignen, als ihr Zahlenverhältnis zum produktiv tätigen Teil ausmacht. Die Mehrarbeit dieses letzteren ist eine *empirische,* aus der *Erfahrung* nachweisbare Tatsache, die keines deduktiven Beweises bedarf. Ob die *Marxsche Werttheorie richtig ist oder nicht,* ist für den Nachweis der *Mehrarbeit ganz und gar gleichgültig.* Sie ist in dieser Hinsicht *keine Beweisthese,* sondern nur *Mittel der Analyse* und der *Veranschaulichung.*

Wenn also Marx bei der Analyse der Warenproduktion unterstellt, daß sich die einzelne Ware zu ihrem Wert veräußert, so veranschaulicht er am konstruierten Einzelfall den Vorgang, wie ihn nach *seiner* Auffassung die *Gesamtproduktion* tatsächlich darstellt. Die für die Gesamtheit der Waren aufgewendete Arbeitszeit ist, in dem vorher bezeichneten Sinne, danach ihr gesellschaftlicher Wert.[4] Und wenn auch dieser gesellschaftliche Wert sich

---

3 Dies Wort ist dem mißleitenden Worte „Verteilung" vorzuziehen.

4 „Es ist in der Tat das Gesetz des Wertes, . . . daß nicht nur auf jede einzelne Ware nur die notwendige Arbeitszeit verwandt ist, sondern daß von der gesellschaftlichen Gesamtarbeitszeit nur das nötige proportionelle Quantum in den verschiedenen Gruppen verwandt ist. Denn *Bedingung bleibt der Gebrauchswert* . . . das gesellschaftliche Bedürfnis, das heißt der *Gebrauchswert* auf *gesellschaftlicher Potenz* erscheint hier bestimmend für die Quote der gesellschaftlichen Gesamtarbeitszeit,

nicht voll verwirklicht – weil immer wieder Entwertung von Waren durch partielle Überproduktion stattfindet –, so hat das auf die Tatsache des sozialen Mehrwerts oder Mehrprodukts keinen prinzipiellen Einfluß. Das Wachstum seiner Masse wird gelegentlich verändert oder verlangsamt, aber noch ist nicht einmal von einem Stillstand, geschweige denn von einem Rückgang seiner Masse in irgendeinem modernen Staatswesen die Rede. Das *Mehrprodukt* nimmt überall zu, aber das Verhältnis seiner Zunahme zur Zunahme des Lohnkapitals ist in den vorgeschrittensten Ländern heute im Fallen.[5]

Damit, daß Marx das hier gegebene Schema des Gesamtwarenwerts auf die einzelne Ware überträgt, ist bereits angezeigt, daß die Bildung des Mehrwerts bei ihm ausschließlich in die Produktionssphäre fällt, wo es der industrielle Lohnarbeiter ist, der ihn produziert. Alle anderen im modernen Wirtschaftsleben tätigen Elemente sind Hilfsagenten der Produktion, die je nachdem *indirekt* den Mehrwert *erhöhen* helfen, indem sie zum Beispiel als Warenhändler, Geldhändler usw. oder deren Personal der industriellen Unternehmung ihr sonst zufallende Arbeiten abnehmen und so ihre Unkosten verringern. Die Grossisten usw. mit ihren Angestellten sind nur noch verwandelte und differenzierte Kommis usw. der Industriellen und ihre Profite verwandelte und konzentrierte Unkosten der letzteren. Die im Lohnverhältnis Angestellten dieser Händler schaffen zwar Mehrwert für *diese*, aber keinen gesellschaftlichen Mehrwert. Denn der Profit ihrer Prinzipale samt ihren eigenen Löhnen ist ein Teil des Mehrwerts, der in der Industrie produziert wurde. Nur daß dieser Teil proportionell geringer ist, als er vor der Differenzierung der hier in Betracht kommenden Funktionen war beziehungsweise ohne sie sein würde. Diese Differenzierung ermöglicht erst die großartige Entwicklung der Produktion und die Beschleunigung des Umschlags des industriellen Kapitals. Wie die Arbeitsteilung überhaupt erhöht sie die Produktivität des Industriekapitals beziehungsweise der direkt in der Industrie beschäftigten Arbeit.

Wir begnügen uns mit dieser kurzen Wiedergabe der im dritten Band „Kapital" niedergelegten Entwicklungen über Warenhandlungskapital (von dem wiederum das Geldhandlungskapital eine Differenzierung darstellt) und den kaufmännischen Profit. Es erhellt aus ihnen, eine wie enge Begrenzung im Marxschen System die Mehrwert setzende Arbeit hat. Die entwickelten wie

---

die den verschiedenen besonderen Produktionssphären anheimfallen" („Kapital", III, 2, Seite 175). Dieser Satz allein macht es unmöglich, sich über die Gossen-Böhmsche Theorie mit einigen überlegenen Redensarten hinwegzusetzen.

5 *Zusatznote.* Der Krieg hat hierin in verschiedenen Ländern Rückentwicklungen zur Folge gehabt, deren Dauer und Ausgang sich noch nicht übersehen läßt.

auch andere hier nicht weiter zu erörternde Funktionen sind ihrer Natur nach für das Gesellschaftswesen der Neuzeit unerläßlich. Ihre Formen können und werden unzweifelhaft geändert werden, aber sie selbst werden verbleiben, solange die Menschheit sich nicht in kleine, in sich abgeschlossene Wirtschaftseinheiten auflöst, wo sie dann teils aufgehoben, teils auf ein Mindestmaß herabgesetzt werden mögen. In der Wertlehre, die doch für die gegenwärtige Gesellschaft gilt, erscheint jedoch die ganze auf sie entfallende Ausgabe schlechtweg als Abzug vom Mehrwert, teils als „Unkost", teils als ein Bruchteil der Ausbeutungsrate.

Es liegt hier eine gewisse Willkür in der Wertung der Funktionen vor, bei der nicht mehr die gegebene, sondern eine konstruierte gemeinschaftlich wirtschaftende Gesellschaft unterstellt ist. Dies ist der Schlüssel für alle Dunkelheiten der Werttheorie. Sie ist nur an der Hand dieses Schemas zu verstehen. Wir haben gesehen, daß der Mehrwert als meßbare Größe nur dadurch gefaßt werden konnte, daß die *Gesamtwirtschaft* unterstellt wurde. Marx ist nicht dazu gekommen, das für seine Lehre so wichtige Kapitel von den Klassen zu vollenden. An ihm würde sich aufs klarste gezeigt haben, daß der Arbeitswert absolut nichts als ein Schlüssel ist, ein Gedankenbild wie das beseelte Atom.[6] Ein Schlüssel, der, von der Meisterhand Marx' gebraucht, zu einer

6 Wir wissen, daß wir denken, und wir wissen auch so ziemlich, in welcher Weise wir denken. Aber wir werden nie wissen, wie es zugeht, *daß* wir denken, wieso aus Eindrücken von außen, aus Nervenreizen oder aus sonstigen Änderungen in der Lagerung und dem Zusammenwirken der Moleküle unseres Gehirns Bewußtsein entsteht. Man hat es damit zu erklären versucht, daß man dem Atom einen gewissen Grad von Bewußtseinsfähigkeit, von Beseeltheit im Sinne der Monadenlehre, zusprach. Aber das ist ein Gedankenbild, eine Annahme, zu der unsere Folgerungsweise und unser Bedürfnis nach einheitlichem Begreifen der Welt uns zwingt.

Ein Artikel, in dem ich auf diese Tatsache verwies und bemerkte, daß der reine Materialismus zuletzt Idealismus sei, hat Georg Plechanow erwünschten Anlaß gegeben, in der „Neuen Zeit" (Heft 44, Jahrgang 16, II) über mich herzufallen und mir Unwissenheit im allgemeinen und gänzliche Verständnislosigkeit hinsichtlich der philosophischen Anschauungen von Fr. Engels im besonderen vorzuwerfen. Ich gehe auf die Art, wie der Genannte dort meine Worte willkürlich auf Dinge bezieht, die ich gar nicht berührt hatte, nicht weiter ein, sondern konstatiere nur, daß sein Artikel in die Erklärung ausläuft, Engels habe eines Tages Plechanow auf die Frage: „Sie glauben also, daß der alte Spinoza recht hatte: ,*der Gedanke* und die *Ausdehnung* sind nichts als die beiden Attribute einer einzigen Substanz',“ geantwortet: „Gewiß, der alte Spinoza hat vollständig recht gehabt.“

Nun ist bei Spinoza die Substanz, der er diese beiden Attribute zuspricht − Gott. Allerdings Gott, der mit der Natur identifiziert wird, weshalb denn auch schon sehr früh Spinoza als Gottesleugner denunziert und seine Philosophie als atheistisch verworfen wurde, während sie formell als Pantheismus erscheint, der freilich den Vertretern der Lehre von einem persönlichen, außer der Natur stehenden Gott auch nur verkleideter Atheismus ist. Spinoza gelangte zu dem Begriff der unendlichen Sub-

Aufdeckung und Darstellung des Getriebes der kapitalistischen Wirtschaft geführt hat, wie sie gleich eindringend, folgerichtig und durchsichtig bisher nicht geliefert wurde, der aber von einem gewissen Punkte ab versagt und daher noch fast jedem Schüler von Marx verhängnisvoll geworden ist.

Vor allem ist die Lehre vom Arbeitswert darin irreführend, daß er doch immer wieder als Maßstab für die Ausbeutung des Arbeiters durch den Kapitalisten erscheint, wozu unter anderem die Bezeichnung der Mehrwertsrate als Ausbeutungsrate usw. verleitet. Daß sie als solcher Maßstab selbst dann falsch ist, wenn man von der Gesellschaft als Ganzem ausgeht und die Gesamtsumme der Arbeitslöhne der Gesamtsumme der übrigen Einkommen gegenüberstellt, ist schon aus dem Vorhergehenden ersichtlich. Die Wertlehre gibt so wenig eine Norm für die Gerechtigkeit oder Ungerechtigkeit der Verteilung des Arbeitsprodukts wie die Atomlehre eine solche für die Schönheit oder Verwerflichkeit eines Bildwerks. Treffen wir doch heute die bestgestellten Arbeiter, Teile der „Aristokratie der Arbeit", gerade in solchen Gewerben mit sehr hoher, die infamst geschundenen Arbeiter in solchen mit sehr niedriger Mehrwertsrate.

Auf die Tatsache allein, daß der Lohnarbeiter nicht den vollen Wert des Produkts seiner Arbeit erhält, ist eine wissenschaftliche Begründung des Sozialismus oder Kommunismus nicht durchzuführen. „Marx hat denn auch", schreibt Fr. Engels im Vorwort zum „Elend der Philosophie", „nie seine kommunistischen Forderungen hierauf begründet, sondern auf den notwen-

---

stanz Gott mit den erwähnten und anderen, nicht näher angegebenen Attributen auf rein spekulativem Wege; für ihn waren das gesetzmäßige Denken und Sein identisch. Insofern begegnet er sich mit verschiedenen Materialisten, aber er selbst könnte nur mit vollkommen willkürlicher Deutung des Wortes als Vertreter des philosophischen Materialismus bezeichnet werden. Wenn man unter Materialismus überhaupt etwas Bestimmtes verstehen soll, so kann es nur die Lehre von der Materie als letztem und einzigen Grund der Dinge sein. Aber Spinoza bezeichnet seine Substanz Gott ausdrücklich als *unkörperlich*. Es steht jédem frei, Spinozist zu sein, aber dann ist er eben kein Materialist.

Ich weiß, daß Engels in „Ludwig Feuerbach" vom Materialismus zwei andere Definitionen als die obige gibt, erst einfach alle diejenigen, welche die Natur als das Ursprüngliche annehmen, für den Materialismus reklamiert und dann diesen als das „Aufgeben jeder idealistischen Schrulle" bezeichnet, „die sich mit den in ihrem eigenen Zusammenhang aufgefaßten Tatsachen nicht in Einklang bringen läßt". Diese Definitionen geben dem Worte Materialismus eine so weite Deutung, daß es alle Bestimmtheit verliert und sehr antimaterialistische Auffassungen mit einschließt. Es zeigt sich eben immer wieder, und Plechanow bestätigt es unfreiwillig selbst, daß das Steifen auf den Namen „materialistisch" mehr in politischen als in wissenschaftlichen Gründen wurzelt.

digen, sich vor unseren Augen täglich mehr und mehr vollziehenden Zusammenbruch der kapitalistischen Produktionsweise."
Sehen wir zu, wie es sich damit verhält.

b) *Die Einkommensbewegung in der modernen Gesellschaft*

> „Stellt sich die Akkumulation so einerseits dar als wachsende Konzentration . . . so andererseits als Repulsion vieler individueller Kapitale voneinander."
>
> *Marx,* „Kapital", I, 4. Auflage, Seite 590.

Der Mehrwert ist nach der Marxschen Lehre das Fatum des Kapitalisten. Der Kapitalist muß Mehrwert produzieren, um Profit zu erzielen, er kann aber nur aus der lebendigen Arbeit Mehrwert ziehen. Um den Markt gegen seine Konkurrenten zu sichern, muß er nach Verbilligung der Produktion streben, und diese erreicht er, sobald das Lohndrücken versagt, nur durch Erhöhung der Produktivität der Arbeit, das heißt durch Vervollkommnung der Maschinen und Ersparung menschlicher Arbeitskraft. Mit der menschlichen Arbeitskraft aber setzt er Mehrwert produzierende Arbeit außer Funktion und schlägt er daher die Henne tot, die ihm die goldenen Eier legt. Ein sich schrittweise vollziehendes Sinken der Profitrate ist die Folge, die durch gegenwirkende Umstände wohl zeitweilig gehemmt wird, aber immer wieder von neuem einsetzt. Hier ist ein neuer innerer Gegensatz der kapitalistischen Produktionsweise. Die Profitrate ist der Antrieb zur produktiven Anwendung von Kapital, fällt sie unter einen gewissen Punkt, so erschlafft der Trieb zu produktiver Unternehmung, vor allem soweit es sich um die neuen Kapitale handelt, die als Ableger der angehäuften Kapitalmassen auf den Markt treten. Das Kapital selbst erweist sich als Schranke der kapitalistischen Produktion. Die Fortentwicklung der Produktion wird unterbrochen. Während auf der einen Seite jedes tätige Kapital durch fieberhafte Anspannung der Produktion seine Profitmasse zu bergen und zu steigern sucht, setzt schon auf der anderen Stockung in der Ausbreitung der Produktion ein. Dies ist nur das Gegenstück der zur Krisis aus relativer Überproduktion treibenden Vorgänge auf dem Markt der Gebrauchswerte. Die Überproduktion von Waren drückt sich zugleich als Überproduktion von Kapitalen aus. Hier wie dort schaffen die Krisen zeitweilige Ausgleichung. Es findet kolossale Entwertung und Zerstörung von Kapitalen statt, und unter dem Einfluß der Stagnation muß ein Teil der Arbeiterklasse sich Herabdrückung des Lohnes bis unter den Durchschnitt gefallen lassen, da eine verstärkte Reservearmee überschüssiger Arme dem Kapital auf dem Arbeitsmarkt zur Verfügung steht. Nach einer Weile werden so die Bedingungen neuer profitabler Kapitalanlage hergestellt, und der Tanz kann von neuem losgehen, aber auf erhöhter Stufenleiter des geschilderten inneren Gegensatzes. Größere Zentralisation der Kapitale, größere Konzentration der Betriebe, erhöhte Ausbeutungsrate.

Ist das nun alles richtig?

Ja und nein. Es ist richtig vor allem in der Tendenz. Die geschilderten Kräfte sind da und wirken in der angegebenen Richtung. Aber auch die Vorgänge sind der Wirklichkeit entnommen: der Fall der Profitrate ist Tatsache, das Eintreten von Überproduktion und Krisen ist Tatsache, periodische Kapitalvernichtung ist Tatsache, die Konzentration und Zentralisation des industriellen Kapitals ist Tatsache, die Steigerung der Mehrwertsrate ist Tatsache. Soweit läßt sich prinzipiell an der Darstellung nicht rütteln. Wenn das Bild nicht der Wirklichkeit entspricht, so nicht, weil Falsches gesagt wird, sondern weil das Gesagte unvollständig ist.[7] Faktoren, die auf die geschilderten Gegensätze einschränkend einwirken, werden bei Marx entweder gänzlich vernachlässigt oder zwar bei Gelegenheit behandelt, aber später, bei der Zusammenfassung und Gegenüberstellung der festgestellten Tatsachen, fallen gelassen, so daß die soziale Wirkung der Antagonismen viel stärker und unmittelbarer erscheint, als sie in Wirklichkeit ist.

So spricht Marx im ersten Bande „Kapital" (Kapitel 23, Absatz 2) von der Bildung von Kapitalablegern durch Teilungen usw. („Repulsion vieler individueller Kapitalisten voneinander") und bemerkt dabei, daß mit der Akkumulation von Kapital die Anzahl der Kapitalisten infolge solcher Spaltungen „mehr oder minder wächst" (4. Auflage, Seite 589). Aber in der folgenden Entwicklung wird von diesem Wachstum der Zahl der Kapitalisten ganz abgesehen und sogar die Aktiengesellschaft lediglich unter dem Gesichtswinkel der Konzentration und Zentralisation des Kapitals behandelt. Mit dem obigen „mehr oder minder" erscheint die Sache als erledigt. Am Schluß des ersten Bandes ist nur noch von der „beständig abnehmenden Zahl von Kapitalmagnaten" die Rede, und daran wird auch im dritten Bande prinzipiell nichts geändert. Wohl werden bei Behandlung der Profitrate und des kaufmännischen Kapitals Tatsachen berührt, die auf eine Zersplitterung der Kapitale hinweisen, aber ohne Nutzanwendung für unseren Punkt. Der Leser behält den Eindruck, daß die Zahl der Kapitalinhaber beständig — wenn nicht absolut, so im Verhältnis des Wachstums der Arbeiterklasse — zurückgeht. In der Sozialdemokratie herrscht demgemäß die Vor-

---

7 *Zusatznote.* Inwiefern das oben über den Fall der Profitrate, die Krisen usw. Gesagte der Einschränkung bedarf, wird an anderen Stellen dieses Buches entwickelt.

stellung vor oder drängt sie sich immer wieder dem Geiste auf, daß der Konzentration der industriellen Unternehmungen eine Konzentration der Vermögen parallel läuft.

Das ist aber keineswegs der Fall. Die Form der Aktiengesellschaft wirkt der Tendenz: Zentralisation der Vermögen durch Zentralisation der Betriebe, in sehr bedeutendem Umfang entgegen. Sie erlaubt eine weitgehende Spaltung schon konzentrierter Kapitale und macht Aneignung von Kapitalen durch einzelne Magnaten zum Zwecke der Konzentrierung gewerblicher Unternehmen überflüssig. Wenn nichtsozialistische Ökonomen diese Tatsache zum Zwecke der Beschönigung der sozialen Zustände ausgenutzt haben, so ist das für Sozialisten noch kein Grund, sie sich zu verheimlichen oder sie hinwegzureden. Es handelt sich vielmehr darum, ihre wirkliche Ausdehnung und ihre Tragweite zu erkennen.

Leider fehlt es durchaus noch an zahlenmäßigen Nachweisen über die tatsächliche Verteilung der Stamm-, Prioritäts- usw. Anteile der heute einen so gewaltigen Raum einnehmenden Aktiengesellschaften, da in den meisten Ländern die Anteile anonym sind (das heißt wie anderes Papiergeld ohne Umstände den Inhaber wechseln können), während in England, wo die auf den Namen eingetragenen Aktien überwiegen und die Listen der so festgestellten Aktionäre von jedermann im staatlichen Registrieramt eingesehen werden können, die Aufstellung einer genaueren Statistik der Aktienbesitzer eine Riesenaufgabe ist, an die sich noch niemand herangewagt hat. Man kann ihre Zahl nur auf Grund gewisser Ermittlungen über die einzelnen Gesellschaften annähernd schätzen. Um jedoch zu zeigen, wie sehr die Vorstellungen täuschen, die man sich in dieser Hinsicht macht, und wie die modernste und krasseste Form kapitalistischer Zentralisation, der „Trust", tatsächlich ganz anders auf die Verteilung der Vermögen wirkt, als es dem Fernstehenden erscheint, folgen hier einige Zahlen, die leicht verifiziert werden können.

Der im Jahre 1898 gegründete englische *Nähgarn-Trust* zählte nicht weniger als 12.300 Anteilsinhaber. Davon:

6.000 Inhaber von Stammaktien mit   1.200 Mark Durchschnittskapital
4.500 Inhaber von Prioritätsaktien mit   3.000 Mark Durchschnittskapital
1.800 Inhaber von Obligationen mit   6.300 Mark Durchschnittskapital

Auch der Trust der Feingarnspinner hat eine anständige Zahl von Anteilsinhabern, nämlich 5.454. Im Jahre 1899 waren es:

2.904 Inhaber von Stammaktien mit   6.000 Mark Durchschnittskapital
1.870 Inhaber von Prioritätsaktien mit 10.000 Mark Durchschnittskapital
  680 Inhaber von Obligationen mit   26.000 Mark Durchschnittskapital

Ähnlich der Baumwoll-Trust P. u. T. Coats.[8] Die Zahl der Aktionäre des großen Manchester Schiffskanals beläuft sich auf rund 40.000, die des großen Provisionsgeschäfts T. Lipton auf 74.242! Ein in neuerer Zeit als Beispiel der Kapitalkonzentration angeführtes Warenhaus, Spiers & Pond in London, hat, bei einem Gesamtkapital von 26 Millionen Mark, 4.650 Aktionäre, davon nur 550, deren Aktienbesitz 10.000 Mark übersteigt. Das sind einige Beispiele für die Zersplitterung der Vermögensteile an zentralisierten Unternehmungen. Nun sind selbstverständlich nicht alle Aktionäre in nennenswertem Grade Kapitalisten, und vielfach erscheint ein und derselbe große Kapitalist bei allen möglichen Gesellschaften als *kleiner* Aktionär wieder. Aber bei alledem ist die Zahl der Aktionäre und der Durchschnittsbetrag ihres Aktienbesitzes in raschem Wachstum begriffen. Insgesamt wird die Zahl der Aktieninhaber in England auf weit über eine Million geschätzt, und das erscheint nicht übertrieben, wenn man bedenkt, daß im Jahre 1896 allein die Zahl der Aktiengesellschaften des Vereinigten Königreichs sich auf 21.223 mit einem eingezahlten Kapital von 22.290 *Millionen Mark belief,* wozu dann noch die nicht in England selbst negotiierten auswärtigen Unternehmungen, Staatspapiere usw. kommen.[9]

Diese Verteilung des nationalen Reichtums, für welches Wort man auch in einem großen Teil der Fälle nationales *Mehrprodukt* sagen kann, spiegelt sich in den Zahlen der Einkommensstatistik wider.

Im Vereinigten Königreich betrug im Finanzjahr 1893/94 (der letzte mir vorliegende Bericht) die Zahl der unter Rubrik D und E (Einkommen aus Geschäftsprofiten, höheren Beamtenposten usw.) mit 3.000 Mark und darüber eingeschätzten Personen 727.270. Dazu kommen aber noch die Zensiten aus Einkommen von Grund und Boden (Renten, Pachterträge), von Miethäusern und von steuerbaren Kapitalanlagen. Diese Gruppen versteuern zusammen fast ebensoviel wie die vorgenannten Steuergruppen, nämlich 6.000 gegenüber 7.000 Millionen Mark Einkommen. Das dürfte die Ziffer der über 3.000 Mark beziehenden Personen nahezu verdoppeln.

In der „British Review" vom 22. Mai 1897 finden sich einige Zahlen über das Wachstum der Einkommen in England von 1851 bis 1881. Danach

---

8 Bei allen diesen Trusts haben die bisherigen Inhaber der kombinierten Fabriken eine Partie der Aktien selbst übernehmen müssen. Diese sind in der gegebenen Tabelle nicht einbegriffen. Siehe auch die im Vorwort zum zehnten Tausend dieser Schrift, Seite 19, mitgeteilten Zahlen über die Verbreitung der Stamm- und Prioritätsaktien von fünf englischen Großbrauereien.

9 Man schätzt heute das im Ausland angelegte englische Kapital auf 43 Milliarden Mark und seinen jährlichen Zuwachs auf durchschnittlich 114 Millionen! (1899 geschrieben.)

zählte England Familien mit 150 bis 1.000 Pfund Sterling Einkommen (die mittlere und kleine Bourgeoisie und die höchste Arbeiteraristokratie): 1851 rund 300.000, 1881 rund 990.000. Während die Bevölkerung in diesen dreißig Jahren sich im Verhältnis von 27 auf 35, das heißt um etwa 30 Prozent vermehrte, stieg die Zahl dieser Einkommensklassen im Verhältnis von 27 auf 90, das heißt um 233 1/3 Prozent. Sie wird heute von Giffen auf anderthalb Millionen Steuerzahler geschätzt.

Andere Länder zeigen kein prinzipiell verschiedenes Bild. *Frankreich* hat nach Mulhall, bei einem Gesamt von 8.000.000 Familien, 1.700.000 Familien in groß- und kleinbürgerlichen Existenzverhältnissen (Durchschnittseinkommen von 5.200 Mark) gegen 6.000.000 Arbeiter und 160.000 ganz Reiche. In *Preußen* gab es, wie die Leser Lassalles wissen, 1854 bei einer Bevölkerung von 16,3 Millionen nur 44.407 Personen mit einem Einkommen von über 1.000 Taler. Im Jahre 1894/95 versteuerten, bei einer Gesamtbevölkerung von gegen 33 Millionen, 321.296 Personen Einkommen über 3.000 Mark. 1897/98 war die Zahl auf 347.328 gestiegen. Während die Bevölkerung sich verdoppelte, hat sich die Schicht der bessersituierten Klassen um mehr als versiebenfacht. Selbst wenn man dagegen in Anrechnung setzt, daß die 1866 annektierten Landesteile meist größere Wohlhabenheitsziffern aufweisen als Altpreußen und daß viele Lebensmittelpreise in der Zwischenzeit erheblich gestiegen sind, kommt noch mindestens ein Zunahmeverhältnis der Bessersituierten gegen das der Gesamtbevölkerung von weit über 2:1 heraus. Nehmen wir zum Beispiel einen späteren Zeitraum, so finden wir, daß in den vierzehn Jahren zwischen 1876 und 1890, bei einer Gesamtzunahme der Zensiten um 20,56 Prozent, die Einkommen zwischen 2.000 bis 20.000 Mark (das wohlhabende und kleinere Bürgertum) von 442.534 auf 582.024 Steuerzahler, das heißt um 31,52 Prozent anwächst. Die Klassse der eigentlichen Besitzenden (6.000 Mark Einkommen und darüber) wächst in der gleichen Zeit von 66.319 auf 109.095, das heißt um 58,47 Prozent. Fünf Sechstel dieses Zuwachses, nämlich 33.226 von 38.776, entfallen auf die Mittelschicht der Einkommen zwischen 6.000 und 20.000 Mark. Nicht anders liegen die Verhältnisse im industriellsten Staate Deutschlands, nämlich *Sachsen*. Dort stieg von 1879 bis 1890 die Zahl der Einkommen zwischen 1.600 und 3.300 Mark von 62.140 auf 91.124, die der Einkommen zwischen 3.300 und 9.600 Mark von 24.414 auf 38.841.[10] Ähnlich in anderen

---

10 Diese letztere Klasse stieg von 1890 bis 1892 um weitere 2.400, nämlich auf 39.266. Für die erstere Klasse fehlt mir für 1892 die absolute Zahl, darum sei nur erwähnt, daß zwischen 1879 und 1892 die Zahl der Einkommen zwischen 800 und 3.300 Mark (bessergestellte Arbeiter und Kleinbürgertum) in Sachsen von 227.839 auf 439.948, das heißt von 20,94 Prozent auf 30,48 Prozent der Zensiten stieg. Es sei

deutschen Einzelstaaten. Natürlich sind nicht alle Empfänger von höheren Einkommen „Besitzende", aber in wie hohem Maße dies der Fall, ersieht man daraus, daß für 1895/96 in Preußen 1.152.332 Zensiten mit einem steuerbaren Nettovermögens*besitz* von über 6.000 Mark zur Ergänzungssteuer herangezogen wurden. Über die Hälfte davon, nämlich 598.063, versteuerten ein Nettovermögen von mehr als 20.000 Mark, 385.000 ein solches von über 32.000 Mark.[11]

Es ist also durchaus falsch, anzunehmen, daß die gegenwärtige Entwicklung eine relative oder gar absolute Verminderung der Zahl der Besitzenden aufweist. Nicht „mehr oder minder", sondern schlechtweg *mehr,* das heißt *absolut und relativ* wächst die Zahl der Besitzenden. Wären die Tätigkeit und die Aussichten der Sozialdemokratie davon abhängig, daß die Zahl der Besitzenden zurückgeht, dann könnte sie sich in der Tat „schlafen legen". Aber das Gegenteil ist der Fall. Nicht vom *Rückgang,* sondern *von der Zunahme des gesellschaftlichen Reichtums hängen die Aussichten des Sozialismus ab.* Der Sozialismus oder die sozialistische Bewegung der Neuzeit hat schon manchen Aberglauben überlebt, sie wird auch noch den überleben, daß ihre Zukunft von der Konzentration des Besitzes oder, wenn man will, der Aufsaugung des Mehrwerts durch eine sich verringernde Gruppe kapitalistischer Mammuts abhängt.[12] Ob das gesellschaftliche Mehrprodukt von 10.000 Personen monopolistisch aufgehäuft oder zwischen einer halben Million Menschen in abgestuften Mengen verteilt wird, ist für die neun oder zehn Millionen Familienhäupter, die bei diesem Handel zu kurz kommen, prinzipiell gleichgültig. Ihr Bestreben nach gerechterer Verteilung oder nach einer Organisation, die eine gerechte Verteilung einschließt, braucht darum nicht minder berechtigt und notwendig zu sein. Im Gegenteil. Es möchte weniger Mehrarbeit kosten, einige tausend Privilegierte in Üppigkeit zu erhalten, als eine halbe Million und mehr in unbilligem Wohlstand.

---

hierbei bemerkt, daß die auf Preußen und Sachsen bezüglichen Zahlen teils dem Handwörterbuch für Staatswissenschaften, teils Schönbergs Handbuch entnommen sind.

11 *Zusatznote.* Bis zum Jahre 1911 hatte sich die Zahl der Zensiten mit über 32.000 Mark *Vermögen* in Preußen auf 568.882 vermehrt. Die Zahl der Einkommensteuerpflichtigen mit einem Einkommen von über 52.000 Mark ist auf 339.388 im Jahre 1912 gestiegen.

12 Bei der Statistik der Höchsteinkommen wird übrigens in der sozialistischen Literatur meist übersehen, daß ein sehr großer Prozentsatz davon auf *juristische* Personen, das heißt Körperschaften aller Art (Aktiengesellschaften usw.) entfällt. So waren in Sachsen im Jahre 1892 von 11.138 Zensiten mit über 9.600 Mark Einkommen 5.594 *juristische* Personen, und je höher hinaufgegangen wird, um so mehr überwiegen diese. Bei den Einkommen über 300.000 Mark kamen auf 23 physische 33 juristische Personen.

Wäre die Gesellschaft so konstituiert oder hätte sie sich so entwickelt, wie die sozialistische Doktrin es bisher unterstellte, dann würde allerdings der ökonomische Zusammenbruch nur die Frage einer kurzen Spanne Zeit sein können. Aber das ist eben, wie wir sehen, nicht der Fall. Weit entfernt, daß die Gliederung der Gesellschaft sich gegen früher vereinfacht hätte, hat sie sich vielmehr, sowohl was die Einkommenshöhe als was die Beruftstätigkeiten anbetrifft, *in hohem Grade abgestuft und differenziert.* Und wenn wir die Tatsache nicht durch Einkommens- und Berufsstatistik empirisch festgestellt vor uns hätten, so würde sie sich auch auf rein deduktivem Wege als die notwendige Folge der modernen Wirtschaft nachweisen lassen.

Was die moderne Produktionsweise vor allem auszeichnet, ist die große Erhöhung der Produktivkraft der Arbeit. Die Wirkung ist eine nicht minder große *Steigerung der Produktion* — Massenproduktion von *Gebrauchsgütern.* Wo bleibt dieser Reichtum? Oder, um gleich die Frage auf den Kern der Sache zuzuspitzen: wo bleibt das *Mehrprodukt,* das die industriellen Lohnarbeiter über ihren eigenen, durch ihren Lohn begrenzten Konsum hinaus produzieren? Die „Kapitalmagnaten" möchten zehnmal so große Bäuche haben, als der Volkswitz ihnen nachsagt, und zehnmal soviel Bedienung halten, als sie in Wirklichkeit tun, gegenüber der Masse des jährlichen Nationalprodukts — man vergegenwärtige sich, daß ja die kapitalistische Großproduktion vor allem *Massen*produktion ist — wäre ihr Konsum immer noch wie eine Feder in der Wage. Man wird sagen, sie exportieren den Überschuß. Schön, aber der auswärtige Abnehmer zahlt schließlich auch wieder nur in Waren. Im Welthandel spielt das zirkulierende Metallgeld eine verschwindende Rolle. Je kapitalreicher ein Land, um so größer seine Wareneinfuhr, denn die Länder, denen es Geld leiht, können zumeist die Zinsen gar nicht anders zahlen als in der Form von Waren. [13] Wo also bleibt die Warenmenge, die die Magnaten und ihre Dienerschaft nicht verzehren? Wenn sie nicht doch in der einen oder anderen Weise den Proletariern zufließt, so muß sie eben von anderen Klassen aufgefangen werden. Entweder steigende relative Abnahme der Zahl der Kapitalisten und steigender Wohlstand des Proletariats oder eine zahlreiche Mittelklasse, das ist die einzige Alternative, die uns die fortgesetzte Steigerung der Produktion läßt. Krisen und unproduktive Ausgaben für Heere usw. verschlingen viel, haben aber doch in neuerer Zeit immer nur Bruchteile des Gesamtmehrprodukts absorbiert. Wollte die Arbeiterklasse darauf warten, bis das „Kapital" die Mittelklassen aus der Welt

---

13 England bekommt seine ausstehenden Zinsen in Form einer Mehreinfuhr im Werte von zwei Milliarden Mark bezahlt; der größte Teil davon Artikel des Massenverbrauchs.

geschafft hat, so könnte sie wirklich einen langen Schlaf tun. Das Kapital würde diese Klassen in der einen Form expropriieren und sie in der anderen immer wieder neu ins Leben setzen. Nicht das „Kapital", die Arbeiterklasse selbst hat die Mission, die parasitischen Elemente der Wirtschaft aufzusaugen.

Auf die Tatsache, daß der Reichtum der modernen Nationen in steigendem Maße Reichtum an beweglichen Gebrauchsgütern ist, haben manchesterliche Schriftsteller allerhand Schönfärberei der heutigen Zustände gestützt. Das hat seinerzeit fast alle Sozialisten veranlaßt, in das entgegengesetzte Extrem zu verfallen und den gesellschaftlichen Reichtum nur noch als fixierten Reichtum, sub specie des „Kapitals", zu betrachten, das allmählich zu einer mystischen Wesenheit personifiziert wurde. Selbst die klarsten Köpfe verlieren ihr gesundes Urteil, sobald ihnen diese Vorstellung „Kapital" in die Quere läuft. Marx sagt einmal von dem liberalen Ökonomen J.B. Say, er nehme sich heraus, über die Krisen abzuurteilen, weil er wisse, daß die Ware Produkt sei. Heute glauben viele, vom gesellschaftlichen Reichtum alles gesagt zu haben, wenn sie auf die spezifische Form des Unternehmungskapitals verweisen.

Gegen den Satz in meiner Zuschrift an den Stuttgarter Parteitag, die Zunahme des gesellschaftlichen Reichtums werde nicht von einer zusammenschrumpfenden Zahl von Kapitalmagnaten, sondern von einer wachsenden Zahl von Kapitalisten aller Grade begleitet, wirft mir ein Leitartikel der „New Yorker Volkszeitung" vor, das sei, wenigstens soweit Amerika in Betracht komme, falsch, denn der Zensus der Vereinigten Staaten weise nach, daß die Produktion dort von einer im Verhältnis zu deren Gesamtgröße immer mehr zusammenschrumpfenden Zahl von Syndikaten („Concerns") beherrscht werde. Was für eine Widerlegung. Was ich von der allgemeinen *Klassen*gliederung erkläre, glaubt der Kritiker mit dem Hinweis auf die Gliederung der industriellen *Unternehmungen* schlagen zu können. Es ist, als wenn jemand sagen wollte, die Zahl der Proletarier schrumpfe in der modernen Gesellschaft immer mehr zusammen, denn wo früher der einzelne Arbeiter stand, stehe heute die *Gewerkschaft*.

Hinterher wird dann allerdings die Erklärung angefügt, diese Zusammenfassung der Unternehmungen sei die Hauptsache, ob sich nun in den Aktionären eine neue Klasse von Nichtstuern bilde, darauf komme es nicht an. Das ist zunächst eine Ansicht und kein Beweis gegen die betonte Tatsache. Für die Analyse der Gesellschaft kommt die eine Tatsache so gut in Betracht wie die andere. Sie kann unter einem gewissen Gesichtspunkt die unwichtigere sein, aber es handelt sich hier nicht darum, sondern ob sie richtig ist oder nicht. Von der Zusammenziehung der Unternehmungen, die mir wirklich nicht ganz unbekannt war, sprach ich selbst in einem folgenden Satze.

Ich erwähne zwei Tatsachen, und der Kritiker glaubt, die Falschheit der einen zu beweisen, indem er nur die andere für wichtig erklärt. Hoffentlich gelingt es mir, das Phantom zu zerstören, das ihm und anderen den Blick trübt.

Auf den erwähnten Auspruch hat auch – noch in Stuttgart selbst – Karl Kautsky Bezug genommen und mir entgegengehalten, wenn es wahr wäre, daß die Kapitalisten zunehmen und nicht die Besitzlosen, dann festige sich der Kapitalismus, und wir Sozialisten kämen überhaupt nicht ans Ziel. Aber noch sei das Wort von Marx wahr, Zunahme des Kapitalismus bedeute auch Zunahme des Proletariats.

Das ist in einer anderen Richtung und weniger kraß das gleiche Quidproquo. Ich hatte nirgends gesagt, daß die Proletarier nicht zunehmen. Ich sprach, wo ich die Zunahme der Kapitalisten aller Grade betone, von Menschen und nicht von Unternehmern. Aber Kautsky ist offenbar an dem Begriff „Kapital" hängengeblieben und folgerte nun, relative Zunahme der Kapitalisten müsse relative Abnahme des Proletariats bedeuten, das aber widerspreche unserer Lehre. Und er hält mir den angeführten Ausspruch von Marx entgegen.

Ich habe nun weiter oben schon einen Satz von Marx berührt, der etwas anders lautet als der von Kautsky zitierte. Der Fehler Kautskys liegt in der Identifizierung von Kapital mit Kapitalisten oder Besitzenden. Ich möchte aber Kautsky hier noch auf etwas anderes verweisen, was seine Einwendung entkräftet. Und das ist die Entwicklung des industriellen Kapitals, die Marx die *organische* nennt. Wenn die Zusammensetzung des Kapitals sich derart ändert, daß das konstante Kapital zu- und das variable abnimmt, dann heißt in dem betreffenden Unternehmen absolute Zunahme des Kapitals relative Abnahme des Proletariats. Das aber ist gerade nach Marx die charakteristische Form der modernen Entwicklung. Auf die kapitalistische Gesamtwirtschaft übertragen heißt dies tatsächlich: absolute Zunahme des Kapitals, relative Abnahme des Proletariats.[14] Die durch die veränderte organische Zusammensetzung des Kapitals überschüssig gewordenen Arbeiter finden jedesmal nur in dem Maße wieder Arbeit, als sich *neues* Kapital zu ihrer Beschäf-

---

14 *Zusatznote.* Auch diese Feststellung sowie der Satz: „Die Maschine schlägt den Arbeiter tot" haben zu voreiligen Schlüssen über die allgemeine Entwicklung der Klassen geführt. Tatsächlich hat sich bis zum Kriegsausbruch in *allen* modernen Staaten die Zahl der Industriearbeiter immer wieder schneller vermehrt als die Bevölkerung im allgemeinen. Sie stieg in Deutschland zwischen 1882 und 1907 von 4.096.243 auf 8.593.125, also auf mehr als das Doppelte. Die der Zunahme des konstanten Kapitals lebendigen Ausdruck gebende Schicht der technischen und kaufmännischen Angestellten stieg von 307.268 auf 1.290.725, das heißt auf das *Vierfache!*

tigung auf dem Markt einstellt. Gerade in dem Punkt, auf den Kautsky die Frage zuspitzt, steht mein Ausspruch in Einklang mit der Marxschen Theorie. Soll die Zahl der Arbeiter zunehmen, so muß das Kapital im Verhältnis noch schneller zunehmen, ist die Konsequenz der Marxschen Deduktion. Ich denke, Kautsky wird das ohne weiteres zugeben.

Es handelt sich also bis so weit nur darum, ob das vermehrte Kapital bloß qua Unternehmungs*fonds* Kapitalbesitz ist oder auch als Unternehmungs*anteil.*

Wenn nein, dann wäre der erste beste Schlossermeister Pasewalk, der mit sechs Gehilfen und etlichen Lehrlingen sein Geschäft betreibt, Kapitalist, aber der Rentier Müller, der verschiedene hunderttausend Mark im Koffer hat, oder dessen Schwiegersohn, Ingenieur Schulze, der eine größere Anzahl Aktien als Mitgift bekommen hat (nicht alle Aktionäre sind Nichtstuer), wären Besitzlose. Der Widersinn solcher Klassifikation liegt auf der Hand. Besitz ist Besitz, ob fixiert oder beweglich. Die Aktie ist nicht nur Kapital, sie ist sogar Kapital in seiner vollendetsten, man könnte sagen sublimierten Form. Sie ist die von aller grobsinnlichen Berührung mit den Niedrigkeiten der Gewerbstätigkeit befreite Anweisung auf einen Anteil am Mehrprodukt der nationalen oder Weltwirtschaft — dynamisches Kapital, wenn man will. Und wenn sie samt und sonders nur als nichtstuende Rentner lebten, so würden die wachsenden Scharen der Aktionäre — man kann heute sagen die Aktionärsbataillone — schon durch ihre bloße Existenz, die Art ihres Konsums und die Zahl ihrer sozialen Gefolgschaft eine das Wirtschaftsleben der Gesellschaft stark beeinflussende Potenz darstellen. Die Aktie stellt in der sozialen Stufenleiter die Zwischenglieder wieder her, die aus der Industrie durch die Konzentration der Betriebe als Produktionschefs ausgeschaltet wurden.

Indes hat es mit dieser Konzentration auch seine Bewandtnis. Betrachten wir sie etwas näher.

c) *Die Betriebsklassen in der Produktion und die Ausbreitung des gesellschaftlichen Reichtums*

Für dasjenige europäische Land, das als das vorgeschrittenste Land kapitalistischer Entwicklung gilt, England, fehlt es an einer allgemeinen Statistik der Betriebsklassen in der Industrie. Sie existiert nur für bestimmte, dem Fabrikgesetz unterstellte Produktionszweige sowie für einzelne Lokalitäten.

Was die dem Fabrikgesetz unterstellten Fabriken und Werkstätten anbetrifft, so waren in ihnen nach dem Fabrikinspektorenbericht für 1896 zusammen 4.398.983 Personen beschäftigt. Das sind noch nicht ganz die Hälfte der nach dem Zensus von 1891 als in der Industrie tätig bezeichneten Personen. Die Zahl des Zensus ist, ohne das Transportgewerbe, 9.025.902. Von den überschüssigen 4.626.919 Personen kann man ein Viertel bis ein Drittel auf Geschäftstreibende der betreffenden Produktionszweige und auf einige Mittel- und Großbetriebe rechnen, die nicht dem Fabrikgesetz unterstehen. Bleiben rund *drei Millionen* Angestellte und Kleinmeister in *Zwergbetrieben.* Die vier Millionen dem Fabrikgesetz unterstellter Arbeiter verteilten sich auf zusammen 160.948 Fabriken und Werkstätten, was einen Durchschnitt von 27 bis 28 Arbeitern pro Betrieb ergibt.[15] Teilen wir Fabriken und Werkstätten, so erhalten wir 76.279 Fabriken mit 3.743.418 und 81.669 Werkstätten mit 655.565 Arbeitern, im Durchschnitt 49 Arbeiter pro Fabrik und 8 Arbeiter pro registrierter Werkstätte. Schon die Durchschnittszahl 49 Arbeiter pro Fabrik zeigt an, was die genauere Prüfung der Tabellen des Berichts bestätigt, daß mindestens zwei Drittel der als Fabriken registrierten Betriebe zur Kategorie der Mittelbetriebe von 6 bis 50 Arbeitern gehören, so daß höchstens 20.000 bis 25.000 Betriebe von 50 Arbeitern und darüber übrigbleiben, die zusammen gegen 3 Millionen Arbeiter vertreten werden. Von den im Transportgewerbe tätigen 1.171.990 Personen können bestenfalls drei Viertel als den Großbetrieben angehörig betrachtet werden. Rechnet man diese den vorhergehenden Kategorien hinzu, so erhalten wir im ganzen für das Arbeiter- und Hilfspersonal der Großbetriebe zwischen 3 1/2 und 4 Millionen, denen über 5 1/2 Millionen in Mittel- und Kleinbetrieben beschäftigter Personen gegenüberstehen. Die ,,Werkstatt der Welt'' ist danach noch bei weitem nicht in dem Grade, wie man meint, der Großindustrie verfallen. Die gewerblichen Betriebe zeigen vielmehr auch im britischen Reiche die größte Mannigfaltigkeit, und keine Größenklasse verschwindet aus der Stufenleiter.[16]

Vergleichen wir mit den gewonnenen Zahlen die der *deutschen Gewerbestatistik* von 1895, so finden wir, daß die letztere im großen ganzen dasselbe Bild aufweist wie die englische. Die Großindustrie nahm 1895 in Deutschland in der Produktion schon im Verhältnis nahezu dieselbe Stellung ein wie

---

15 Von 1.931 registrierten Fabriken und 5.624 Werkstätten waren bei Abschluß des Berichts die Angaben noch nicht eingelaufen. Sie würden das Verhältnis der Arbeiter pro Betrieb noch ermäßigt haben.

16 Nach England übersiedelte deutsche Arbeiter haben mir wiederholt ihr Erstaunen über die Zersplitterung der Betriebe ausgedrückt, der sie in der Holz-, Metall- usw. Verarbeitungsindustrie dieses Landes begegneten. Die heutigen Zahlen der Baumwollindustrie zeigen eine nur mäßige Zunahme der Konzentration seit der Zeit, wo Karl Marx schrieb. Hier ein Vergleich mit den zuletzt von Marx gegebenen Zahlen:

in England 1891. In Preußen gehörten 1895 38 Prozent der gewerblichen Arbeiter der großen Industrie an. Die Entwicklung zum Großbetrieb hat sich dort und im übrigen Deutschland mit ungeheurer Geschwindigkeit vollzogen. Sind verschiedene Zweige der Industrie (darunter die Textilindustrie) hierin noch hinter England zurück, so haben andere den englischen Stand im Durchschnitt erreicht (Maschinen und Werkzeuge) und einige (die chemische Industrie, die Glasindustrie, gewisse Zweige der graphischen Gewerbe und wahrscheinlich auch die Elektrotechnik) ihn überholt. Die große Masse der gewerblich tätigen Personen gehört jedoch auch in Deutschland noch den kleinen und mittleren Betrieben an. Von 10 1/4 Millionen gewerblich tätiger Personen entfielen 1895 etwas über 3 Millionen auf Großbetriebe, 2 1/2 Millionen auf Mittelbetriebe (6 bis 50 Personen) und 4 3/4 Millionen auf Kleinbetriebe. *Handwerksmeister* wurden noch 1 1/4 Millionen gezählt. In 5 Gewerben war ihre Zahl gegen 1895 absolut und relativ

	Marx 1868	Statistik 1890	Zunahme bzw. Abnahme in Prozent
Fabriken	2.549	2.538	− 0,43
Kraftstühle	379.329	615.714	+ 62
Spindeln	32.000.014	44.504.819	+ 39
Arbeiter	401.064	528.795	+ 32
Arbeiter pro Fabrik	156	208	+ 33

Für 22 Jahre einer so der technischen Umwälzung unterworfenen Industrie keine abnorm hohe Zusammenziehung. Allerdings vermehrten sich die Kraftstühle um 62 Prozent, aber die Zahl der Spindeln ist nur wenig schneller gewachsen als die der beschäftigten Arbeiter. Von diesen zeigen von 1870 ab die erwachsenen männlichen Arbeiter größere Zunahme als die Frauen und Kinder. (Vergl. „Kapital", 1. Band, 4. Auflage, Seite 400, und „Statistical Abstract for the United Kingdom from 1878 to 1892".) In den anderen Zweigen der Textilindustrie ist die Konzentrierung noch geringer gewesen. So vermehrten sich von 1870 bis 1890 die Wollen- und Kammgarnfabriken von 2.459 auf 2.546, die darin beschäftigten Arbeiter von 234.687 auf 297.053, das heißt von 95 auf 117 Arbeiter pro Fabrik. Hier vermehrten sich im Gegensatz zur Baumwollindustrie die Spindeln sehr viel schneller als die Stühle, welche letzteren mit 112.794 auf 129.222 eine Steigerung aufweisen, die hinter der der beschäftigten Arbeiter zurückbleibt, so daß nur von Konzentration der Spinnerei gesprochen werden kann.
Der Fabrikinspektorenbericht für 1896 gibt die Zahl der Fabriken der gesamten Textilindustrie Großbritanniens auf 9.891 an, die 7.900 Unternehmungen gehörten und 1.077.687 Arbeiter beschäftigten, gegen 5.968 Fabriken in 1870 mit 718.051 Arbeitern − eine Verdichtung von 120,3 auf 136,4 Arbeiter pro Unternehmung.

(zum Bevölkerungszuwachs), in 9 nur absolut gestiegen und in 11 absolut und relativ zurückgegangen. [17]

In *Frankreich* steht die Industrie noch hinter der Landwirtschaft quantitativ an Umfang zurück; sie repräsentierte nach dem Zensus vom 17. April 1894 nur 25,9 Prozent der Bevölkerung, die Landwirtschaft nahezu doppelt soviel, nämlich 47,3 Prozent. Ein ähnliches Verhältnis zeigt *Österreich,* wo auf die Landwirtschaft 55,9 Prozent, auf die Industrie 25,8 Prozent der Bevölkerung kommen. In Frankreich stehen in der Industrie 1 Million Selbständige gegen 3,3 Millionen Angestellter, in Österreich sechshunderttausend Selbständige gegen 2 1/4 Millionen Arbeiter und Tagelöhner. Auch hier ist das Verhältnis ziemlich das gleiche. Beide Länder weisen eine Reihe hochentwickelter Industrien auf (Textilindustrie, Berg- und Hüttenbau usw.), die in bezug auf die Betriebsgröße es mit den vorgeschrittensten Ländern aufnehmen, aber in der Nationalwirtschaft erst Teilerscheinungen sind.

Die *Schweiz* hat auf 127.000 Selbständige 400.000 Arbeiter in der Industrie. Die *Vereinigten Staaten von Amerika,* von denen der erwähnte Mitarbeiter der „New Yorker Volkszeitung" sagt, sie seien das am meisten kapitalistisch entwickelte Land der Welt, hatten zwar nach dem Zensus von

---

17 Vergl. R. Calwer, Die Entwicklung des Handwerks. „Neue Zeit", 15. Jahrgang, 2. Band, Seite 597.

Zusatznote. In den 25 Jahren zwischen der ersten und der letzten allgemeinen deutschen Berufs- und Gewerbezählung, von 1882 auf 1907, hatte das Personal der Betriebe nach Größenklassen dieser wie folgt zugenommen.

	1882	1907	Zunahme in Prozent
In Kleinbetrieben von 1 bis 5 Personen	4.335.822	5.383.235	24,16
In Betrieben von 6 bis 10 Personen	500.097	1.104.597	120,9
In Betrieben von 11 bis 50 Personen	891.623	2.584.575	189,9
In Betrieben von 51 bis 200 Personen	742.688	2.418.150	225,6
In Betrieben von 201 bis 1.000 Personen	657.399	1.991.056	202,9
In Betrieben von über 1.000 Personen	213.160	954.645	347,8

Da die Gesamtbevölkerung Deutschlands in der gleichen Zeit sich um 36,5 Prozent vermehrte, bedeutet die Vermehrung der kleinsten Betriebe einen relativen Rückgang, in allen anderen Gruppen überstieg die Zunahme bei weitem die Zunahme der Bevölkerung. Nun heißt freilich Betrieb noch nicht Unternehmung. Nicht wenige Unternehmungen umfassen zwei, drei und mehr Betriebe. Nichtsdestoweniger widerlegen diese Zahlen die Vorstellung von dem „Verschwinden" der Klein- und Mittelbetriebe.

1890 in der Industrie einen verhältnismäßig hohen Durchschnitt an Arbeitern pro Betrieb, nämlich 3 1/2 Millionen Arbeiter auf 355.415 gewerbliche Betriebe, das heißt also 10:1. Doch fehlen hier eben, wie in England, alle Haus- und Zwergbetriebe. Nimmt man die Zahlen der preußischen Gewerbestatistik von oben abwärts, so erhält man fast genau dieselbe Durchschnittszahl wie die des amerikanischen Zensus. Und betrachtet man im ,,Statistical Abstract" der Vereinigten Staaten das Verzeichnis der beim Zensus aufgenommenen Industrien näher, so stößt man auf eine Unzahl von Fabrikationszweigen mit fünf und weniger Arbeitern pro Betrieb im Durchschnitt. So gleich auf der ersten Seite, nach 910 Fabriken landwirtschaftlicher Geräte mit 30.723 Arbeitern, 35 Munitionsfabriken mit 1.993 Arbeitern und 251 Fabriken künstlicher Federn und Blumen mit 3.638 − 59 Fabriken künstlicher Glieder mit 154 und 581 Segeltuch- und Zeltdachfabriken mit 2.873 Arbeitern.

Wenn der unablässige Fortschritt der Technik und Zentralisation der Betriebe in einer zunehmenden Zahl von Industriezweigen eine Wahrheit ist, deren Bedeutung sich heute kaum noch verbohrte Reaktionäre verschweigen, so ist es eine nicht minder feststehende Wahrheit, daß in einer ganzen Reihe von Gewerbszweigen kleinere und Mittelbetriebe sich neben Großbetrieben durchaus lebensfähig erweisen. Es gibt auch in der Industrie keine Entwicklung nach einer für alle Gewerbe gleichmäßig geltenden Schablone. Durchaus routinemäßig betriebene Geschäfte verbleiben der Klein- und Mittelindustrie, während Zweige des Kunstgewerbes, die man den Kleinbetrieben gesichert glaubte, eines schönen Tages rettungslos der Großindustrie anheimfallen. Ähnlich mit der Haus- und Zwischenmeisterindustrie. Im Kanton Zürich ging längere Zeit die Hausweberei in der Seidenindustrie zurück, seit 1891 bis 1897 aber haben sich die Hausweber von 24.708 auf 27.800 vermehrt, während sich die Arbeiter und Angestellten in den mechanischen Seidenwebereien bloß von 11.840 auf 14.550 vermehrten. Ob diese Zunahme der Hausweber als eine wirtschaftlich erfreuliche Erscheinung zu begrüßen ist, ist eine andere Frage, es handelt sich hier vorerst nur um die Feststellung der Tatsache und nichts weiter.

Für den Fortbestand und die Erneuerung der kleinen und Mittelbetriebe sind eine Reihe von Umständen bestimmend, die sich in drei Gruppen einteilen lassen.

Zunächst eignen sich eine Anzahl Gewerbe oder Gewerbszweige nahezu ebensogut für den kleinen und mittleren wie für den großen Betrieb, und sind die Vorteile, die der letztere vor den ersteren voraus hat, nicht so bedeutend, als daß sie nicht durch gewisse, dem kleineren Betrieb von Hause aus eigene Vorteile aufgewogen werden könnten. Es trifft dies bekanntlich unter anderem für verschiedene Zweige der Holz-, Leder- und Metallbearbeitung zu. Oder es findet eine Arbeitsteilung derart statt, daß die Großindustrie Halb- und Dreiviertelsfabrikate liefert, die in kleineren Betrieben marktfertig gemacht werden.

Zweitens spricht in vielen Fällen die Art und Weise, wie das Produkt dem Konsumenten zugänglich gemacht werden muß, zugunsten der Herstellung im kleineren Betrieb, wie dies sich am deutlichsten in der Bäckerei zeigt. Käme es nur auf die Technik an, so wäre die Bäckerei längst von der Großindustrie monopolisiert; denn daß sie von dieser mit großem Erfolg betrieben werden kann, beweisen die vielen, guten Profit abwerfenden Brotfabriken. Aber trotz oder neben ihnen und den Kuchenfabriken, die sich ebenfalls allmählich einen Markt erobern, behauptet sich die Klein- und Mittelbäckerei durch die Vorteile, welche der unmittelbare Verkehr mit dem Konsumenten darbietet. Soweit die Bäckermeister nur mit der kapitalistischen Unternehmung zu rechnen haben, sind sie ihrer Haut noch für eine ziemliche Weile sicher. Ihre Zunahme seit 1882 hat zwar mit dem Bevölkerungszuwachs nicht Schritt gehalten, ist aber immer noch der Rede wert (1907 waren es 98.249 gegen 74.283 in 1882).

Aber die Bäckerei ist nur ein drastisches Beispiel. Für eine ganze Reihe Gewerbe, namentlich solche, wo produktive und Dienste leistende Arbeit sich mischen, gilt das gleiche. Es sei hier das Hufschmied- und Stellmachergewerbe genannt. Der amerikanische Zensus zeigt 28.000 Hufschmiede- und Stellmacherbetriebe mit im ganzen 50.867 Personen, davon gerade die Hälfte Selbständige, die deutsche Berufsstatistik 62.722 Grob- und Hufschmiedemeister, und es wird wohl noch eine gute Weile dauern, bis der durch Dampf- usw. Kraft getriebene Selbstfahrer ihnen das Lebenslicht ausbläst, um − neuen Kleinwerkstätten Leben einzuhauchen, wie dies bekanntlich das Fahrrad getan hat. Ähnlich in der Schneiderei, Schuhmacherei, Sattlerei, Tischlerei, Tapeziergewerbe, Uhrmacherei usw., wo Kundengeschäft (und in verschiedenem Grade Reparatur) und Kleinhandel selbständige Existenzen am Leben erhalten, von denen freilich viele, aber bei weitem nicht alle, nur proletarische Einkommen repräsentieren.

Zum letzten, aber nicht zum wenigsten ist es der Großbetrieb selbst, der die kleineren und mittleren Betriebe heckt, teils durch massenhafte Herstellung und entsprechende Verbilligung der Arbeitsmaterialien (Hilfsstoffe, Halbfabrikate), teils durch Abstoßung von Kapital auf der einen und „Freisetzung" von Arbeitern auf der anderen Seite. In großen und kleinen Posten treten immer wieder neue Kapitale Verwertung suchend auf den Markt, dessen Aufnahmefähigkeit für neue Artikel mit dem Reichtum der Gesellschaft stetig wächst. Hier spielen die früher erwähnten Aktionäre keine geringe Rolle. Von der Handvoll Millionäre könnte der Markt, auch wenn die „Hand" einige tausend Finger zählte, in der Tat nicht leben. Aber die Hunderttausende von Reichen und Wohlhabenden sprechen schon ein Wort mit. Fast alle Luxusartikel dieser Schichten nun werden im Anfang, und sehr viele auch späterhin, in kleinen und Mittelbetrieben angefertigt, die übrigens auch recht kapitalistische Betriebe sein können, je nachdem sie teures Material verarbeiten und kostspielige Maschinen anwenden (Juwelenfabrikation, Feinmetallverarbeitung, Kunstdruckerei). Später erst sorgt der Großbetrieb, soweit er die betreffenden Artikel nicht selbst übernimmt, durch Verbilligung des Arbeitsmaterials für die „Demokratisierung" des einen oder anderen neuen Luxus.

So stellt sich im ganzen, trotz fortgesetzter Wandlungen in der Gruppierung der Industrien und der inneren Verfassung der Betriebe, das Bild heute so dar, als ob nicht der Großbetrieb beständig kleine und Mittelbetriebe aufsaugte, sondern als ob er lediglich neben ihnen aufkäme. Nur die Zwergbetriebe gehen absolut und relativ zurück. Was aber die Klein- und Mittelbetriebe anbetrifft, so nehmen auch sie zu, wie dies für Deutschland aus folgenden Zahlen hervorgeht. Es repräsentierten von den Gehilfen beschäftigenden Betrieben Arbeiter:

	1882	1895	Zunahme in Prozent
Kleinbetriebe (1—5 Personen)	2.457.950	3.056.318	24,3
Kleine Mittelbetriebe (6—10 Personen)	500.097	833.409	66,6
Größere Mittelbetriebe (11—50 Pers.)	891.623	1.620.848	81,8[18]

Die Bevölkerung aber vermehrte sich in der gleichen Periode nur um 13,5 Prozent.

Wenn also in dem behandelten Zeitraum der Großbetrieb seine Armee noch stärker — um 88,7 Prozent — vermehrte, so ist das nur in Einzelfällen mit Aufsaugung der kleinen Geschäfte gleichbedeutend gewesen. Tatsächlich findet in vielen Fällen nicht einmal — oder auch nicht mehr — Konkurrenz zwischen Groß- und Kleinbetrieb statt (man denke an die großen Maschinen- und Brückenbauwerke). Das Beispiel der Textilindustrie, das in unserer Literatur mit Vorliebe angeführt wird, ist in vieler Hinsicht trügerisch. Die

---

18 *Zusatznote.* Mit Hinzurechnung der Alleinbetriebe hatte sich von 1882 bis 1907 die Zahl der in Betrieben mit 1 bis 5 beschäftigten Personen von 4.335.322 auf 5.353.570 Personen, das heißt um 23,5 Prozent, in solchen mit 6 bis 50 Personen von 1.391.740 auf 3.644.415 Personen, das heißt um 161,14 Prozent vermehrt, bei einer Zunahme der Gesamtbevölkerung um rund 36,5 Prozent.

Steigerung der Produktivität, welche der mechanische Spinnstuhl gegenüber der alten Spindel darstellte, ist nur vereinzelt wiederholt worden. Sehr viele Großbetriebe sind den Kleinbetrieben oder Mittelbetrieben nicht durch die Produktivität der angewandten Arbeit, sondern lediglich durch die Größe der Unternehmung überlegen (Schiffsbauwerke) und lassen deren Geschäftssphäre ganz oder zum großen Teil unberührt. Wer da hört, daß Preußen im Jahre 1895 nahezu doppelt soviel Arbeiter in Großbetrieben beschäftigt sah wie 1882, daß diese 1882 erst 28,4 Prozent, 1895 aber schon 38,0 Prozent der gesamten gewerblich tätigen Arbeiterschaft vertraten, der kann sich leicht einbilden, daß der Kleinbetrieb in der Tat bald eine Sache der Vergangenheit sein wird und seine Rolle in der Wirtschaft ausgespielt hat. Die angeführten Zahlen zeigen, daß die sprunghafte Ausbreitung und Ausdehnung der Großbetriebe nur eine Seite der wirtschaftlichen Entwicklung darstellt. Wie in der Industrie, so im *Handel*. Trotz des Aufschießens der großen Warenhäuser halten sich sowohl die mittleren wie die kleineren Handelsgeschäfte. Es kann sich hier natürlich nicht darum handeln, das parasitische Element im Handel, beziehungsweise des sogenannten Zwischenhandels zu bestreiten. Immerhin muß bemerkt werden, daß auch in dieser Hinsicht viel Übertreibung unterläuft. Die Großproduktion und der sich stetig steigernde Weltverkehr werfen immer größere Mengen von Gebrauchsgütern auf den Markt, die in irgendeiner Weise den Konsumenten zugeführt sein wollen. Daß dies mit weniger Arbeits- und Kostenaufwand geschehen könnte als durch den derzeitigen Zwischenhandel, wer wollte das leugnen? Aber solange es nicht geschieht, wird dieser auch leben. Und wie es Illusion ist, von der Großindustrie zu erwarten, daß sie in absehbarer Zeit die kleinen und Mittelbetriebe bis auf einen relativ unbedeutenden Rest aufsaugen wird, so ist es auch utopisch, von den kapitalistischen Warenhäusern eine nennenswerte Aufsaugung der mittleren und kleinen Läden zu erwarten. Sie schädigen einzelne Geschäfte und bringen hier und da zeitweise den ganzen Kleinhandel in Verwirrung. Aber nach einer Weile findet dieser doch einen Weg, mit den Großen zu konkurrieren und alle Vorteile auszunutzen, die örtliche Beziehungen ihm bieten. Neue Spezialisierungen und neue Kombinierung von Geschäften bilden sich aus, neue Formen und Methoden des Geschäftsbetriebs. Das kapitalistische Warenhaus ist vorläufig weit mehr ein Produkt der großen Zunahme des Warenreichtums als ein Werkzeug der Vernichtung des parasitischen Kleinhandels, hat mehr daraufhin gewirkt, diesen aus seinem Schlendrian aufzurütteln und ihm gewisse monopolistische Gepflogenheiten abzugewöhnen, als ihn auszurotten. Die Zahl der Ladengeschäfte ist in stetem Wachsen, sie stieg in England zwischen 1875 und 1886 von 295.000 auf 366.000. Noch mehr steigt die Zahl der im Handel tätigen Personen. Da die englische Statistik von 1891 in dieser Hinsicht

nach anderen Prinzipien aufgenommen wurde als die von 1881 [19], mögen
hier die Zahlen der preußischen Statistik folgen. Es waren in Preußen im Handel und Verkehr (ohne Eisenbahnen und Post)
Personen tätig:

In Betrieben mit	1885	1895	Zunahme in Prozent
2 und weniger Gehilfen	411.509	467.656	13,6
3–5 Gehilfen	176.867	342.112	93,4
6–50 Gehilfen	. 157.328	303.078	92,6
51 und mehr Gehilfen	25.619	62.056	142,2
	771.323	1.174.902	52,3

Verhältnismäßig ist der Zuwachs am größten in den Großbetrieben, die aber
nicht viel mehr als 5 Prozent des Ganzen vertreten. Nicht die Großen machen den Kleinen die mörderischste Konkurrenz, diese letzteren besorgen
das Geschäft gegenseitig nach Möglichkeit. Aber im Verhältnis bleiben doch
nur wenig Leichen. Und unbeschädigt bleibt in ihrem Aufbau die Stufenleiter der Betriebe. Der kleine Mittelbetrieb zeigt die stärkste Zunahme.
Kommen wir schließlich zur *Landwirtschaft,* so stoßen wir hinsichtlich der
Größenverhältnisse der Betriebe zur Zeit überall in Europa und auch teilweise schon in Amerika auf eine Bewegung, die anscheinend allem widerspricht,
was die sozialistische Theorie bisher voraussetzte. Industrie und Handel
zeigten nur eine langsamere Bewegung aufwärts zum Großbetrieb als angenommen, die Landwirtschaft aber zeigt entweder *Stillstand* oder direkt
Rückgang des Größenumfangs der Betriebe.
Was zunächst Deutschland anbetrifft, so zeigt die 1895 aufgenommene Be-
triebszählung gegenüber 1882 die relativ stärkste Zunahme in der Gruppe
des bäuerlichen Mittelbetriebs (5 bis 20 Hektar), nämlich um nahezu 8 Prozent, und noch stärker ist der Zuwachs der von ihm besetzten Bodenfläche,
nämlich rund 9 Prozent. Der ihm nach unten zunächst folgende bäuerliche
Kleinbetrieb (2 bis 5 Hektar) weist die nächst starke Zunahme auf: 3,5 Prozent Wachstum der Betriebe und 8 Prozent Zunahme der Bodenfläche. Die
Zwergbetriebe (unter 2 Hektar) haben eine Zunahme von 5,8 Prozent und
die von ihnen besetzte Fläche um 12 Prozent, doch weist der landwirtschaftlich benutzte Teil dieser Fläche einen Rückgang von nahezu 1 Prozent auf.
Eine Zunahme um nicht ganz 1 Prozent, die zudem völlig auf die Forstwirt-

---

19 Soweit aus ihr ersichtlich, zeigt sie eine Vermehrung von über 50 Prozent in der
letzten Dekade.

schaften entfällt, zeigen die zum Teil schon kapitalistischen großbäuerlichen Betriebe (20 bis 100 Hektar), und eine solche um noch nicht 1/3 Prozent die Großbetriebe (mehr als 100 Hektar), von denen das gleiche zutrifft.

Hier die betreffenden Zahlen für 1895:

Art der Betriebe in Hektar	Zahl der Betriebe	Landwirtschaftl. benutzte Fläche	Gesamt-fläche
Zwergbetriebe (bis 2)	3.236.367	1.808.444	2.415.414
Kleinbäuerliche (2–5)	1.016.318	3.285.984	4.142.071
Mittelbäuerliche (5–20)	998.804	9.721.875	12.537.660
Großbäuerliche (20–100)	281.767	9.869.837	13.157.201
Großbetriebe (100 und darüber)	25.061	7.831.801	11.031.896

Über zwei Drittel der Gesamtfläche entfallen auf die drei Kategorien der bäuerlichen Wirtschaften, etwa ein Viertel auf die Großbetriebe. In Preußen ist das Verhältnis der bäuerlichen Betriebe noch günstiger, sie halten dort nahezu drei Viertel der landwirtschaftlichen Bodenfläche besetzt, 22.875.000 von 32.591.000 Hektar.[20]

Wenden wir uns von Preußen zum benachbarten Holland, so finden wir:

Betriebsgröße	Betriebe 1884	1893	Zu- oder Abnahme	Prozent
1– 5 Hektar	66.842	77.767	+ 10.925	+ 16,2
5– 10 Hektar	31.552	34.199	+ 2.647	+ 8,4
10– 50 Hektar	48.278	51.940	+ 3.662	+ 7,6
über 50 Hektar	3.554	3.510	– 44	– 1,2

Hier ist der Großbetrieb direkt zurückgegangen, und der kleinbäuerliche Mittelbetrieb hat sich erheblich vermehrt.[21]

---

20 Von 1895 bis 1907 war die Zahl der Großbetriebe auf 23.568 gefallen, dagegen die Zahl der mittelbäuerlichen Betriebe von 998.804 auf 1.065.539 gestiegen, ebenso die Zahl der Zwergbetriebe, nämlich von 3.236.367 auf 3.378.509. Die kleinbäuerlichen Betriebe sind sich an Zahl gleich geblieben, die großbäuerlichen Betriebe auf 262.191 gefallen. Die oben gegebenen Zahlen für die von den bäuerlichen Betrieben in Preußen benutzte landwirtschaftliche Bodenfläche sind irrig. Es mußte heißen 13.709.892 von insgesamt 21.372.025 Hektar. 1907 war das Verhältnis 14.077.843 von 20.984.025 Hektar, hatte sich also *wesentlich gehoben.*

21 Vergl. W. H. Vliegen, Das Agrarprogramm der niederländischen Sozialdemokratie, „Neue Zeit", 17. Jahrgang, 1. Band, Seite 75 ff.

In Belgien ist nach Vandervelde[22] sowohl der Grundbesitz wie der Bodenbetrieb einer fortgesetzten Dezentralisation unterworfen. Die letzte allgemeine Statistik weist eine Zunahme der Zahl der Grundbesitzer von 201.226 im Jahre 1846 zu 293.524 im Jahre 1850, eine solche der Bodenpächter von 371.320 auf 616.872 auf. Die gesamte landwirtschaftlich bebaute Fläche Belgiens belief sich 1880 auf nicht ganz 2 Millionen Hektar, wovon über ein Drittel von den Eigentümern bewirtet wurde. Die Parzellenwirtschaft erinnert da schon an chinesische Agrarverhältnisse.

Frankreich hatte im Jahre 1882 landwirtschaftliche Betriebe:

Betriebsgröße in Hektar	Betriebe	Ausdehnung in Hektar
Unter 1	2.167.767	11.366.274
1— 10	2.635.030	
10— 40	727.088	14.845.650
40—100	113.285	
100—200	20.644	22.266.104
200—500	7.942	
über 500	217	
	5.671.973	48.478.028

Auf die Betriebe zwischen 40 bis 100 Hektar kamen rund 14 Millionen, auf die über 200 Hektar rund 8 Millionen Hektar, so daß im ganzen der Großbetrieb zwischen ein Fünftel bis ein Sechstel der landwirtschaftlich bebauten Fläche vertrat. Die kleinere, mittlere und Großbauernwirtschaft bedeckt fast drei Viertel des französischen Bodens. Von 1862 bis 1882 hatten sich die Betriebe von 5 bis 10 Hektar um 24 Prozent, die zwischen 10 und 40 Hektar um 14,28 Prozent vermehrt. Die Agrarstatistik von 1892 weist eine Zunahme der Gesamtzahl der Betriebe um 30.000, aber eine Abnahme der zuletzt angeführten Kategorien um 33.000 auf, was eine weitere Zerstückelung der Bodenwirtschaft anzeigt.

Wie aber steht es in England, dem klassischen Land des Großgrundbesitzes und der kapitalistischen Bodenwirtschaft? Man kennt die Liste der Mammut-Landlords, die von Zeit zu Zeit zur Veranschaulichung der Konzentration des Grundbesitzes in England durch die Presse geht, und man kennt auch die Stelle im „Kapital", wo Marx sagt, die Behauptung John Brights, daß 150 Grundbesitzer die Hälfte des britischen und 12 die Hälfte des schot-

---

22 Der Agrarsozialismus in Belgien, „Neue Zeit", 15. Jahrgang, 1. Band, Seite 752.

tischen Bodens eignen, sei nicht widerlegt worden („Kapital", I, 4. Auflage, Seite 615). Nun, monopolistisch zentralisiert, wie der Boden Englands ist, ist er es doch nicht in dem Maße, wie John Bright meinte. Nach Brodricks „English Land and English Landlords" waren 1876 von 33 Millionen Acres in Domesday Book eingetragenen Bodens in England und Wales rund 14 Millionen Eigentum von zusammen 1.704 Grundbesitzern mit je 3.000 Acres (1.200 Hektar) und darüber. Die restlichen 19 Millionen Acres verteilten sich zwischen rund 150.000 Eigentümer von 1 Acres und darüber und eine Unmasse Eigentümer von kleinen Landfetzen. Mulhall gab 1892 für das ganze Vereinigte Königreich die Zahl der Eigentümer von mehr als 10 Acres Boden (zusammen 10/11 des ganzen Areals) auf 176.520 an. Wie wird nun dieser Boden bewirtet? Hier die Zahlen von 1885 und 1895 für Großbritannien (England mit Wales und Schottland, aber ohne Irland), wobei des bequemeren Vergleichs wegen die Betriebsgrößen, soweit es sich um die Klassifikation handelt, in Hektar umgerechnet sind.[23]

Es wurden gezählt:

Betriebsgröße in Hektar	1885	1895	Zu- und Abnahme
2– 20	232.955	235.481	+ 2.526
20– 40	64.715	66.625	+ 1.910
40–120	79.573	81.245	+ 1.672
120–200	13.875	13.568	– 307
über 200	5.489	5.219	– 270

Auch hier also eine Abnahme der großen und ganz großen und eine Zunahme der klein- und mittelbäuerlichen Betriebe.

Die Betriebszahlen sagen uns indes noch nichts über das bewirtete Areal. Ergänzen wir sie daher durch die Zahlen der auf die verschiedenen Betriebsklassen fallenden Bodenflächen. Sie zeigen ein geradezu verblüffendes Bild.

---

23 Nach dem Verhältnis von 1 Acre = 40 Ar, was nicht ganz genau stimmt, aber für den Zweck der Vergleichung zulässig erscheint. Die Zahlen sind dem Blaubuch über Agricultural Holdings entnommen.

Es kamen in Großbritannien im Jahre 1895 auf:

Betriebsgröße in Hektar[24]	Acres à 40 Ar	Prozent der Gesamtfläche
unter 2	366.792	1,13
2– 5	1.667.647	5,12
5– 20	2.864.976	8,79
20– 40	4.885.203	15,00
40–120	13.875.914	42,59
120–200	5.113.945	15,70
200–400	3.001.184	9,21
über 400	801.852	2,46
	32.577.643	100,00

Es sind danach gerade 27 bis 28 Prozent der landwirtschaftlich benutzten Fläche Großbritanniens eigentlicher Großbetrieb, und nur 2,46 Prozent fallen auf Riesenbetriebe. Dagegen kommen über 66 Prozent auf mittel- und großbäuerliche Wirtschaften. Das Verhältnis ist in Großbritannien der bäuerlichen Wirtschaft (wobei allerdings der schon kapitalistische großbäuerliche Betrieb überwiegt) noch günstiger als der Durchschnitt in Deutschland. Selbst im eigentlichen England umfassen die Betriebe zwischen 5 und 120 Hektar 64 Prozent der bewirteten Fläche und kommen erst rund 13 Prozent der Fläche auf Betriebe von über 200 Hektar. In Wales sind, von Zwergbetrieben ganz abgesehen, 92 Prozent, in Schottland 72 Prozent der Wirtschaften bäuerliche Betriebe von zwischen 2 und 120 Hektar.

Von der bebauten Fläche wurden 61.014 Betriebe mit 4,6 Millionen Acres Land von ihren Eigentümern selbst bewirtet, 19.607 Betriebe wirteten auf teils eigenem und teils Pachtland und 439.405 Betriebe nur auf gepachtetem Land. Daß in *Irland* der Kleinbauern- beziehungsweise Kleinpächterstand völlig überwiegt, ist bekannt. Das gleiche gilt von *Italien*.

Nach alledem kann es keinem Zweifel unterstehen, daß im ganzen westlichen Europa, wie übrigens auch in den östlichen Staaten der amerikanischen Union, überall der kleine und mittlere Betrieb in der Landwirtschaft wächst und der große oder Riesenbetrieb zurückgeht. Daß die mittleren Betriebe oft sehr ausgeprägt kapitalistische Betriebe sind, untersteht keinem Zweifel. Die Konzentration der Betriebe vollzieht sich da nicht in der Form, daß ein immer größeres Flächengebiet der einzelnen Wirtschaft einverleibt wird, wie das Marx vor sich sah (vergl. „Kapital", I, 4. Auflage, Seite 643, Note), son-

---

24 Wozu noch 579.133 Parzellen von unter 40 Ar kommen.

dern lediglich in der Form der Verdichtung der Wirtschaft, Übergang zu Kulturen, die mehr Arbeit pro Flächeneinheit erfordern, oder zu qualifizierter Viehwirtschaft. Daß dies in hohem Grade (nicht ausschließlich) Resultat der landwirtschaftlichen Konkurrenz der überseeischen und osteuropäischen Agrarstaaten oder Agrarterritorien ist, ist bekannt. Und ebenso, daß diese noch eine gute Weile imstande sein werden, Korn und eine Reihe anderer Bodenprodukte zu so billigen Preisen auf den europäischen Markt zu bringen, so daß eine wesentliche Verschiebung der Entwicklungsfaktoren von dieser Seite aus nicht zu erwarten ist.

Mögen also die Tabellen der Einkommensstatistik der vorgeschrittenen Industrieländer zum Teil die Beweglichkeit und damit zugleich die Flüchtigkeit und Unsicherheit des Kapitals in der modernen Wirtschaft registrieren, mögen auch die dort verzeichneten Einkommen oder Vermögen in wachsendem Verhältnis papierene Größen sein, die ein kräftig blasender Wind in der Tat leicht hinwegwehen könnte, so stehen diese Einkommensreihen doch in keinem grundsätzlichen Gegensatz zu der Rangordnung der Wirtschaftseinheiten in Industrie, Handel und Landwirtschaft. Einkommensskala und Betriebsskala zeigen in ihrer Gliederung einen ziemlich ausgeprägten Parallelismus, besonders soweit die Mittelglieder in Betracht kommen. Wir sehen diese nirgends abnehmen, vielmehr fast überall sich erheblich ausdehnen. Was ihnen hier von oben abgenommen wird, ergänzen sie durch Zuzug von unten her, und für das, was dort aus ihren Reihen nach unten fällt, erhalten sie von oben her Ersatz. Wenn der Zusammenbruch der modernen Gesellschaft vom Schwinden der Mittelglieder zwischen der Spitze und dem Boden der sozialen Pyramide abhängt, wenn er bedingt ist durch die Aufsaugung dieser Mittelglieder von den Extremen über und unter ihnen, dann ist er in England, Deutschland, Frankreich heute (1899) seiner Verwirklichung nicht näher als zu irgendeiner früheren Epoche im neunzehnten Jahrhundert.

Aber ein Gebäude kann sich äußerlich als unverändert baufest darstellen und doch baufällig sein, wenn die Steine selbst oder bedeutende Lagen von Steinen morsch geworden. Die Solidität eines Geschäftshauses bewährt sich in kritischen Zeitläufen, es bleibt uns daher zu untersuchen, wie es mit den Wirtschaftskrisen steht, die der modernen Produktionsordnung eigen sind, und welche Äußerungen und Rückwirkungen in der näheren Zukunft von ihnen zu gewärtigen sind.

d) *Die Krisen und die Anpassungsmöglichkeiten der modernen Wirtschaft*

> „Die widerspruchsvolle Bewegung der kapitalistischen Gesellschaft macht sich dem praktischen Bourgeois am schlagendsten fühlbar in den Wechselfällen des periodischen Zyklus, den die moderne Industrie durchläuft, und deren Gipfelpunkt — die allgemeine Krise."
>
> *Marx,* Vorwort zur zweiten Auflage des „Kapital".

Über die wirtschaftlichen Krisen des modernen Gesellschaftskörpers, ihre Ursachen und ihre Heilung ist kaum weniger heiß gestritten worden als über die pathologischen Krisen beziehungsweise die Krankheitszustände des menschlichen Körpers. Wer Lust an Vergleichen hat, wird auch mit Leichtigkeit Vergleichspunkte finden für Parallelen zwischen den verschiedenartigen Theorien, die hinsichtlich beider Erscheinungen aufgestellt worden sind. Er wird zum Beispiel in den Parteigängern des an J.B. Say anknüpfenden extremen wirtschaftlichen Liberalismus, der die Geschäftskrisen lediglich als Selbstheilungsprozeß des wirtschaftlichen Organismus betrachtet, die nächsten Geistesverwandten der Anhänger der sogenannten Naturheilmethode erblicken, und wird die verschiedenen Theorien, die bei menschlichen Krankheiten eingreifende ärztliche Tätigkeit nach bestimmten Gesichts-punkten befürworten (symptomatisches Heilverfahren, konstitutionelle Behandlung usw.), in Beziehung setzen zu den verschiedenen Sozialtheorien, die allerlei staatliches Eingreifen gegenüber den Ursachen und Äußerungen der Wirtschaftskrisen für geboten erklären. Wenn er jedoch dazu übergeht, die Vertreter der hüben und drüben aufgestellten Systeme genauer zu betrachten, so wird er die merkwürdige Beobachtung machen, daß es mit der Einheitlichkeit der Denkrichtung, die geniale Geschichtspsychologen den Menschen nachsagen, oft recht übel bestellt ist, daß sehr weitgehender Glaube an approbierte Medizinärzte und ihre Kunst sich mit starrem wirtschaftlichem Manchestertum ganz gut verträgt und ebenso vice versa.

Die in sozialistischen Kreisen populärste Erklärung der Wirtschaftskrisen ist ihre Ableitung aus der Unterkonsumtion. Dieser Auffassung ist jedoch Friedrich Engels wiederholt scharf entgegengetreten. Am schroffsten wohl im dritten Abschnitt des dritten Kapitels der Streitschrift wider Dühring, wo Engels sagt, die Unterkonsumtion der Massen sei wohl, „auch eine Vorbedingung der Krisen", erkläre aber ebensowenig deren heutiges Dasein wie ihre frühere Abwesenheit. Engels exemplifiziert dabei auf die Verhältnisse der englischen Baumwollindustrie im Jahre 1877 und erklärt es für ein starkes Stück, angesichts ihrer „die jetzige totale Absatzstockung der Baumwollgarne und Gewebe zu erklären aus der Unterkonsumtion der englischen Massen und nicht aus der Überproduktion der englischen Baumwollfabrikanten" (3. Auflage, Seite 308/309).[25] Aber auch Marx selbst hat sich gelegentlich sehr scharf gegen die Ableitung der Krisen aus der Unterkonsumtion ausgesprochen. „Es ist eine reine Tautologie", heißt es im zweiten Bande des „Kapital", zu sagen, daß die Krisen aus Mangel an zahlungsfähigen Konsumenten hervorgehen." Wolle man dieser Tautologie einen Schein tieferer Begründung dadurch geben, daß man sage, die Arbeiterklasse erhalte einen zu geringen Teil ihres eigenen Produkts, und dem Übelstand werde mithin abgeholfen, sobald sie größeren Anteil daran empfängt, so sei nur zu bemerken, daß „die Krisen jedesmal gerade vorbereitet werden durch eine Periode, worin der Arbeitslohn allgemein steigt und die Arbeiterklasse realiter größeren Anteil an dem für Konsumtion bestimmten Teile des jährlichen Produkts erhält". Es scheine also, daß die kapitalistische Produktion „vom guten oder bösen Willen unabhängige Bedingungen einschließt, die jene relative Prosperität der Arbeiterklasse nur momentan zulassen, und zwar immer nur als Sturmvögel einer Krise" (a.a.O., Seite 406/407). Wozu Engels in einer Fußnote hinzusetzt: „Ad notam für Anhänger der Rodbertusschen Krisentheorie."

In ziemlichem Widerspruch gegen alle diese Sätze steht eine Stelle im zweiten Teil des dritten Bandes des „Kapital". Dort sagt nämlich Marx von den Krisen: „Der letzte Grund aller wirtschaftlichen Krisen bleibt immer die Armut und Konsumtionsbeschränkung der Massen gegenüber dem Triebe der kapitalistischen Produktion, die Produktivkräfte so zu entwickeln, als ob nur die absolute Konsumtionsfähigkeit der Gesellschaft ihre Grenze bilde" (a.a.O., S. 21). Das ist nicht sonderlich von der Rodbertusschen Krisentheorie verschieden, denn auch bei Rodbertus werden die Krisen nicht schlechtweg aus der Unterkonsumtion der Massen abgeleitet, sondern wie im vorstehenden aus dieser in Verbindung mit der steigenden Produktivität der Arbeit. An der zitierten Stelle bei Marx aber wird die Unterkonsumtion der Massen sogar im Gegensatz zur Produktionsanarchie − Mißverhältnis der Produktion in den verschiedenen Zweigen und Preiswechsel, die zeitweilige allgemeine Stockungen hervorrufen - als der letzte Grund aller *wirklichen* Krisen hervorgehoben.

---

25 In einer Note dazu bemerkt Engels noch: „Die Erklärung der Krisen aus Unterkonsumtion rührt von Sismondi her und hatte bei ihm noch *einen gewissen Sinn.*" Von Sismondi habe Rodbertus sie entlehnt und von diesem Dühring sie abgeschrieben. Auch im Vorwort zum „Elend der Philosophie" polemisiert Engels in ähnlicher Weise gegen die Rodbertussche Krisentheorie.

Soweit hier ein wesentlicher Unterschied von der Auffassung vorliegt, wie sie in dem weiter oben gegebenen Zitat aus dem zweiten Bande zum Ausdruck kommt, wird man die Erklärung dafür in der sehr verschiedenen Entstehungszeit der beiden Satzstücke zu suchen haben. Es liegt ein Zeitraum von nicht weniger als dreizehn bis vierzehn Jahren zwischen ihnen, und zwar ist der Satz aus dem dritten Bande des „Kapital" der ältere. Er ist schon 1864 oder 1865 niedergeschrieben worden, der aus dem zweiten Bande dagegen jedenfalls später als 1878 (vergl. darüber die Angaben von Engels im Vorwort zum zweiten Bande des „Kapital"). Überhaupt enthält der zweite Band die spätesten und reifsten Früchte der Marxschen Forschungsarbeit. An einer anderen Stelle eben dieses zweiten Bandes, die schon 1870 entstanden ist, wird der periodische Charakter der Krisen — der annähernd zehnjährige Produktionszyklus — mit der Umschlagsdauer des fixen (in Maschinen usw. angelegten) Kapitals in Verbindung gebracht. Die Entwicklung der kapitalistischen Produktion hat die Tendenz, auf der einen Seite Wertumfang und Lebensdauer des fixen Kapitals auszudehnen, auf der anderen diese Lebensdauer durch beständige Umwälzung der Produktionsmittel zu verkürzen. Daher der „moralische Verschleiß" dieses Teils des fixen Kapitals, bevor er „physisch ausgelebt" ist. „Durch diesen, eine Reihe von Jahren umfassenden Zyklus von zusammenhängenden Umschlägen, in welchen das Kapital durch seinen fixen Bestandteil gebannt ist, *ergibt sich eine materielle Grundlage der periodischen Krisen,* worin das Geschäft aufeinanderfolgende Perioden der Abspannung, mittleren Lebendigkeit, Überstürzung, Krise durchmacht" (zweiter Band, Seite 164). Zwar seien die Perioden, worin Kapital angelegt wird, sehr verschiedene und auseinanderfallende, indessen bilde die Krise immer den Ausgangspunkt einer großen Neuanlage und damit — die ganze Gesellschaft betrachtet — eine „mehr oder minder neue materielle Grundlage für den nächsten Umschlagszyklus" (Seite 165). Dieser Gedanke wird im gleichen Bande bei Behandlung der Reproduktion des Kapitals (das heißt des Vorgangs der beständigen Erneuerung der Kapitale für Produktions- und Konsumtionszwecke auf gesellschaftlicher Basis) wieder aufgenommen und dort ausgeführt, wie selbst bei Reproduktion auf gleichbleibender Stufenleiter und mit unveränderter Produktivkraft der Arbeit zeitweilig sich einstellende Unterschiede in der Lebensdauer des fixen Kapitals (wenn zum Beispiel in einem Jahre mehr Bestandteile von fixem Kapital absterben als im vorhergehenden Jahre) Produktionskrisen zur Folge haben müssen. Der auswärtige Handel könne zwar aushelfen, aber soweit er nicht bloß Elemente — auch dem Werte nach — ersetze, verlege er „nur die Widersprüche auf ausgedehntere Sphäre, eröffnet er ihnen größeren Spielraum". Eine kommunistische Gesellschaft könne solchen Störungen durch fortwährende relative Überproduktion vorbeugen, die bei ihr „gleich ist mit Kontrolle der Gesellschaft über die gegenständlichen Mittel ihrer eigenen Reproduktion"; innerhalb der kapitalistischen Gesellschaft aber sei diese Überproduktion ein anarchisches Element. Dies Beispiel von Störungen durch bloße Lebensunterschiede des fixen Kapitals sei schlagend. „Mißverhältnis in der Produktion von fixem und zirkulierendem Kapital ist einer der Lieblingsgründe der Ökonomen, um die Krisen zu erklären. Daß solches Mißverhältnis bei bloßer *Erhaltung* des fixen Kapitals entspringen kann und muß — ist ihnen etwas Neues; daß sie entspringen kann und muß bei Voraussetzung einer idealen Normalproduktion, bei einfacher Reproduktion des bereits fungierenden gesellschaftlichen Kapitals" (a.a.O., Seite 468). Im Kapitel von der Akkumulation und erweiterten Reproduktion werden Überproduktion und Krisen nur beiläufig als selbstverständliche Resultate von Kombinationsmöglichkeiten erwähnt, die mit dem geschilderten Prozeß verbunden sind. Doch wird hier wieder sehr energisch am Begriff „Überproduktion" festgehalten. „Wenn also Fullarton zum Beispiel", heißt es Seite 499, „nichts von der Überproduktion im gewöhnlichen Sinne wissen will, wohl aber von Überproduktion von Kapital, nämlich Geldkapital, so beweist das wieder, wie absolut wenig selbst die besten bürgerlichen Ökonomen vom Mechanismus ihres Systems verstehen." Und auf Seite 524 wird ausgeführt, daß wenn, was selbst bei kapitalistischer Akkumulation gelegentlich eintreten könne, der konstante Teil des für die Produktion von Konsumtionsmitteln bestimmten Kapitalteils größer sei als Lohnkapital plus Mehrwert des für die Produktion von Produktionsmitteln bestimmten Kapitalteils, dies Überproduktion in der ersteren Sphäre sei und „nur durch einen großen Krach auszugleichen wäre".

Der vorher entwickelte Gedanke, daß die Erweiterung des Marktes die Widersprüche der kapitalistischen Wirtschaft auf ausgedehntere Sphäre verlegt und damit steigert, wird von Engels bei verschiedenen Gelegenheiten im dritten Bande „Kapital" auf neuere Erscheinungen angewendet. Vor allem sind da die Noten auf Seite 97 im ersten und auf Seite 27 im zweiten Teil dieses Bandes bemerkenswert. In der letzteren Note, die das in der ersteren Gesagte rekapituliert und ergänzt, werden zwar die kolossale Ausdehnung, welche die Verkehrsmittel seit der Zeit erfahren haben, wo Marx schrieb, und die den Weltmarkt erst wirklich hergestellt habe: das Eintreten immer neuer Industrieländer in die Konkurrenz mit England, und die unendliche Ausdehnung des Gebiets für die Anlage überschüssigen europäischen Kapitals als Faktoren bezeichnet, welche *„die meisten alten Krisenherde und Gelegenheiten zur Krisenbildung beseitigt oder stark abgeschwächt haben"*, aber nach Charakterisierung der Kartelle und Trusts als Mittel zur Beschränkung der Konkurrenz auf dem inneren Markt und der Schutzzölle, womit sich die nichtenglische Welt umgibt, als „Rüstungen für den schließlichen allgemeinen Industriefeldzug, der die Herrschaft auf dem Weltmarkt entscheiden soll", heißt es schließlich: „So birgt jedes der Elemente, das einer Wiederholung der alten Krisen entgegenstrebt, den Keim einer weit gewaltigeren künftigen Krise in sich." Engels wirft die Frage auf, ob nicht der Industriezyklus, der in der Kindheit des Welthandels (1815 bis 1847) annähernd fünfjährige, von 1847 bis 1867 zehnjährige Perioden umspannt habe, eine neue Ausdehnung erfahren habe und wir uns „in der Vorbereitungsperiode eines neuen Weltkrachs von unerhörter Vehemenz befinden", läßt aber auch die Alternative offen, daß die aktute Form des periodischen Prozesses mit ihrem bisherigen zehnjährigen Zyklus einer „mehr chronischen, sich auf die verschiedenen Länder *verschiedenzeitig* verteilenden Abwechslung von relativ kurzer, matter Geschäftsbesserung mit relativ langem, entscheidungslosem Drucke gewichen sei".

Die seit Niederschrift dieser Stelle verstrichene Zeit hat die Frage unentschieden gelassen. Weder lassen sich Zeichen eines ökonomischen Weltkrachs von unerhörter Vehemenz feststellen, noch kann man die inzwischen eingesetzte Geschäftsbesserung als besonders kurzlebig bezeichnen. Es erhebt sich vielmehr eine dritte Frage, die übrigens in der zuletzt angeführten schon zum Teile eingeschlossen ist. Nämlich, ob nicht die gewaltige räumliche Ausdehnung des Weltmarkts im Verein mit der außerordentlichen Verkürzung der für Nachrichten und Transportverkehr erforderten Zeit die Möglichkeiten des *Ausgleichs* von Störungen so vermehrt, der enorm gestiegene Reichtum der europäischen Industriestaaten im Verein mit der Elastizität des modernen Kreditwesens und dem Aufkommen der industriellen Kartelle die *Rückwirkungskraft* örtlicher oder partikularer Störungen auf die allgemeine Geschäftslage so verringert haben, daß wenigstens für eine längere Zeit allgemeine Geschäftskrisen nach Art der früheren überhaupt als unwahrscheinlich zu betrachten sind.

Diese von mir in einem Aufsatz über die sozialistische Zusammenbruchstheorie aufgeworfene Frage hat verschiedentliche Anfechtung erfahren. Unter anderen hat sie Frau Dr. Rosa Luxemburg veranlaßt, mir in einer in der „Leipziger Volkszeitung" vom September 1898 veröffentlichten Artikelserie einen Kursus über Kreditwesen und Anpassungsfähigkeit des Kapitalismus zu lesen. Da diese Artikel, die auch noch in einige andere sozialistische Blätter übergegangen sind, wahre Muster falscher, aber zugleich auch mit großem Talent gehandhabter Dialektik sind, scheint es mir am Platze, hier kurz auf sie einzugehen.[26]

---

26 Die Artikel tragen die Überschrift: „Sozialreform oder Revolution?" Rosa Luxemburg stellt die Frage indes nicht so, wie es bisher in der Sozialdemokratie üblich war, nämlich als Alternative des Weges zur Verwirklichung des Sozialismus, sondern als

Vom Kredit behauptet Rosa Luxemburg, er sei, weit entfernt, den Krisen entgegenzuwirken, gerade das Mittel, sie auf die höchste Spitze zu treiben. Er erst ermögliche die maßlose Ausdehnung der kapitalistischen Produktion, die Beschleunigung des Austausches der Waren, des Kreislaufs des Produktionsprozesses und sei auf diese Weise das Mittel, den Widerspruch zwischen Produktion und Verbrauch so oft als möglich zum Ausbruch zu bringen. Er spiele den Kapitalisten die Disposition über fremde Kapitale und damit die Mittel zu waghalsigster Spekulation in die Hand. Trete aber die Stockung ein, so verschärfe er durch sein Zusammenschrumpfen die Krise. Seine Funktion sei, den Rest von Stabilität aus allen kapitalistischen Verhältnissen zu verbannen, alle kapitalistischen Potenzen in höchstem Grade dehnbar, relativ und empfindlich zu machen.

Alles das ist nun für jemand, der die Literatur des Sozialismus im allgemeinen und des marxistischen Sozialismus im besonderen ein wenig kennt, nicht gerade neu. Es fragt sich nur, ob es den heutigen Sachverhalt richtig darstellt oder ob das Bild nicht auch eine andere Seite hat. Nach den Gesetzen der Dialektik, die Rosa Luxemburg so gern spielen läßt, müßte es sogar der Fall sein. Aber auch ohne daß man auf sie zurückgreift, wird man sich sagen können, daß eine so vieler Formen fähige Sache wie der Kredit unter verschiedenen Verhältnissen verschiedenartig wirken muß. Marx behandelt denn auch den Kredit keineswegs nur unter dem Gesichtspunkt des Zerstörers. Er spricht ihm unter anderem (Band III, 1, Seite 429) die Funktion zu, „die Übergangsform zu einer neuen Produktionsweise zu bilden", und hebt im Hinblick darauf ausdrücklich die „doppelseitigen Charaktere des Kreditwesens" hervor. Rosa Luxemburg kennt die betreffende Stelle sehr gut, sie druckt sogar den Satz aus ihr ab, wo Marx vom Mischcharakter — „halb Schwindler, halb Prophet" — der Hauptverkünder des Kredits (John Law, Isaak Pereire usw.) spricht. Aber sie bezieht ihn ausschließlich auf die zerstörerische Seite des Kreditsystems und erwähnt mit keinem Worte sei-

<hr>

gegensätzlich in der Art, daß nur das eine – nach ihrer Auffassung die Revolution – zum Ziele führen könne. Die Wand zwischen der kapitalistischen und sozialistischen Gesellschaft wird nach ihr „durch die Entwicklung der Sozialreformen wie der Demokratie nicht durchlöchert, sondern umgekehrt fester und höher gemacht". Danach müßte die Sozialdemokratie, wenn sie sich nicht selbst die Arbeit erschweren will, Sozialreformen und die Erweiterung der demokatischen Einrichtungen nach Möglichkeit zu vereiteln streben.

Zusatznote: Die Tatsache, daß Rosa Luxemburg inzwischen das Opfer eines schändlichen Mordes geworden ist, legte es nahe, die ganze nun folgende Polemik gegen sie zu unterdrücken. Indes handelt es sich um eine Auseinandersetzung mit auch sonst vertretenen Anschauungen, und so schien es genügend, sie auf das rein Sachliche zu beschränken.

ner herstellend-schöpferischen Fähigkeit, die Marx ausdrücklich mit heranzieht. Warum diese Amputation, warum dies merkwürdige Schweigen hinsichtlich der „doppelseitigen Charaktere"? Das dialektische Brillantfeuerwerk, mittels dessen sie die Potenz des Kreditsystems als Anpassungsmittel im Lichte einer „Eintagsfliege" darstellt, löst sich in Rauch und Qualm auf, sobald man diese andere Seite näher betrachtet.

Indes auch die einzelnen Sätze ihrer Beweisführung vertragen keine zu nahe Prüfung. „Er steigert den Widerspruch zwischen Produktionsweise und Austauschweise", heißt es bei ihr vom Kredit, „indem er die Produktion aufs höchste anspannt, den Austausch aber bei dem geringsten Anlaß lahmlegt." Das ist sehr geistreich gesagt; nur schade, daß man den Satz drehen kann, wie man will, ohne daß er an Richtigkeit verliert. Man versetze in seinem zweiten Stücke die beiden Hauptworte, und es bleibt genau soviel von ihm übrig wie vorher. Oder man sage, der Kredit hebt den *Gegensatz* zwischen Produktionsweise und Austauschweise auf, indem er die Spannungsunterschiede zwischen Produktion und Austausch periodisch ausgleicht, und man hat auch recht. „Der Kredit", heißt es weiter, „steigert den Widerspruch zwischen Eigentums- und Produktionsverhältnissen, indem er durch forcierte Enteignung vieler kleiner Kapitalisten in wenigen Händen ungeheure Produktivkräfte vereinigt." Wenn der Satz eine Wahrheit enthält, so nicht minder sein direktes Gegenteil. Wir sprechen nur eine in der Wirklichkeit vielfach bestätigte Tatsache aus, wenn wir sagen, daß der Kredit den Widerspruch zwischen Eigentums- und Produktionsverhältnisse aufhebt, indem er durch Vereinigung vieler kleiner Kapitalisten ungeheure Produktivkräfte in Kollektiveigentum verwandelt. Bei der Aktiengesellschaft in ihren einfachen und potenzierten Formen ist die Sache, wie wir im Abschnitt über die Einkommensbewegung gesehen haben, klar ersichtlich. Wenn Rosa Luxemburg dem entgegen sich auf Marx berufen will, der an der berührten Stelle aufs neue dem Kreditsystem zunehmende Beschränkung der Zahl der den gesellschaftlichen Reichtum ausbeutenden wenigen zuspricht, so ist darauf zu erwidern, daß der empirische Beweis für diese Behauptung von Marx nirgends erbracht ist noch erbracht werden konnte, Marx aber vielfach auf Tatsachen Bezug nimmt, die ihr widersprechen. So wenn er im 22. Kapitel des dritten Bandes, das von der Tendenz des Zinsfußes zum Fallen handelt, auf die von Ramsay konstatierte steigende Vermehrung der Rentiers in England verweist (III, 1, Seite 346). Aber wenn bei Marx auch wiederholt die Verwechslung von juristischer und physischer Person unterläuft (denn darin wurzelt schließlich die vorstehende Annahme), so täuscht sie ihn doch nicht über die schaffend wirkende ökonomische Potenz des Kredits. Dies zeigt sich am klarsten da, wo er von der Arbeitergenossenschaft spricht, deren charakteristischer Typus bei ihm noch die alte Produktivgenossenschaft —

er nennt sie Kooperationsfabrik — ist, und von der er daher sagt, daß sie alle Mängel des bestehenden Systems reproduziere und reproduzieren müsse. Aber sie hebt doch, führt er aus, den in der kapitalistischen Fabrik bestehenden Gegensatz positiv auf. Wenn sie ein Kind des auf der kapitalistischen Produktion beruhenden Fabriksystems sei, so in gleichem Maße ein Kind des auf dieser beruhenden *Kreditsystems,* ohne das sie sich, heißt es bei Marx, nicht hätte entwickeln können, und das die *„Mittel bietet zur allmählichen Ausdehnung der Kooperativunternehmungen auf mehr oder minder nationaler Stufenleiter"* („Kapital", III, 1, Seite 428). Da haben wir die Umkehrung des Luxemburgischen Spruches in bester Form.

Daß das Kreditsystem die Spekulation erleichtert, ist eine jahrhundertealte Erfahrung, und sehr alt ist auch die Erfahrung, daß die Spekulation vor der Produktion nicht haltmacht, wo deren Form und Verfassung für ihr Spiel weit genug entwickelt sind. Die Spekulation ist indes ihrerseits bedingt durch das Verhältnis der wißbaren zu den unwißbaren Umständen. Je stärker die letzteren überwiegen, um so mehr wird sie blühen, je mehr sie von den ersteren zurückgedrängt werden, um so mehr Boden wird ihr entzogen. Daher fallen die wahnsinnigsten Auswüchse kommerzieller Spekulation in die Zeit des *Anbruchs der kapitalistischen Ära* und feiert die Spekulation in Ländern jüngerer kapitalistischer Entwicklung gewöhnlich die wüstesten Orgien. Auf dem Gebiet der Industrie blüht die Spekulation am üppigsten in *neuen* Produktionszweigen. Je älter ein Produktionszweig als moderne Industrie ist, um so mehr hört — die Fabrikation von reinen Modeartikeln ausgenommen — das spekulative Moment auf, eine maßgebende Rolle in ihr zu spielen. Es werden die Marktverhältnisse und Marktbewegungen genauer übersehen und mit größerer Sicherheit in Berechnung gezogen.

Immerhin ist diese Sicherheit stets nur relativ, weil die Konkurrenz und die technische Entwicklung eine absolute Kontrolle des Marktes ausschließen. Die Überproduktion ist bis zu einem gewissen Grade unvermeidbar. Aber Überproduktion in einzelnen Industrien heißt noch nicht allgemeine Krise. Soll sie zu einer solchen führen, dann müssen die betreffenden Industrien entweder von solcher Bedeutung als Konsumenten der Fabrikate anderer Industrien sein, daß ihr Stillstand diese auch stillsetzt und so fort, oder aber sie müssen ihnen durch das Medium des Geldmarktes beziehungsweise durch Lähmung des allgemeinen Kredits die Mittel zur Fortführung der Produktion entziehen. Es liegt aber auf der Hand, daß je reicher ein Land und je entwickelter sein Kreditorganismus ist — was nicht zu verwechseln ist mit potenzierter Wirtschaft auf Borg —, diese letztere Wirkung immer geringere Wahrscheinlichkeit erhält. Denn hier nehmen die Ausgleichsmöglichkeiten in steigendem Maße zu. An irgendeiner Stelle, die ich im Moment nicht finden kann, sagt Marx einmal, und die Richtigkeit des Satzes läßt sich durch massenhafte Belege erweisen, daß im Zentrum des Geldmarkts dessen Kontraktionen immer schneller überwunden werden als an den verschiedenen Punkten der Peripherie. Und Marx hatte dabei selbst in England immer noch einen sehr viel gebundeneren Geldmarkt vor Augen, als es der heutige ist. So heißt es bei ihm noch (dritter Band des „Kapital", zweiter Teil, Seite 18), daß mit Ausdehnung der Märkte die Kredite sich verlängern und so das spekulative Element mehr und mehr die Geschäfte beherrschen müsse. Aber die inzwischen vollzogene Umwälzung der Verkehrsmittel hat die Wirkungen räumlicher Entfernungen in dieser Hinsicht mehr als ausgeglichen.[27] Sind damit auch die Krisen des Geldmarkts nicht aus der Welt geschafft, so sind doch, um was es sich hier handelt, die Einschnürungen des Geldmarkts durch weitschichtige und schwer kontrollierbare Handelsunternehmungen bedeutend verringert.

Das Verhältnis der Geldkrisen zu den Handels- und Geschäftskrisen ist noch keineswegs so völlig aufgeklärt, daß man von irgendeinem konkreten Falle, wo beide zusammenfielen, mit Bestimmtheit sagen könnte, daß es die Handelskrise beziehungsweise die Überproduktion direkt war, die die Geldkrise verursachte. In den meisten Fällen war es jedoch offenbar nicht faktische Überproduktion, sondern die Überspekulation, was den Geldmarkt lähmte und dadurch auf das ganze Geschäft drückte. Dies geht sowohl aus den Einzelheiten hervor, die Marx im dritten Bande des „Kapital" an der Hand der offiziellen Untersuchungen über die Krisen von 1847 und 1857 mitteilt, als es auch durch die Tatsachen bestätigt wird, die Professor Herkner in seinem Abriß über die Geschichte der Handelskrisen im „Handwörterbuch der Staatswissenschaften" über diese und andere Krisen anführt. Rosa Luxemburg folgert auf Grund der von Herkner angeführten Tatsachen, daß die bisherigen Krisen überhaupt noch nicht die richtigen Krisen, sondern erst *Kinderkrankheiten* der kapitalistischen Wirtschaft waren, Begleiterscheinungen nicht von Einengungen, sondern von *Erweiterungen* des Gebiets der kapitalistischen Wirtschaft, daß wir „noch nicht in jene Phase vollkommener kapitalistischer Reife eingetreten sind, die bei dem Marxschen Schema der Kri-

---

27 Engels bemißt die durch Suezkanal, Frachtdampfer usw. bewirkte Annäherung Amerikas und Indiens an die Industrieländer Europas auf 70 bis 90 Prozent und setzt hinzu, daß durch sie „diese beiden großen Krisenherde von 1825 bis 1857 . . . einen großen Teil ihrer Explosionsfähigkeit verloren haben" („Kapital", Band III, 1. Teil, Seite 45). Auf Seite 395 desselben Bandes stellt Engels fest, daß gewissen, mit Kreditschwindel verbundenen spekulativen Geschäften, die Marx dort als Faktoren von Krisen des Geldmarkts schildert, durch den überseeischen Telegraphen ein Ende gemacht worden ist. Auch das berichtigende Engelssche Einschiebsel auf Seite 56 im zweiten Teile von Band III ist für die Beurteilung der Entwicklung des Kreditwesens bemerkenswert.

senperiodizität vorausgesetzt wird". Nach ihr befinden wir uns „in einer Phase, wo die Krisen nicht mehr das Aufkommen des Kapitalismus und noch nicht seinen Untergang begleiten". Diese Zeit werde erst kommen, wenn der Weltmarkt im großen und ganzen ausgebildet sei und durch keine plötzlichen Erweiterungen mehr vergrößert werden könne. Dann müsse der Widerstreit der Produktivkräfte mit den Austauschschranken immer schroffer und stürmischer werden.

Darauf ist zu bemerken, daß das Krisenschema bei oder für Marx kein Zukunftsbild, sondern Gegenwartsbild war, von dem nur erwartet wurde, daß es in der Zukunft in immer schrofferen Formen, in immer größerer Zuspitzung wiederkehren werde. Indem Rosa Luxemburg ihm für die ganze hinter uns liegende Epoche die Bedeutung abspricht, die Marx ihm beimaß, es als Ableitung hinstellt, der die Wirklichkeit *noch nicht* entsprach, als *vorwegnehmende* logische Konstruktion eines Vorganges auf Grund gewisser, erst im Keime gegebener Elemente, stellt sie zugleich die Marxsche Prognose der zukünftigen gesellschaftlichen Entwicklung in Frage, soweit diese auf die Krisentheorie sich stützt. Denn wenn diese zur Zeit, wo sie aufgestellt wurde, noch nicht erprobt war, in der Zeit von damals bis jetzt sich nicht bestätigt hat, woraufhin kann man alsdann für eine noch fernere Zukunft ihr Schema als zutreffend hinstellen? Die Verweisung auf die Zeit, wo der Weltmarkt im großen und ganzen ausgebildet sein werde, ist eine theoretische Flucht ins Jenseits.

Es läßt sich noch gar nicht absehen, wann der Weltmarkt im großen und ganzen ausgebildet sein wird. Es ist ja doch Rosa Luxemburg nicht unbekannt, daß es nicht nur eine extensive, sondern auch eine *intensive* Erweiterung des Weltmarktes gibt und die letztere heute von viel größerem Gewicht ist wie die erstere.

In der Handelsstatistik der großen Industrieländer spielt der Export in die alten, längst besetzten Länder bei weitem die größte Rolle. England exportiert nach ganz Australasien (sämtliche australische Kolonien, Neuseeland usw.) noch nicht so viel an Wert wie nach dem einen Frankreich; nach ganz Britisch-Nordamerika (Kanada, Britisch-Kolumbia usw.) noch nicht so viel wie allein nach Rußland; nach beiden Kolonialgebieten zusammen, die doch auch schon ein respektables Alter haben, noch nicht so viel wie nach Deutschland. Sein Außenhandel mit allen seinen Kolonien, das ganze ungeheure indische Reich eingeschlossen, macht noch nicht ein Drittel seines Handels mit der übrigen Welt aus, und was die Erwerbungen der letzten zwanzig Jahre anbetrifft, so ist der Export in diese lächerlich gering.[28] Die

---

28 Hier einige der Zahlen für 1895. Von der Gesamtausfuhr gingen 75,6 Prozent ins Ausland – neun Zehntel davon alte Länder – und 24,4 Prozent in britische Kolo-

extensive Erweiterung des Weltmarkts vollzieht sich viel zu langsam, um der faktischen Produktionssteigerung genügenden Abfluß zu gewähren, wenn eben nicht die schon früher einbezogenen Länder ihr einen immer größeren Markt darböten. Eine Grenze für diese gleichzeitig mit der räumlichen Ausdehnung vor sich gehende *intensive Erweiterung* des Weltmarkts läßt sich aprioristisch nicht aufstellen. Wenn die allgemeine Krise immanentes Gesetz der kapitalistischen Produktion sein soll, dann muß sie sich jetzt beziehungsweise in der nächsten Zukunft bewähren. Andernfalls der Beweis für ihre Unabwendbarkeit in der Luft abstrakter Spekulation schwebt.

Wir haben gesehen, daß das Kreditwesen heute nicht mehr, sondern weniger als früher Kontraktionen untersteht, die zur allgemeinen Lähmung der Produktion führen, und daher insofern als Faktor der Krisenbildung zurücktritt. Soweit es aber Mittel treibhausmäßiger Förderung der Überproduktion ist, tritt dieser Aufblähung der Produktion heute in den verschiedenen Ländern, und hier und da sogar international, immer häufiger der *Unternehmerverband* entgegen, der als Kartell, Syndikat oder Trust die Produktion zu regulieren sucht. Ohne mich in Prophezeiungen über seine schließliche Lebens- und Leistungskraft einzulassen, habe ich seine Fähigkeit anerkannt, auf das Verhältnis der Produktionstätigkeit zur Marktlage so weit einzuwirken, daß die Krisengefahr vermindert wird. Rose Luxemburg widerlegt auch das.

Zunächst bestreitet sie, daß der Unternehmerverband allgemein werden könne. Schließlicher Zweck und Wirkung des Verbandes sei, durch Ausschluß der Konkurrenz innerhalb einer Branche deren Anteil an der gesamten auf dem Warenmarkt erzielten Profitmasse zu steigern. Der eine Industriezweig könne dies aber nur auf Kosten des anderen erreichen und die Organisation daher unmöglich allgemein werden. „Ausgedehnt auf alle Produktionszweige hebt sie ihre Wirkung selbst auf."

Dieser Beweis gleicht auf ein Haar dem längst in die Luft geflogenen Beweis von der Nutzlosigkeit der Gewerkschaften. Seine Stütze ist noch unendlich hinfälliger als die Lehre vom Lohnfonds seligen Angedenkens. Es ist die unbewiesene, unbeweisbare oder vielmehr als falsch erweisbare Annahme, daß auf dem Warenmarkt immer nur eine fixe Profitmasse zu verteilen sei. Er unterstellt unter anderem eine von den Bewegungen der Produktionskosten

---

nien. Dem Wertbetrag nach wurden (inklusive Transitgüter) ausgeführt: nach Britisch-Nordamerika für 6,6, Rußland 10,7, Australasien 19,3, Frankreich 20,3, Deutschland 32,7 Millionen Pfund Sterling, ganz Britisch-West- und Ostafrika 2,4 Millionen, das heißt noch nicht 1 Prozent der Gesamtausfuhr, die sich auf 285,8 Millionen belief. Die Ausfuhr nach allen britischen Besitzungen war 1895 um 64,8 Prozent, die nach anderen Ländern um 77,2 Prozent höher als die des Jahres 1860. (Vergl. „Constitutional Yearbook" von 1897.)

unabhängige Bestimmung der Preise. Aber selbst ein bestimmter Preis und obendrein eine bestimmte technologische Grundlage der Produktion gegeben, kann die Profitmasse eines Industriezweigs erhöht werden, ohne daß damit die Profite eines anderen verkürzt werden, nämlich durch Verringerung falscher Unkosten, Aufhebung der Schleuderkonkurrenz, bessere Organisation der Produktion und dergleichen mehr. Daß dazu der Unternehmerverband ein wirksames Mittel ist, liegt auf der Hand. Die Frage der Profitverteilung ist der allerletzte Grund, der einer Verallgemeinerung der Unternehmerverbände im Wege steht.

Ein anderer Grund, der gegen die Fähigkeit der Kartelle spreche, der Produktionsanarchie Einhalt zu tun, besteht nach Rosa Luxemburg darin, daß sie ihren Zweck — Aufhaltung des Falles der Profitrate — durch Brachlegung eines Teiles des akkumulierten Kapitals zu erreichen suchten, also dasselbe täten, was in anderer Form die Krisen bewirkten. Das Heilmittel gleiche so der Krankheit wie ein Regentropfen dem anderen. Ein Teil des durch die Organisation vergesellschafteten Kapitals verwandelt sich in Privatkapital zurück, jede Portion versucht auf eigene Faust ihr Glück, und „die Organisationen müssen dann wie Seifenblasen platzen und wieder einer freien Konkurrenz — in potenzierter Form — Platz machen".

Das unterstellt zunächst, daß die chirurgische Abtrennung eines vom Brand ergriffenen Gliedes und dessen Zerstörung durch den Brand „wie ein Regentropfen dem anderen" gleichen, da in beiden Fällen das Glied verloren geht. Ob Kapital durch ein Elementarereignis, wie es die Krisen sind, oder durch Organisationen der Industrie brachgelegt wird, sind zwei ganz verschiedene Dinge, weil das eine nur vorläufige Stillsetzung, das andere direkte Zerstörung bedeutet. Es steht aber nirgends geschrieben, daß das in einem Produktionszweig überflüssig gewordene Kapital nur in diesem gleichen Produktionszweig verwendet werden kann oder Verwendung suchen muß. Hier wird der Abwechslung halber unterstellt, daß die Zahl der Produktionszweige eine für alle Zeit gegebene fixe Größe sei, was wiederum der Wirklichkeit widerspricht.

Etwas besser steht es mit dem letzten Einwand der Genossin Luxemburg. Die Kartelle sind danach deshalb ungeeignet, der Produktionsanarchie zu steuern, weil die kartellierten Unternehmer ihre höhere Profitrate auf dem inneren Markte in der Regel dadurch erzielen, daß sie die auf diesem nicht verwendbare Kapitalportion für das Ausland mit viel niedrigerer Profitrate produzieren lassen. Folge: vergrößerte Anarchie auf dem Weltmarkt, das Gegenteil des angestrebten Zieles.

„In der Regel" geht dies Manöver nur dort an, wo dem Kartell ein Schutzzoll Deckung gewährt, der es dem Ausland unmöglich macht, ihm mit gleicher Münze heimzuzahlen. Bei der Zuckerindustrie, auf die Rosa Luxemburg als Beispiel für ihre These verweist, ist es die potenzierte Form des Schutzzolls, die Ausfuhrprämie, welche die geschilderten Schönheiten herbeigeführt hat. Aber bemerkenswerterweise ist die Agitation gegen diese segenspendende Einrichtung viel stärker in den Ländern, welche sich ihrer erfreuen, als in dem Lande, das sie entbehrt und dessen Zuckerproduktion der Konkurrenz der mit Ausfuhrprämien und Zuckerkartellen beglückten Länder schutzlos offensteht, England. Und die Engländer wissen wohl warum. Kein Zweifel, diese prämiierte Konkurrenz hat die englischen Raffineure empfindlich geschädigt, wenn auch bei weitem nicht in dem Grade, als man annimmt, denn der englische Raffineur erhält ja sein Rohprodukt, den Rohzucker, ebenfalls mit Abzug der Ausfuhrprämie. Während daher im Jahre 1864 erst 424.000 Tonnen Zucker in England raffiniert wurden, wurden dort 1894 623.000 und 1896 632.000 Tonnen raffiniert. In der Zwischenzeit hatte die Produktion freilich eine noch höhere Ziffer erreicht (sie war 1884 824.000 Tonnen), aber wenn dieser Höhestand nicht eingehalten werden konnte, so hat dafür die Industrie der Zucker*verarbeitung* (Konfekte, eingemachte und eingekochte Früchte) einen Aufschwung erreicht, der jenen relativen Rückgang zehnfach aufwiegt. Von 1881 bis 1891 ist die Zahl der in der Zuckerraffinerie Englands beschäftigten Personen gar nicht zurückgegangen, während die der Konfektindustrie allein nahezu eine Verdoppelung aufweist.[29] Dazu kommt aber noch die mächtig aufgeschossene Industrie der Jams (Eingekochtes) und Marmeladen, die zu Konsumartikeln des Volkes geworden sind und viele Tausend und aber Tausend von Arbeitern beschäftigen. Würden die Zuckerprämien und sonstigen Manöver der festländischen Zuckerfabrikanten die ganze Raffinerie Englands vernichtet haben, was aber nicht der Fall, so stände der verlorenen Arbeitsgelegenheit für etwa 5.000 Arbeiter ein Gewinn von Arbeitsgelegenheit für mindestens die achtfache Zahl gegenüber. Dabei ist der Anstoß noch nicht gerechnet, den der Anbau von Beerenobst usw. in England durch den billigen Zucker erhalten hat. Allerdings heißt es, der prämiierte Rübenzucker habe die Pflanzer von Rohrzucker auf den britischen Kolonien ruiniert, und die westindischen Pflanzer lassen es an Notschreien auch nicht fehlen. Aber diese ehrenwerte

---

29 Die betreffenden Zahlen des Zensus sind:

Beschäftigte Personen		1881	1891	Zunahme
Zuckerraffinerie:	Männer	4.285	4.682	317
Zuckerraffinerie:	Frauen	122	238	116
Konfektindustrie:	Männer	14.305	20.291	5.986
Konfektindustrie:	Frauen	15.285	34.788	19.503

Klasse hat verzweifelte Ähnlichkeit mit jenen notleidenden Agrariern, die unter allen Umständen am Einmaleins zugrunde gehen. Tatsächlich importiert England heute mehr Rohrzucker von seinen Besitzungen als früher (von 2,3 Millionen Zentnern im Jahre 1890 stieg die Einfuhr von Rohrzucker aus britischen Besitzungen auf 3,1 Millionen Zentner im Jahre 1896), nur haben andere Kolonien Westindien überholt. 1882 entfiel auf Westindien genau zwei Drittel, 1896 aber noch nicht die Hälfte der Gesamtausfuhr aus britischen Besitzungen. Die Profite der Pflanzer sind sicher beeinträchtigt, aber das heißt noch nicht Ruin, wo nicht Überschuldung von früher her hinzukommt.

Indes handelt es sich hier weder um Ableugnungen der schädlichen Wirkungen der heutigen einfachen und potenzierten Schutzzöllnerei noch um Apologie der Unternehmerverbände. Daß die Kartelle usw. das letzte Wort der ökonomischen Entwicklung und geeignet seien, die Gegensätze des modernen Wirtschaftslebens dauernd zu beseitigen, ist mir nicht eingefallen zu behaupten. Ich bin vielmehr überzeugt, daß, wo in modernen Industriestaaten Kartelle und Trusts durch Schutzzölle unterstützt und verschärft werden, sie in der Tat zu Krisenfaktoren der betreffenden Industrie auswachsen müssen – wenn nicht zuerst, so jedenfalls schließlich auch für das „geschützte" Land selbst. Es fragt sich also nur, wie lange die betreffenden Völker sich diese Wirtschaft gefallen lassen werden. Die Schutzzöllnerei ist kein Produkt der Ökonomie, sondern ein auf ökonomische Wirkungen abzielender Eingriff der politischen Gewalt in die Ökonomie. Anders der kartellierte Industrieverband schlechthin. Er ist – wenn auch durch Schutzzölle treibhausmäßig begünstigt – auf dem Boden der Ökonomie selbst erwachsen; ein ihr wesensgleiches Mittel der Anpassung der Produktion an die Bewegungen des Marktes. Daß er gleichzeitig Mittel monopolistischer Ausbeutung ist oder werden kann, ist außer Frage. Aber ebenso außer Frage ist, daß er in der ersteren Eigenschaft eine Steigerung aller bisherigen Gegenmittel gegen die Überproduktion bedeutet. Mit viel weniger Gefahr als das Privatunternehmen kann er in Zeiten der Überfüllung des Marktes zu zeitweiliger Einschränkung der Produktion übergehen. Besser als dieses ist er auch in der Lage, der Schleuderkonkurrenz des Auslands zu begegnen. Dies leugnen, heißt die Vorzüge der Organisation vor anarchischer Konkurrenz leugnen. Das aber tut man, wenn man prinzipiell in Abrede stellt, daß die Kartelle auf die Natur und Häufigkeit der Krisen modifizierend einwirken können. Wie *weit* sie es können, ist vorläufig eine reine Frage der Konjektur, denn noch liegen nicht genug Erfahrungen vor, um in dieser Hinsicht ein abschließendes Urteil zu erlauben. Noch weniger Anhaltspunkte aber sind unter diesen Umständen für die Vorherbestimmung künftiger *allgemeiner* Krisen gegeben, wie sie ursprünglich Marx und Engels vorschwebten, als verschärfte Wiederholungen der Krisen von 1825, 1836, 1847, 1857, 1873. Schon die Tatsache, daß lange Zeit sozialistischerseits eine zunehmende *Verengerung* des industriellen Kreislaufs als die natürliche Folge der zunehmenden Konzentration des Kapitals — eine Entwicklung in Form einer *Spirale* — gefolgert wurde, 1894 aber Friedrich Engels sich zur Frage veranlaßt sah, ob nicht eine *neue Ausdehnung* des Zyklus vorliege, also das gerade Gegenteil der früheren Annahme, warnt vor der abstrakten Folgerung, daß diese Krisen sich in der alten Form wiederholen *müssen*. [30]

Die Geschichte der einzelnen Industrien zeigt, daß ihre Krisen keineswegs immer mit den sogenannten allgemeinen Krisen zusammenfielen. Wer im ersten und dritten Bande des „Kapital" die Angaben nachliest, die Marx aus der Geschichte der englischen Baumwollindustrie gibt (erster Band, 13. Kapitel, und dritter Band, 6. Kapitel), wird es dort bestätigt finden, und die neuere Geschichte zeigt erst recht, wie dieser und andere große Produktionszweige Phasen flotten Geschäftsgangs und der Stockung durchmachen, die ohne tiefgehende Wirkung auf die Masse der übrigen Industrien bleiben. Marx glaubte, wie wir gesehen haben, in der Notwendigkeit beschleunigter Erneuerung des fixen Kapitals (der Produktionswerkzeuge usw.) eine materielle Grundlage der periodischen Krisen feststellen zu können[31], und daß hier ein bedeutsames Krisenmoment steckt, ist unbedingt richtig. Aber es ist nicht oder nicht mehr richtig, daß diese Erneuerungsperioden in den verschiedenen Industrien zeitlich zusammenfallen. Und damit ist ein weiterer Faktor der großen allgemeinen Krise aufgehoben.

Es bleibt also nur so viel, daß die Produktionsfähigkeit in der modernen Gesellschaft sehr viel stärker ist als die tatsächliche, von der Kauffähigkeit bestimmte Nachfrage nach Produkten; daß Millionen in ungenügender Behausung leben, ungenügend gekleidet und ernährt sind, obwohl die Mittel reichlich vorhanden sind, für sie genügende Wohngelegenheit, Nahrung und Kleidung zu beschaffen; daß aus diesem Mißverhältnis immer wieder in den

---

30 Es ist natürlich hier immer nur von der *ökonomischen* Begründung der Krisen die Rede. Krisen als Wirkungen politischer Ereignisse (von Kriegen oder ernsthaften Kriegsdrohungen) oder sehr ausgedehnter Mißernten — lokale Mißernten üben in dieser Hinsicht keine Wirkung mehr aus — sind selbstverständlich immer möglich, wie dies auch schon in dem Artikel über die Zusammenbruchstheorie bemerkt wurde.

31 Der Gebrauch des Wortes materiell an der betreffenden Stelle (zweiter Band, Seite 164) ist für die Beurteilung der Art, wie Marx diesen Begriff verstand, nicht ohne Interesse. Nach der heute üblichen Auslegung des Begriffs würde die Erklärung der Krisen aus der Unterkonsumtion genau so materialistisch sein wie ihre Begründung durch Änderungen im Produktionsprozeß beziehungsweise in den Werkzeugen.

verschiedenen Produktionszweigen Überproduktion sich einstellt derart, daß entweder tatsächlich bestimmte Artikel in größeren Mengen produziert sind, als gebraucht werden – zum Beispiel mehr Garn, als die vorhandenen Webereien verarbeiten können –, oder daß bestimmte Artikel zwar nicht in größerer Menge hergestellt sind als gebraucht, aber in größerer Menge, als gekauft werden können; daß infolgedessen große Unregelmäßigkeit in der Beschäftigung der Arbeiter stattfindet, die deren Lage zu einer höchst unsicheren macht, sie immer wieder in unwürdige Abhängigkeit herabdrückt, hier Überarbeit und dort Arbeitslosigkeit hervorbringt; und daß von den heute angewandten Mitteln, der äußersten Zuspitzung dieser Übel entgegenzuwirken, die Kartelle der kapitalistischen Unternehmungen auf der einen Seite den Arbeitern und auf der anderen dem großen Publikum gegenüber monopolistische Verbände darstellen, die die Tendenz haben, über deren Rücken hinweg und auf ihre Kosten Kämpfe mit gleichartigen Monopolverbänden anderer Industrien oder anderer Länder zu führen oder durch internationale beziehungsweise interindustrielle Verträge willkürlich Produktion wie Preise ihrem Profitbedürfnis anzupassen. Virtuell trägt das kapitalistische Abwehrmittel gegen die Krisen die Keime zu neuer, verstärkter *Hörigkeit* der Arbeiterklasse in sich, sowie zu Produktionsprivilegien, die eine verschärfte Form der alten Zunftprivilegien darstellen. Viel wichtiger, als die „Impotenz" der Kartelle und Trusts zu prophezeien, erscheint es mir vom Standpunkt der Arbeiter aus, ihre Möglichkeiten sich gegenwärtig zu halten. Ob sie den ersteren Zweck – Abwehr der Krisen – auf die Länge der Zeit werden erfüllen können, ist an sich für die Arbeiterklasse eine untergeordnete Frage. Sie wird aber zu einer sehr bedeutungsvollen Frage, sobald man an die allgemeine Krise Erwartungen irgendwelcher Art für die Befreiungsbewegung der Arbeiterklasse knüpft. Denn dann kann die Vorstellung, daß die Kartelle nichts gegen die Krisen ausrichten können, Ursache sehr verhängnisvoller Unterlassungen werden.

Der kurze Abriß, den wir in der Einleitung dieses Abschnitts von den Marx-Engelsschen Erklärungen der Wirtschaftskrisen gegeben haben, wird im Verein mit den angeführten einschlägigen Tatsachen genügen, die Krisenfrage als ein Problem erkennen zu lassen, das sich nicht kategorisch mit ein paar altbewährten Schlagworten beantworten läßt. Wir können nur feststellen, welche Elemente der modernen Wirtschaft auf Krisen hinwirken und welche Kräfte ihnen entgegenwirken. Über das schließliche Verhältnis dieser Kräfte gegeneinander oder seine Entwicklungen aprioristisch abzuurteilen, ist unmöglich. Wenn nicht unvorhergesehene *äußere* Ereignisse eine allgemeine Krise herbeiführen – und das kann, wie gesagt, jeden Tag geschehen –, so ist kein zwingender Grund vorhanden, auf ein baldiges Eintreten einer solchen aus rein wirtschaftlichen Gründen zu folgern.

Lokale und partielle Depressionen sind unvermeidlich, allgemeiner Stillstand ist es bei der heutigen Organisation und Ausdehnung des Weltmarkts und insbesondere der großen *Ausdehnung der Lebensmittelproduktion* nicht. Das letztere Phänomen ist für unser Problem von besonderer Bedeutung. Nichts hat vielleicht so viel zur Abmilderung der Geschäftskrisen oder Verhinderung ihrer Steigerung beigetragen wie der Fall der Renten und der Lebensmittelpreise.

*

Zusatzbemerkung. Etwas über ein Jahr, nachdem dieses Buch erschienen war, stellte sich im Frühjahr 1900 eine Geschäftskrisis ein, was von verschiedenen Leuten, voran der Hochschulprofessor Pohle, als eine klassische Widerlegung meiner hier entwickelten „Vorhersage" hingestellt wurde. Wer aber das obige Kapitel nachliest, wird darin vergeblich nach einer „Vorhersage" suchen, daß überhaupt keine Krisen mehr sein werden. Ich habe nur die Wiederkehr derjenigen Krisen in Zweifel gestellt, wie das alte Schema der Ökonomen sie vorzeichnete, und dieser Zweifel ist weder durch die Krisis von 1900 noch durch die sieben Jahre später — 1907 — eingetretene Krisis widerlegt worden. Beide Krisen hielten nicht lange an, jede war nach etwa zwei Jahren überwunden, und statt einer Zeit schleppenden Geschäftsgangs, wie die alte Formel dies vorsah, folgte jedesmal sehr bald eine vier bis fünf Jahre andauernde neue Geschäftsblüte. Der Kreislauf der modernen Industrie hatte sein Gesicht vollständig verändert. Wie sich unter den furchtbaren Rückwirkungen des Weltkriegs das Krisenproblem gestalten wird, ist mit Gewißheit noch nicht vorauszubestimmen. Es sind viel größere Gefahren als Krisen aus Überproduktion, die das deutsche Wirtschaftsleben bedrohen und planmäßige Regelung der Produktion zum Lebensgebot machen.

Viertes Kapitel
Die Aufgaben und Möglichkeiten der Sozialdemokratie

a) *Die politischen und ökonomischen Vorbedingungen des Sozialismus*

Wenn man eine Anzahl Menschen, welcher Klasse oder Partei auch angehörig, aufforderte, in einer knappen Formel eine Definition des Sozialismus zu geben, so würden die meisten von ihnen in einige Verlegenheit geraten. Wer nicht aufs Geratewohl eine gehörte Phrase wiederholt, muß sich zunächst darüber klar werden, ob er einen Zustand oder eine Bewegung, eine Erkenntnis oder ein Ziel zu kennzeichnen hat. Schlagen wir in der ureigenen Literatur des Sozialismus nach, so werden wir auf sehr verschieden lautende, je nachdem in die eine oder die andere der vorbezeichneten Kategorien fallende Erklärungen des Begriffs stoßen – von dessen Ableitung aus Rechtsvorstellungen (Gleichheit, Gerechtigkeit) oder seiner summarischen Bezeichnung als Gesellschaftswissenschaft an bis zu seiner Gleichsetzung mit dem Klassenkampf der Arbeiter in der modernen Gesellschaft und der Erklärung, Sozialismus heiße genossenschaftliche Wirtschaft. Gelegentlich liegen diesen verschiedenartigen Erklärungen grundsätzlich verschiedene Auffassungen zugrunde, meist aber sind sie nur Resultate der Betrachtung oder Darstellung einer und derselben Sache unter verschiedenen Gesichtspunkten.

Die genaueste Bezeichnung des Sozialismus wird jedenfalls diejenige sein, die an den Gedanken der Genossenschaftlichkeit anknüpft, weil damit zugleich ein wirtschaftliches wie ein rechtliches Verhältnis ausgedrückt wird. Es wird keines weitläufigen Beweises bedürfen, um erkennen zu lassen, daß die Charakteristik des letzteren hier ebenso wichtig ist wie die der Wirtschaftsweise. Ganz abgesehen von der Frage, ob und in welchem Sinne das Recht ein primärer oder sekundärer Faktor des Gesellschaftslebens ist, gibt doch unbestritten das jeweilige Recht das konzentrierteste Bild seines Charakters. Wir bezeichnen Gesellschaftsformen nicht nach ihrer technologischen oder ökonomischen Grundlage, sondern nach dem Grundprinzip ihrer Rechtseinrichtungen. Wir sprechen wohl von einem Stein-, Bronze-, Maschinen-, Elektrizitäts- usw. Zeitalter, aber von feudaler, kapitalistischer, bürgerlicher usw. Gesellschaftsordnung. Dem entspräche die Bezeichnung des Sozialismus als Bewegung zur, oder der Zustand der genossenschaftlichen Gesellschaftsordnung. In diesem Sinne, der ja auch der Etymologie des Wortes (socius = Genosse) entspricht, wird es im folgenden gebraucht.

Welches sind nun die Vorbedingungen der Verwirklichung des Sozialismus? Der historische Materialismus erblickt sie zunächst in der modernen Produktionsentwicklung. Mit der Ausbreitung des kapitalistischen Großbetriebs in Industrie und Landwirtschaft sei eine dauernde und stetig wachsende materielle Grundlage für den Antrieb zu sozialistischer Umgestaltung der Gesellschaft gegeben. In diesen Betrieben ist die Produktion bereits gesellschaftlich organisiert, nur die Leitung ist individuell, und der Profit wird von Individuen nicht auf Grund ihrer Arbeit, sondern ihres Kapitalanteils angeeignet. Der werktätige Arbeiter ist vom Eigentum an seinen Produktionswerkzeugen getrennt, er steht im abhängigen Lohnverhältnis, aus dem er sein Leben lang nicht entrinnt und dessen Druck durch die Unsicherheit noch verschärft wird, die mit dieser Abhängigkeit vom Unternehmer in Verbindung mit den Schwankungen der Geschäftslage — die Folge der Produktionsanarchie — verbunden ist. Wie die Produktion selbst drängen auch die Existenzbedingungen der Produzenten zur Vergesellschaftung und genossenschaftlichen Organisation der Arbeit. Sobald diese Entwicklung genügend vorgeschritten, wird die Verwirklichung des Sozialismus unabweisbares Bedürfnis der Fortentwicklung der Gesellschaft. Sie durchzuführen, sei die Sache des als Partei der Klasse organisierten Proletariats, das zu diesem Behuf die politische Herrschaft erobern muß.

Wir haben danach als erste Vorbedingung allgemeiner Verwirklichung des Sozialismus einen bestimmten Höhegrad kapitalistischer Entwicklung und als zweite die Ausübung der politischen Herrschaft durch die Klassenpartei der Arbeiter, die Sozialdemokratie. Form der Ausübung dieser Macht ist nach Marx in der Übergangsperiode die Diktatur des Proletariats.

Was die erste Vorbedingung anbetrifft, so ist bereits im Kapitel über die Betriebsklassen in Produktion und Zuteilung gezeigt worden, daß, wenn der Großbetrieb in der Industrie heute tatsächlich schon das Übergewicht hat, er doch, die von ihm abhängigen Betriebe eingerechnet, selbst in einem so vorgeschrittenen Lande wie Preußen höchstens die Hälfte der in der Produktion tätigen Bevölkerung vertritt. Nicht anders stellt sich das Bild, wenn wir die Zahlen für ganz Deutschland wählen[1], und wenig verschieden davon ist

---

1 *Zusatznote.* Nach der auf Seite 84, Note, mitgeteilten Tabelle der Gewerbezählung von 1907 waren damals in Deutschland gewerblich tätige Personen beschäftigt:

in Betrieben mit Personen	rund
bis zu 10	6.488.000
11 bis 50	2.585.000
51 bis 200	2.418.000
über 200	2.946.000

es in England, dem industriellsten Lande Europas. Im übrigen Ausland, Belgien vielleicht ausgenommen, ist das Verhältnis der Großbetriebe zu den Klein- und Mittelbetrieben sehr viel ungünstiger. In der Landwirtschaft aber sehen wir überall den kleinen und Mittelbetrieb gegenüber dem großen nicht nur noch proportionell in bedeutendem Übergewicht, sondern auch in der Lage, seine Position zu befestigen. Im Handel und Verkehr ist das Verhältnis der Betriebsgruppen ein ähnliches.

Daß das Bild, welches die summarischen Zahlen der Betriebsstatistik geben, bei genauerer Prüfung der einzelnen Abteilungen manche Korrektur erfährt, habe ich seinerzeit im Artikel über die Zusammenbruchstheorie selbst hervorgehoben, nachdem ich schon in früheren Artikeln der Serie „Probleme des Sozialismus" nachdrücklich darauf verwiesen hatte, daß die Zahl der Beschäftigten eines Betriebs kein sicheres Anzeichen für den Grad seiner kapitalistischen Natur bietet. Die Einwände, die Parvus in der „Sächsischen Arbeiterzeitung" gegen den Gebrauch erhoben hat, den ich an angegebener Stelle von den Totalzahlen der Betriebsgruppen gemacht hatte, sagten prinzipiell nichts, was ich nicht selbst schon vorher wiederholt dargelegt hatte, und sind für das, worauf es hier ankommt, für die Frage der Wahrscheinlichkeit eines nahen wirtschaftlichen Zusammenbruchs ganz unerheblich. Ob von den Hunderttausenden von Kleinbetrieben eine Anzahl kapitalistischer Natur, andere ganz oder zum Teil von kapitalistischen Großbetrieben abhängig sind, kann das Gesamtbild, welches die Statistik der Betriebsunternehmungen darbietet, nur wenig verändern. Die große und wachsende Mannigfaltigkeit der Unternehmungen, die staffelmäßige Gliederung der Industrie wird dadurch nicht widerlegt. Streichen wir ein Viertel oder selbst die Hälfte aller Kleinbetriebe als zu Mittel- und Großbetrieben gehörig aus der Liste fort, so bleiben in Deutschland in der Industrie allein noch eine Million Betriebe, von kapitalistischen Riesenunternehmungen abwärts in immer breiteren Schichten bis zu den Hunderttausenden handwerksmäßiger Kleinbetriebe, die zwar auch ihrerseits langsam dem Verdichtungsprozeß ihren Tribut abstatten, aber darum doch noch ganz und gar keine Miene machen, von der Bildfläche zu verschwinden. Zu den Zahlen, die wir hierüber im zweiten Abschnitt des dritten Kapitels gegeben haben, sei noch aus der Statistik der deutschen Baugewerbe erwähnt, daß sich in diesen von 1882 bis 1895 die Zahl der Selbständigen von 146.175 auf 177.012, die der Beschäftigten von 580.121 auf 777.705 vermehrt hat, was zwar eine mäßige Vermehrung der Abhängigen pro Betrieb (von 3,97 auf 4,37), aber nichts weniger als Rückgang des handwerksmäßigen Betriebs bedeutet.[2]

---

2 Vergl. Schmöle, Die sozialdemokratischen Gewerkschaften in Deutschland, zweiter

Es ist danach, soweit die zentralisierte Betriebsform die Vorbedingung für die Sozialisierung von Produktion und Zustellung bildet, diese selbst in den vorgeschrittensten Ländern Europas erst ein partielles Faktum, so daß, wenn in Deutschland der Staat in einem nahen Zeitpunkt alle Unternehmungen, sage von zwanzig Personen und aufwärts, sei es behufs völligen Selbstbetriebs oder teilweiser Verpachtung expropriieren wollte, in Handel und Industrie noch Hunderttausende von Unternehmungen *mit über vier Millionen Arbeitern* übrigblieben, die privatwirtschaftlich weiter zu betreiben wären. In der Landwirtschaft blieben, wenn alle Betriebe von über zwanzig Hektar verstaatlicht würden, woran aber niemand denkt, *über fünf Millionen Betriebe* privatwirtschaftlichen Charakters übrig, mit zusammen gegen neun Millionen Arbeitstätigen. Von der Größe der Aufgabe aber, die dem Staate oder den Staaten mit der Übernahme jener vorerwähnten Betriebe erstehen würde, wird man sich eine Vorstellung machen, wenn man berücksichtigt, daß es sich in Industrie und Handel um mehrere hunderttausend Betriebe mit fünf bis sechs Millionen Angestellter, in der Landwirtschaft um über dreihunderttausend Betriebe mit fünf Millionen Arbeiter handelt. Über welche Fülle von Einsicht, Sachkenntnis, Verwaltungstalent müßte eine Regierung oder eine Nationalversammlung verfügen, um auch nur der Oberleitung oder der wirtschaftlichen Kontrolle eines solchen Riesenorganismus gewachsen zu sein?

Man wird vielleicht hier auf die große Zahl von Intelligenzen verweisen, welche die heutige Entwicklung hervorbringt und die sich in einer Übergangsepoche mit Eifer zur Verfügung stellen würden. Am Andrang und guten Willen dieser Gesellschaftsschicht zweifle ich durchaus nicht, habe vielmehr schon vor nahezu achtzehn Jahren auf sie verwiesen. Aber gerade in der Verlegenheit des Reichtums liegt hier die Gefahr, und was der böse Wille der Gegner nicht durchsetzt, das mag sehr leicht der gute Wille des aufschießenden Heeres der besten Freunde vollbringen. Der gute Wille ist selbst in normalen Zeiten ein zweifelhafter Kunde.

Aber lassen wir diese Frage einstweilen beiseite, und halten wir vorerst nur die Tatsache fest, daß für die Sozialisierung von Produktion und Zuteilung die materielle Vorbedingung, vorgeschrittene Zentralisation der Betriebe, erst zum Teil gegeben ist.

Die zweite Vorbedingung ist nach der Marxschen Lehre die Eroberung der politischen Macht durch das Proletariat. Man kann sich diese Eroberung verschiedenartig denken: auf dem Wege des parlamentarischen Kampfes

---

Teil, erster Band, Seite 1 ff., wo auch die Schattenseiten des kleinen Unternehmertums im Baugewerbe aufgezeigt werden.

durch das Mittel der Ausbeutung des Wahlrechts und Benutzung aller sonstigen gesetzlichen Handhaben oder auf dem Wege der Gewalt durch das Mittel der Revolution.[3]

Es ist bekannt, daß Marx und Engels bis ziemlich spät diesen letzteren als den fast überall unumgänglichen Weg betrachteten, und verschiedenen Anhängern der Marxschen Lehre erscheint er noch heute als unvermeidlich. Vielfach wird er auch für den kürzeren Weg gehalten.[4]

Dazu führt vor allem die Vorstellung, daß die Arbeiterklasse die zahlreichste Klasse und, als besitzlose, auch die energischste Klasse der Gesellschaft ist. Einmal im Besitz der Macht würde sie nicht ruhen, bevor sie die Fundamente des bestehenden Systems durch solche Einrichtungen ersetzt hätte, die deren Wiederherstellung unmöglich machten.

Es wurde schon erwähnt, daß Marx und Engels bei Aufstellung ihrer Theo-

---

3 Revolution wird hier und im folgenden ausschließlich in der *politischen* Bedeutung des Wortes gebraucht, als gleichbedeutend mit *Aufstand* beziehungsweise *außergesetzlicher Gewalt*. Für die die Grundlagen erfassende Änderung der Gesellschaftsordnung wird dagegen das Wort „*soziale Umgestaltung*" gebraucht werden, das die Frage des Weges offen läßt. Zweck dieser Unterscheidung ist, alle Mißverständnisse und Zweideutigkeiten auszuschließen.

4 „Aber wem dürfte nicht einleuchten, daß für die großen Städte, wo ja die Arbeiter die überwiegende Mehrheit bilden, wenn sie einmal zu unbeschränkter Verfügung über die öffentliche Gewalt, über ihre Verwaltung und Gesetzgebung gelangt wären, die ökonomische Revolution nur eine Frage von Monaten, ja vielleicht nur Wochen gewesen wäre?" (Jules Guesde, Der achtzehnte März [1871] in der Provinz. „Zukunft" von 1877, S. 87.)

„Wir aber erklären: Gebt uns auf ein halbes Jahr die Regierungsgewalt, und die kapitalistische Gesellschaft gehört der Geschichte an." (Parvus in der „Sächsischen Arbeiterzeitung" vom 6. März 1898.)

Letzterer Satz steht am Schluß eines Artikels, worin unter anderem ausgeführt wird, daß auch, nachdem die sozialrevolutionäre Regierung die Regelung der gesamten Produktion in die Hand genommen, die Ersetzung des *Warenverkehrs* durch ein künstlich erdachtes Tauschsystem nicht angehe. Mit anderen Worten, Parvus, der sich ernsthaft mit der Ökonomie beschäftigt hat, sieht auf der einen Seite ein, daß „der Warenverkehr so sehr in alle Verhältnisse des wirtschaftlichen Lebens hineingedrungen ist, daß er durch ein künstlich erdachtes Tauschsystem nicht ersetzt werden kann", und trotz dieser Überzeugung, die seit langem auch die meine ist (sie ist schon angedeutet im Artikel über die „Sozialpolitische Bedeutung von Raum und Zahl", sollte aber in einem späteren Artikel der Serie „Probleme des Sozialismus" eingehender behandelt werden), bildet er sich ein, eine sozialrevolutionäre Regierung könne bei der gegebenen Gliederung der Wirtschaft die ganze Produktion „regeln" und in einem halben Jahre das aus der Warenproduktion erwachsene und mit ihr eng verbundene kapitalistische System bis auf Stumpf und Stiel ausrotten. Man sieht, was für politische Kinder der Gewaltkoller selbst aus sonst unterrichteten Leuten machen kann. (*Zusatz 1920:* Mehr über diesen Punkt im Nachtragskapitel.)

rie von der Diktatur des Proletariats die Schreckensepoche der Französischen Revolution als typisches Beispiel vor Augen hatten. Noch im Anti-Dühring erklärt Engels es für eine höchst geniale Entdeckung Saint-Simons, im Jahre 1802 die Schreckensherrschaft als die Herrschaft der besitzlosen Massen begriffen zu haben. Das ist nun wohl eine ziemliche Überschätzung, aber wie hoch man auch jene Entdeckung stellen mag, die Wirkung der Herrschaft der Besitzlosen kommt bei Saint-Simon nicht viel besser fort als bei dem heute als „Spießbürger" verschrienen Schiller. Die Besitzlosen von 1793 waren nur fähig, die Schlachten anderer zu schlagen. Sie konnten nur „herrschen", solange der Schrecken dauerte. Als er sich erschöpft hatte, wie er sich erschöpfen mußte, war es mit ihrer Herrschaft total zu Ende. Nach der Marx-Engelsschen Anschauung würde beim modernen Proletariat diese Gefahr nicht bestehen. Aber wer ist das moderne Proletariat?

Rechnet man alle Besitzlosen, alle, die kein Einkommen aus dem Besitz oder aus privilegierter Stellung haben, dazu, so sind das allerdings die absolute Mehrheit der Bevölkerung der vorgeschrittenen Länder. Nur daß alsdann dieses „Proletariat" ein Gemisch von außerordentlich verschiedenartigen Elementen ist, von Schichten, die sich untereinander noch mehr unterscheiden als wie das „Volk" von 1789, die zwar, solange die jetzigen Eigentumsverhältnisse bestehen, mehr gemeinsame oder wenigstens gleichartige als gegensätzliche Interessen haben, aber, sobald die jetzt Besitzenden und Herrschenden abgesetzt oder ihrer Position beraubt sind, sehr bald sich der Verschiedenartigkeit ihrer Bedürfnisse und Interessen bewußt werden würden.

Ich habe bei einer früheren Gelegenheit die Bemerkung gemacht, daß die moderne Lohnarbeiterschaft nicht die gleichgeartete, in bezug auf Eigentum, Familie usw. gleich ungebundene Masse sei, die das Kommunistische Manifest voraussieht, daß sich gerade in den vorgeschrittensten Fabrikindustrien eine ganze Hierarchie differenzierter Arbeiter finde, zwischen deren Gruppen nur ein mäßiges Solidaritätsgefühl bestehe. In dieser Bemerkung sieht H. Cunow in einem Artikel über die Zusammenbruchstheorie („Neue Zeit", 17. Jahrgang, 1. Band) eine Bestätigung dafür, daß ich, auch wo ich allgemein spreche, speziell englische Verhältnisse im Auge habe. In Deutschland und den übrigen festländischen Kulturländern herrsche keine solche Abtrennung der bessergestellten Arbeiter von der revolutionären Bewegung wie in England. Im Gegensatz zu England stünden die bestbezahlten Arbeiter an der Spitze des Klassenkampfes. Der englische Kastengeist sei nicht eine Folge der heutigen sozialen Differenzierung, sondern eine Nachwirkung des früheren Zunft- und Gildenwesens und der an dessen Formen sich anlehnenden älteren Gewerkschaftsbewegung.

Wieder muß ich Cunow antworten, daß, was er mir da sagt, mir in keiner

Weise neu ist, und zwar weder neu, soweit es richtig, noch neu (das heißt nicht auch seinerzeit von mir geglaubt), soweit es unrichtig ist. Unrichtig zum Beispiel ist das zum Schluß Gesagte. Die Theorie, welche die englischen Gewerkschaften mit den Zünften in Verbindung bringt, beruht auf sehr schwachem Fundament. Sie übersieht, daß die Zünfte in England, außer in London, schon mit der Reformation expropriiert wurden, und gerade in London hat es die Gewerkschaftsbewegung nie zu besonderer Kraft bringen wollen, woran freilich die dort noch immer existierenden Gilden sehr unschuldig sind. Wenn der englischen Gewerkschaftsbewegung ein gewisser zünftlerischer Zug innewohnt, so ist er weit weniger eine Erbschaft vom alten Zunftwesen, das ja in Deutschland viel länger bestand als in England, als vor allem ein Produkt der angelsächsischen *Freiheit* − der Tatsache, daß der englische Arbeiter niemals, selbst nicht zur Zeit der Koalitionsverbote, unter der Fuchtel des Polizeistaats gestanden hat. In der Freiheit entwickelt sich der Sinn der Besonderheit oder, um einmal mit Stirner zu sprechen, der *Eigenheit*. Er schließt die Anerkennung des Andersgearteten und des Allgemeininteresses nicht aus, aber er wird leicht zur Ursache einer gewissen Eckigkeit, die selbst da als hart und engherzig erscheint, wo sie nur in der Form einseitig auftritt. Ich will den deutschen Arbeitern gewiß nicht zu nahe treten und weiß den Idealismus, der zum Beispiel gerade die Hamburger Arbeiter Jahrzehnte hindurch zu Leistungen für die allgemeine Sache des proletarischen Befreiungskampfes bewog, die in der Geschichte der Arbeiterbewegung ihresgleichen nicht haben, vollauf zu würdigen. Aber soweit ich die deutsche Arbeiterbewegung kenne und zu verfolgen Gelegenheit habe, machen sich die Rückwirkungen der geschilderten gewerblichen Differenzierung auch in ihr geltend. Spezielle Umstände, wie das Überwiegen der politischen Bewegung, die künstliche Niederhaltung der Gewerkschaften und die Tatsache, daß überhaupt die Unterschiede in Lohnhöhe und Arbeitszeit im allgemeinen in Deutschland geringer sind als in England, verhindern, daß sie sich besonders auffallend äußern. Wer aber die Organe der deutschen Gewerkschaftsbewegung aufmerksam verfolgt, der wird auf genug Tatsachen stoßen, die das von mir Gesagte bestätigen. Ich versage es mir, Beispiele namhaft zu machen, obwohl mir deren genug, und darunter noch solche aus meiner Tätigkeit in Deutschland her, bekannt sind. Darum nur noch folgendes hierüber.

Die Gewerkschaften schaffen jene Erscheinung nicht, sie bringen sie nur als unvermeidliches Resultat tatsächlicher Unterschiede zum Ausdruck. Es kann gar nicht anders sein, als daß wesentliche Unterschiede in Beschäftigungsweise und Einkommenshöhe schließlich auch andere Lebensführung und Lebensansprüche erzeugen. Der Feinmechaniker und der Kohlenzieher, der gelernte Stubenmaler und der Lastträger, der Bildhauer oder Modelleur und der Maschinenheizer führen in der Regel ein sehr verschiedenartiges Leben und haben sehr verschiedenartige Bedürfnisse. Wo der Kampf um ihre Lebenshaltung zu keinen Kollisionen zwischen ihnen führt, kann jedoch die Tatsache, daß sie allesamt Lohnarbeiter sind, diese Unterschiede aus der Vorstellung verwischen und das Bewußtsein, daß sie dem Kapital gegenüber einen gleichartigen Kampf führen, eine lebhafte gegenseitige Sympathie erzeugen. An solcher Sympathie fehlt es auch in England nicht, die aristokratischsten der aristokratischen Gewerkschaftler haben sie oft genug schlechter situierten Arbeitern gegenüber bekundet, wie ja viele von ihnen in der Politik wenn nicht Sozialisten, so doch gute Demokraten sind.[5] Aber zwischen solcher politischen oder sozialpolitischen Sympathie und ökonomischer Solidarität ist noch ein großer Unterschied, den starker politischer und ökonomischer Druck neutralisieren mag, der aber in dem Maße, als dieser Druck hinwegfällt, sich schließlich immer wieder in der einen oder anderen Weise bemerkbar machen wird. Es ist ein großer Irrtum, anzunehmen, daß England hier prinzipiell eine Ausnahme macht. In anderer Form zeigt sich heute in Frankreich dieselbe Erscheinung. Ähnlich in der Schweiz, den Vereinigten Staaten und, wie gesagt, bis zu einem gewissen Grade auch in Deutschland.

Nehmen wir aber an, daß in der industriellen Arbeiterschaft diese Differenzierung nicht bestände oder keinerlei Wirkung auf die Denkweise der betreffenden Arbeiter ausübte, so sind die industriellen Arbeiter doch überall die Minderheit der Bevölkerung. In Deutschland mit Hausindustriellen zusammen etwa sieben Millionen von neunzehn Millionen Selbsttätigen. Wir haben dann noch das technische usw. Beamtentum, die Handelsangestellten, die Landarbeiter.

Hier ist überall die Differenzierung noch ausgeprägter, wovon nichts deutlicher Zeugnis ablegt als die Leidensgeschichte der Bewegungen zur Organisierung dieser Berufskategorien in gewerkschaftliche Interessenvereine. Überhaupt ist nichts irreführender, als auf Grund einer gewissen formellen Ähnlichkeit der Situation auf eine wirkliche Gleichartigkeit des Verhaltens zu folgern. Der kaufmännische Beamte steht formell seinem Chef gegenüber in ähnlicher Lage wie der industrielle Lohnarbeiter seinem Arbeitsherrn, und doch wird er sich — ein Teil des unteren Personals der größeren Geschäfte ausgenommen — ihm sozial sehr viel näher fühlen als dieser dem seinen, obwohl der Abstand des Einkommens oft sehr viel größer ist. Auf dem Lan-

---

5 In der sozialistischen Bewegung Englands stellen genau wie anderwärts die besser bezahlten, beziehungsweise die gelernten, geistig höherstehenden Arbeiter die Kerntruppen. Man wird in den Mitgliederversammlungen der sozialistischen Vereine nur sehr wenig sogenannte unqualifizierte Arbeiter vorfinden.

de ist wiederum auf den kleineren Gütern die Lebensweise und Arbeit von Bauer und Knecht viel zu gleichartig, auf der Masse der Mittelgüter die Arbeitsgliederung beziehungsweise Differenzierung zu groß und das Personal im Verhältnis zu klein, um einem Klassenkampf im Sinne des Kampfes der städtischen Arbeiter Spielraum zu geben. Von einem entwickelten Solidaritätsgefühl zwischen Großknecht, Tagelöhner und Kuhjunge wird da wenig zu finden sein. Bleiben höchstens die großen Güter, die aber, wie wir gesehen haben, überall nur eine Minderheit der landwirtschaftlichen Betriebe ausmachen und auf denen obendrein auch noch genug prinzipielle Unterschiede im Arbeitsverhältnis der verschiedenen Gruppen des Personals zum Unternehmer anzutreffen sind. Es geht ganz und gar nicht an, die 5,6 Millionen Angestellter in der Landwirtschaft, welche die deutsche Berufsstatistik nach Abzug des höheren Hilfspersonals – Ökonomen usw. – verzeichnet, in bezug auf soziale Bestrebungen der gewerblichen Arbeiterschaft gleichzusetzen.[6] Nur bei einem ganz verschwindenden Teil kann man ernsthafte Geneigtheit und Verständnis für deren über bloße Verbesserung der Arbeitsbedingungen hinausgehende Bestrebungen voraussetzen beziehungsweise erwarten. Der bei weitem übergroßen Masse von ihnen kann die Vergesellschaftung der landwirtschaftlichen Produktion nicht viel mehr sein als ein leeres Wort. Ihr Ideal ist vorläufig noch, es zu eigenem Landbesitz zu bringen.

Indessen ist auch der Drang der industriellen Arbeiterschaft zur sozialistischen Produktion noch zum großen Teil mehr eine Sache der Annahme als der Gewißheit. Aus dem Wachstum der sozialistischen Stimmenzahl bei öffentlichen Wahlen läßt sich wohl auch eine stetige Zunahme der Anhängerschaft der sozialistischen Bestrebungen folgern, aber niemand wird behaupten wollen, daß alle für Sozialisten abgegebene Stimmen von Sozialisten herrühren. Und selbst wenn wir die nichtsozialistischen und nichtproletarischen Wähler, die für Sozialdemokraten stimmten, als Ausgleich für diejenigen erwachsenen sozialistischen Arbeiter nehmen, die noch nicht das Stimmrecht hatten, so stehen doch in Deutschland, wo die Sozialdemokratie stärker ist als in irgendeinem anderen Lande, gegen 4,5 Millionen erwachsener Arbeiter in der Industrie, denen noch eine halbe Million erwachsener männlicher Angestellter in Handel und Verkehr hinzuzurechnen wären, erst 2,1 Millionen sozialistischer Wähler. Mehr als die Hälfte der gewerblichen Arbei-

---

6 *Zusatznote.* Die Gewerbezählung von 1907 verzeichnet 7,3 Millionen landwirtschaftlich beschäftigte Arbeiter. Davon sind aber über eine Million Personen, die bei den früheren Zählungen der Rubrik „mitarbeitende Familienangehörige" zugerechnet wurden. Tatsächlich hatte sich die Zahl der nicht zur Familie der Landwirte gehörenden Landarbeiter nur wenig erhöht, und auch dieser Zuwachs mußte aus dem Ausland geholt werden.

terschaft Deutschlands steht zur Zeit der Sozialdemokratie noch teils gleichgültig und verständnislos, teils aber sogar gegnerisch gegenüber. Bei alledem ist die sozialistische Wahlstimme zunächst mehr der Ausdruck eines unbestimmten Verlangens als einer bestimmten *Absicht.* An der positiven Arbeit für die sozialistische Emanzipation nimmt ein sehr viel geringerer Prozentsatz der Arbeiterschaft teil. Die Gewerkschaftsbewegung in Deutschland ist in erfreulicher Aufwärtsbewegung. Aber doch zählte sie Ende 1897 erst rund 420.000 organisierte Arbeiter in Berufen, deren Arbeiterschaft sich auf 6.165.735 Köpfe beläuft. (Vergl. „Korrespondenzblatt der Generalkommission der Gewerkschaften Deutschlands" vom 1. und 8. August 1898.) Rechnet man zu ihnen noch die rund 80.000 Mitglieder der Hirschschen Gewerkvereine, so kommt immer erst in den betreffenden Berufen ein Verhältnis von 1 organisiertem auf je 11 unorganisierte Arbeiter heraus.[7] Die Zahl der politisch organisierten Arbeiter Deutschlands wird, nach Abzug derjenigen, die zugleich Mitglieder von Gewerkschaften sind, mit 200.000 schwerlich zu niedrig gegriffen sein, und wenn wir die gleiche Zahl für solche Arbeiter annehmen, die nur durch außer ihrem Willen liegende Faktoren abgehalten wurden, sich irgendwie aktiv am politischen oder gewerkschaftlichen Kampfe zu beteiligen, so erhalten wir insgesamt gegen 900.000 Arbeiter, die ein größeres, lebendiges Interesse an ihrer Emanzipation durch die Tat bekunden. Sie stellen 40 Prozent der Wählerschaft der Sozialdemokratie dar. Von den 5 1/2 Millionen Stimmen, die für nichtsozialistische Kandidaten abgegeben wurden, kann man aber heute gut ein Viertel bis ein Drittel auf bewußte – *klassen*bewußte Gegner der Sozialdemokratie rechnen, was nahezu die doppelte Kopfzahl ergibt.[8]

Ich bin mir der sehr relativen Beweiskraft solcher Aufstellungen wie die vorstehende durchaus bewußt, bei der ja zum Beispiel das wichtige Moment der örtlichen Verteilung und sozialpolitischen Bedeutung der Gruppen ganz unberücksichtigt geblieben ist. Es handelt sich aber auch nur um Gewinnung

---

7 Immerhin waren schon in fünf Berufen mehr als ein Drittel der Arbeiter organisiert, nämlich: Buchdrucker 61,8, Bildhauer 55,5, Hafenarbeiter 38, Kupferschmiede 33,6, Handschuhmacher 31,7 Prozent der Beschäftigten. Ihnen folgten die Lithographen mit 21,8 und die Porzellanarbeiter mit 21 Prozent der Beschäftigten.

8 *Zusatznote.* Alle diese Zahlen haben schon in den zwischen Abfassung des Buches und Kriegsausbruch verstrichenen anderthalb Jahrzehnten eine bedeutsame Erhöhung erfahren. Die Zahl der zahlenden Mitglieder der Sozialdemokratischen Partei Deutschlands war auf rund eine Million, die Zahl ihrer Reichstagswähler auf über vier Millionen, die Zahl der gewerkschaftlich organisierten Arbeiter auf über drei Millionen gestiegen, neben einer halben Million organisierter Angestellten und Beamten, und die Revolution hat dieses Wachstum noch erheblich gesteigert. Über seine Bewertung ebenfalls im Nachtragskapitel.

eines annähernd zulässigen Maßstabes für die Schätzung des Massenverhältnisses derjenigen Elemente, bei denen die von der Theorie angenommene Disposition für den Sozialismus mehr als bloß gelegentliche unbestimmte Kundgebungen zu zeitigen vermocht hat. Was soll man zum Beispiel zu der nach ganz äußerlichen Merkmalen aufgestellten Tabelle der sozialen Streitkräfte sagen, die Parvus im siebenten seiner Artikel gegen mich ausspielen zu können glaubte? Als ob das große numerische Übergewicht der Besitzlosen über die Besitzenden, das er dort aufmarschieren läßt, irgend jemand unbekannt und überhaupt eine geschichtlich neue Tatsache wäre. Und doch haben sich sozialistische Blätter gefunden, die aus der Gegenüberstellung der von Parvus berechneten fünfzehnmillionenköpfigen „Armee des Proletariats" gegen eine nur 1,6 Millionen zählende „Armee des Kapitals" (neben 3 Millionen „vom Kapital ruinierter", aber noch nicht ins Proletariat gesunkener Kleinbauern und Handwerker und 820.000 relativ vom Kapital unabhängiger Existenzen) die Nähe der sozialen Revolution folgerten. Die wirklich asiatische Gemütsruhe, mit der Parvus die 5,6 Millionen in der Landwirtschaft tätigen Angestellten der Berufsstatistik der „Armee des Proletariats" einreiht, wird nur noch durch die Unerschrockenheit übertroffen, die ihn zwei Millionen „Handelsproletarier" ermitteln läßt.[9] Selbst angenommen, daß alle diese Elemente eine Revolution, welche die Sozialisten ans Ruder brächte, mit Jubel begrüßen würden, wäre damit für das Hauptproblem, das zu lösen ist, noch blutwenig erreicht.

Von einer sofortigen Übernahme der gesamten Herstellung und Zustellung der Produkte durch den Staat kann, darüber dürfte nun wohl kein Streit bestehen, ganz und gar nicht die Rede sein. Der Staat könnte nicht einmal die Masse der Mittel- und Großbetriebe übernehmen. Aber auch die Gemeinden,

---

9 Die Zahlen der Berufsstatistik für Handel und Verkehr sind (1895):

Selbständige und Geschäftsleiter	843.556
Kaufmännisches Personal	261.907
Kommis, Hausdiener, Kutscher, mittätige Familienmitglieder	1.233.045
Insgesamt	2.338.508

Übrigens hat die Parvussche Tabelle ihren Vorgänger gehabt. In der Höchbergschen „Zukunft" rechnete 1877 Herr C. A. Schramm auf Grund der gerade bekanntgegebenen Ergebnisse der Preußischen Berufsstatistik von 1876 ein „sozialistisches Kontingent" von 85 Prozent der Bevölkerung für Preußen heraus, 4,6 Millionen mögliche Anhänger des Sozialismus gegen 992.000 Klassengegner („Zukunft", Seite 186 ff.). Nur zog Schramm nicht die kühne Moral aus den Zahlen wie Parvus. *Zusatznote* 1920: Bis 1907 hatte sich das kaufmännische und technische Personal in Handel und Verkehr auf 505.909, das den Arbeitern usw. gleichgestellte Hilfspersonal auf 1.959.525 Personen vermehrt, womit die Parvussche Zahl allerdings erreicht war.

als Mittelglieder, könnten wenig aushelfen. Sie könnten allenfalls diejenigen Geschäfte kommunalisieren, die am Ort für den Ort produzieren oder Dienste leisten, und sie würden damit schon recht hübsch zu tun bekommen. Aber bildet man sich ein, daß diejenigen Unternehmungen, die bisher für den großen Markt arbeiteten, plötzlich so insgesamt kommunalisiert werden könnten?

Nehmen wir nur eine mittelgroße Industriestadt, sage Augsburg, Barmen, Dortmund, Hanau, Mannheim usw., so wird wohl kein Mensch so töricht sein, anzunehmen, die dortigen Kommunen könnten in einer politischen Krisis oder auch zu sonstiger Zeit alle die verschiedenartigen Fabrik- und Handelsgeschäfte jener Plätze in Eigenbetrieb übernehmen und mit Erfolg leiten. Sie würden sie entweder in den Händen der bisherigen Inhaber belassen oder aber, wenn sie diese unbedingt expropriieren wollen, die Geschäfte an Arbeitergenossenschaften zu irgendwelchen Pachtbedingungen übergeben müssen.

So löst sich die Frage in allen derartigen Fällen praktisch in die Frage der *ökonomischen Potenz der Genossenschaften* auf.

b) *Die Leistungsfähigkeit der Wirtschaftsgenossenschaften*

Die Frage der Leistungsfähigkeit der Genossenschaften ist in der marxistischen Literatur bisher nur sehr flüchtig behandelt worden. Sieht man von der Literatur der sechziger Jahre und einigen Aufsätzen Kautskys ab, so wird man außer sehr allgemeinen, zumeist negativen Äußerungen wenig über das Genossenschaftswesen darin finden.

Die Gründe für diese Vernachlässigung sind nicht weit zu suchen.

Zunächst ist die marxistische Praxis vorwiegend politisch, auf die Eroberung der politischen Macht gerichtet, und legt daneben fast nur noch der gewerkschaftlichen Bewegung, als einer direkten Form des Klassenkampfes der Arbeiter, prinzipielle Bedeutung bei. Hinsichtlich der Genossenschaft aber drängte sich Marx im Anfang die Überzeugung auf, daß sie im kleinen unfruchtbar sei und höchstens einen, obendrein sehr begrenzten experimentellen Wert habe. Nur mit den Mitteln der Gesamtheit lasse sich etwas anfangen. In diesem Sinne äußert sich Marx im „18. Brumaire" von den Arbeiterassoziationen.[10] Später modifizierte er sein Urteil über die Genossenschaf-

---

10 „Zum Teil wirft es [das Proletariat] sich auf doktrinäre Experimente, Tauschbanken und Arbeiterassoziationen, also in eine Bewegung, worin es darauf verzichtet, die alte Welt mit ihren eigenen großen Gesamtmitteln umzuwälzen." („Der 18. Brumaire", 1. Auflage, Seite 8.).

ten etwas, wofür unter anderem die dem Genfer und Lausanner Kongreß der Internationale von deren Generalrat vorgelegten Resolutionen über das Genossenschaftswesen Zeugnis ablegen sowie die wahrscheinlich von Marx herrührende, jedenfalls aber von ihm gebilligte Stelle in G. Eccarius' „Eines Arbeiters Widerlegung", wo den Genossenschaften als Vorläufern der Zukunft dieselbe Bedeutung beigelegt wird, wie sie die Zünfte in Rom und im frühen Mittelalter gehabt hätten, und ferner die schon früher (Seite 101) berührte Stelle im dritten Band des „Kapital", die, um dieselbe Zeit wie jene Resolutionen und die Eccariussche Schrift niedergeschrieben, die Bedeutung der Genossenschaften als Übergangsformen zur sozialistischen Produktion hervorhebt. Der Brief über den Gothaer Programmentwurf aber (1875) lautet dann wieder sehr viel skeptischer hinsichtlich der Genossenschaften, und diese Skepsis beherrscht auch von der Mitte der siebziger Jahre ab die ganze marxistische sozialistische Literatur.

Teilweise kann dies als Wirkung der Reaktion gelten, die nach der Pariser Kommune einsetzte und der ganzen Arbeiterbewegung einen anderen, fast ausschließlich auf die Politik zugespitzten Charakter gab. Dann aber auch als Produkt der trüben Erfahrungen, die man allerwärts mit den Genossenschaften gemacht hatte. Die hochfliegenden Erwartungen, zu denen der Aufschwung der englischen Genossenschaftsbewegung Anlaß gegeben, waren nicht in Erfüllung gegangen. Für alle Sozialisten der sechziger Jahre war die Produktivgenossenschaft die eigentliche Genossenschaft gewesen, der Konsumverein wurde bestenfalls mit in den Kauf genommen. Aber es überwog die Meinung, der auch Engels in seinen Aufsätzen über die Wohnungsfrage Ausdruck gibt, daß Verallgemeinerung der Konsumvereine unbedingt Lohnreduktionen zur Folge haben würde („Wohnungsfrage", Neuauflage, Seite 34/35). Die von Marx verfaßte Resolution des Genfer Kongresses sagte:

> „Wir empfehlen den Arbeitern, sich viel mehr auf Kooperativproduktion als auf Kooperativläden einzulassen. Die letzteren berühren nur die Oberfläche des heutigen ökonomischen Wesens, die ersteren greifen es in seinen Grundfesten an. . . . Um zu verhindern, daß die Kooperativgesellschaften in gewöhnliche bürgerliche Kommanditgesellschaften entarten, sollten alle von ihnen beschäftigten Arbeiter, ob Aktionäre oder nicht, gleichen Anteil erhalten. Als ein bloß zeitweiliges Mittel sei zugestanden, daß die Aktionäre einen mäßigen Zins erhalten."

Aber gerade die in den sechziger Jahren gegründeten Produktivgenossenschaften hatten fast überall fehlgeschlagen, sie hatten sich entweder ganz auflösen müssen oder waren zu kleinen Kompaniegeschäften zusammengeschmolzen, die, wenn sie nicht ganz in derselben Weise wie andere Geschäfte Arbeiter gegen Lohn beschäftigten, schwächlich dahinvegetierten. Die Konsumvereine aber waren oder erschienen wirklich zu bloßen Kramläden „verspießert". Kein Wunder, daß man in sozialistischen Kreisen immer mehr der Genossenschaftsbewegung den Rücken kehrte. In Deutschland, wo ohnehin der Gegensatz zwischen Lassalle und Schulze-Delitzsch noch die Gemüter erfüllte, war die Reaktion am stärksten. Die starke Hinneigung zum ausgeprägten Staatssozialismus, die sich Mitte der siebziger Jahre bei einem großen Teile der deutschen Sozialdemokratie (keineswegs nur der Lassalleaner) verfolgen läßt und die manchmal seltsam mit dem politischen Radikalismus der Partei kontrastierte, war in hohem Grade den trüben Erfahrungen geschuldet, die man mit den Genossenschaften gemacht hatte. Bankrotte selbsthilflerischer Genossenschaften wurden jetzt nur noch mit Triumph zur Kenntnis genommen. Im Gothaer Programm, und zwar schon im Entwurf, ward der Forderung der Produktivgenossenschaften mit Staatshilfe eine impossibilistische Form gegeben. Die Kritik, die Marx im Briefe über das Programm an dem betreffenden Paragraphen übte, traf in dieser Hinsicht mehr die Ausdrucksweise als den Gedankengang, der ihm zugrunde lag. Marx wußte nicht, daß gerade der „Berliner Marat" — Hasselmann —, den er hauptsächlich für den Paragraphen verantwortlich machte, durch und durch Blanquist war. Auch Hasselmann würde, gerade wie Marx, die Arbeiter des von Buchez protegierten „Atelier" als Reaktionäre bezeichnet haben.

Für die Tatsache, daß es bei Marx an einer tiefergreifenden Kritik der Genossenschaft fehlt, sind zwei Umstände verantwortlich. Erstens waren, als er schrieb, nicht so hinreichende Erfahrungen mit den verschiedenen Formen der Genossenschaften gemacht worden, daß sich auf Grund dieser ein Urteil hätte formulieren lassen. Lediglich die einer noch früheren Periode angehörenden Austauschbasars hatten sich als völlig verfehlt erwiesen. Zweitens aber stand Marx den Genossenschaften überhaupt nicht mit derjenigen theoretischen Unbefangenheit gegenüber, die seinem theoretischen Scharfblick erlaubt hätte, weiter zu blicken als der Durchschnittssozialist, der sich mit solchen Merkmalen wie Arbeiter- und Kleinmeistergenossenschaften begnügte. Hier stand seiner großen Kraft der Analyse die schon ausgebildete Doktrin oder, wenn ich mich so ausdrücken darf, die Formel der Expropriation im Wege. Die Genossenschaft war ihm nur in derjenigen Form sympathisch, wo sie den direktesten Gegensatz gegen das kapitalistische Unternehmen darstellte. Daher die Empfehlung an die Arbeiter, sich auf Produktivgenossenschaften zu verlegen, weil diese das bestehende ökonomische System „in seinen Grundfesten angreifen". Das ist ganz im Sinne der Dialektik und entspricht formell durchaus der Gesellschaftstheorie, die von der Produktion als dem in letzter Instanz bestimmenden Faktor der Gesellschaftsform ausgeht. Es entspricht anscheinend auch der Auffassung, die in dem Gegensatz zwischen der schon vergesellschafteten Arbeit und der privaten Aneignung den fundamentalen, zur Lösung drängenden Widerspruch in der modernen Produktionsweise erblickt. Die Produktivgenossenschaft erscheint als praktische Lösung dieses Gegensatzes im Rahmen des Einzelunternehmens. In diesem Sinne meinte Marx von ihr, das heißt derjenigen Genossenschaft, wo die „Arbeiter als Assoziation ihr eigener Kapitalist sind" (Band III, Seite 427), daß, wenn sie auch alle Mängel des heutigen Systems notwendigerweise reproduziere, doch der Gegensatz zwischen Kapital und Arbeit in ihr „positiv" aufgehoben sei und daß sie so den Beweis von der Überflüssigkeit des kapitalistischen Unternehmers erbracht habe. Jedoch hat seitdem die Erfahrung gelehrt, daß gerade die derart konstituierte industrielle Produktivgenossenschaft nicht imstande war und ist, diesen Beweis zu liefern, daß sie die allerunglücklichste Form genossenschaftlicher Arbeit ist und daß Proudhon sachlich durchaus im Rechte war, wenn er mit Bezug auf sie Louis Blanc gegenüber behauptete, die Assoziation sei „keine ökonomische Kraft".[11]

Die sozialdemokratische Kritik suchte bisher die Gründe des ökonomischen Mißlingens der reinen Produktivgenossenschaften lediglich in deren Mangel an Kapital, Kredit und Absatz und erklärte das Verkommen der nicht ökonomisch gescheiterten Genossenschaften aus dem korrumpierenden Einfluß der sie umgebenden kapitalistischen beziehungsweise individualistischen Welt. All das ist auch, soweit es geht, zutreffend. Aber es erschöpft die Frage nicht. Von einer ganzen Reihe von finanziell gescheiterten Produktivgenossenschaften steht es fest, daß sie genügend Betriebsmittel hatten und keine größeren Absatzschwierigkeiten als der Durchschnittsunternehmer. Wäre die Produktivassoziation der geschilderten Art wirklich eine der kapitalistischen Unternehmung überlegene oder auch nur ebenbürtige ökonomische Kraft, dann hätte sie sich mindestens in demselben Verhältnis halten und aufschwingen müssen wie die vielen, mit den bescheidensten Mitteln begonnenen Privatunternehmungen, und hätte sie dem moralischen Einfluß der umgebenden kapitalistischen Welt nicht so kläglich erliegen dürfen, wie sie es immer und immer wieder getan hat. Die Geschichte der nicht finanziell gescheiterten Produktivgenossenschaften spricht fast noch lauter gegen diese Form der „republikanischen Fabrik" als die der verkrachten. Denn sie besagt, daß für die ersteren die Fortentwicklung überall Exklusivität und Pri-

---

11 Wenn Proudhon bald als entschiedener Gegner und bald als Befürworter der Assoziation auftrat, so erklärt sich dieser Widerspruch dadurch, daß er das eine Mal eine ganz andere Form der Assoziation im Auge hatte als an anderem Ort. Er bestritt der wesentlich monopolistischen Genossenschaft, was er der mutualistischen Genossenschaft, das heißt der Assoziation im Gegenseitigkeitssystem zuerkannte. Seine Kritik ist indes mehr intuitiv als wissenschaftlich und voller Übertreibungen.

vilegium heißt. Weit entfernt, die Grundfesten des heutigen ökonomischen Wesens anzugreifen, haben sie vielmehr nur Beweise für seine relative Stärke geliefert.

Umgekehrt hat der Konsumverein, auf den die Sozialisten der sechziger Jahre so geringschätzig blickten, im Laufe der Zeit sich wirklich als eine ökonomische Potenz erwiesen, als ein leistungs- und in hohem Grade entwicklungsfähiger Organismus. Gegenüber den kümmerlichen Zahlen, welche die Statistik der reinen Produktivgenossenschften aufzeigt, nehmen sich die Zahlen der Arbeiter-Konsumgenossenschaften wie der Haushalt eines Weltreichs im Verhältnis zu dem eines Landstädtchens aus. Und die von Konsumgenossenschaften errichteten und für Rechnung solcher geleiteten *Werkstätten* produzieren schon jetzt mehr als das Hundertfache der Gütermenge, welche von reinen oder annähernd reinen Produktivgenossenschaften hergestellt wird. [12]

Die tieferen Gründe für das ökonomische wie moralische Scheitern der reinen Produktivgenossenschaften sind von Frau Beatrice Webb in der noch unter ihrem Mädchennamen — Potter — veröffentlichten Arbeit über das britische Genossenschaftswesen trefflich dargelegt worden, wenn sich auch vielleicht hier und da einige Übertreibungen einstellen. Für Frau Webb ist,

---

[12] Die Zahlen für letztere Art Produktivgenossenschaften sind schwer zu ermitteln, da die amtlichen Statistiken der genossenschaftlichen Produktion nicht zwischen ihnen und den sehr viel zahlreicheren und größeren Arbeiter-Aktiengesellschaft für Produktionszwecke unterscheiden. Nach den Ausweisen der Abteilung des Britischen Handelsamts für Arbeiterfragen war in den Jahren 1897 und 1909 der Wert der Jahresproduktion derjenigen Genossenschaften, die dem Amte Bericht erstatteten, in Mark:

	1897	1909
Von Konsumgenossenschaften in eigenen Werkstätten	122.014.600	243.668.400
Von Müllereigenossenschaften	25.288.040	22.231.260
Von irischen Molkereien	7.164.940	38.029.820
Von Arbeitergenossenschaften für Produktionszwecke	32.518.800	26.868.420

Die Müllereigenossenschaften, 1897 neun an der Zahl, hatten damals 6.373 Mitglieder und beschäftigten 404 Personen, 1909 waren es nur noch fünf mit 3.342 Mitgliedern und 262 beschäftigten Personen, und ebenso sind die selbständigen Arbeitergenossenschaften für Produktionszwecke an Zahl zurückgegangen. Obendrein greifen wir sehr hoch, wenn wir annehmen, daß etwas der zwanzigste Teil dieser Genossenschaften als solche bezeichnet werden können, wo die beschäftigten Arbeiter als Assoziation ihre eigenen Kapitalisten sind. Die verschwundenen selbständigen Müllereien und Produktionsgenossenschaften sind zumeist von der Großeinkaufsgenossenschaft der Konsumvereine oder größeren Konsumvereinen selbst aufgesaugt worden.

wie für die große Mehrheit der englischen Genossenschafter, die den beschäftigten Arbeitern selbst gehörende Genossenschaft nicht sozialistisch oder demokratisch, sondern *,,individualistisch"*. Man kann an dem Gebrauch des Wortes Anstoß nehmen, der Gedankengang aber ist ganz richtig. Diese Genossenschaft ist in der Tat nicht sozialistisch, wie das übrigens auch Rodbertus schon dargelegt hat. Sie ist gerade dort, wo die Arbeiter die ausschließlichen Eigentümer sind, in ihrer Verfassung ein lebendiger Widerspruch in sich selbst. Sie unterstellt Gleichheit in der Werkstatt, volle Demokratie, Republik. Sobald sie aber eine gewisse Größe erlangt hat, die verhältnismäßig noch sehr bescheiden sein kann, versagt die Gleichheit, weil Differenzierung der Funktionen und damit Unterordnung notwendig wird. Wird die Gleichheit aufgegeben, dann wird der Eckstein des Gebäudes entfernt, und die anderen Steine folgen mit der Zeit nach, Zersetzung und Umformung in gewöhnliche Geschäftsbetriebe tritt ein. Wird aber an ihr festgehalten, dann wird die Möglichkeit der Ausdehnung abgeschnitten, es bleibt bei der Zwergform. Das ist die Alternative aller reinen Produktivgenossenschaften, in diesem Konflikt sind sie alle entweder zerschellt oder verkümmert. Weit entfernt, eine der modernen Großproduktion entsprechende Form der Beseitigung des Kapitalisten aus dem Betrieb zu sein, sind sie vielmehr eine Rückkehr zu *vor*kapitalistischer Produktion. Das ist so sehr der Fall, daß die wenigen Fälle, wo sie relativen Erfolg hatten, auf *handwerksmäßige* Betriebe entfallen, die Mehrzahl davon nicht auf England, wo der Geist der Großindustrie bei den Arbeitern vorherrscht, sondern auf das stark ,,kleinbürgerliche" Frankreich. Völkerpsychologen lieben es, England als das Land hinzustellen, wo das Volk die Gleichheit in der Freiheit, Frankreich als dasjenige, wo es die Freiheit in der Gleichheit sucht. Die Geschichte der französischen Produktivgenossenschaften weist in der Tat viele Blätter auf, wo der Erhaltung der formalen Gleichheit in rührender Hingabe die größten Opfer gebracht wurden. Aber sie weist keine einzige reine Produktivgenossenschaft der modernen Großindustrie auf, obwohl die letztere in Frankreich immerhin verbreitet genug ist.

Das Verdienst, die Untersuchung der Frau Potter-Webb wesentlich erweitert und vertieft zu haben, hat sich Dr. Franz Oppenheimer in seinem Buch ,,Die Siedlungsgenossenschaft" (Leipzig, Duncker & Humblot) erworben. Er liefert dort in den ersten Kapiteln in sehr übersichtlicher Zusammenstellung eine Analyse der verschiedenen Formen der Genossenschaft, die in einzelnen Partien an kritischer Schärfe kaum übertroffen werden kann.

Oppenheimer führt in die Klassifikation der Genossenschaften die prinzipielle Unterscheidung zwischen *Käufer*- und *Verkäufer*genossenschaften ein, deren Tragweite er in einzelnen Punkten unseres Erachtens etwas überschätzt, die aber im ganzen als sehr fruchtbar bezeichnet werden muß und auf Grund deren erst eine wahrhaft wissenschaftliche Erklärung des finanziellen wie des moralischen Scheiterns der reinen Produktivgenossenschaften möglich wird, — eine Erklärung, bei der persönliches Verschulden, Mangel an Kapital usw. nun erst vollständig in die zweite Linie rücken, als Zufälligkeiten, die den einzelnen Fall, aber nicht die Regel erklären. Nur in dem Maße, als die Genossenschaft wesentlich *Käufer*genossenschaft ist, machen ihr allgemeiner Zweck und eigenes Interessse gleichmäßig ihre Ausdehnung wünschbar. Je mehr aber eine Genossenschaft *Verkäufer*genossenschaft ist, und je mehr sie Verkäufergenossenschaft selbstgefertigter Industrieprodukte ist (bei der bäuerlichen Genossenschaft modifiziere sich die Sache), um so größer werde bei ihr der innere Widerstreit. Mit ihrem Wachstum wachsen ihre Schwierigkeiten. Das Risiko wird größer, der Kampf um den Absatz immer schwieriger, die Kreditbeschaffung desgleichen und ebenso der Kampf um die Profitrate, beziehungsweise den Anteil der einzelnen an der allgemeinen Profitmasse. Sie wird daher immer wieder zur Ausschließlichkeit genötigt. Ihr Interesse am Profit ist nicht nur dem der Käufer, sondern auch dem aller übrigen Verkäufer entgegengesetzt. Die Käufergenossenschaft dagegen gewinnt prinzipiell mit dem Wachstum, ihr Interesse hinsichtlich des Profits ist, wenn dem der Verkäufer entgegengesetzt, so mit dem aller übrigen Käufer übereinstimmend: sie strebt nach Herabdrückung der Profitrate, nach Verbilligung der Produkte, ein allen Käufern als solchen wie der Gesellschaft überhaupt gleiches Bestreben.

Aus dieser Verschiedenheit der ökonomischen Natur der zwei Arten von Genossenschaften erwächst der von Frau Potter-Webb klargelegte Unterschied in ihrer Verwaltung: der wesentlich *demokratische* Charakter aller echten Käufergenossenschaften und der zur *Oligarchie* strebende Charakter aller reinen Verkäufergenossenschaften. Es muß hierbei bemerkt werden, daß der Konsumverein, der nur an eine beschränkte Anzahl von Aktionären Dividende verteilt, von Oppenheimer mit folgerichtiger Unterscheidung den Verkäufergenossenschaften zugewiesen wird. Nur der Konsumverein, der allen Käufern nach gleichem Verhältnis Anteil am Gewinn zuerkennt, ist eine echte Käufergenossenschaft.[13]

---

13 Oppenheimer hält die Unterscheidung „Käufer-" und „Verkäufergenossenschaft" schon deshalb für besser als die bisher übliche von Produktions- und Distributionsgenossenschaft, weil die letztere überhaupt von einer unrichtigen Begriffsbestimmung ausgehe. Es sei ganz falsch, das Zu-Markte- beziehungsweise Zum-Käufer-Bringen eines Gegenstandes als einen nichtproduktiven Akt zu bezeichnen; dies sei so gut ein „producere" (Hervorbringen) wie die Herstellung eines Gegenstandes (Fabrikat) aus einem anderen (Rohstoff). Distribution aber bedeute einfach Verteilung, und daß man dieses Wort auch für jene andere Funktion gebrauche, sei die Ursache der ärgsten Begriffsverwirrung.

Die Unterscheidung der Genossenschaften in solche von Käufern und Verkäufern ist für die Theorie des Genossenschaftswesens gerade im Hinblick auf ihren Zusammenhang mit der sozialistischen Lehre von Wert. Wer sich an den Ausdrücken „Kauf" und „Verkauf", als zu speziell auf die kapitalistische Warenproduktion zugeschnitten, stößt, kann dafür die Begriffe Beschaffung und Veräußerung setzen, er wird dann nur um so klarer erkennen, wieviel größere Bedeutung das erstere für die Gesellschaft hat als das letztere. Die Beschaffung von Gütern ist das fundamentale, allgemeine Interesse. Mit Bezug auf sie sind alle ihre Mitglieder im Prinzip Genossen. Alle konsumieren, aber nicht alle produzieren. Selbst die beste Produktivgenossenschaft wird, solange sie nur Verkaufs- und Veräußerungsgenossenschaft ist, immer in einem latenten Gegensatz zur Gesamtheit stehen, ein Sonderinteresse ihr gegenüber haben. Mit einer Produktivgenossenschaft, die irgendeinen Zweig der Produktion oder des öffentlichen Dienstes auf eigene Rechnung betreibt, würde die Gesellschaft die gleichen Differenzpunkte haben wie mit einer kapitalistischen Unternehmung, und es kommt ganz auf die Umstände an, ob die Verständigung mit ihr eine leichtere wäre.

Um aber auf den Ausgangspunkt zurückzukommen, der uns zu dieser Abschweifung auf das Gebiet der Theorie der Genossenschaften geführt hat, so hat sich so viel gezeigt, daß die Voraussetzung, die moderne Fabrik erzeuge durch sich selbst eine größere Disposition für die genossenschaftliche Arbeit, als ganz irrig zu betrachten ist. Man greife, welche Geschichte des Genossenschaftswesens man will, heraus, und man wird überall finden, daß sich die selbstregierende genossenschaftliche Fabrik als unlösbares Problem herausgestellt hat, daß sie, wenn alles übrige passabel ging, am Mangel an *Disziplin* scheiterte. Es ist wie mit der Republik und den modernen zentralisierten Staatswesen. Je größer der Staat, um so schwieriger das Problem republikanischer Verwaltung. Und ebenso ist die Republik in der Werkstatt ein um so schwierigeres Problem, je größer und reicher gegliedert diese beziehungsweise das Unternehmen ist. Für außergewöhnliche Zwecke mag es angehen, daß Menschen ihre unmittelbaren Leiter selbst ernennen und das Recht der Absetzung haben. Aber für die Aufgaben, welche die Leitung ei-

---

Das letztere ist auch unsere Meinung, und der Gebrauch verschiedener Ausdrücke für die so verschiedenen Funktionen der Zustellung und Verteilung sicher sehr zu empfehlen. Dagegen würde die Zusammenstellung der Funktionen des Anfertigens und Zustellens unter ein und denselben Begriff „Produktion" ihrerseits nur neue Verwirrung hervorrufen. Daß es in der Praxis Fälle gibt, wo sie sich kaum auseinanderhalten oder unterscheiden lassen, ist kein Grund, die Begriffe nicht zu trennen. Übergänge kommen überall vor. Der bei vielen hinter der Trennung lauernden Tendenz, nur die Fabrikationsarbeit als produktiv zu bezeichnen, kann man auf andere Weise begegnen.

nes Fabrikunternehmens mit sich bringt, wo Tag für Tag und Stunde für Stunde prosaische Bestimmungen zu treffen sind und immer Gelegenheit zu Reibereien gegeben ist, da geht es einfach nicht, daß der Leiter der Angestellte der Geleiteten, in seiner Stellung von ihrer Gunst und ihrer üblen Laune abhängig sein soll. Noch immer hat sich das auf die Dauer als unhaltbar erwiesen und zur Veränderung der Formen der genossenschaftlichen Fabrik geführt. Kurz, wenn die technologische Entwicklung der Fabrik auch die *Körper* für die kollektivistische Produktion geliefert hat, so hat sie die *Seelen* keineswegs in gleichem Maße dem genossenschaftlichen Betrieb nähergeführt. Der Drang zur Übernahme der Unternehmungen in genossenschaftlichen Betrieb mit entsprechender Verantwortung und Risiko steht in umgekehrtem Verhältnis zu ihrer Größe. Die Schwierigkeiten aber wachsen mit ihr in steigender Proportion.

Man stelle sich die Sache nur einmal konkret vor und nehme irgendein großes modernes Industrieunternehmen, eine große Maschinenbauanstalt, ein Elektrizitätswerk, eine große chemische Fabrik oder ein modernes kombiniertes Verlagsinstitut. Alle diese und ähnliche großindustriellen Unternehmen können wohl ganz gut *für* Genossenschaften, denen auch die Angestellten allesamt angehören mögen, betrieben werden, aber für den genossenschaftlichen Betrieb der Angestellten selbst sind sie absolut ungeeignet. Die Reibungen zwischen den verschiedenen Abteilungen und den so verschieden gearteten Kategorien von Angestellten würden kein Ende nehmen. Dann würde sich aufs klarste zeigen, was Cunow bestreitet, daß das Solidaritätsgefühl zwischen den verschiedenen, nach Bildungsgrad, Lebensweise usw. unterschiedenen Berufsgruppen nur ein sehr mäßiges ist. Was man gewöhnlich unter genossenschaftlicher Arbeit versteht, ist nur mißverständliche Übertragung der sehr einfachen Formen gemeinschaftlicher Arbeit, wie sie von Gruppen (Rotten, Arteli usw.) *indifferenzierter* Arbeiter ausgeübt wird und im Grunde auch immer nur Gruppenakkordarbeit ist.[14]

Nur eine ganz nach äußerlichen Merkmalen urteilende Betrachtungsweise kann daher annehmen, daß mit der Entfernung des oder der kapitalistischen Eigentümer schon das Wichtigste für die Umwandlung der kapitalistischen Unternehmungen in lebensfähige sozialistische Gebilde geschehen sei. So einfach ist die Sache nun wirklich nicht. Diese Unternehmungen sind sehr zusammengesetzte Organismen, und die Entfernung des Zentrums, in das alle anderen Organe zusammenlaufen, bedeutet für solche, wenn sie nicht

---

14 „Die Sache war nicht leicht, Leute wie die Baumwollarbeiter reihen sich nicht leicht zu der gleichartigen Masse, welche für den erforderlichen Betrieb einer Genossenschaft erfordert ist." (Abriß der Geschichte der Burnley Self Help Genossenschaft in „Cooperative Workshops in Great Britain", Seite 20.)

von völliger Umgestaltung der Organisation begleitet ist, die alsbaldige Auflösung.

Was die Gesellschaft nicht selbst in die Hand nehmen kann, sei es durch den Staat oder die Gemeinden, das wird sie gerade in bewegten Zeiten sehr gut tun, qua Unternehmung vorerst hübsch sich selbst zu überlassen. Das anscheinend radikalere Vorgehen würde sich sehr bald als das zweckwidrigste herausstellen. Lebensfähige Genossenschaften lassen sich nicht aus der Erde stampfen beziehungsweise per Kommando errichten, sie müssen *heranwachsen*. Wo aber der Boden für sie geebnet ist, wachsen sie auch heran.

Die britischen Genossenschaften haben heute schon die hundert Millionen Taler und mehr als *Vermögen* im Besitz, die Lassalle sogar schon in der Form von *Staatskredit* für die Durchführung seines Assoziationsplans als genügend erachtete. Im Verhältnis zum britischen Nationalvermögen ist das immer noch ein kleiner Bruchteil, vielleicht, wenn man das im Ausland angelegte Kapital und doppeltberechnetes Kapital abzieht, erst der vierhundertste Teil des Nationalkapitals. Aber es erschöpft bei weitem nicht die Kapitalmacht der britischen Arbeiter. Und dann ist es in stetem Wachstum. In den zehn Jahren von 1887 bis 1897 hat es sich nahezu verdoppelt, es ist stärker gewachsen als die Mitgliederzahl. Diese stieg von 851.211 auf 1.468.955, das Vermögen von 11,5 Millionen auf 20,4 Millionen Pfund Sterling.[15] Noch rascher nimmt neuerdings die *Produktion* der Genossenschaften zu. Der Gesamtwert der genossenschaftlichen Produktion Großbritanniens belief sich im Jahre 1894 erst auf insgesamt 99 Millionen Mark und war 1897 schon auf fast das Doppelte, nämlich 187 Millionen Mark, gestiegen. Im Jahre 1909 belief er sich auf 497 Millionen Mark. Davon kamen nahezu neun Zehntel auf Eigenproduktion von Einkaufsgenossenschaften, während sich das letzte Zehntel auf allerhand Genossenschaften verteilte, von denen ein großer Bruchteil nur modifizierte Einkaufsgenossenschaften oder Produzenten für solche waren beziehungsweise sind. Die Eigenproduktion der Konsum- beziehungsweise Einkaufsgenossenschaften hat sich in den drei Jahren mehr als verdoppelt, sie stieg von 52 auf 122 Millionen, von da bis 1909 auf 420 Millionen Mark im Werte.

Das sind so erstaunliche Zahlen, daß, wenn man sie liest, man sich unwillkürlich fragt: wo sind die Grenzen dieses Wachstums? Enthusiasten des Genossenschaftswesens haben ausgerechnet, daß, wenn die britischen Genossenschaften ihre Profite akkumulierten, statt sie auszuzahlen, sie nach Verlauf

---

15 *Zusatznote.* Im Jahre 1909 war die Zahl der Mitglieder 2.469.396 mit 30,9 Millionen Pfund Sterling Einlagekapital. Der Krieg hat diese Ziffern noch bedeutend anschwellen machen.

von etwa zwanzig Jahren in der Lage wären, den gesamten Grund und Boden des Landes mit allen Häusern und Fabriken anzukaufen. Das ist natürlich eine Rechnung nach der Art der Zinseszinsrechnung mit dem berühmten, im Jahre Eins angelegten Pfennig. Sie vergißt, daß es so etwas wie Grundrente gibt, und unterstellt eine Progression des Wachstums, die eine physische Unmöglichkeit ist. Sie übersieht, daß die allerärmsten Klassen der Konsumgenossenschaft fast unzugänglich sind oder doch nur sehr allmählich für sie gewonnen werden können. Sie übersieht, daß auf dem Lande für den Konsumverein nur ein sehr bedingtes Wirkungsgebiet gegeben ist, daß er die Kosten des Zwischenhandels zwar verringern, aber nicht aufheben kann, so daß den Privatunternehmern immer wieder Möglichkeiten erwachsen, sich den veränderten Bedingungen anzupassen und eine Verlangsamung seines Wachstums von einem gewissen Zeitpunkt ab eine fast mathematische Notwendigkeit wird. Sie vergißt aber vor allen Dingen oder läßt außer Betracht, daß ohne Auszahlung der Dividenden der Konsumverein überhaupt stagnieren würde, daß für weite Klassen der Bevölkerung gerade die Dividende, dieser von den Doktrinären des Genossenschaftswesens verwünschte Sündenapfel, den Hauptreiz des Konsumvereins bildet. Wenn es sehr übertrieben ist, was heute vielfach behauptet wird, nämlich daß die Dividende des Konsumvereins kein Maßstab der größeren Billigkeit seiner Waren ist, daß der Einzelhandel die meisten Waren im Durchschnitt ebenso billig liefert wie der Konsumverein und die Dividende so nur die Summierung von kleinen, unbemerkten Aufschlägen auf bestimmte Artikel darstellt, so ist es doch nicht ganz und gar unbegründet. Der Arbeiterkonsumverein ist ebensosehr eine Art Sparbank, wie er ein Mittel der Bekämpfung der Ausbeutung ist, die der parasitische Zwischenhandel für die arbeitenden Klassen bedeutet.[16] Da aber bei vielen Leuten der Spartrieb durchaus nicht intensiv ist, nehmen sie lieber die Bequemlichkeit des Einkaufs beim nächsten Krämer wahr, als daß sie wegen der Dividende sich irgendwelchen Umständlichkeiten aussetzten. Es ist dies beiläufig einer der Faktoren, die gerade in England die Ausbreitung der Konsumvereine sehr erschwert haben und noch erschweren. Der englische Arbeiter ist durchaus nicht sonderlich zum Sparen geneigt. Überhaupt wäre es ganz und gar irrig, wenn man sagen wollte, daß England von

---

16 Das Wort parasitisch gilt natürlich nur für die Sache, nicht für die Personen, die sie ausüben. Wollte man es auf diese übertragen, dann müßte man auch sehr viele sogenannte „produktive" Arbeiter als Parasiten bezeichnen, weil, was sie produzieren, nutzlos und schlimmer für das Gemeinwesen ist.
Parasitär ist der Zwischenhandel vornehmlich deshalb, weil die Vermehrung der Zwischenhändler von einer bestimmten Grenze ab nicht Verbilligung durch erhöhte Konkurrenz, sondern *Verteuerung* zur Folge hat.

Hause aus ein besonders günstiger Boden für die Konsumvereine wäre. Ganz im Gegenteil. Die Gewohnheiten der Arbeiterklasse, die große räumliche Ausdehnung der Städte, die das Cottagesystem mit sich bringt, wiegen den Vorteil der besseren Löhne in dieser Hinsicht ganz und gar auf; was hier erreicht wurde, ist in erster Reihe die Frucht zäher, unerschrockener Organisationsarbeit.

Und es ist ein Werk, was der Mühe wert war und ist. Selbst wenn der Konsumverein weiter nichts täte, als durch Senkung der Profitrate im Zwischenhandel sich selbst allmählich den Boden abzugraben, würde er eine für die Volkswirtschaft überaus nützliche Arbeit verrichten. Und daß er darauf hinwirkt, kann keinem Zweifel unterstehen. Hier ist eine Handhabe, mittels deren die Arbeiterklasse ohne unmittelbare Vernichtung von Existenzen, ohne Zufluchtnahme zur Gewalt, die ja, wie wir gesehen haben, keine gar so einfache Sache ist, einen erheblichen Teil des gesellschaftlichen Reichtums, der sonst dazu dienen würde, die Klasse der Besitzenden zu vermehren und dadurch auch zu stärken, für sich zu beschlagnahmen.

Um was für Beträge es sich dabei handelt, zeigt die Statistik der Genossenschaften. Auf ein Gesamtkapital von 367 Millionen Mark und einen Gesamtverkauf von 803 Millionen Mark erzielten die 1.483 Arbeiterkonsumvereine Englands 1897 einen Gesamtprofit von 123 Millionen Mark.[17] Das macht eine Profitrate auf die verkauften Waren von 15 1/4 Prozent und auf das angewandte Kapital von 33 1/2 Prozent. Ähnlich die Bäckereigenossenschaften, die ja im wesentlichen auch nur Konsumgenossenschaften sind.[18] Sie erzielten auf ein Kapital von 5 Millionen Mark und einen Verkauf von 8 1/2 Millionen 1 1/5 Million Mark Profit, eine Profitrate von 14 Prozent auf den Verkauf und 24 Prozent auf das angewandte Kapital. Die Müllereigenossenschaften, von denen das nämliche wie von den Bäckereien gilt, erzielten im Durchschnitt 14 Prozent Kapitalprofit.

Viel bescheidener ist die Durchschnittsprofitrate der Produktionsgenossenschaften, die keine Nahrungsmittel produzierten. Hier erzielten 120 Genossenschaften mit zusammen 14 1/2 Millionen Kapital und 24 Millionen Verkauf 770.000 Mark Gewinn, das heißt 3 1/4 Prozent Verkaufs- und 5 Prozent Kapitalprofit.

Würden diese Zahlen für das Verhältnis der Profitraten in Industrie und Ein-

---

17 Wir sehen hier von den beiden Großeinkaufsgenossenschaften ab, die ihre Waren den Konsumvereinen mit einem sehr mäßigen Aufschlag überlassen.

18 Sie hatten 230 Vereine und 7.778 Einzelpersonen zu Aktionären und beschäftigten zusammen 1.196 Personen, was die Züge der Einkaufsgenossenschaft verrät. Die von allgemeinen Konsumvereinen in Eigenbetrieb verwalteten Bäckereien sind hierbei nicht eingerechnet.

zelverkauf als typisch gelten können, so würden sie den Satz, daß der Arbeiter als Produzent und nicht als Konsument ausgebeutet wird, als von sehr bedingter Geltung erscheinen lassen. Und tatsächlich spricht er auch nur eine bedingte Wahrheit aus. Dies geht schon daraus hervor, daß die Werttheorie, auf die er sicht stützt, von dem Zwischen-(Klein-)Handel ganz absieht. Sie unterstellt ferner unbeschränkte Freiheit des Handels in der Ware „Arbeitskraft", so daß jede Verbilligung in deren Herstellungskosten (das heißt der Lebensmittel des Arbeiters usw.) auch zu einer Senkung ihres Preises — des Lohnes — führe, was heute für einen großen Teil der Arbeiter durch Gewerkschaftsschutz, gesetzlichen Arbeiterschutz, Macht der öffentlichen Meinung schon eine erhebliche Einschränkung erfahren hat. Und drittens unterstellt sie, daß der Arbeiter an diejenigen Mitesser am Mehrprodukt, mit denen der Unternehmer teilen muß, vor allem die Grundeigentümer, nicht heran kann, was auch schon langsam anfängt, von den Tatsachen überholt zu werden. Solange zum Beispiel die Arbeiter dem Unternehmertum unorganisiert und als Parias der Gesetzgebung gegenüberstehen, ist es richtig, daß solche Fragen wie Besteuerung der Grundwerte mehr ein Streithandel der Besitzenden unter sich als Angelegenheiten sind, an denen die Arbeiter ein Interesse haben.[19] Je mehr aber diese Voraussetzung fällt, um so mehr steigt die Gewißheit, daß Senkung der Bodenrente nicht zu Erhöhung des Kapitalprofits, sondern des realen Mindesteinkommens führt. Umgekehrt würde ungehemmter Fortbestand und Fortentwicklung der Bodenrente auf die Dauer die meisten Vorteile illusorisch machen, welche Gewerkschaften, Genossenschaften usw. mit Bezug auf die Erhöhung der Lebenshaltung der Arbeiter auswirken können.

Dies nebenbei. Wir können als festgestellt betrachten, daß die Konsumgenossenschaft sich schon jetzt als eine ökonomische Kraft von Bedeutung erwiesen hat, und wenn andere Länder hierin noch hinter England zurück sind, so hat sie in Deutschland, Frankreich, Belgien usw. doch ebenfalls kräftig Boden gefaßt und greift immer weiter um sich. Ich unterlasse es, Zahlen anzuführen, weil die Tatsache bekannt ist und Ziffern auf die Dauer ermüden. Natürlich können gesetzliche Schikanen die Ausbreitung der Konsumgenossenschaften und die volle Entfaltung ihrer inneren Möglichkeiten hemmen und ist ihr Gedeihen selbst wieder von einem gewissen Höhegrad ökonomischer Entwicklung abhängig; aber hier handelt es sich uns vor allem darum, aufzuzeigen, was die Genossenschaft überhaupt leisten kann. Und wenn es weder nötig noch möglich ist, daß die Genossenschaft, wie wir sie heute

---

19 Ich gebe indes nur das „mehr" zu, da auch dann die Sache nicht ohne materielles Interesse für die Arbeiter wäre.

kennen, jemals die ganze Produktion und Zustellung der Güter ergreifen wird, wenn das sich immer mehr ausbreitende Gebiet der öffentlichen Dienste in Staat und Gemeinde ihr von der anderen Seite her Grenzen zieht, so ist ihr doch im ganzen noch ein so weites Feld offen, daß man, ohne in die vorerwähnte Genossenschaftsutopie zu verfallen, zu sehr großen Erwartungen bezüglich ihrer berechtigt ist. Hat sich in wenig über fünfzig Jahren aus der Bewegung, die mit den 28 Pfund Sterling der Weber von Rochdale begann, eine Bewegung entwickelt, die über ein Kapital von zwanzig Millionen Pfund Sterling verfügt, so gehörte wirklich ein großer Mut dazu, voraussagen zu wollen, wie nahe wir dem Zeitpunkt sind, wo die Grenze dieses Wachstums erreicht ist und welche Formen der Bewegung noch in der Zeiten Hintergrunde schlummern.[20]

Vielen Sozialisten ist der Konsumverein deshalb wenig sympathisch, weil er zu „bürgerlich" ist. Da sind Beamte im Gehalt, Arbeiter gegen Lohn angestellt, da wird Profit gemacht, werden Zinsen gezahlt und wird um die Höhe der Dividenden gestritten. Gewiß, hält man sich an die Form, so ist zum Beispiel die Volksschule ein sehr viel sozialistischeres Institut als der Konsumverein. Aber die Ausbildung der öffentlichen Dienste hat ihre Grenzen und braucht Zeit, und inzwischen ist der Konsumverein die der Arbeiterklasse am leichtesten zugängliche Form der Genossenschaft, gerade deshalb, weil sie so „bürgerlich" ist. Wie es Utopie ist zu wähnen, die Gesellschaft könne mit zwei Füßen in eine ihrer heutigen diametral entgegengesetzte Organisation und Daseinsweise hineinspringen, so ist oder war es utopisch, mit der schwersten Form der genossenschaftlichen Organisation den Anfang machen zu wollen.

---

20 In Deutschland hat die Konsumvereinsbewegung der Arbeiterklasse seit Erscheinen dieser Schrift so gewaltig an Umfang und Kraft zugenommen, daß sie mit der englischen bald rivalisieren kann. Im Jahre 1913 gab es 1.435 Konsumvereine mit 1.946.437 Mitgliedern, davon gehörten 1.120 mit 1.621.195 dem im Jahre 1903 gegründeten *Zentralverband deutscher Arbeiterkonsumvereine* an, dem sowie der 1894 ins Leben getretenen Großeinkaufsgenossenschaft deutscher Konsumvereine dieser Aufstieg hauptsächlich zu verdanken ist. Beide Organisationen zeichnen sich durch große Rührigkeit und geschäftlichen Weitblick aus. Die Aktiven der dem Zentralverband angeschlossenen Konsumvereine hatten 1913 die Höhe von rund 221 Millionen Mark erreicht, der Erlös ihrer Eigenproduktion belief sich auf rund 100 Millionen Mark. Die vorliegende Arbeit darf für sich in Anspruch nehmen, die erste größere sozialdemokratische Abhandlung gewesen zu sein, welche in Deutschland auf die sozialpolitische Bedeutung und potentielle Kraft der Arbeiterkonsumvereine hingewiesen hat. Die Bewegung selbst brauchte diese Anregung nicht, sie war schon da, als diese Schrift erschien, und hätte sich durch eigene Kraft Bahn gebrochen. Sie hat aber für den glänzenden Aufstieg, den sie seit Anfang des neuen Jahrhunderts genommen hat, von seiten einer geistigen Strömung Förderung erfahren, der diese Schrift eindringlich Ausdruck gab.

Ich erinnere mich noch, mit welchem Gefühl theoretischen Mitleids ich 1881 meinen Freund Louis Bertrand von Brüssel anhörte, als er auf dem Kongreß von Chur anhub, von Genossenschaften zu sprechen. Wie konnte ein sonst so vernünftiger Mensch von diesem Mittel noch etwas erwarten. Als ich dann 1883 den „Genter Vooruit" kennenlernte, leuchtete mir die Bäckerei allenfalls ein, und daß man nebenbei noch etwas Wäsche, Schuhwerk usw. verkaufte, schadete am Ende nichts. Wie mir aber die Leiter des „Vooruit" von ihren weiteren Plänen sprachen, dachte ich wieder: ihr armen Kerle, ihr werdet euch ruinieren. Sie haben sich nicht ruiniert, sondern haben ruhig, mit klarem Blick auf der Linie des geringsten Widerstands gearbeitet und eine den Verhältnissen ihres Landes angemessene Form der Genossenschaft ausgearbeitet, die sich für die Arbeiterbewegung Belgiens von größtem Wert erwiesen und den soliden Kern geliefert hat, um den sich die bis dahin dissoluten Elemente dieser Bewegung kristallisieren konnten.

Es kommt eben alles darauf an, wie man eine Sache angreift, wenn sich ihre Möglichkeiten voll herausstellen sollen.

Kurz, die genossenschaftliche Produktion wird verwirklicht werden, wenn auch wahrscheinlich in anderen Formen, als es sich die ersten Theoretiker des Genossenschaftswesens gedacht haben. Vorläufig ist sie noch immer die schwierigste Form der Verwirklichung des Genossenschaftsgedankens. Es ward schon erwähnt, daß die englischen Genossenschaften über mehr als die hundert Millionen Taler verfügen, die Lassalle für seinen Genossenschaftsplan forderte. Und wäre die Sache bloß eine Finanzfrage, so würden ihnen noch ganz andere Geldmittel als jetzt zur Verfügung stehen. Die freien Hilfskassen, die Gewerkschaften wissen nicht mehr, wo ihre angesammelten Fonds unterzubringen. (Letztere verlangen jetzt von der Regierung, sie solle ihnen erlauben, ihre Fonds bei den Sparkassen anzulegen, wo sie mehr Zins erhalten, als die Regierung den Kapitalisten zahlt.) Aber sie ist eben nicht oder nicht nur eine Frage der finanziellen Mittel. Sie ist auch nicht die Frage der Errichtung neuer Fabriken auf einem schon besetzten Markt. An Gelegenheit, bestehende und gut eingerichtete Fabriken preiswert zu kaufen, fehlt es nicht. Sie ist in hohem Grade eine Frage der *Organisation* und *Leitung,* und daran fehlt es noch sehr.

„Ist es in erster Reihe Kapital, was wir benötigen?" lesen wir soeben in einem Artikel der Cooperative News, dem Zentralblatt der britischen Genossenschaften, -- und der Artikelschreiber beantwortet die Frage mit einem entschiedenen Nein. — „Wie es scheint, haben wir gegenwärtig einige zehn Millionen Pfund Sterling zur Verfügung, die bloß darauf warten, genossenschaftlich verwendet zu werden, und weitere zehn Millionen könnten ohne Zweifel schnell aufgebracht werden, wenn wir völlig in der Lage wären, sie nutzbringend in unserer Bewegung anzuwenden. Verhehlen wir uns daher

nicht die Tatsache — denn es ist Tatsache —, daß selbst in gegenwärtiger Stunde in der genossenschaftlichen Welt größerer Bedarf an mehr Intelligenz und Tüchtigkeit ist als an mehr Geld. Wie viele unter uns würden nichts kaufen, was nicht unter rein genossenschaftlichen Bedingungen verfertigt und vertrieben worden, wenn es möglich wäre, diesem Ideal nachzuleben! Wie viele von uns haben nicht immer wieder versucht, von Genossenschaftlern angefertigte Waren zu brauchen, ohne völlig befriedigt zu werden!" (,,Cooperative News" vom 3. Dezember 1898.)
Mit anderen Worten, die finanziellen Mittel allein lösen das Problem der genossenschaftlichen Arbeit noch nicht. Sie braucht, von anderen Voraussetzungen abgesehen, ihre eigenen Organisationen und ihre eigenen Leiter, und beides improvisiert sich nicht. Beide müssen ausgesucht und erprobt werden, und darum ist es mehr als zweifelhaft, ob ein Zeitpunkt, wo alle Gemüter erhitzt, alle Leidenschaften gespannt sind wie in einer Revolution, der Lösung dieses Problems, das sich schon in gewöhnlichen Zeiten für so schwer erweist, irgendwie förderlich sein kann. Nach menschlichem Ermessen muß gerade das Gegenteil der Fall sein.[21]
Selbst die mit genügenden Mitteln eingerichteten und über hinreichende Absatzmöglichkeiten verfügenden Produktionswerkstätten der englischen Großeinkaufsgenossenschaft brauchen, wie die Berichte und Debatten ihrer Generalversammlungen zeigen, oft recht lange Zeit, bis ihre Produkte die Konkurrenz mit denen der Privatindustrie aufnehmen können.
Indes zeigten uns auch die wachsenden Zahlen der Eigenproduktion, daß das Problem gelöst werden kann. Selbst verschiedene Produktionsgenossenschaften haben es in ihrer Weise zu lösen verstanden. Die niedrige Profitrate, die wir oben von ihnen mitteilten, gilt nicht für alle. Passieren wir jedoch die Reihe durch, so finden wir, daß mit ganz wenigen Ausnahmen diejenigen Produktionsgenossenschaften am besten fuhren, die, von Gewerkschaften oder Konsumvereinen finanziert, *nicht vornehmlich für den Profit der Angestellten, sondern für den einer größeren Allgemeinheit produzierten, der die Angestellten als Mitglieder angehörten oder angehören konnten,* wenn sie es wollten — also immerhin eine Form, die dem sozialistischen Gedanken näherkommt. Hierfür einige Zahlen, die dem 1897er Bericht des Verbandes für Arbeiter-Teilhabergenossenschaften entnommen sind. Sie gelten für das Geschäftsjahr 1896:

---

21 *Zusatznote.* Siehe hierüber das Nachtragskapitel.

Titel der Vereine	Zahl der Teil- haber	Zahl der Ar- beiter	Anteils- kapital Mark	Leih- kapital Mark	Gewinn Masse Mark	Rate %
Fustian (Moleskin) Weberei, Hebden Bridge	797	294	528.340	129.420	96.580	14,7
Kaminvorlegerfabrik, Dudley	71	70	40.800	31.360	23.100	32
Schuhfabrik, Kettering	651	(210?)	97.800	75.720	40.020	23
Konfektionsschneiderei, Kettering	487	(50?)	79.160	35.660	28.240	24,6
Schuhfabrik, Leicester	1.070	–	197.580	286.680	49.680	10 1/4
Schlosserei, Walsall	87	190	52.280	48.260	22.080	9,24
Trikotwarenfabrik, Leicester	660	(250?)	360.160	246.540	56.040	22

Alle diese Fabriken zahlen selbstverständlich Gewerkschaftslöhne und halten den Normalarbeitstag inne. Die Schuhfabrik in Kettering hat den Achtstundentag. Sie ist immer noch im Aufschwung und baut jetzt einen neuen Flügel zu ihrem den modernsten Ansprüchen entsprechenden Fabrikgebäude. Bei der Zahl der Teilhaber ist zu bemerken, daß fast überall sich eine große Anzahl juristischer Personen (Konsumvereine, Gewerkvereine usw.) unter ihnen befindet. So verteilt sich die Mitgliedschaft der Fustian Weberei in Hebden Bridge auf: 297 Arbeiter, die das Personal der Fabrik ausmachen, mit 147.960 Mark, 200 außenstehende Einzelpersonen mit 140.640 Mark und 300 Vereine mit 208.300 Mark Kapitalanteil. Das Leihkapital besteht zumeist aus Guthaben, das die Mitglieder stehen lassen und das mit 5 Prozent verzinst wird. Die Verteilung der Gewinne geschieht nach ziemlich verschiedenen Prinzipien. In einigen Fabriken wird auf das Aktienkapital eine etwas höhere Profitrate bezahlt als auf die Lohnsumme, die Schuhfabrik in Kettering zahlte aber für das erste Halbjahr 1896 den Aktionären nur 7 1/2 Prozent, den Arbeitern aber 40 Prozent (auf den Lohn) Dividende. Dieselbe Rate erhielten die Kunden pro gekaufte Ware (so daß also die Gesellschaft sich der Käufergenossenschaft nähert).[22]

22 Zur Veranschaulichung hier die Zahlen. Es erhielten für das halbe Jahr:

Die Aktionäre (außer den Zinsen)	1.164 Mark
Die Kunden	8.325 Mark
Die Arbeiter	8.068 Mark
Das Leitungskomitee	700 Mark
Der Fonds für Erziehungszwecke	525 Mark
Der Fonds für Unterstützungszwecke	1.050 Mark

Eine ähnliche Verteilung besteht in einer der kleineren Genossenschafts-
schuhfabriken in Leicester. Die meisten Produktionsgenossenschaften finden
einen großen Teil ihres Absatzes, wenn nicht fast den ganzen Absatz in der
Genossenschaftswelt.

Über andere Formen des Genossenschaftswesens (Vorschuß- und Kredit-
verein, Rohstoff- und Magazingenossenschaften, Molkereigenossenschaften
usw.) habe ich mich hier nicht zu verbreiten, da sie für die lohnarbeitende
Klasse von keiner Bedeutung sind. Indes bei der Wichtigkeit, welche die Frage der Kleinbauern, die ja auch zur Arbeiterklasse gehören, wenn sie auch
keine Lohnempfänger sind, für die Sozialdemokratie hat, und angesichts
der Tatsache, daß Handwerk und Kleingewerbe wenigstens der Kopfzahl
nach eine ganz beträchtliche Rolle spielen, muß doch auch auf den Aufschwung hingewiesen werden, den das Genossenschaftswesen in diesen Kreisen erlangt hat. Die Vorteile des gemeinschaftlichen Einkaufs von Säme-
reien, der gemeinschaftlichen Beschaffung von Maschinen usw. und der gemeinschaftlichen Veräußerung der Produkte, sowie die Möglichkeit billigen
Kredits können schon ruinierte Bauern nicht retten, sie sind aber für Tausende und aber Tausende von Kleinbauern ein Mittel, sie vor dem Ruin zu
schützen. Daran kann gar kein Zweifel sein. Für die Zähigkeit und Ergiebigkeit der kleinbäuerlichen Wirtschaft, die noch nicht zwergbäuerlich zu sein
braucht, liegt heute ein ungemein reiches Material vor, ganz abgesehen von
den Zahlen, welche die Statistik der Betriebe uns vorführt. Es würde vor-
schnell sein zu sagen, wie es einige Schriftsteller tun, daß für die Landwirtschaft mit Bezug auf die Vorteile des großen und kleinen Betriebs genau das
umgekehrte Gesetz gelte wie für die Industrie. Aber es ist nicht zuviel gesagt, daß die Verschiedenheit ganz außerordentlich ist und daß die Vorteile, welche der kapitalkräftige, wohleingerichtete Großbetrieb vor dem Kleinbetrieb voraus hat, nicht so bedeutend sind, daß sie der Kleinbetrieb nicht
bei voller Ausnützung des Genossenschaftswesens zum großen Teil einholen
könnte. Die Benützung mechanischer Kräfte, Kreditbeschaffung, bessere
Sicherung des Absatzes – all das kann die Genossenschaft dem Bauern zugängig machen, während die Natur seiner Wirtschaft ihn gelegentliche Aus-
fälle leichter überwinden läßt, als dies dem Großlandwirt möglich ist. Denn
die große Masse der Bauern sind noch immer nicht lediglich Warenprodu-
zenten, sondern erzeugen einen beträchtlichen Teil ihrer notwendigsten Lebensmittel selbst.

In allen Ländern vorgeschrittener Kultur nimmt das Genossenschaftswesen
rasch an Ausdehnung und Spielraum zu. Belgien, Dänemark, Frankreich,
Holland, neuerdings auch Irland zeigen hierin kein anderes Bild als ein
großer Teil Deutschlands. Es ist wichtig für die Sozialdemokratie, statt aus
der Statistik Beweise für die vorgefaßte Theorie vom Ruin des kleinen

Bauernstandes herauszufischen, diese Frage der Genossenschaftsbewegung auf dem Lande und ihre Tragweite eindringlich zu prüfen. Die Statistik der Zwangsverkäufe, der Hypothekenbelastung usw. ist in vieler Hinsicht irreleitend. Unzweifelhaft ist das Eigentum heute beweglicher als je, aber diese Beweglichkeit wirkt nicht bloß nach der einen Seite hin. Bis jetzt sind die Lücken, welche die Subhastationen gerissen, noch immer wieder ausgefüllt worden.

Eines jedoch hat sich bisher fast überall der Genossenschaftlichkeit entzogen, und das ist *die Landwirtschaft selbst,* das heißt die Bewirtschaftung von Acker und Wiese sowie die eigentliche Viehwirtschaft. Mit der Landwirtschaft verbundene, an sie sich anschließende Arbeiten werden genossenschaftlich oder wenigstens für Genossenschaften betrieben, sie selbst aber entzieht sich noch der genossenschaftlichen Arbeit.[23] Ist diese für sie weniger vorteilhaft als der Sonderbetrieb? Oder ist es lediglich das bäuerliche Eigentum, das hier im Wege steht?

Daß der bäuerliche Besitz, die Verteilung des Bodens unter viele Besitzer, ein großes Hindernis der genossenschaftlichen Bearbeitung des Bodens bildet, ist schon oft betont worden. Aber er ist nicht das einzige Hindernis, oder, um es anders auszudrücken: er *erhöht* ihre *dinglichen* Schwierigkeiten, aber er ist nicht durchgängig deren *Ursache.* Die räumliche Trennung der Arbeitenden sowie der individualistische Charakter eines großen Teils der landwirtschaftlichen Verrichtungen spielt gleichfalls hier eine Rolle. Möglich, daß die bäuerlichen Syndikate, die ja noch so jung sind, in ihrer weiteren Entwicklung auch über diese Hindernisse hinwegkommen oder − was mir am wahrscheinlichsten dünkt − über ihre jetzigen Schranken Schritt für Schritt hinausgedrängt werden. Vorläufig aber ist darauf noch nicht zu rechnen.

Selbst die landwirtschaftliche Produktion *für* Genossenschaften ist zur Zeit noch ein ungelöstes Problem. Die englischen Konsumgenossenschaften haben mit keinen Unternehmungen schlechtere Geschäfte gemacht als mit ihren Farmen. Der dritte Jahresbericht des Britischen Arbeitsamts (1896) stellt für 106 Produktionsgenossenschaften einen Durchschnittsprofit von 8,4 Prozent fest. Die sechs Genossenschaftsfarmen und Meiereien darunter hatten nur 2,8 Prozent Durchschnittsprofit. Nirgends gewinnen die Bauern

---

23 So zum Beispiel auch in den schnell emporkommenden *irischen* Landwirtschaftsgenossenschaften, die im Jahre 1889 mit einem kleinen Verein von 50 Mitgliedern anfingen, im März 1898 aber schon 243 Vereine mit 27.322 Mitgliedern, darunter viele Landarbeiter (cottiers) zählten. (Ihre Zahl und Leistungskraft ist seitdem noch bedeutend gestiegen. Vergl. die Zahlen auf Seite 127 über die Zunahme der Produktion der irischen Genossenschaftsmolkereien.)

dem Boden größere Erträge ab als in Schottland. Die Ertragsziffern für Weizen, Hafer usw. pro Acker sind in Schottland sehr viel höher als in England. Aber die mit guten Maschinen ausgerüstete, ein Kapital von einer Viertelmillion Mark repräsentierende Farm der schottischen Genossenschaften hat sich als ein großer Fehlschlag erwiesen. Für 1894 machte sie 6/10 Prozent Gewinn, für 1895 8 1/10 Prozent Verlust. Wie aber steht es mit der eigentlichen *Landarbeitergenossenschaft?* Bietet die Produktivgenossenschaft der Landarbeiter bessere Aussichten als die Produktivgenossenschaft der Industriearbeiter?

Die Frage ist um so schwerer zu beantworten, als es für sie an hinreichenden Beispielen aus der Praxis fehlt. Das klassische Beispiel einer solchen Genossenschaft, die berühmte Assoziation von Ralahine, hat zu kurze Zeit bestanden (1831 bis 1833) und stand während ihrer Dauer zu sehr unter dem Einfluß ihres Gründers Vandeleur und seines Vertreters Craig, als daß sie als vollgültiger Beweis für die Lebensfähigkeit selbständiger Genossenschaften von Landarbeitern dienen könnte.[24] Sie beweist nur die großen Vorteile der Gemeinwirtschaft unter bestimmten Umständen und Voraussetzungen.

Ähnlich die Erfahrungen der kommunistischen Kolonien. Diese letzteren gedeihen in faktischer oder moralischer Einsiedelei oft längere Zeit unter den denkbar ungünstigsten Umständen. Sobald sie aber zu einem größeren Wohlstand gelangen und mit der Außenwelt in intimeren Verkehr treten, verfallen sie schnell. Nur ein starkes religiöses Band oder sonstiges eine trennende Wand zwischen ihnen und der umgebenden Welt aufrichtendes Sektierertum hält diese Kolonien auch dann noch zusammen, wenn sie zu Reichtum gelangt sind. Daß es dessen aber bedarf, daß die Menschen in irgendeiner Art versimpeln müssen, um sich in solchen Kolonien wohlzufühlen, beweist, daß sie nie die allgemeine Form genossenschaftlicher Arbeit werden können. Sie stehen für den Sozialismus auf einer Stufe mit der reinen industriellen Produktivgenossenschaft. Aber sie haben glänzende Beweise für die Vorteile der Gemeinwirtschaft geliefert.

Auf Grund all dieser Tatsachen und der Erfahrungen, die intelligente Grundbesitzer mit Teilpachten, Gewinnbeteiligung von Landarbeitern usw. ge-

---

24 Ihre Verfassung war, wie der geistreiche Owenit Finch 1838 humoristisch schrieb, eine Verbindung aller Vorteile des Toryismus, Whiggismus und Radikalismus, ohne deren Fehler. „Sie hatte alle Kraft und Einheit im Zweck und Handeln wie die Monarchie und das Torytum, alle Mäßigung, Auskünftelei, Vorbeugungs- und Vorsichtsmaßregeln wie das Whigtum und weit mehr als die Freiheit und Gleichheit des Radikalismus." Mr. Vandeleur war „König", die aus Schatzmeister, Sekretär und Magazinier bestehende Leitung das „Oberhaus", das Komitee der Arbeiter die „Volksvertretung".

macht haben, hat Dr. F. Oppenheimer in dem schon zitierten Buche den Gedanken einer ländlichen Genossenschaft entwickelt, die er *Siedlungsgenossenschaft* nennt. Sie soll eine Genossenschaft von Landarbeitern sein, beziehungsweise als solche beginnen und Individualwirtschaft mit Gemeinwirtschaft beziehungsweise Kleinbetrieb mit genossenschaftlichem Großbetrieb kombinieren, ähnlich wie dies heute auf großen Gütern der Fall ist, wo den Landarbeitern kleine Außenparzellen gegen mehr oder minder hohe Pacht abgelassen werden, die sie oft in wahrhaft mustergültiger Weise bewirten. Eine entsprechende Teilung stellt sich Oppenheimer in der Siedlungsgenossenschaft vor, nur daß natürlich hier nicht die Absicht maßgebend ist, den Preis der Arbeitskräfte für die Zentralwirtschaft herabzusetzen, um die sich jene Kleinbetriebe gruppieren, sondern wo lediglich jedem einzelnen Mitglied Gelegenheit gegeben werden soll, auf einem ausreichenden Stück Boden alle moralischen Annehmlichkeiten einer eigenen Wirtschaft zu genießen und seine auf der Zentralwirtschaft der Genossenschaft nicht benötigte Arbeitskraft in jenen Kulturen zu betätigen, die ihm entweder die höchsten Erträge versprechen oder sonst seiner Individualität am meisten zusagen. Im übrigen aber soll sich die Genossenschaft alle Vorteile des modernen Großbetriebs zunutze machen und sollen für die geschäftlichen usw. Bedürfnisse der Mitglieder alle möglichen genossenschaftlichen oder Gegenseitigkeitseinrichtungen geschaffen werden. Durch Verarbeitung gewonnener Produkte und Zulassung von Handwerkern in die Genossenschaft soll ihr immer mehr der Charakter einer Landwirtschaft und Industrie vereinigenden Ansiedlung gegeben werden, wie sie Owen bei seinen Heimkolonien und anderen Sozialisten bei ihren kommunistischen Projekten vorschwebten. Nur daß Oppenheimer streng auf dem Boden des Prinzips freier Genossenschaftlichkeit zu bleiben sucht. Das wirtschaftliche Interesse allein soll zum Anschluß an die Siedlungsgenossenschaft angesprochen werden, dieses allein sie vor der Ausschließlichkeit der industriellen Produktivgenossenschaft schützen. Im Gegensatz zu jener sei sie nicht lediglich Verkäufergenossenschaft, sondern Käufer- und Verkäufergenossenschaft, und dieser Umstand bilde die Grundlage ihrer Kreditbeschaffung und schütze sie vor jenen Erschütterungen, denen heute der kapitalistische Großbetrieb in der Landwirtschaft ausgesetzt ist.

Es ist hier nicht der Ort, den Oppenheimerschen Vorschlag und die ihm zugrunde liegende Theorie eingehender zu besprechen. So viel glaube ich aber bemerken zu müssen, daß sie mir nicht jene geringschätzige Beurteilung zu verdienen scheinen, die ihnen in einigen sozialdemokratischen Parteiblättern zuteil geworden ist. Ob sich die Sache genau in der von Oppenheimer entwickelten Form machen läßt oder machen wird, kann man bezweifeln. Aber die Grundgedanken, die er entwickelt, stützen sich so sehr auf die wissen-

schaftliche Analyse der Wirtschaftsformen, stimmen so sehr mit allen Erfahrungen der Genossenschaftspraxis überein, daß man wohl sagen kann, wenn der genossenschaftliche Betrieb der eigentlichen Landwirtschaft überhaupt je einmal verwirklicht werden wird, es schwerlich in wesentlich anderer Form geschehen dürfte, als wie Oppenheimer dies entwickelt.[25]
Die große Expropriation, an die bei Kritik solcher Vorschläge meist gedacht wird, kann jedenfalls nicht über Nacht organische Schöpfungen aus dem Boden stampfen, und so käme selbst die großmächtigste revolutionäre Regierung nicht darum herum, sich nach einer Theorie der genossenschaftlichen Arbeit in der Landwirtschaft umzuschauen. Zu einer solchen hat nun Oppenheimer ein überaus reiches Material zusammengetragen und es einer scharfen, durchaus dem Grundgedanken des historischen Materialismus gerecht werdenden systematischen Analyse unterworfen, die schon allein die Schrift „Die Siedlungsgenossenschaft" des Studiums wert erscheinen läßt.[26]
Mit Bezug auf das Thema der ländlichen Genossenschaften ist hier noch eines zu bemerken. Soweit der Sozialist politischer Parteimann ist, wird er die heutige Abwanderung vom Land in die Städte nur mit Genugtuung begrüßen. Sie konzentriert die arbeitenden Massen, rebelliert die Köpfe und fördert jedenfalls die politische Emanzipation. Als Theoretiker, der über den Tag hinausdenkt, wird der Sozialist sich aber auch sagen müssen, daß es mit dieser Abwanderung auf die Dauer etwas des Guten zu viel werden kann. Es ist bekanntlich unendlich viel leichter, Landvolk in die Stadt zu ziehen, als Stadtvolk an das Land und die Landarbeit zu gewöhnen. So vermehrt der Strom der Einwanderung in die Städte und Industriezentren nicht nur die Probleme der heute Regierenden. Nehmen wir zum Beispiel den Fall eines

---

25 Auf dem jüngsten Kongreß der britischen Genossenschaften (Peterborough, Mai 1898) verlas ein Delegierter, Mr. J.C. Gray von Manchester, ein Referat über „Genossenschaft und Landwirtschaft", wo er nach objektiver Prüfung aller in England gemachten Erfahrungen am Schlusse zu einem Vorschlag kommt, der dem Oppenheimerschen Projekt ungemein ähnlich sieht. „Der Boden solle genossenschaftliches Eigentum sein, genossenschaftlich die Beschaffung allen Bedarfs und genossenschaftlich der Verkauf aller Produkte. Aber in der Bodenbewirtschaftung muß für ein individuelles Interesse gesorgt sein, mit gebührender Vorsorge gegen Übergriffe wider das Interesse der Gemeinschaft" („Cooperation and Agriculture", Manchester 1898, Seite 9).

26 *Zusatznote.* Versuche, Oppenheimers Plan in vollem Umfang zu verwirklichen, sind meines Wissens bisher noch nicht gemacht worden. Versuche mit teilweiser Anwendung seiner Gedanken, die hier und dort gemacht worden sind, haben keine Beweiskraft für ihn als etwas Ganzes. Interessant ist, daß von Kennern der Mormonenkolonie in Utah deren glänzende wirtschaftliche Erfolge auf eine Genossenschaftsform zurückgeführt werden, die der von Oppenheimer entwickelten äußerst ähnlich sieht.

Sieges der Arbeiterdemokratie an, der die sozialistische Partei ans Ruder brächte. Nach aller bisherigen Erfahrung würde seine unmittelbare Wirkung voraussichtlich die sein, den Strom in die großen Städte vorerst noch bedeutend zu steigern, und ob sich die „industriellen Armeen für den Ackerbau" alsdann williger aufs Land schicken lassen würden als 1848 in Frankreich, ist einigermaßen zweifelhaft. Aber davon abgesehen, wird die Schöpfung lebens- und leistungsfähiger Genossenschaften unter allen Umständen eine um so schwerere Aufgabe sein, je weiter die Entvölkerung des platten Landes bereits vorgeschritten ist. Der Vorteil des Vorhandenseins von Vorbildern von solchen wäre selbst um den Preis eines etwas langsameren Anschwellens der Städteungeheuer nicht zu teuer erkauft. [27]

---

27 Ich sehe mit Vergnügen, daß Karl Kautsky in seinem 1899 erschienenen Werk über die Agrarfrage die Frage der ländlichen Genossenschaft ernsthaft in den Kreis seiner Untersuchung gezogen hat. Was er über die Hindernisse sagt, die der Umbildung bäuerlicher Kleinbetriebe in Landwirtschaft treibende Genossenschaften entgegenstehen, stimmt durchaus mit dem überein, was Oppenheimer über dasselbe Thema ausführt. Kautsky erwartet die Lösung des Problems von der Industrie her und die Eroberung der politischen Herrschaft durch das Proletariat. Die Entwicklung bringe heute schon die Bauern immer mehr in Abhängigkeit von kapitalistisch betriebenen Brennereien, Brauereien, Zuckerfabriken, Mahlmühlen, Butter- und Käsefabriken, Weinkellereien usw. und mache sie zu Teilarbeitern anderer Arten kapitalistischer Betriebe, wie Ziegeleien, Bergwerke usw., wo heute Zwergbauern zeitweilig Arbeit nehmen, um das Defizit ihrer Wirtschaft zu decken. Mit der Vergesellschaftung all dieser Unternehmungen würden Bauern zu „gesellschaftlichen Arbeitern", zu Teilarbeitern sozialistisch-genossenschaftlicher Betriebe werden, während andererseits die proletarische Revolution zur Umwandlung der landwirtschaftlichen Großbetriebe, an die sich ein großer Teil der Kleinbauern heute anlehnt, in Genossenschaftsbetriebe führen müsse. So verlören die kleinbäuerlichen Wirtschaften mehr und mehr ihren Halt, und ihre Zusammenschmelzung in genossenschaftliche Betriebe stoße auf immer weniger Schwierigkeiten. Verstaatlichung der Hypotheken, Aufhebung des Militarismus würden diese Entwicklung noch erleichtern.
In alledem ist sehr viel Richtiges, nur scheint mir Kautsky in den Fehler zu verfallen, die nach der ihm sympathischen Richtung wirkenden Kräfte in hohem Grade zu überschätzen und die nach der anderen Seite hin wirkenden Kräfte ebenso zu unterschätzen. Ein Teil der industriellen Unternehmungen, die er aufzählt, sind auf dem besten Wege, nicht zu Herren der Bauernwirtschaften, sondern zu *Anhängseln von bäuerlichen Genossenschaften* zu werden, und bei anderen, wie zum Beispiel im Braugeschäft, ist die Verbindung mit der Bauernwirtschaft zu lose, als daß ihre Änderung eine starke Rückwirkung auf die Betriebsform jener ausüben könnte. Ferner läßt sich Kautsky meines Erachtens zu sehr von den starken Worten, die er hier und da gebraucht, zu Folgerungen verleiten, die richtig wären, wenn jene Worte allgemein zuträfen, so aber, da sie nur für einen Teil der Wirklichkeit zutreffen, auch nicht allgemeine Geltung beanspruchen können. Um es deutlicher zu machen: Bei Kautsky erscheint das Dasein des Kleinbauern als jämmerlich. Das wird auch von einem großen Teil der Kleinbauern mit Recht gesagt werden können; von einem

Für die Industriearbeiter aber bietet die Genossenschaft die Möglichkeit, einerseits der Ausbeutung durch den Handel entgegenzuwirken und andererseits Mittel aufzubringen, die in verschiedener Beziehung ihnen sonst das Befreiuungswerk erleichtern. Welchen Rückhalt die Arbeiter an Konsumvereinen in bedrängten Zeiten, bei Aussperrungen usw., haben können, ist jetzt allgemein bekannt. Zu dem klassischen Beispiel der Unterstützung der ausgesperrten Bergarbeiter, der Spinner, der Maschinenbauer durch die großen englischen Konsumgenossenschaften sei hier noch bemerkt, daß auch die Produktionsgenossenschaften den Arbeitern in ihrem Kampfe um die Lebensstellung von großem Dienst sein können. In Leicester und Kettering halten die genossenschaftlichen Schuhfabriken die Standardrate der Löhne des ganzen Bezirks auf ihrer Höhe. Dasselbe tut in Walsall die Genossenschaftsschlosserei, eine Aussperrung ist dort unmöglich. Die Genossenschaftsspinnerei und -weberei „Self Help" in Burnley ließ während der Aussperrung von 1892 bis 1893 unausgesetzt arbeiten und trug im Verein mit den Konsumgenossenschaften dadurch dazu bei, die Unternehmer zur Nachgiebigkeit zu zwingen. Kurz, wie es im „Trade Unionist" vom 2. November 1898 heißt: „Wo immer im Lande diese (Produktions-)Genossenschaften bestehen, werden die Menschen daran gewöhnt, die Fabrikation nicht nur auf den Profit hin zu betreiben, sondern auch in solcher Weise, daß der Arbeiter seine Männlichkeit nicht an der Fabriktür abzulegen hat, sondern sich mit demjenigen Gefühl der Freiheit und jener Höflichkeit bewegt, wie sie der Bürgersinn in einem freien, auf gleichem Recht begründeten Gemeinwesen erzeugt."[28]

---

anderen Teil aber ist es eine arge Hyperbel, genau wie das Wort vom Kleinbauern als modernem „Barbaren" heute in vielen Fällen durchaus von der Entwicklung überholt ist. Eine ähnliche Hyperbel ist es, die Arbeit, die der Kleinbauer auf benachbarten Gütern leistet, weil sein Gut ihn nicht voll in Anspruch nimmt, als „Sklavenarbeit" zu bezeichnen. Durch den Gebrauch solcher Ausdrücke setzen sich nun Vorstellungen fest, die Empfindungen und Neigungen bei jenen Klassen voraussetzen lassen, welche sie in Wirklichkeit nur in Ausnahmefällen haben.
Kann ich so nicht allen Ausführungen Kautskys über die voraussichtliche Entwicklung der Bauernwirtschaft zustimmen, so bin ich dafür mit den Grundsätzen seines Programms der heute von der Sozialdemokratie zu beobachtenden Agrarpolitik um so mehr einverstanden. Darüber indes an anderer Stelle.

28 „Ich habe mehr als einmal auf Gewerkschaftskongressen öffentlich erklärt, daß die Genossenschaften im allgemeinen die besten Freunde sind, welche die Bäckergehilfen in diesem Lande haben, und an dieser Erklärung halte ich fest. . . . Mit den großen Konsumgenossenschaften und ihren Bäckereien stehen sowohl ich wie meine Gewerkschaft auf bestem Fuße und hoffen, daß es so bleibt." J. Jenkins, Sekretär des Verbandes der britischen Bäckergehilfen in „Labour Co-partnership" vom November 1898.

Lebensfähig haben sich die Produktivgenossenschaften bisher aber nur da erwiesen, wo sie in Konsumvereinen einen Rückhalt hatten oder sich selbst in ihrer Organisation dieser Form näherten. Dies gibt einen Fingerzeig, in welcher Richtung wir die am meisten Erfolg versprechende Weiterausbildung der Arbeitergenossenschaft für die nächste Zukunft zu suchen haben.

c) *Demokratie und Sozialismus*

> „Am 24. Februar 1848 brach die erste Morgenröte einer neuen Geschichtsperiode an."
> „Wer allgemeines Wahlrecht sagt, stößt einen Ruf der Versöhnung aus." *Ferd. Lassalle,* Arbeiterprogramm.

I. Demokratie und Volkswirtschaft

„Was die Konsumgenossenschaften für die Profitrate im Warenhandel, sind die Gewerkschaften für die Profitrate in der Produktion. Der Kampf der gewerkschaftlich organisierten Arbeiter um Hebung ihrer Lebenshaltung ist nach der Seite der Kapitalisten hin ein Kampf von Lohnrate gegen Profitrate. Es ist allerdings eine viel zu weit getriebene Verallgemeinerung, zu sagen, daß die Veränderungen von Lohnhöhe und Arbeitszeit gar keinen Einfluß auf die Preise hätten. Die Arbeitsmenge, die auf die Einheit einer bestimmten Warenart zu verwenden ist, bleibt natürlich unverändert, solange die Produktionstechnik dieselbe bleibt, gleichviel ob der Lohn steigt oder fällt. Aber die Arbeitsmenge ist für den Markt ein leerer Begriff ohne die Grundlage eines Preises der Arbeit, denn es handelt sich da nicht um den abstrakten Wert der Gesamtproduktion, sondern um den verhältnismäßigen Wert der verschiedenen Warenarten gegeneinander, und für ihn ist die Lohnhöhe kein gleichgültiger Faktor. Steigt der Lohn der Arbeiter bestimmter Industrien, so steigt auch im entsprechenden Verhältnis der Wert der betreffenden Produkte gegenüber dem Wert der Produkte aller Industrien, die keine solche Lohnerhöhung erfahren, und wenn es nicht gelingt, diese Steigerung durch Vervollkommnung der Technik auszugleichen, wird die betreffende Schicht der Unternehmer entweder den Preis des Produkts entsprechend erhöhen müssen oder eine Einbuße an der Profitrate erleiden. In dieser Hinsicht sind nun die verschiedenen Industrien sehr verschieden gestellt. Es gibt Industrien, die wegen der Natur des Produkts oder durch ihre monopolistische Organisation vom Weltmarkt ziemlich unabhängig sind, und dort wird eine Lohnerhöhung auch meist von einer Steigerung der Preise begleitet sein, so daß die Profitrate nicht nur nicht zu fallen braucht, sondern selbst mitsteigen kann.[29] In Weltmarktindustrien dagegen, wie überhaupt in allen Industrien, wo unter verschiedenen Verhältnissen hergestellte Produkte miteinander konkurrieren und nur die größere Billigkeit den Markt behauptet, wirken Lohnsteigerungen fast immer auf die Senkung der Profitrate hin. Dasselbe Resultat tritt ein, wenn der Versuch, eine durch den Kampf um den Absatz nötig gewordene Herabsetzung der Preise durch proportionelle Ermäßigung der Löhne auszugleichen, am Widerstand der organisierten Arbeiter scheitert. Der Ausgleich durch Vervollkommnung der Technik bedeutet in der Regel größere relative Kapitalauslage für Maschinen und sonstige Arbeitsmittel, und dies heißt entsprechender Fall der Profitrate. Schließlich kann es sich auch beim Lohnkampf der Arbeiter faktisch nur um Verhinderung des Steigens der Profitrate auf Kosten der Lohnrate handeln, wie wenig dies den Kämpfenden im gegebenen Augenblick auch zum Bewußtsein kommen mag.

Daß der Kampf um die Arbeitszeit neben anderem in ähnlicher Weise ein Kampf um die Profitrate ist, braucht hier nicht noch speziell nachgewiesen zu werden. Wenn der kürzere Arbeitstag nicht direkt Verminderung der für den bisherigen Lohn geleisteten Arbeitsmenge zur Folge hat – in vielen Fällen tritt bekanntlich das Umgekehrte ein –, so führt er doch mittelbar zur Erhöhung der Lebensansprüche der Arbeiter und macht so Erhöhung der Löhne notwendig.

Eine Lohnerhöhung, die zur Erhöhung der Preise führt, braucht unter bestimmten Umständen für die Gesamtheit kein Nachteil zu sein, wird aber auch oft mehr schädlich als nützlich wirken. Für das Gemeinwesen macht es zum Beispiel keinen besonderen Unterschied, ob eine Industrie lediglich zum Vorteil einer Handvoll Unternehmer Monopolpreise erzwingt oder ob die Arbeiter dieser Industrie einen gewissen Anteil an solcher der Gesamtheit abgepreßten Beute erhalten: der Monopolpreis bleibt darum doch ebenso bekämpfenswert wie Billigkeit der Produkte, die nur durch Senkung der Löhne unter den Durchschnittsmindestsatz erzielt werden konnte.[30]

---

29 Auf diese partielle Wahrheit stützte sich unter anderen Carey in seiner Harmonielehre. Beispiele liefern gewisse extraktive Industrien, Baugewerbe usw.

30 Das Obenstehende war schon gestrichen, als mir der Artikel Karl Kautskys in Nr. 14 der „Neuen Zeit" zuging, wo Kautsky die neuerdings in den englischen Mittelgrafschaften aufgekommenen und von mir in einem früheren Artikel beschriebenen Gewerbeallianzen als Gewerkschaften bezeichnet, die sich „mit Kapitalistenringen verbinden zur Brandschatzung des Publikums", als ein „Mittel der englischen Fabrikanten, die gewerkschaftliche Bewegung zu korrumpieren". An die Stelle des Kampfes gegen das Kapital trete bei ihnen „der Kampf gegen die Gesellschaft, Arm in Arm mit dem Kapital" („Neue Zeit", XVII, 1, Seite 421). Wie aus meinen im Text folgenden Bemerkungen und meinen Ausführungen über das Genossenschafts-

Aber eine Lohnerhöhung, die bloß die Profitrate berührt, wird unter heutigen Verhältnissen im allgemeinen für das Gemeinwesen nur vorteilhaft sein. Ich sage ausdrücklich im allgemeinen, weil es auch hier Fälle gibt, wo das Gegenteil der Fall sein kann. Wird in einem bestimmten Geschäftszweig die Profitrate weit unter den allgemeinen Mindestsatz gedrückt, so kann dies für das betreffende Land den Verlust dieser Industrie und deren Heimfall an Länder bedeuten, wo die Löhne sehr viel niedriger, die Arbeitsbedingungen sehr viel schlechter sind. Unter dem Gesichtspunkt der Weltwirtschaft könnte man das als belanglos betrachten, weil auf die Dauer in irgendeiner Weise Ausgleichung stattfinde; indes für die Beteiligten ist das immer nur ein schwacher Trost. Zunächst und manchmal auf recht lange Zeit bedeutet solche Expatriierung für sie wie für die Allgemeinheit vielmehr positiven Verlust.

Zum Glück sind jedoch so extreme Fälle äußerst selten. Gewöhnlich wissen die Arbeiter ganz gut, wie weit sie mit ihren Forderungen gehen können. Auch verträgt die Profitrate einen ziemlich starken Druck. Ehe der Kapitalist sein Unternehmen aufgibt, wird er lieber alles mögliche versuchen, die

---

wesen ersichtlich, bin ich gegen die Tendenz, die Kautsky da denunziert, durchaus nicht blind und stehe den gegen das Publikum gerichteten Koalitionen, ob sie nun solche von Kapitalisten oder Arbeitern sind, grundsätzlich ebenso gegenüber wie er. Dennoch halte ich seine Kritik für übertrieben. Ich kann eine derartige Organisation der Industrie gegen Schmutzkonkurrenz und maßloses Unterbieten, wie sie in den Gewerbeallianzen vorliegt, nicht von vornherein als Verbindungen zur Brandschatzung des Publikums verurteilen. Selbst bei einem großen Teil der Trusts ist von solcher Brandschatzung bisher noch wenig zu verspüren gewesen. Oft genug liegt vielmehr in Ausnutzung der Schmutzkonkurrenz behufs Herabdrückung der Preise eine meines Erachtens ganz und gar nicht zu billigende Brandschatzung der Produzenten vor. Kurz, ich erblicke in den Gewerbeallianzen, die sich immer mehr auszubreiten scheinen (zur Zeit sind Verhandlungen über ihre Einführung in der Glasindustrie und der Töpferei im Gange) und die in den deutschen Tarifgemeinschaften ein Gegenstück besitzen, eine Erscheinung, die sicher nicht ohne ihre Bedenken ist, die aber, ebenso wie ihre Vorgänger (die gemischten Lohnkomitees, gleitenden Lohnlisten usw.), als ein naturgemäßes Produkt der Gegenbewegung gegen die Anarchie im Gewerbe beurteilt sein will. Sie bedrohen die Interessen der Gesamtheit nicht mehr als eine ganze Reihe von anderen Mitteln der Gewerkschaftspolitik, die längst von den organisierten Arbeitern ausgeübt und bloß auf die Tatsache hin, daß sie formell – nicht wirklich – gegen das Kapital gerichtet sind, von der Sozialdemokratie bisher stillschweigend anerkannt, wenn nicht unterstützt wurden.
Übrigens ist Kautsky im Irrtum, wenn er annimmt, daß die englischen Gewerkschaften sich heute prinzipiell gegen die gleitenden Lohntarife wendeten. Sie bekämpfen nur die „bodenlosen" („bottomless") Wandeltarife. Gegen Wandeltarife mit einem Mindestlohn, der zum ordentlichen Leben ausreicht, als „Boden" und mit Bestimmungen, die auf technische Veränderungen in der Produktion Rücksicht nehmen, haben sie ganz und gar nichts einzuwenden.

Mehrausgabe für Löhne auf andere Weise einzubringen. Die großen faktischen Unterschiede der Profitraten der verschiedenen Produktionssphären zeigen, daß die allgemeine Durchschnittsprofitrate schneller theoretisch konstruiert als auch nur annähernd verwirklicht wird. Sind doch die Beispiele nicht selten, wo sogar neues Kapital, das verwertungsbedürftig den Markt betritt, Anlage nicht da sucht, wo die höchste Profitrate winkt, sondern, ähnlich wie der Mensch bei der Berufswahl, sich durch Rücksichten bestimmen läßt, bei denen die Höhe des Profits in die zweite Linie rückt. So wirkt selbst dieser mächtigste Faktor der Ausgleichung der Profitraten nur unregelmäßig. Das bereits angelegte Kapital aber, das doch jedesmal bei weitem überwiegt, kann schon aus ganz materiellen Gründen nicht der Bewegung der Profitrate von einer Produktionssphäre in die andere folgen. Kurz, die Wirkung einer Erhöhung des Preises der menschlichen Arbeit hat in der übergroßen Mehrheit der Fälle teils technische Vervollkommnung und bessere Organisation der Industrie, teils gleichmäßigere Verteilung des Arbeitsertrags zur Folge. Beides gleich vorteilhaft für den allgemeinen Wohlstand. Mit gewissen Einschränkungen kann man für kapitalistische Länder Destutt de Tracys bekanntes Wort dahin abändern, daß niedrige Profitraten hohen Wohlstand der Volksmasse anzeigen.

Ihrer sozialpolitischen Stellung nach sind die Gewerkschaften oder Gewerkvereine das *demokratische* Element in der Industrie. Ihre Tendenz ist, den Absolutismus des Kapitals zu brechen und dem Arbeiter direkten Einfluß auf die Leitung der Industrie zu verschaffen. Es ist nur naturgemäß, daß über den zu erstrebenden Grad dieses Einflusses große Meinungsverschiedenheiten obwalten. Einer bestimmten Denkart mag es schon ein Verstoß am Prinzip erscheinen, für die Gewerkschaft weniger als das unbedingte Bestimmungsrecht im Gewerbe zu reklamieren. Die Erkenntnis, daß solches Recht unter den gegebenen Umständen ebenso utopisch ist, wie es in einer sozialistischen Gesellschaft sinnwidrig wäre, hat andere dazu geführt, den Gewerkschaften jede dauernde Rolle im Wirtschaftsleben abzusprechen und sie nur als das kleinere von verschiedenen unvermeidlichen Übeln zeitweilig anzuerkennen. Es gibt Sozialisten, in deren Augen die Gewerkschaft nur ein Demonstrationsobjekt ist, die Nutzlosigkeit jeder anderen als der politischrevolutionären Aktion praktisch nachzuweisen. Tatsächlich hat die Gewerkschaft heute und in der absehbaren Zukunft sehr wichtige gewerbepolitische Aufgaben zu erfüllen, die jedoch ihre Omnipotenz in keiner Weise erheischen noch auch nur vertragen.

Das Verdienst, die Gewerkschaften zuerst als unerläßliche Organe der Demokratie und nicht bloß als vorübergehende Koalitionen begriffen zu haben, gebührt einer Anzahl englischer Schriftsteller. Beiläufig kein Wunder, wenn man berücksichtigt, daß sie in England früher als irgend woanders Bedeutung erlangt haben und England im letzten Drittel unseres Jahrhunderts eine Umwandlung aus einem oligarchisch regierten in ein fast demokratisches Staatswesen durchgemacht hat. Die neueste und gründlichste Arbeit in dieser Hinsicht, das Werk „Theorie und Praxis der britischen Gewerkvereine" von Sydney und Beatrice Webb, ist von den Verfassern mit Recht als eine Abhandlung über die *Demokratie* im *Gewerbe* bezeichnet worden. Vor ihnen hatte der verstorbene Thorold Rogers in seinen Vorlesungen über ökonomische Geschichtserklärung (die übrigens nur wenig mit der materialistischen Geschichtsauffassung gemein haben, sondern sich nur in einzelnen Punkten mit ihr berühren) die Gewerkschaft eine *Arbeits-Teilhaberschaft* − Labour Partnership − genannt, was prinzipiell auf dasselbe hinausläuft, aber zugleich die Grenze bezeichnet, bis zu der die Gewerkschaftsfunktion in der Demokratie ausgedehnt werden kann und über die hinaus sie in einem demokratischen Gemeinwesen keinen Platz hat. Gleichviel ob der Staat, die Gemeinde oder Kapitalisten Unternehmer sind, die Gewerkschaft als Organisation aller in bestimmten Gewerben beschäftigten Personen kann immer nur so lange gleichzeitig das Interesse jener Mitglieder wahren und das Allgemeinwohl fördern, als sie sich begnügt, Teilhaberin zu bleiben. Darüber hinaus würde sie immer Gefahr laufen, zur geschlossenen Korporation auszuarten, mit allen schlimmen Eigenschaften des Monopols. Es ist hier wie mit der Genossenschaft. Die Gewerkschaft als Herrin eines ganzen Gewerbszweiges, dieses Ideal verschiedener der älteren Sozialisten, wäre faktisch nur eine monopolistische Produktivgenossenschaft, und sobald sie sich auf ihr Monopol beriefe oder dasselbe ausspielte, wäre sie ein Widerspruch gegen den Sozialismus und die Demokratie, mag ihre innere Verfassung sein welche sie wolle. Warum sie gegen den Sozialismus verstieße, leuchtet ohne weiteres ein. Genossenschaftlichkeit wider die Gesamtheit ist so wenig Sozialismus, wie der Staatsbetrieb in einem oligarchischen Gemeinwesen Sozialismus ist. Warum aber verstieße solche Gewerkschaft gegen die Demokratie?

Diese Frage bedingt eine andere: Was ist Demokratie?

Die Antwort hierauf scheint sehr einfach, auf den ersten Blick möchte man sie mit der Übersetzung: „Volksherrschaft" für abgetan halten. Aber schon ein kurzes Nachdenken sagt uns, daß damit nur eine ganz äußerliche, rein formale Definition gegeben ist, während fast alle, die heute das Wort Demokratie gebrauchen, darunter mehr als eine bloße Herrschaftsform verstehen. Viel näher werden wir der Sache kommen, wenn wir uns negativ ausdrücken und Demokratie mit Abwesenheit von Klassenherrschaft übersetzen, als Bezeichnung eines Gesellschaftszustandes, wo keiner Klasse ein politisches Privilegium gegenüber der Gesamtheit zusteht. Damit ist denn auch schon die Erklärung gegeben, warum eine monopolistische Korporation im Prinzip antidemokratisch ist. Diese negative Erklärung hat außerdem den Vorteil, daß sie weniger als das Wort Volksherrschaft dem Gedanken der Unterdrückung des Individuums durch die Mehrheit Raum gibt, der dem modernen Bewußtsein unbedingt widerstrebt. Wir finden heute die Unterdrückung der Minderheit durch die Mehrheit „undemokratisch", obwohl sie ursprünglich mit der Volksherrschaft durchaus vereinbar gehalten wurde.[31] In dem Begriff Demokratie liegt eben für die heutige Auffassung eine Rechtsvorstellung eingeschlossen: die *Gleichberechtigung aller Angehörigen des Gemeinwesens,* und an ihr findet die Herrschaft der Mehrheit, worauf in jedem konkreten Fall die Volksherrschaft hinausläuft, ihre Grenze. Je mehr sie eingebürgert ist und das allgemeine Bewußtsein beherrscht, um so mehr wird Demokratie gleichbedeutend mit dem höchstmöglichen Grad von Freiheit für alle.

---

31 Die folgerichtigen Vertreter des Blanquismus faßten die Demokratie denn auch immer zuerst als *unterdrückende Macht* auf. So schickt Hippolyte Castille seiner Geschichte der zweiten Republik eine Einleitung voraus, die in einer wahren Verherrlichung der Schreckensherrschaft gipfelt. „Die vollkommenste Gesellschaft", heißt es da, „wäre die, wo die Tyrannei Sache der Gesamtheit wäre. Was im Grunde beweist, daß die vollkommenste Gesellschaft diejenige wäre, wo es am wenigsten Freiheit im satanischen [das heißt individualistischen] Sinne dieses Wortes gäbe. . . . Was man politische Freiheiten nennt, ist nur ein schöner Name, um *die berechtigte Tyrannei der Zahl* auszuschmücken. Die politischen Freiheiten sind nur die Opferung einer Anzahl individueller Freiheiten an den despotischen Gott der menschlichen Gesellschaften, an die soziale Vernunft, an den Kontrakt." – „Von dieser Epoche [die Zeit vom Oktober 1793 bis April 1794, wo Girondisten, Hebertisten, Dantonisten nacheinander geköpft wurden] datiert in Wahrheit die Wiedergeburt des Prinzips der Autorität, dieser ewigen Schutzwehr der menschlichen Gesellschaften. Befreit von den Gemäßigten und von den Ultras, gegen jeden Konflikt der Gewalten gesichert, gewinnt der öffentliche Wohlfahrtsausschuß, die durch die Umstände gegebene Form der Regierung, die notwendige Kraft und Einheit, um die Lage zu behaupten und Frankreich vor den Gefahren einer andringenden Anarchie zu schützen. . . . Nein, nicht das Regieren ist es, was die erste französische Republik tötete, sondern die Parlamentler, die Verräter des Thermidor. Die anarchistischen und liberalen Republikaner, deren wimmelnde Rasse Frankreich bedeckt, setzen vergeblich die alte Verleumdung fort. Robespierre bleibt ein bedeutender Mann, nicht seiner Talente und Tugenden wegen, die hier nebensächlich sind, sondern wegen seines Sinnes für die Autorität, wegen seines mächtigen politischen Instinkts." Dieser Kultus Robespierres sollte das zweite Kaiserreich nicht überdauern. Der jüngeren Generation blanquistischer Sozialrevolutionäre, die Mitte der sechziger Jahre auf die Bühne traten und vor allem antikirchlich waren, war Robespierre wegen seines Deismus zu spießbürgerlich. Sie schworen zu Hebert und Anacharsis Cloots. Aber sonst räsonierten sie wie Castille, das heißt sie trieben wie er den richtigen Gedanken von der Unterordnung individueller Interessen unter das Allgemeininteresse auf die Spitze.
Zusatz: Die innere Verwandtschaft der politischen Doktrin der russischen Bolschewisten mit den Ausführungen Castilles springt in die Augen.

Allerdings sind Demokratie und Gesetzlosigkeit nicht ein und dasselbe. Nicht durch Abwesenheit aller Gesetze kann die Demokratie sich von anderen politischen Systemen unterscheiden, sondern nur durch Abwesenheit von Gesetzen, die auf Besitz, Abstammung und Bekenntnis gegründete Ausnahmen schaffen oder gutheißen, nicht durch totale Abwesenheit von Gesetzen, die die Rechte einzelner beschränken, sondern durch Aufhebung aller Gesetze, die die allgemeine Rechtsgleichheit, das gleiche Recht aller beschränken. Wenn so Demokratie und Anarchie durchaus verschiedene Dinge sind, so ist oder wäre es abgeschmackte Begriffsspielerei, bei der alle Unterscheidung verlorengeht, Ausdrücke wie Despotie, Tyrannei usw. bloß daraufhin auf die Demokratie als Gesellschaftsverfassung anzuwenden, weil bei ihr Mehrheitsbeschlüsse entscheiden und von jedem verlangt wird, daß er das von der Mehrheit beschlossene Gesetz anerkenne. Gewiß, die Demokratie ist keine absolute Schutzwehr gegen Gesetze, die von einzelnen als tyrannisch empfunden werden. Aber in unserem Zeitalter ist eine fast unbedingte Sicherheit gegeben, daß die Mehrheit eines demokratischen Gemeinwesens kein Gesetz machen wird, das der persönlichen Freiheit dauernd Abbruch tut, da die Mehrheit von heute stets die Minderheit von morgen werden kann und jedes die Minderheiten bedrückende Gesetz die Mitglieder der zeitweiligen Mehrheit selbst bedrohen würde. Was immer in Zeiten wirklichen Bürgerkriegs von Mehrheitstyrannei ausgeübt worden, ist von der Mehrheitsherrschaft in der modernen Demokratie grundverschieden. In der Praxis hat sich vielmehr gezeigt, daß je länger in einem modernen Staatswesen demokratische Einrichtungen bestanden, um so mehr die Achtung und Berücksichtigung der Rechte der Minderheiten zunahm und die Parteikämpfe an Gehässigkeit verloren.[32] Leute, die sich die Verwirklichung des Sozialismus nicht ohne Gewaltakte vorstellen können, mögen darin ein Argument gegen die Demokratie erblicken, und tatsächlich hat es in der sozialistischen Literatur an solchen Stimmen nicht gefehlt. Aber wer sich nicht der utopistischen Vorstellung hingibt, daß die modernen Nationen sich unter der Wirkung einer verlängerten revolutionären Katastrophe in eine Unzahl gänzlich voneinander unabhängiger Gruppen auflösen werden, der wird in der Demo-

---

32 Von diesem Gesichtspunkt aus ist es bezeichnend, daß die heftigsten Angriffe gegen meine Versündigungen an dem Gedanken von der Diktatur des Proletariats von Angehörigen des despotischst regierten europäischen Staatswesens – Rußland – kamen und am meisten Anklang in – Sachsen fanden, wo die Regierenden im Interesse der Ordnung ein leidlich demokratisches Wahlrecht zur Landesvertretung dem Dreiklassenwahlunrecht aufgeopfert haben, wogegen bei Sozialisten mehr demokratischer Länder die betreffenden Artikel teils rückhaltloser Zustimmung, teils weitgehender Anerkennung begegneten. [1899 geschrieben!]

kratie mehr erblicken als ein politisches Mittel, das nur gut ist, soweit es der Arbeiterklasse als Handhabe dient, dem Kapital den Garaus zu machen.

Die Demokratie ist Mittel und Zweck zugleich. Sie ist das Mittel der Erkämpfung des Sozialismus, und sie ist die Form der Verwirklichung des Sozialismus. Sie kann, das ist richtig, keine Wunder tun. Sie kann nicht in einem Lande wie der Schweiz, wo das industrielle Proletariat eine Minderheit der Bevölkerung bildet (noch nicht eine halbe von zwei Millionen Erwachsener), diesem Proletariat die politische Herrschaft in die Hand spielen. Sie kann auch nicht in einem Lande wie England, wo das Proletariat die bei weitem zahlreichste Klasse der Bevölkerung bildet, dieses Proletariat zum Herrn der Industrie machen, wenn es teils überhaupt keine Neigung dazu verspürt, teils aber auch sich den damit verbundenen Aufgaben nicht oder noch nicht gewachsen fühlt. Aber in England wie in der Schweiz und ebenso in Frankreich, den Vereinigten Staaten, den skandinavischen Ländern usw. hat sie sich als ein machtvoller Hebel des sozialen Fortschritts erwiesen. Wer sich nicht an die Aufschrift, sondern an den Inhalt hält, der wird, wenn er die Gesetzgebung Englands seit der Wahlreform von 1867 durchgeht, die den städtischen Arbeitern das Wahlrecht gab, einen ganz bedeutenden Fortschritt in der Richtung zum Sozialismus, wenn nicht im Sozialismus finden. Die öffentliche Volksschule besteht in drei Vierteln des Landes überhaupt erst seit jener Zeit, bis dahin gab es in England nur Privat- und Kirchenschulen. Der Schulbesuch belief sich 1865 auf 4,38, 1896 aber auf 14,2 Prozent der Bevölkerung, 1872 gab der Staat erst 15 Millionen, 1896 127 Millionen Mark jährlich allein für Elementarschulen aus. Das Verwaltungswesen in Grafschaft und Gemeinde, für Schul- und Armenwesen hat aufgehört, Monopol der Besitzenden und Privilegierten zu sein, die Masse der Arbeiter hat dort dasselbe Stimmrecht wie der größte Landlord und der reichste Kapitalist. Die indirekten Steuern sind stetig herabgesetzt, die direkten stetig erhöht worden (1866 wurden rund 120 Millionen, 1898 rund 330 Millionen Mark Einkommensteuer erhoben, wozu noch eine Mehreinnahme von mindestens 80 bis 100 Millionen Mark aus erhöhter Erbschaftssteuer kommt). Die Agrargesetzgebung hat die Scheu vor dem Eigentumsabsolutismus der Grundbesitzer abgelegt und das Expropriationsrecht, das bisher nur für Verkehrs- und Sanitätszwecke anerkannt wurde, prinzipiell auch für Wirtschaftsveränderungen in Anspruch genommen. Die grundsätzlich veränderte Politik des Staates hinsichtlich der direkt oder indirekt von ihm beschäftigten Arbeiter ist bekannt, ebenso die Erweiterungen, welche die Fabrikgesetzgebung seit 1870 erfahren. All das und die Nachahmung, die es in verschiedenem Grade auf dem Festlande gefunden, ist nicht ausschließlich, aber wesentlich der Demokratie oder dem realisierten Stück Demokratie geschuldet, über welches die betreffenden Länder verfügen. Und wenn in einzelnen

Fragen die Gesetzgebung der politisch vorgeschrittensten Länder nicht so rasch vorgeht, als es in politisch verhältnismäßig rückständigen Ländern unter dem Einfluß tatendurstiger Monarchen oder ihrer Minister gelegentlich der Fall ist, so gibt es dafür in Ländern eingewurzelter Demokratie in diesen Dingen kein Rückwärts.

Die Demokratie ist prinzipiell die Aufhebung der Klassenherrschaft, wenn sie auch noch nicht die faktische Aufhebung der Klassen ist. Man spricht vom konservativen Charakter der Demokratie, und in gewisser Hinsicht mit Recht. Der Absolutismus oder Halbabsolutismus täuscht seine Träger wie seine Gegner über den Umfang ihres Könnens. Daher in Ländern, wo er herrscht oder seine Traditionen noch bestehen, die überfliegenden Pläne, die übertreibende Sprache, die Zickzackpolitik, die Furcht vor Umsturz und die Hoffnung auf Unterdrückung. In der Demokratie lernen die Parteien und die hinter ihnen stehenden Klassen bald die Grenzen ihrer Macht kennen und sich jedesmal nur so viel vornehmen, als sie nach Lage der Umstände vernünftigerweise hoffen können durchzusetzen. Selbst wenn sie ihre Forderungen etwas höher spannen, als im Ernst gemeint, um beim unvermeidlichen Kompromiß — und die Demokratie ist die Hochschule des Kompromisses — ablassen zu können, geschieht es mit Maß. So erscheint in der Demokratie selbst die äußerste Linke meist in konservativem Lichte und die Reform, weil gleichmäßiger, langsamer, als sie in Wirklichkeit ist. Aber doch ist ihre Richtung unverkennbar. Das Wahlrecht der Demokratie macht seinen Inhaber virtuell zu einem *Teilhaber am Gemeinwesen,* und diese virtuelle Teilhaberschaft muß auf die Dauer zur tatsächlichen Teilhaberschaft führen. Bei einer der Zahl und Ausbildung nach unentwickelten Arbeiterklasse kann das allgemeine Wahlrecht lange als das Recht erscheinen, den ,,Metzger" selbst zu wählen, mit der Zahl und Erkenntnis der Arbeiter wird es jedoch zum Werkzeug, die Volksvertreter aus Herren in wirkliche Diener des Volkes zu verwandeln. Wenn die englischen Arbeiter bei Parlamentswahlen für Mitglieder der alten Parteien stimmen und so formell als der Schwanz der Bourgeoisparteien erscheinen, so ist es bei alledem in den industriellen Wahlkreisen weit mehr dieser ,,Schwanz", der den Kopf zum Wackeln bringt, als umgekehrt. Ganz abgesehen davon, daß die Wahlrechtserweiterung von 1884 im Verein mit der Reform der Gemeindevertretungen der Sozialdemokratie in England Bürgerrecht als politische Partei erworben hat.[33] Und ist es anderwärts wesentlich anders? Das allgemeine Wahlrecht konnte

---

33 *Zusatznote.* Die Erweiterungen, die das demokratische Wahlrecht seit obigem in England erfahren hat, haben der Arbeiterpartei die Anwartschaft gebracht, regierende Partei zu werden.

in Deutschland vorübergehend Bismarck als Werkzeug dienen, aber schließlich zwang es Bismarck, ihm als Werkzeug zu dienen. Es konnte zeitweilig den ostelbischen Junkern zugute kommen, aber es ist längst schon das Grauen dieser selben Junker. Es konnte Bismarck 1878 in die Lage bringen, sich die Waffe des Sozialistengesetzes zu schmieden, aber an ihm ist diese Waffe auch stumpf und brüchig geworden, bis sie mit seiner Hilfe Bismarck aus der Hand geschlagen wurde. Hätte Bismarck 1878 mit seiner damaligen Mehrheit statt ein polizistisches ein politisches Ausnahmegesetz geschaffen, das die Arbeiter wieder außerhalb des Wahlrechts stellte, so würde er auf eine ziemliche Zeit hinaus die Sozialdemokratie schärfer getroffen haben als mit dem ersteren. Allerdings würde er dann auch andere Leute getroffen haben. Das allgemeine Wahlrecht ist nach zwei Seiten hin die Alternative des Umsturzes.

Aber das allgemeine Wahlrecht ist erst ein Stück Demokratie, wenn auch ein Stück, das auf die Dauer die anderen nach sich ziehen muß, wie der Magnet die zerstreuten Eisenteile an sich zieht. Das geht wohl langsamer vor sich, als es mancher wünscht, aber trotzdem ist es im Werk. Und die Sozialdemokratie kann dies Werk nicht besser fördern, als wenn sie sich rückhaltlos, auch in der Doktrin, auf den Boden des allgemeinen Wahlrechts, der Demokratie stellt, mit allen sich daraus für ihre Taktik ergebenden Konsequenzen.

In der Praxis, das heißt in ihren Handlungen hat sie es schließlich immer getan. Aber in ihren Erklärungen haben ihre literarischen Vertreter oft dagegen verstoßen und wird noch heute oft dagegen verstoßen. Phrasen, die in einer Zeit verfaßt wurden, wo überall in Europa das Privilegium des Besitzes unumschränkt herrschte, und die unter diesen Umständen erklärlich und bis zu einem gewissen Grade auch berechtigt waren, heute aber nur noch totes Gewicht sind, werden mit einer Ehrfurcht behandelt, als ob von ihnen und nicht von der lebendigen Erkenntnis dessen, was getan werden kann und not tut, der Fortschritt der Bewegung abhinge. Oder hat es zum Beispiel einen Sinn, die Phrase von der Diktatur des Proletariats zu einer Zeit festzuhalten, wo an allen möglichen Orten Vertreter der Sozialdemokratie sich praktisch auf den Boden der parlamentarischen Arbeit, der zahlengerechten Volksvertretung und der Volksgesetzgebung stellen, die alle der Diktatur widersprechen?[34] Sie ist heute so überlebt, daß sie mit der Wirklichkeit nur dadurch zu vereinen ist, daß man das Wort Diktatur seiner faktischen Bedeutung entkleidet und ihm irgendwelchen abgeschwächten Sinn beilegt. Die

---

34 Vergleiche zum Beispiel die Erklärung der Offenbacher Sozialisten gegen die Vergewaltigung der nichtsozialistischen Minderheit in der Gemeindevertretung und die Zustimmung, die sie auf der Konferenz der sozialistischen Gemeindevertreter der Provinz Brandenburg gefunden hat. („Vorwärts" vom 28. Dezember 1898.)

ganze praktische Tätigkeit der Sozialdemokratie geht darauf hinaus, Zustände und Vorbedingungen zu schaffen, die eine von konvulsivischen Ausbrüchen freie Überführung der modernen Gesellschaftsordnung in eine höhere ermöglichen und verbürgen sollen. Aus dem Bewußtsein, die Pioniere einer höheren Kultur zu sein, schöpfen ihre Anhänger immer wieder Begeisterung und Anfeuerung, in ihm ruht auch zuletzt der sittliche Rechtstitel der angestrebten gesellschaftlichen Expropriation. Die Klassendiktatur aber gehört einer tieferen Kultur an, und abgesehen von der Zweckmäßigkeit und Durchführbarkeit der Sache ist es nur als ein Rückfall, als politischer Atavismus zu betrachten, wenn der Gedanke erweckt wird, der Übergang von der kapitalistischen zur sozialistischen Gesellschaft müsse sich notwendigerweise unter den Entwicklungsformen einer Zeit vollziehen, welche die heutigen Methoden der Propagierung und Erzielung von Gesetzen noch gar nicht oder nur in ganz unvollkommener Gestalt kannte und der geeigneten Organe dazu entbehrte.[35]

Ich sage ausdrücklich Übergang von der kapitalistischen zur sozialistischen Gesellschaft und nicht „von der bürgerlichen Gesellschaft", wie das heute so häufig geschieht. Diese Anwendung des Wortes „bürgerlich" ist vielmehr ebenfalls ein Atavismus oder jedenfalls eine sprachliche Zweideutigkeit, die als ein Übelstand der Phraseologie der deutschen Sozialdemokratie bezeichnet werden muß und eine vortreffliche Brücke zu Mißdeutungen bei Freund und Feind bildet. Die Schuld liegt hier zum Teil bei der deutschen Sprache, die kein eigenes Wort für den Begriff des gleichberechtigten Bürgers eines Gemeinwesens hat, getrennt vom Begriff des bevorrechteten Bürgers. Da alle Versuche, einen speziellen Ausdruck für den ersteren oder den letzteren Begriff zu bilden und in den Sprachgebrauch einzuführen, bisher fehlgeschlagen sind, scheint es mir immer noch besser, für den privilegierten Bürger und was sich auf ihn bezieht, das Fremdwort Bourgeois zu gebrauchen, als durch seine Übersetzung mit „Bürger" oder „bürgerlich" allen möglichen Mißverständnissen und Mißdeutungen das Tor zu öffnen.

Heute weiß sicherlich jeder, was gemeint ist, wenn von Bekämpfung der Bourgeoisie und Abschaffung der Bourgeoisgesellschaft gesprochen wird. Aber was heißt Bekämpfung oder Abschaffung der bürgerlichen Gesellschaft? Was heißt es namentlich in Deutschland, in dessen größtem und leitendem Staate, Preußen, es sich noch immer darum handelt, ein großes Stück Feudalismus erst loszuwerden, das der bürgerlichen Entwicklung im Wege steht? Kein Mensch denkt daran, der bürgerlichen Gesellschaft als ei-

---

35 *Zusatznote.* Über das Unternehmen der Bolschewisten, das industriell erst zum Teil entwickelte Rußland durch terroristische Gewalt in ein sozialistisches Gemeinwesen zu verwandeln, im Nachtragskapitel.

nem zivilistisch geordneten Gemeinwesen an den Leib zu wollen. Im Gegenteil. Die Sozialdemokratie will nicht diese Gesellschaft auflösen und ihre Mitglieder allesamt proletarisieren, sie arbeitet vielmehr unablässig daran, den Arbeiter aus der sozialen Stellung eines Proletariers zu der eines Bürgers zu erheben und so das Bürgertum oder Bürgersein zu *verallgemeinern. Sie will nicht an die Stelle der bürgerlichen eine proletarische Gesellschaft, sondern sie will an die Stelle der kapitalistischen eine sozialistische Gesellschaftsordnung setzen.* Es wäre gut, wenn man, statt jener zweideutigen Wendung sich zu bedienen, sich an diese letztere, ganz unzweideutige Erklärung hielte. Dann würde man auch einen guten Teil anderer Widersprüche los, welche die Gegner nicht ganz zu Unrecht zwischen der Phraseologie und der Praxis der Sozialdemokratie konstatieren. Einzelne sozialistische Blätter gefallen sich heute in einer aufgeblasen antibürgerlichen Sprache, die allenfalls am Platze wäre, wenn wir sektierermäßig als Anachoreten lebten, die aber widersinnig ist zu einer Zeit, die es für keinen Verstoß gegen die sozialistische Gesinnung erklärt, sein Privatleben durchaus „bourgeoismäßig" einzurichten.[36]

Schließlich wäre es auch zu empfehlen, in Kriegserklärungen gegen den „Liberalismus" etwas Maß zu halten. Es ist ja richtig, die große liberale Bewegung der Neuzeit ist zunächst der kapitalistischen Bourgeoisie zugute gekommen, und die Parteien, die sich den Namen liberal zulegten, waren oder wurden im Verlauf reine Schutzgarden des Kapitalismus. Zwischen diesen Parteien und der Sozialdemokratie kann natürlich nur Gegnerschaft herrschen. Was aber den Liberalismus als *weltgeschichtliche* Bewegung anbetrifft, so ist der Sozialismus nicht nur der *Zeitfolge,* sondern auch dem

---

36 In diesem Punkte war Lassalle sehr viel logischer, als wir es heute sind. Wohl war es eine große Einseitigkeit, daß er den Begriff des Bourgeois lediglich aus dem politischen Privilegium ableitete, statt mindestens zugleich aus der ökonomischen Machtstellung. Aber im übrigen war er Realist genug, dem obigen Widersinn von vornherein die Spitze abzuschneiden, wenn er im „Arbeiterprogramm" erklärte: „In die deutsche Sprache würde das Wort Bourgeoisie mit Bürgertum zu übersetzen sein. Diese Bedeutung aber hat es bei mir nicht. *Bürger* sind wir *alle;* der Arbeiter, der Kleinbürger, der Großbürger usw. Das Wort Bourgeoisie hat vielmehr im Laufe der Geschichte die Bedeutung angenommen, eine ganz bestimmte politische Richtung zu bezeichnen." (Gesamtausgabe II, Seite 27.) Was Lassalle dort weiterhin von der verdrehten Logik des Sansculottismus sagt, ist namentlich den Belletristen zu empfehlen, die das Bürgertum „naturalistisch" im Café studieren und dann ebenso die ganze Klasse nach ihren trockenen Früchten beurteilen, wie der Philister im Schnapsbruder den Typus des modernen Arbeiters zu sehen glaubt. Ich stehe nicht an, zu erklären, daß ich das Bürgertum — das deutsche nicht ausgenommen — im großen und ganzen nicht nur ökonomisch, sondern auch moralisch für noch ziemlich gesund halte.

geistigen Gehalt nach sein legitimer Erbe, wie sich das übrigens auch praktisch bei jeder prinzipiellen Frage zeigt, zu der die Sozialdemokratie Stellung zu nehmen hatte. Wo irgendeine wirtschaftliche Forderung des sozialistischen Programms in einer Weise oder unter Umständen ausgeführt werden sollte, daß die freiheitliche Entwicklung dadurch ernsthaft gefährdet erschien, hat die Sozialdemokratie sich nie gescheut, dagegen Stellung zu nehmen. Die Sicherung der staatsbürgerlichen Freiheit hat ihr stets höher gestanden als die Erfüllung irgendeines wirtschaftlichen Postulats. Die Ausbildung und Sicherung der freien Persönlichkeit ist der Zweck aller sozialistischen Maßregeln, auch derjenigen, die äußerlich sich als Zwangsmaßregeln darstellen. Stets wird ihre genauere Untersuchung zeigen, daß es sich dabei um einen Zwang handelt, der die Summe von Freiheit in der Gesellschaft *erhöhen,* der *mehr* und einem *weiteren* Kreise Freiheit geben soll, als er nimmt. Der gesetzliche Höchstarbeitstag zum Beispiel ist faktisch eine Mindestfreiheitsbestimmung, ein Verbot, seine Freiheit auf länger als eine bestimmte Zahl von Stunden täglich zu verkaufen, und steht als solches prinzipiell auf demselben Boden wie das von allen Liberalen gebilligte Verbot, sich dauernd in persönliche Knechtschaft zu veräußern. Es ist insofern kein Zufall, daß das erste Land, wo ein Höchstarbeitstag durchgeführt wurde, das demokratisch vorgeschrittenste Gemeinwesen Europas, die Schweiz war, und die Demokratie ist nur die politische Form des Liberalismus. Gegenbewegung gegen die Unterwerfung der Völker unter von außen aufgedrungene oder nur noch aus der Tradition ihre Berechtigung schöpfende Einrichtungen, hatte der Liberalismus seine Verwirklichung zunächst als Prinzip des Selbstbestimmungsrechts der Zeiten und der Völker zu verwirklichen gesucht, welche beide Prinzipien die ewige Diskussion der Staatsrechtsphilosophen des siebzehnten und achtzehnten Jahrhunderts bildeten, bis Rousseau in seinem Gesellschaftsvertrag sie als Grundbedingungen der Rechtsgültigkeit jeder Verfassung aufstellte und die Französische Revolution sie – in der von Rousseauschem Geist erfüllten demokratischen Verfassung von 1793 – als unveräußerliche Menschenrechte proklamierte.[37]
Die Verfassung von 1793 war der folgerichtige Ausdruck der liberalen Ideen der Epoche, und wie wenig sie dem Sozialismus im Wege war oder ist, zeigt ein flüchtiger Durchblick ihres Inhalts. Babeuf und die Gleichen sahen denn auch in ihr einen trefflichen Ansatzpunkt für die Verwirklichung ihrer kommunistischen Bestrebungen und schrieben demgemäß die Wiederherstellung der Konstitution von 1793 an die Spitze ihrer Forderungen. Was sich später

37 „Die Souveränität ruht beim Volke. Sie ist unteilbar, unverjährbar und unveräußerlich." Artikel 25. „Ein Volk hat jederzeit das Recht, seine Verfassung zu revidieren, zu reformieren und abzuändern. Keine Generation kann die andere an ihre Gesetze binden." Artikel 28.

als politischer Liberalismus gab, sind Abschwächungen und Anpassungen, wie sie den Bedürfnissen des kapitalistischen Bürgertums nach Sturz des alten Regimes entsprachen oder genügten, gerade wie die sogenannte Manchesterlehre nur eine Abschwächung und einseitige Darstellung der von den Klassikern des wirtschaftlichen Liberalismus niedergelegten Grundsätze war. Tatsächlich gibt es keinen liberalen Gedanken, der nicht auch zum Ideengehalt des Sozialismus gehörte. Selbst das Prinzip der wirtschaftlichen Selbstverantwortlichkeit, das anscheinend so ganz und gar manchesterlich ist, kann meines Erachtens vom Sozialismus weder theoretisch negiert noch unter irgend denkbaren Umständen außer Wirksamkeit gesetzt werden. *Ohne Verantwortlichkeit keine Freiheit;* wir mögen theoretisch über die Handlungsfreiheit des Menschen denken wie wir wollen, praktisch müssen wir von ihr als Grundlage des Sittengesetzes ausgehen, denn nur unter dieser Bedingung ist eine soziale Moral möglich. Und ebenso ist im Zeitalter des Verkehrs in unseren nach Millionen zählenden Staaten ein gesundes soziales Leben unmöglich, wenn nicht die wirtschaftliche Selbstverantwortlichkeit aller Arbeitsfähigen unterstellt wird. Die Anerkennung der wirtschaftlichen Selbstverantwortlichkeit ist die Gegenleistung des Individuums an die Gesellschaft für die ihm von ihr erwiesenen oder gebotenen Dienste.

Es sei mir erlaubt, hier einige Sätze aus meinem schon erwähnten Artikel über die „Sozialpolitische Bedeutung von Raum und Zahl" zu zitieren.

„Nur dem *Grade* nach wird denn auch in absehbarer Zeit an der wirtschaftlichen *Selbstverantwortlichkeit* der Arbeitsfähigen geändert werden können. Die Arbeits*statistik* kann sehr bedeutend ausgebildet, die Arbeits*vermittlung* sehr vervollkommnet, der Arbeits*wechsel* erleichtert und ein Arbeits*recht* ausgebildet werden, das dem einzelnen eine unendlich größere Sicherheit der Existenz und Leichtigkeit der Berufswahl ermöglicht, als sie heute gegeben sind. Die vorgeschrittensten Organe der wirtschaftlichen Selbsthilfe − die großen Gewerkschaften − zeigen in dieser Hinsicht schon den Weg an, den die Entwicklung voraussichtlich nehmen wird. . . . Wenn heute starke Gewerkschaften ihren leistungsfähigen Mitgliedern ein gewisses Recht auf Beschäftigung sichern, es den Unternehmern sehr unratsam erscheinen lassen, ein Gewerkschaftsmitglied ohne sehr triftigen, auch von der Gewerkschaft anerkannten Grund zu entlassen, wenn sie beim Arbeitsnachweis Reihenfolge der Meldung und Bedürfnis kombinieren, so sind darin schon Fingerzeige für die Entwicklung eines demokratischen Arbeitsrechts gegeben" („Neue Zeit", 15. Jahrgang, 2. Band, Seite 141).[38] Andere Anfänge

---

38 *Zusatznote.* Das von der deutschen Republik geschaffene Betriebsrätegesetz ist ein bedeutsamer Schritt zur Verwirklichung dieses Arbeitsrechts als allen Arbeitern und Angestellten gesetzlich verbürgtes Recht.

dazu sind heute in der Form von Gewerbegerichten, Arbeiterkammern und ähnlichen Schöpfungen gegeben, in denen die demokratische Selbstverwaltung, wenn auch oft noch unvollkommen, Gestalt gefunden hat. Auf der anderen Seite wird ohne Zweifel die Erweiterung der öffentlichen Dienste, insbesondere des Erziehungswesens und der Gegenseitigkeitseinrichtungen (Versicherungen usw.) sehr viel dazu beitragen, die wirtschaftliche Selbstverantwortlichkeit aller Härten zu entkleiden. Aber ein Recht auf Arbeit in dem Sinne, daß der Staat jedem Beschäftigung in seinem Beruf garantierte, ist in absehbarer Zeit ganz und gar unwahrscheinlich und auch nicht einmal wünschbar. Was seine Befürworter wollten, kann nur auf dem geschilderten Wege, durch Kombination verschiedener Organe, mit Vorteil für das Gemeinwesen erzielt werden, und ebenso kann die allgemeine Arbeitspflicht nur auf diese Weise ohne ertötende Bürokratie verwirklicht werden. In so großen und komplizierten Organismen wie unseren modernen Kulturstaaten und ihre Industriezentren würde ein absolutes Recht auf Arbeit bloß desorganisierend wirken, wäre es „nur als Quelle gehässigster Willkür und ewiger Zänkerei denkbar" (a.a.O.).

Der Liberalismus hatte geschichtlich die Aufgabe, die Fesseln zu sprengen, welche die gebundene Wirtschaft und die entsprechenden Rechtseinrichtungen des Mittelalters der Fortentwicklung der Gesellschaft anlegten. Daß er zunächst als Bourgeoisliberalismus feste Gestalt erhielt, hindert nicht, daß er tatsächlich ein sehr viel weiter reichendes allgemeines Gesellschaftsprinzip ausdrückt, dessen Vollendung der Sozialismus sein wird. Der Sozialismus will keine neue Gebundenheit irgendwelcher Art schaffen. Das Individuum soll frei sein – nicht in dem metaphysischen Sinne, wie es die Anarchisten träumen, das heißt frei aller Pflichten gegen das Gemeinwesen, wohl aber frei von jedem ökonomischen Zwange in seiner Bewegung und Berufswahl.

Solche Freiheit ist für alle nur möglich durch das Mittel der Organisation. In diesem Sinne könnte man den Sozialismus auch organisatorischen Liberalismus nennen, denn wenn man die Organisationen, die der Sozialismus will und wie er sie will, genauer prüft, so wird man finden, daß, was sie von ihnen äußerlich ähnlichen feudalistischen Einrichtungen vor allem unterscheidet, eben ihr Liberalismus ist: ihre demokratische Verfassung, ihre Zugänglichkeit. Daher ist der nach zunftähnlicher Abschließung strebende Gewerkverein zwar ein dem Sozialisten verständliches Produkt der Gegenwehr gegen die Tendenz des Kapitalismus, den Arbeitsmarkt zu überfüllen, aber zugleich auch gerade wegen seiner Abschließungstendenz und in dem Grade, als sie ihn beherrscht, eine unsozialistische Körperschaft. Und eben dasselbe würde von der Gewerkschaft als Eignerin eines ganzen Produktionszweigs gelten, da sie in gleicher Weise mit Naturnotwendigkeit auf Ausschließlichkeit gerichtet wäre wie die „reine" Produktivgenossenschaft.[39] In diesem Zusammenhang sei ein Satz aus Lassalles „System der erworbenen Rechte" zitiert, der mir immer als ein trefflicher Wegweiser für die einschlägigen Probleme erschien: „Das, wogegen die tiefergehenden Strömungen unserer Zeit gerichtet sind", sagt Lassalle dort, „und woran sie sich noch abquälen, ist nicht das Moment des *Individuellen* — dieses würde vielmehr mit ebensolcher Konsequenz auf ihrer Seite stehen wie das des *Allgemeinen* —, sondern es ist der noch aus dem Mittelalter mit herübergebrachte und uns noch immer im Fleisch haftende Knorren der *Besonderheit*" („System", 2. Auflage, 1. Teil, S. 221). Auf unseren Gegenstand übertragen, die Organisation soll verbindendes, nicht trennendes Glied zwischen Individuum und Allgemeinheit sein. Wenn Lassalle im Verlauf der zitierten Stelle dem Liberalismus vorwirft, er wolle die Rechte, die er proklamiere, nicht für das Individuum als solches, sondern nur für das in besonderer Lage befindliche Individuum, so zielt das, wie es übrigens in einem unmittelbar vorhergehenden Satze auch ausdrücklich heißt, gegen die damalige liberale Partei, „unseren sogenannten Liberalismus", nicht gegen den theoretischen Liberalismus.

II. Das föderative Prinzip der Demokratie

Es ist kein sehr einfaches Problem, das mit den vorstehenden Ausführungen angezeigt ist, es birgt in seinem Schoße vielmehr eine ganze Reihe von Klippen. Die politische Gleichheit allein hat sich bisher nirgends als ausreichend erwiesen, die gesunde Entwicklung solcher Gemeinwesen zu sichern,

---

39 An dem obigen Kriterium ist meines Erachtens auch die heute so lebhaft erörterte Frage der freien Arztwahl in den Krankenkassen zu beurteilen. Welche örtlichen Umstände immer die Krankenkassen veranlassen mögen, die Arztwahl zu beschränken, prinzipiell ist solche Beschränkung sicherlich unsozialistisch. Der Arzt soll nicht Beamter einer geschlossenen Körperschaft, sondern des Gemeinwesens sein, sonst würden wir allmählich dahin kommen, daß der Satz des Kommunistischen Manifestes: „Die Bourgeoisie hat den Arzt, den Juristen, den Mann der Wissenschaft in ihre bezahlten Lohnarbeiter verwandelt", eine eigentümliche Umarbeitung zu erfahren hätte.
Zusatzbemerkung. Das hier Ausgeführte ist verschiedentlich so aufgefaßt worden, als solle die unbeschränkte Geschäftskonkurrenz für die Ärzte dogmatisch festgelegt werden. Das ist aber keineswegs mein Gedanke. Es ist nur ein — wie ich zugebe— übermäßig zugespitzter Protest gegen die hier und dort aufgetretene Tendenz einer Herabsetzung der *sozialen* Funktion des Arztes.

deren Schwerpunkt in großen Städten lag. Sie ist, wie Frankreich und die Vereinigten Staaten zeigen, kein unfehlbares Heilmittel gegen das Überwuchern aller Arten von sozialem Parasitismus und Korruption. Steckte in einem großen Teile des französischen Volkes nicht ein so außerordentlicher Fonds von Solidität und wäre das Land nicht geographisch so begünstigt, so hätte Frankreich längst an der Landplage der Beamtenzucht zugrunde gehen müssen, wie sie sich dort eingenistet hat. Jedenfalls bildet diese Plage eine der Ursachen, warum trotz der hohen geistigen Regsamkeit der Franzosen Frankreichs industrielle Entwicklung hinter der der Nachbarländer immer mehr zurückbleibt. Soll die Demokratie nicht den zentralistischen Absolutismus im Hecken von Bürokratien noch überbieten, so muß sie aufgebaut sein auf einer weitgegliederten Selbstverwaltung mit entsprechender wirtschaftlicher Selbstverantwortlichkeit aller Verwaltungseinheiten wie der mündigen Staatsbürger. Nichts ist ihrer gesunden Entwicklung schädlicher als erzwungene Uniformität und ein zu reichliches Maß an Protektionismus. Sie erschweren oder verhindern jede rationelle Unterscheidung zwischen lebensfähigen und parasitischen Einrichtungen. Wenn der Staat auf der einen Seite alle gesetzlichen Hindernisse der Organisation der Produzenten aufhebt und den Berufsverbänden unter bestimmten Bedingungen, welche deren Ausartung in monopolistische Korporationen vorbeugen, gewisse Vollmachten hinsichtlich der Kontrolle der Industrie überträgt, so daß alle Garantien gegen Lohndrückerei und Überarbeit gegeben sind, und wenn auf der anderen Seite durch die früher skizzierten Einrichtungen dafür gesorgt wird, daß niemand durch äußerste Not gezwungen wird, seine Arbeit zu unwürdigen Bedingungen zu veräußern, dann kann es der Gesellschaft gleichgültig sein, ob neben den öffentlichen und genossenschaftlichen Betrieben noch Unternehmungen existieren, welche von Privaten für den eigenen Gewinn betrieben werden. Sie werden ganz von selbst mit der Zeit genossenschaftlichen Charakter annehmen.

Die geschilderten Einrichtungen zu schaffen oder, soweit damit schon begonnen, sie weiterzubilden, ist die *unerläßliche Vorbedingung dessen, was wir die Vergesellschaftung der Produktion* nennen. Ohne sie würde die sogenannte gesellschaftliche Aneignung der Produktionsmittel voraussichtlich nur maßlose Verwüstung von Produktionskräften, sinnlose Experimentiererei und zwecklose Gewalttätigkeit zur Folge haben, die politische Herrschaft der Arbeiterklasse sich in der Tat nur durchsetzen können in der Form einer diktatorischen revolutionären Zentralgewalt, unterstützt durch die terroristische Diktatur revolutionärer Klubs. Als solche schwebte sie den Blanquisten vor, und als solche wird sie auch noch im ,,Kommunistischen Manifest" und den der Epoche seiner Abfassung angehörenden Publikationen seiner Verfasser unterstellt. Aber ,,gegenüber den praktischen Erfahrungen der Februarrevolution und noch weit mehr der Pariser Kommune, wo das Proletariat zum ersten Male zwei Monate lang die politische Gewalt innehatte", ist das im Manifest gegebene Revolutionsprogramm „stellenweise veraltet". „Namentlich hat die Kommune den Beweis geliefert, daß die Arbeiterklasse nicht die Staatsmaschinerie einfach in Besitz nehmen und sie für ihre eigenen Zwecke in Bewegung setzen kann."

So Marx und Engels 1872 im Vorwort zur Neuauflage des Manifests. Und sie verweisen auf die Schrift „Der Bürgerkrieg in Frankreich", wo dies weiter entwickelt sei. Wenn wir aber die genannte Schrift aufschlagen und den betreffenden Abschnitt (es ist der dritte) nachlesen, so finden wir ein Programm entwickelt, das seinem politischen Gehalt nach in allen wesentlichen Zügen die größte Ähnlichkeit aufweist mit dem Föderalismus — Proudhons.

„Die Einheit der Nation sollte nicht gebrochen, sondern im Gegenteil organisiert werden durch die Vernichtung jener Staatsmacht, welche sich für die Verkörperung dieser Einheit ausgab, aber unabhängig und überlegen sein wollte gegenüber der Nation, an deren Körper sie doch nur ein Schmarotzerauswuchs war. Während es galt, die bloß unterdrückten Organe der alten Regierungsmacht abzuschneiden, sollten ihre berechtigten Funktionen einer Gewalt, die über der Gesellschaft zu stehen beanspruchte, entrissen und den verantwortlichen Dienern der Gesellschaft übergeben werden. Statt einmal in drei oder sechs Jahren zu entscheiden, welches Mitglied der herrschenden Klasse das Volk im Parlament ver- und zertreten soll, sollte das allgemeine Stimmrecht dem in *Kommunen* konstituierten Volke dienen, wie das individuelle Stimmrecht jedem anderen Arbeitgeber dazu dient, Arbeiter, Aufseher und Buchhalter in seinem Geschäft auszusuchen."

„Der Gegensatz der Kommune gegen die Staatsgewalt ist angesehen worden für eine übertriebene Form des alten Kampfes gegen Überzentralisation. . . . Die Kommunalverfassung würde im Gegenteil dem gesellschaftlichen Körper alle die Kräfte zurückgegeben haben, die bisher der Schmarotzerauswurf ‚Staat', der von der Gesellschaft sich nährt und ihre freie Bewegung hemmt, aufgezehrt hat. Durch diese Tat allein würde sie die Wiedergeburt Frankreichs in Gang gesetzt haben."

So Marx im „Bürgerkrieg in Frankreich".

Hören wir nun Proudhon. Da ich sein Buch über den Föderalismus nicht zur Hand habe, mögen hier einige Sätze aus seiner Schrift über die politische Fähigkeit der Arbeiterklassen folgen, in der er beiläufig die Konstituierung der Arbeiter zur eigenen politischen Partei predigt.

„In einer nach den wahren Begriffen der Volkssouveränität, das heißt nach den Grundsätzen des Vertragsrechts organisierten Demokratie ist jede unterdrückende oder korrumpierende Aktion der Zentralgewalt auf die Nation

unmöglich gemacht; die bloße Annahme einer solchen ist schon abgeschmackt."

„Und warum?"

„Weil in einer wahrhaft freien Demokratie die Zentralgewalt sich nicht von
der Versammlung der Delegierten, der natürlichen Organe der zur Verein-
barung zusammengerufenen Lokalinteressen, unterscheidet. Weil jeder De-
putierte vor allem Mann der Lokalität ist, die ihn zum Vertreter ernannt hat,
ihr Sendling, einer ihrer Mitbürger, ihr Spezialmandatar, der beauftragt ist,
ihre besonderen Interessen zu verteidigen, beziehungsweise sie vor der
großen Jury [der Nation] möglichst mit den allgemeinen Interessen in Einklang zu bringen. Weil die vereinigten Delegierten, wenn sie aus ihrem
Schoße einen zentralen Vollziehungsausschuß wählen, diesen nicht von sich
unterscheiden und zu ihrem Oberen machen, der mit ihnen einen Konflikt
unterhalten kann."

„Kein Mittelding, die Kommune wird souverän sein oder nur ein Sukkur-
sale [des Staats], alles oder nichts. Gebt ihr ein so schönes Stück, wie ihr
wollt, von dem Augenblick an, wo sie nicht ihr Recht aus sich selbst schöpft,
wo sie ein höheres Gesetz anerkennen muß, wo die große Gruppe, der sie
angehört, zu ihrem Oberen erklärt wird und nicht der Ausdruck ihrer föde-
rativen Beziehungen ist, ist es unvermeidlich, daß sie sich eines Tages im Gegensatz zueinander finden und der Konflikt ausbricht." Dann aber werde die
Logik und die Gewalt auf seiten der Zentralgewalt sein. „Die Idee einer Einschränkung der Staatsgewalt durch die Gruppen, wo das Prinzip der Sub-
ordination und Zentralisierung dieser Gruppen selbst herrscht, ist eine In-
konsequenz, um nicht zu sagen ein Widerspruch." Sie sei das Munizipalprin-
zip des Bourgeoisliberalismus. Ein „föderiertes Frankreich" dagegen „ein
Regime, welches das Ideal der Unabhängigkeit darstellt, und dessen erster
Akt darin bestände, den Kommunen ihre volle Selbständigkeit und den Provinzen ihre Selbstbestimmung zurückzugeben" — das sei die munizipale Freiheit, welche die Arbeiterklasse auf ihre Fahne zu schreiben habe. („Capacité Politique des Classes Ouvrières", Seite 224, 225, 231, 235.) Und wenn
es im „Bürgerkrieg" heißt, daß „die politische Herrschaft des Produzenten
nicht bestehen kann neben der Verewigung seiner gesellschaftliche Knechtschaft", so lesen wir in der „Capacité Politique": „Einmal die politische
Gleichheit gegeben, durch das allgemeine Stimmrecht in die Praxis gesetzt,
geht die Tendenz der Nation zur ökonomischen Gleichheit. Gerade so verstanden es die Arbeiterkandidaten. Aber dies ist es auch, was ihre Bourgeois-
rivalen nicht wollen" (a.a.O., Seite 214). Kurz, bei allen sonstigen Verschiedenheiten zwischen Marx und dem „Kleinbürger" Proudhon ist in diesen
Punkten der Gedankengang bei ihnen so nahe wie nur möglich.

Es ist auch gar nicht zweifelhaft, sondern hat sich seither schon vielfach praktisch erwiesen, daß die allgemeine Entwicklung der modernen Gesellschaft auf eine stetige Erhöhung der Aufgaben der Munizipalitäten und Erweiterung der Munizipalfreiheiten geht, daß die Kommune ein immer wichtigerer Hebel der sozialen Emanzipation wird. Ob freilich eine solche Auflösung der modernen Staatswesen und die völlige Umwandlung ihrer Organisation, wie Marx und Proudhon sie schildern (die Bildung der Nationalversammlung aus Delegierten der Provinz- beziehungsweise Bezirksversammlungen, die ihrerseits aus Delegierten der Kommunen zusammenzusetzen wären), das erste Werk der Demokratie zu sein hätte, so daß also die bisherige Form der Nationalvertretungen wegfiele, erscheint mir zweifelhaft. Die moderne Entwicklung hat zu viele Einrichtungen gezeigt, deren Umfang der Kontrolle der Munizipalitäten und selbst der Bezirke und Provinzen entwachsen ist, als daß vor der Umwandlung ihrer Organisation die Kontrolle der Zentralverwaltungen entbehrt werden könnte. Auch ist mir die absolute Souveränität der Gemeinden usw. kein Ideal. Die Gemeinde ist ein integrierender Teil der Nation und hat so gut Pflichten gegen sie wie Rechte auf sie. So wenig wie dem Individuum kann zum Beispiel der Gemeinde ein unbedingtes und ausschließliches Recht auf den Boden eingeräumt werden.

Wertvolle Regale, Forsten, Flußrechte usw. gehören in letzter Instanz nicht den Gemeinden oder den Bezirken, die auch nur Nutznießer sind, sondern der Nation. So erscheint eine Vertretung, bei der das nationale und nicht das provinzielle oder lokale Interesse im Vordergrund steht beziehungsweise erste Pflicht der Vertreter ist, gerade in einer Übergangsperiode als unentbehrlich. Neben ihr werden aber jene Versammlungen und Vertretungen eine immer größere Bedeutung erlangen, so daß, Revolution oder nicht, die Funktionen der Zentralvertretungen immer geringer werden und damit auch die Gefahr dieser Vertretungen oder Behörden für die Demokratie. In vorgeschrittenen Ländern ist sie schon heute sehr gering.

Aber es kommt hier weniger auf die Kritik der Einzelheiten jenes Programms an, als hervorzuheben, wie sehr energisch in ihm die Selbstverwaltung als die Vorbedingung der sozialen Emanzipation betont, wie die demokratische Organisation von unten auf als der Weg zur Verwirklichung des Sozialismus bezeichnet wird, wie sich die Antagonisten Proudhon und Marx doch wieder im − Liberalismus begegneten.

Wie die Gemeinden und die übrigen Selbstverwaltungskörper sich unter der vollen Demokratie ihrer Aufgaben entledigen, wie weit sie diese Aufgaben sich stecken werden, das muß die Zukunft selbst lehren. Soviel aber ist klar: sie werden um so mehr und ungestümer experimentieren und daher um so größeren Fehlgriffen ausgesetzt sein, je plötzlicher sie in den Besitz ihrer Freiheit kommen, und sie werden um so umsichtiger und praktischer vorgehen, je mehr die Arbeiterdemokratie sich in der Schule der Selbstverwaltung geübt hat.[40]

Einfach wie die Demokratie auf den ersten Blick erscheint, sind ihre Probleme in einer so verwickelten Gesellschaft wie die unsrige doch keineswegs so leicht zu lösen. Man lese nur in der Webbschen Theorie der Gewerkvereine nach, wie viele Experimente die englischen Gewerkvereine zu machen hatten und noch machen, um nur die zweckgemäße Form ihrer Verwaltung und Leitung zu finden, und wie viel für die Gewerkschaften von dieser Verfassungsfrage abhängt. Die englischen Gewerkschaften haben sich in dieser Beziehung seit über siebzig Jahren in voller Freiheit entwickeln können. Sie haben mit der elementarsten Form der Selbstregierung begonnen und sich durch die Praxis überzeugen müssen, daß diese Form auch nur für die elementarsten Organismen, für ganz kleine Lokalvereine paßt. Sie haben, je mehr sie wuchsen, Schritt für Schritt auf gewisse Lieblingsideen des doktrinären Demokratismus (das gebundene Mandat, der unbezahlte Beamte, die machtlose Zentralvertretung) als ihre gedeihliche Entwicklung lähmend verzichten und dafür eine leistungsfähige Demokratie mir repräsentativen Versammlungen, bezahlten Beamten und bevollmächtigter Zentralleitung ausbilden gelernt. Dieses Stück Entwicklungsgeschichte der „gewerblichen Demokratie" ist ungemein lehrreich. Paßt auch nicht alles, was von den Gewerkschaften zutrifft, für die Einheiten der nationalen Verwaltungskörper, so trifft doch sehr vieles davon auch für sie zu. Das betreffende Kapitel des Webbschen Buches ist ein Stück demokratischer Verwaltungslehre, das übrigens in vielen Punkten mit den Folgerungen Kautskys in dessen Buch über die direkte Volksgesetzgebung übereinstimmt. An der Entwicklungsgeschichte der Gewerkschaften zeigt sich, wie die vollziehende Zentralverwaltung – ihre Staatsregierung – rein aus der Arbeitsteilung hervorgehen kann, die durch die räumliche Ausdehnung des Organismus und die Zahl seiner Angehörigen nötig wird. Möglich, daß mit der sozialistischen Entwicklung der Gesellschaft auch diese Zentralisation später wieder überflüssig werden wird. Vorläufig aber wird sie auch in der Demokratie nicht entbehrt werden können. Wie schon am Schlusse des ersten Abschnitts dieses Kapitels ausgeführt wurde, ist es eine Unmöglichkeit für die Gemeinden größerer Städte oder Industriezentren, alle örtlichen Produktions- und Handelsunternehmungen in Eigenbetrieb zu übernehmen. Es ist ebenso schon aus praktischen Gründen unwahrscheinlich – um von Billigkeitsgründen, die

---

40 *Zusatznote.* Ohne Übertreibung darf man sagen, daß die Schulung, welche die deutsche Sozialdemokratie ihren Anhängern auf den verschiedenen Gebieten der öffentlichen und freien Selbstverwaltung im Laufe der Jahre hat zuteil werden lassen, der organischen Arbeit der deutschen Revolution sehr zugute gekommen ist und noch kommt.

dagegen sprechen, ganz zu schweigen –, daß sie etwa in einer revolutionären Erhebung jene Unternehmungen samt und sonders kurzerhand „expropriieren" würden. Aber selbst wenn sie es täten (wobei sie in der Mehrheit der Fälle übrigens nur die leeren Hülsen in die Hand bekämen), würden sie genötigt sein, die Masse der Geschäfte an Genossenschaften zu verpachten, sei es an individuelle Genossenschaften, sei es an Gewerkschaften zum eigenen genossenschaftlichen Betrieb.[41]

In jedem dieser Fälle, wie auch den lokalen und nationalen Eigenbetrieben gegenüber, würden gewisse Interessen der Allgemeinheit der einzelnen Berufe wahrzunehmen sein und so immer noch Raum für eine Überwachungstätigkeit der Gewerkschaften verbleiben. Besonders in Übergangsperioden ist Mannigfaltigkeit der vorhandenen Organe von großem Wert.

Indes so weit sind wir noch nicht, und es ist nicht meine Absicht, Zukunftsbilder zu entwickeln. Nicht was in der weiteren Zukunft geschehen wird, liegt mir am Herzen, sondern was in der Gegenwart für diese selbst und die nächste Zukunft geschehen kann und soll. Und da ist der Schluß dieser Darlegungen der sehr banale Satz, daß die Erkämpfung der Demokratie, die Ausbildung von politischen und wirtschaftlichen Organen der Demokratie die unerläßliche Vorbedingung für die Verwirklichung des Sozialismus ist. Wenn darauf erwidert wird, daß die Aussichten, dies ohne politische Katastrophe zu erringen, in Deutschland äußerst gering, ja so gut wie nicht vorhanden seien, daß das deutsche Bürgertum immer reaktionärer werde, so mag das für den Moment vielleicht richtig sein, obgleich manche Erscheinungen auch dagegen sprechen. Aber es kann nicht auf die Dauer so sein. Das, was man Bürgertum nennt, ist eine sehr zusammengesetzte Klasse, aus allerhand Schichten mit sehr verschiedenartigen beziehungsweise unterschiedenen Interessen bestehend. Diese Schichten halten auf die Dauer nur zusammen, wenn sie sich entweder gleichmäßig bedrückt oder gleichmäßig bedroht sehen. Im vorliegenden Falle kann es sich natürlich nur um das letztere handeln, das heißt, daß das Bürgertum eine einheitliche reaktionäre Masse bildet, weil sich alle seine Elemente von der Sozialdemokratie gleichmäßig bedroht fühlen, die einen in ihren materiellen, die anderen in ihren ideologischen Interessen: in ihrer Religion, ihrem Patriotismus, in ihrem Wunsche, dem Lande die Schrecken einer gewalttätigen Revolution zu ersparen.

Das ist nun nicht nötig. Denn die Sozialdemokratie bedroht sie nicht alle gleichmäßig und niemand als Person, und sie selbst schwärmt in keiner Wei-

---

41 Wobei es allerdings zu recht verzwickten Problemen käme. Man denke an die vielen kombinierten Unternehmungen der Neuzeit, die Angehörige aller möglichen Gewerbe beschäftigen.

se für eine gewalttätige Revolution gegen die gesamte nichtproletarische Welt. Je deutlicher dies gesagt und begründet wird, um so eher wird jene einheitliche Furcht weichen, denn viele Elemente des Bürgertums fühlen sich von anderer Seite her bedrückt und würden lieber gegen diese, deren Druck auch auf der Arbeiterklasse lastet, als gegen die Arbeiter Front machen, lieber der letzteren als der ersteren Bundesgenossen sein. Sie mögen unsichere Kantonisten sein. Aber man erzieht schlechte Bundesgenossen, wenn man ihnen erklärt, wir wollen euch helfen, den Feind fressen, aber gleich hinterher fressen wir euch. Da es sich nun unter keinen Umständen um eine allgemeine, gleichzeitige und gewalttätige Expropriation, sondern um die *allmähliche Ablösung durch Organisation und Gesetz* handelt, so würde es der demokratischen Entwicklung sicher keinen Abbruch tun, der tatsächlich veralteten Freßlegende auch in der Phrase den Abschied zu geben.

Der Feudalismus mit seinen starren, ständischen Einrichtungen mußte fast überall mit Gewalt gesprengt werden. Die liberalen Einrichtungen der mödernen Gesellschaft unterscheiden sich gerade darin von jenen, daß sie biegsam, wandlungs- und entwicklungsfähig sind. Sie brauchen nicht gesprengt, sie brauchen nur *fortentwickelt* zu werden. Dazu bedarf es der Organisation und energischen Aktion, aber nicht notwendig der revolutionären Diktatur. „Da der Klassenkampf den Zweck hat, die Klassenunterschiede überhaupt aufzuheben", schrieb vor einiger Zeit (Oktober 1897) ein sozialdemokratisches Organ der Schweiz, der Basler „Vorwärts", „so muß logisch eine Periode angenommen werden, wo mit der Verwirklichung dieses Zwecks, dieses Ideals angefangen werden muß. Dieser Anfang, diese aufeinander folgenden Perioden liegen in unserer demokratischen Entwicklung bereits begründet, sie kommt uns zu Hilfe, um den Klassenkampf nach und nach durch den Ausbau der sozialen Demokratie zu ersetzen, in sich zu absorbieren." „Die Bourgeoisie, welcher Schattierung sie auch sei", erklärte der spanische Sozialist Pablo Iglesias jüngst, „muß sich davon überzeugen, daß wir uns nicht gewaltsam der Herrschaft bemächtigen wollen durch dieselben Mittel, die sie einst angewandt hat, durch Gewalttätigkeit und Blutvergießen, sondern durch gesetzliche Mittel, wie sie der Zivilisation angemessen sind." („Vorwärts", 16. Oktober 1898.) In ähnlicher Auffassung stimmte das leitende Organ der englischen Unabhängigen Arbeiterpartei, der „Labour Leader", den Bemerkungen Vollmars über die Pariser Kommune rückhaltlos zu. Niemand aber wird diesem Blatt Zahmheit in Bekämpfung des Kapitalismus und der kapitalistischen Parteien vorwerfen. Und ein anderes Organ der sozialistischen englischen Arbeiterdemokratie, das „Clarion", begleitete den Abdruck eines Auszugs aus meinem Artikel über die Zusammenbruchstheorie, dem es zustimmte, mit folgendem Kommentar:

„Ausbildung einer wahren Demokratie – das ist, dessen bin ich sicher, die dringendste und wesentlichste Aufgabe, die vor uns liegt. Das ist die Lektion, die unsere zehn Jahre sozialistischen Feldzugs gelehrt haben. Das ist die Lehre, die sich aus all meinen Kenntnissen und Erfahrungen politischer Dinge ergibt. Bevor der Sozialismus möglich sein kann, müssen wir eine Nation von Demokraten aufbauen."

d) *Die nächsten Aufgaben der Sozialdemokratie*

> „Und was sie *ist,* das wage sie zu *scheinen.*"
> *Schiller,* Maria Stuart.

I. Wehrfrage, auswärtige Politik und Kolonialfrage

Die Aufgaben einer Partei werden durch eine Vielheit von Faktoren bestimmt: durch den Stand der allgemeinen ökonomischen, politischen, intellektuellen und moralischen Entwicklung im Gebiet ihres Wirkens, durch die Natur der Parteien, die neben ihr oder gegen sie agieren, durch die Natur der ihr zu Gebote stehenden Mittel und durch eine Reihe subjektiver ideologischer Faktoren, voran ihr allgemeines Ziel und ihre Auffassung vom besten Wege zur Erreichung dieses Zieles. Welche großen Unterschiede in ersterer Hinsicht zwischen den verschiedenen Ländern noch bestehen, ist bekannt. Selbst in Ländern annähernd gleichen Höhegrads industrieller Entwicklung finden wir sehr bedeutsame politische Unterschiede und große Verschiedenheiten in der Geistesrichtung der Volksmasse. Eigenheiten der geographischen Lage, eingewurzelte Gewohnheiten des Volkslebens, überkommene Einrichtungen und Überlieferungen aller Art erzeugen eine Verschiedenheit der Ideologie, die dem Einfluß jener Entwicklung sich nur langsam unterwirft. Selbst wo sozialistische Parteien ursprünglich die gleichen Voraussetzungen zum Ausgangspunkt ihres Wirkens genommen haben, sind sie im Laufe der Zeit genötigt worden, ihre Tätigkeit den speziellen Verhältnissen ihres Landes anzupassen. In einem gegebenen Moment kann man daher wohl allgemeine Grundsätze der Politik der Sozialdemokratie mit dem Anspruch auf Gültigkeit für alle Länder aufstellen, aber kein für alle Länder in gleicher Weise gültiges Aktionsprogramm.
Wie im vorhergehenden Abschnitt ausgeführt, ist die Demokratie in weit höherem Grade Voraussetzung des Sozialismus, als es vielfach noch angenommen wird, das heißt sie ist es nicht nur als Mittel, sondern auch als Substanz. Ohne ein bestimmtes Maß demokratischer Einrichtungen oder Überlieferungen wäre die sozialistische Lehre der Gegenwart überhaupt

nicht möglich, gäbe es wohl eine Arbeiterbewegung, aber keine Sozialdemokratie. Die moderne sozialistische Bewegung, welches auch ihre theoretische Erklärung, ist faktisch das Produkt des Einflusses der in der großen Französischen Revolution und durch sie zur allgemeinen Geltung gekommenen Rechtsbegriffe auf die Lohn- und Arbeitszeitbewegung der industriellen Arbeiter. Diese würde auch ohne sie bestehen, wie es ohne sie und vor ihnen einen an das Urchristentum anknüpfenden Volkskommunismus[42] gab. Aber dieser Volkskommunismus war sehr unbestimmt und halb mystisch, und die Arbeiterbewegung würde ohne die Grundlage jener Rechtseinrichtungen und Rechtsauffassungen, die aber mindestens zu einem großen Teil notwendige Begleiter der kapitalistischen Entwicklung sind, des inneren Zusammenhangs entbehren. Ähnlich wie dies, um ein annähernd entsprechendes Bild zu geben, heute in orientalischen Ländern der Fall ist. Eine politisch rechtlose, in Aberglauben und mit mangelhaftem Unterricht aufgewachsene Arbeiterklasse wird wohl zeitweilig revoltieren und im kleinen konspirieren, aber nie eine sozialistische Bewegung entwickeln. Es bedarf einer gewissen Weite des Blickes und eines ziemlich entwickelten Rechtsbewußtseins, um aus einem Arbeiter, der gelegentlich revoltiert, einen Sozialisten zu machen. Das politische Recht und die Schule stehen denn auch überall an hervorragender Stelle der sozialistischen Aktionsprogramme.

Dies ganz im allgemeinen. Denn es liegt nicht im Plane dieser Schrift, eine Wertung der einzelnen Punkte der sozialistischen Aktionsprogramme zu unternehmen. Was speziell die nächsten Forderungen des Erfurter Programms der deutschen Sozialdemokratie anbetrifft, so fühle ich mich in keiner Weise versucht, Abänderungen hinsichtlich ihrer vorzuschlagen. Wie wohl jeder Sozialdemokrat halte ich nicht alle Punkte für gleich wichtig oder zweckmäßig. So ist es zum Beispiel meine Ansicht, daß die Unentgeltlichkeit der Rechtspflege und Rechtsbeihilfe unter heutigen Verhältnissen sich nur in beschränkten Grenzen empfiehlt, daß zwar Vorkehrungen getroffen werden müssen, die es auch dem Mittellosen ermöglichen, sein Recht zu suchen, daß aber kein dringendes Bedürfnis vorliegt, die Masse der heutigen Eigentumsprozesse auf Staatskosten zu übernehmen und die Advokatur völlig zu verstaatlichen. Indes da die heutigen Gesetzgeber, wenn auch aus anderen Gründen, von einer solchen Maßregel erst recht nichts wissen wollen, eine sozia-

---

42 Widerholt ist es mir (und sicher auch anderen) in früheren Jahren passiert, daß am Schlusse einer Agitationsversammlung Arbeiter oder Handwerker, die zum ersten Male eine sozialistische Rede gehört, zu mir kamen und mir erklärten, was ich da gesagt habe, das stünde alles schon in der Bibel, sie könnten mir die Stellen Satz für Satz zeigen.

listische Gesetzgebung aber nicht ohne völlige Reform des Rechtswesens oder nur nach Maßgabe der Schaffung neuer Rechtsinstitute, wie sie zum Beispiel in den Gewerbegerichten schon vorliegen, an ihre Durchführung ginge, kann die Forderung als Anzeiger der erstrebten Entwicklung ruhig stehen bleiben.

Meinem Zweifel an der Zweckmäßigkeit der Forderung in ihrer jetzigen Form habe ich übrigens schon 1891 in einem Aufsatz über die damals zur Diskussion stehenden Programmentwürfe sehr deutlichen Ausdruck gegeben und erklärt, der betreffende Paragraph gäbe „zuviel und zuwenig". („Neue Zeit", 9. Jahrgang, 2. Band, Seite 821.) Der Artikel gehört einer Serie an, die K. Kautsky und ich damals als Kollektivarbeit zur Programmfrage abfaßten und von der die ersten drei Stücke fast ausschließlich das geistige Werk Kautskys sind, während der vierte Artikel von mir abgefaßt wurde. Aus ihm seien hier noch zwei Sätze zitiert, die den Standpunkt kennzeichnen, den ich zu jener Zeit hinsichtlich der Praxis der Sozialdemokratie vertrat, und die erkennen lassen, wie viel oder wenig sich seitdem in meinen Ansichten geändert hat:

„Schlechtweg Unterhalt aller Erwerbslosen aus Staatsmitteln verlangen, heißt nicht nur, jeden, der nicht Arbeit finden kann, sondern auch jeden, der nicht Arbeit finden will, auf den Staatstrog verweisen. . . . Man braucht wirklich kein Anarchist zu sein, um die ewigen Anweisungen auf den Staat des Guten zuviel zu finden. . . . Wir wollen an dem Grundsatz festhalten, daß der moderne Proletarier zwar arm, aber kein Armer ist. In diesem Unterschied liegt eine ganze Welt, liegt das Wesen unseres Kampfes, die Hoffnung unseres Sieges."

„Die Form ‚Umwandlung der stehenden Heere zur Volkswehr' anstatt ‚Volkswehr an Stelle der stehenden Heere' schlagen wir deshalb vor, weil sie das Ziel feststellt und doch der Partei freie Hand läßt, heute, wo die Auflösung der stehenden Heere nun einmal nicht angeht, bereits eine Reihe Maßregeln zu verlangen, die wenigstens den Gegensatz zwischen Heer und Volk möglichst verringern, wie zum Beispiel die Aufhebung der besonderen Militärgerichtsbarkeit, Herabsetzung der Dienstzeit usw." (Seite 819, 824, 825).

Da die Frage „*Stehendes Heer oder Miliz*" neuerdings der Gegenstand lebhafter Diskussionen geworden ist, wird es am Platze sein, einige Bemerkungen über diesen Gegenstand hier einzuflechten.[43]

---

43 *Zusatznote.* Die oben folgenden Darlegungen sind durch den Weltkrieg, die Gründung des Bundes der Nationen und die Deutschland auferlegten Friedensbedingungen überholt. Ich lasse sie indes stehen, weil sie zu lebhaften Kontroversen Anlaß gegeben haben und der in ihnen zum Ausdruck gebrachte grundsätzliche Standpunkt

Mir scheint zunächst, daß die Frage in der vorbezeichneten Fassung falsch gestellt ist. Es sollte heißen: Regierungsheer oder Volksheer. Damit würde die politische Seite der Frage von vornherein unzweideutig gekennzeichnet: soll das Heer Werkzeug der Regierenden oder die bewaffnete Schutzwehr der Nation bilden, soll es von der Krone oder der Volksvertretung die entscheidenden Weisungen empfangen, auf irgendeine an der Spitze der Nation stehende Person oder auf die Verfassung und die Volksvertretung vereidigt werden? Die Antwort kann für keinen Sozialdemokraten zweifelhaft sein. Allerdings ist weder die Volksvertretung sozialistisch noch die Verfassung demokratisch, und so könnte ein der Volksvertretung unterstehendes Heer

---

auch heute noch der meine ist. Wie wenig er mit irgendwelchen Zugeständnissen an nationalistische Strebungen zu tun hat, dürfte mein Verhalten im Weltkrieg zur Genüge gezeigt haben. Es liegt mir aber auch daran, zur Erkenntnis zu bringen, daß dieses Verhalten – die Ablehnung der Kriegskredite usw. – nichts mit Gleichgültigkeit gegen die Geschicke des deutschen Volkes zu tun hatte. Die Entfesselung des Weltkriegs war ebensosehr ein Verbrechen am deutschen Volke wie an anderen Völkern, um so mehr aber erheischte es das Interesse des deutschen Volkes, den Demokratien der anderen Völker den Beweis zu liefern, daß in seiner Mitte noch Leute waren, die an der entschiedensten Gegnerschaft gegen die Kriegspolitik der kaiserlichen Regierung festhielten. Selbstverständlich ist, daß ich als Sozialdemokrat den Friedensbund der Nationen, sobald er Wahrheit wird, für die beste Sicherung einer friedlichen Lösung der Fragen halte, die bisher durch Gleichgewichtsverträge, Wettrüsten und dergleichen immer nur auf Zeit ihrer friedensgefährdenden Natur entkleidet werden konnten. – Die Hauptsache ist, daß der Bund der Nationen wirklich das wird, was sein Name anzeigt. Einstweilen haben wir noch nicht das Wesen, sondern nur erst die Form, und selbst diese noch mangelhaft genug. Sie festzuhalten, für die Ausmerzung der Fehler und Ausfüllung der Lücken zu arbeiten, muß das Streben einer grundsätzlich reformistischen sozialdemokratischen Politik sein, wie sie gedanklich diesem Buch zugrunde liegt. Es darf es aber auch aus dem Grunde sein, daß in dem Grade, als der Krieg aus dem Bereich der Wahrscheinlichkeit schwindet, Fragen lösbar werden, die bei der bisherigen und zum Teil noch verbliebenen Gegenüberstellung der Mächte unlösbare Antinomien bildeten.
Der Deutschland auferlegte Friedensvertrag schiebt die Fragen der Gestaltung und Ausbildung der Volkswehr dadurch beiseite, daß er ihm nur die Unterhaltung eines *Werbeheeres,* und dieses nur in so mäßigem Umfang gestattet, wie er selbst für einen Krieg gegen das kleine Belgien nicht ausreichen würde. Wer, wie der Schreiber dieses, überzeugt ist, daß dem deutschen Volke nichts Verderblicheres geschehen könnte als Verwicklung in einen neuen Krieg, wird nichts dagegen einzuwenden haben, wenn diesem Volke, dem skrupellose Nationalisten den Kopf mit der Idee eines Rachekrieges verdrehen, auch die Illusion der Möglichkeit eines solchen Krieges genommen wird. Sein ganzes geistiges und physisches Können gehört der Friedensarbeit. Das Mittel selbst aber erscheint mir wenig geeignet, die seelische Wirkung hervorzubringen, die man sich von ihm verspricht. Der militaristische Geist kann sich auch entwickeln, wo die Erziehung zur Wehrhaftigkeit unterdrückt ist, diese letztere aber kann stattfinden, ohne notwendig in Militarismus auszuarten.

immer noch gelegentlich zur Unterdrückung von Minderheiten oder tatsächlichen Mehrheiten, die nur im Parlament Minderheit sind, verwendet werden. Aber gegen solche Möglichkeiten gibt es, solange überhaupt ein Teil der Nation unter Waffen ist, der der jeweiligen Vertretung der Nation zu folgen hat, keine rettende Formel. Selbst die sogenannte „allgemeine Volksbewaffnung" wäre meines Erachtens bei der heutigen Technik nur eine illusorische Schutzwehr gegen die organisierte bewaffnete Macht und würde, wenn nicht schon die Zusammensetzung dieser Macht das Volk gegen Vergewaltigung sichert — was aber bei allgemeiner Wehrpflicht immer mehr der Fall —, jedesmal bloß auf beiden Seiten nutzlose Opfer verursachen. Wo sie heute noch nötig wäre, würde sie aus politischen Gründen nie bewilligt werden, und wo sie zu haben wäre, wäre sie überflüssig. So sehr ich die Erziehung eines kräftigen, furchtlosen Geschlechts wünsche, so wenig ist mir die allgemeine Volksbewaffnung ein sozialistisches Ideal. Wir gewöhnen uns glücklicherweise immer mehr daran, politische Differenzen anders als durch Schießerei zu erledigen.

Soweit die politische Seite der Frage. Hinsichtlich der technischen (Ausbildung, Dienstzeit unter Waffen usw.) gestehe ich offen, nicht genug Fachkundiger zu sein, um ein abgeschlossenes Urteil zu haben. Die Beispiele aus früheren Zeiten, die für die schnell eingeschulten Armeen sprechen (Revolutionskriege, Freiheitskriege), können auf die gründlich veränderten Bedingungen der heutigen Kriegführung nicht schlechtweg übertragen werden, und die neuerdings im griechisch-türkischen und spanisch-amerikanischen Kriege mit Freiwilligen gemachten Erfahrungen erscheinen mir für die Möglichkeiten, mit denen Deutschland zu rechnen hat, ebenfalls nicht ohne weiteres anwendbar. Denn wenn ich auch der Ansicht bin, daß man die „russische Gefahr" in unseren Kreisen zuweilen übertreibt oder sie da sucht, wo sie vielleicht am wenigsten ist, gebe ich doch zu, daß ein Land, dessen übergroße Masse der Bevölkerung aus politisch willenlosen, sehr unwissenden Bauern besteht, stets eine Gefahr für seine Nachbarn werden kann. Im gegebenen Falle hieße es daher, fähig sein, den Krieg so schnell als möglich in des Feindes Land zu tragen und dort zu führen, da in modernen Ländern Krieg im eigenen Lande schon die halbe Niederlage ist. Die Frage ist somit die, ob eine Milizarmee die Schlagfertigkeit, Sicherheit und Kohäsion besäße, jenes Resultat zu verbürgen, oder eine wie lange Ausbildung unter den Fahnen dazu erfordert wäre. In dieser Hinsicht läßt sich meines Erachtens zunächst nur so viel mit Sicherheit sagen, daß bei gehöriger Heranbildung der Jugend zur Wehrhaftigkeit und Beseitigung aller Reste und Erbschaften des Gamaschendienstes eine sehr bedeutende Herabsetzung der Dienstzeit möglich sein muß, ohne die Wehrkraft der Nation im geringsten zu beeinträchtigen. Dabei spielt freilich der gute Wille derer, die zur Zeit an der Spitze der Armee stehen, eine große Rolle, aber diesem guten Willen kann die Volksvertretung schon jetzt durch Druck auf den Militärhaushalt wirksam nachhelfen. Wie bei der Fabrikgesetzgebung würde auch hier eine erzwungene Verkürzung der Dienstzeit manche Dinge möglich machen, welche Zopfgeist und Sonderinteresse jetzt für „unmöglich" erklären. So ist also – sofern man auf die Erhaltung einer zum Angriff wie zur Verteidigung bereiten Wehrkraft überhaupt Wert legt – neben der *unerläßlichen Änderung der politischen Stellung des Heeres* die erste Frage nicht die, ob Miliz oder nicht, sondern, welche Verkürzung der Dienstzeit unmittelbar und – schrittweise – späterhin möglich ist, ohne Deutschland seinen Nachbarstaaten gegenüber in Nachteil zu versetzen.

Hat aber die Sozialdemokratie als Partei der Arbeiterklasse und des Friedens ein Interesse an der Erhaltung der nationalen Wehrhaftigkeit? Unter verschiedenen Gesichtspunkten liegt die Versuchung nahe, die Frage zu verneinen, zumal wenn man von dem Satz des Kommunistischen Manifests ausgeht: „Der Proletarier hat kein Vaterland." Indes dieser Satz konnte allenfalls für den rechtlosen, aus dem öffentlichen Leben ausgeschlossenen Arbeiter der vierziger Jahre zutreffen, hat aber heute, trotz des gewaltig gestiegenen Verkehrs der Nationen miteinander, seine Wahrheit zum großen Teile schon eingebüßt und wird sie immer mehr einbüßen, je mehr durch den Einfluß der Sozialdemokratie der Arbeiter aus einem Proletarier ein – Bürger wird. Der Arbeiter, der in Staat, Gemeinde usw. gleichberechtigter Wähler und dadurch Mitinhaber am Gemeingut der Nation ist, dessen Kinder die Gemeinschaft ausbildet, dessen Gesundheit sie schützt, den sie gegen Unbilden versichert, wird ein Vaterland haben, ohne darum aufzuhören, Weltbürger zu sein, wie die Nationen sich näherrücken, ohne darum aufzuhören, ein eigenes Leben zu führen. Es mag sehr bequem erscheinen, wenn alle Menschen eines Tages nur eine Sprache sprechen. Aber welch ein Reiz, welch eine Quelle geistigen Genusses ginge damit den Menschen der Zukunft verloren. Die völlige Auflösung der Nationen ist kein schöner Traum und jedenfalls in menschlicher Zukunft nicht zu erwarten. Sowenig es aber wünschenswert ist, daß irgendeine andere der großen Kulturnationen ihre Selbständigkeit verliert, so wenig kann es der Sozialdemokratie gleichgültig sein, ob die deutsche Nation, die ja ihren redlichen Anteil an der Kulturarbeit der Nationen geleistet hat und leistet, im Rate der Völker zurückgedrängt wird.

Man spricht heute viel von Eroberung der politischen Herrschaft durch die Sozialdemokratie, und es ist wenigstens bei der Stärke, welche diese in Deutschland erlangt hat, nicht unmöglich, daß ihr dort durch irgendein politisches Ereignis in näherer Zeit die entscheidende Rolle in die Hand gespielt wird. Gerade dann aber würde sie, da die Nachbarvölker noch nicht so weit sind, gleich den Independenten der englischen und den Jakobinern der

Französischen Revolution national sein müssen, wenn sie ihre Herrschaft behaupten soll, das heißt, sie würde ihre Befähigung zur leitenden Partei beziehungsweise Klasse dadurch zu bekräftigen haben, daß sie sich der Aufgabe gewachsen zeigte, Klasseninteresse und nationales Interesse gleich entschieden wahrzunehmen.

Ich schreibe dies ohne jede chauvinistische Anwandlung nieder, zu der ich wirklich weder Anlaß noch Ursache habe, vielmehr lediglich in objektiver Untersuchung der Pflichten, welche der Sozialdemokratie in einer solchen Situation erwachsen würden. Mir steht die Internationalität heute noch so hoch wie zu irgendeiner Zeit, und ich glaube auch nicht, daß sie durch die in den vorstehenden Zeilen entwickelten Grundsätze in irgendeiner Weise verletzt wird. Nur wenn die Sozialdemokratie sich auf die doktrinäre Propaganda und das sozialistische Experiment beschränkte, würde sie den nationalpolitischen Fragen gegenüber in rein kritischer Haltung verharren können. Die politische Aktion aber ist schon an sich der Kompromiß mit der nichtsozialistischen Welt und nötigt zu Maßnahmen, die nicht von vornherein sozialistisch sind. Im weiteren Verlauf wird indes das Nationale so gut sozialistisch sein wie das Munizipale. Nennen sich doch schon heute Sozialisten demokratischer Staatswesen gern Nationalisten und sprechen unbedenklich von Nationalisierung des Grund und Bodens usw., statt sich auf den Ausdruck Vergesellschaftung zu beschränken, der sehr viel unbestimmter ist und mehr einen Notbehelf als eine Verbesserung jenes Wortes darstellt.

In dem Vorhergehenden ist im Prinzip schon der Gesichtspunkt angezeigt, von dem aus die Sozialdemokratie unter den gegenwärtigen Verhältnissen zu den Fragen der *auswärtigen Politik* Stellung zu nehmen hat. Ist der Arbeiter auch noch kein Vollbürger, so ist er doch nicht mehr in dem Sinne rechtlos, daß ihm die nationalen Interessen gleichgültig sein können. Und ist die Sozialdemokratie auch noch nicht an der Macht, so nimmt sie doch schon eine Machtstellung ein, die ihr gewisse Verpflichtungen auferlegt. Ihr Wort fällt sehr erheblich in die Wagschale. Bei der gegenwärtigen Zusammensetzung des Heeres und der völligen Ungewißheit über die moralische Wirkung der kleinkalibrigen Geschütze wird die Reichsregierung es sich zehnmal überlegen, ehe sie einen Krieg wagt, der die Sozialdemokratie zu entschiedenen Gegnern hat. Auch ohne den berühmten Generalstreik kann die Sozialdemokratie so ein sehr gewichtiges, wenn nicht entscheidendes Wort für den Frieden sprechen und wird dies gemäß der alten Devise der Internationale so oft und so energisch tun, als dies nur immer nötig und möglich ist. Sie wird auch, gemäß ihrem Programm, in solchen Fällen, wo sich Konflikte mit anderen Nationen ergeben und direkte Verständigung nicht möglich ist, für Erledigung der Differenz auf schiedsrichterlichem Wege eintreten. Aber nichts gebietet ihr, dem Verzicht auf Wahrung deutscher Interessen der Gegenwart oder Zukunft das Wort zu reden, wenn oder weil englische, französische oder russische Chauvinisten an den entsprechenden Maßnahmen Anstoß nehmen. Wo es sich auf deutscher Seite nicht bloß um Liebhabereien oder Sonderinteressen einzelner Kreise handelt, die für die Volkswohlfahrt gleichgültig oder gar nachteilig sind, wo in der Tat wichtige Interessen der Nation in Frage stehen, kann die Internationalität kein Grund schwächlicher Nachgiebigkeit gegenüber den Prätentionen ausländischer Interessen sein.[44]

Es ist dies keine neue Auffassung, sondern einfach die Zusammenfassung des Gedankenganges, der fast allen Äußerungen von Marx, Engels und Lassalle über Fragen der auswärtigen Politik zugrunde liegt. Es ist auch keine den Frieden gefährdende Haltung, die damit empfohlen wird. Die Nationen gehen heute nicht mehr so leicht in den Krieg, und ein festes Auftreten kann unter Umständen dem Frieden dienlicher sein als fortgesetzte Nachgiebigkeit.

Die Doktrin vom europäischen Gleichgewicht gilt heute vielen als überlebt, und in ihrer alten Form ist sie es auch. Aber in veränderter Gestalt spielt das Gleichgewicht der Mächte bei der Entscheidung internationaler Streitfragen noch eine große Rolle. Es kommt gelegentlich noch immer darauf an, eine wie starke Kombination von Mächten für eine bestimmte Maßnahme eintritt, um die Durchführung herbeizuführen oder zu verhindern. Sich für solche Fälle das Recht des Mitsprechens zu sichern, halte ich für eine legitime Aufgabe der deutschen Reichspolitik, und den entsprechenden Schritten prinzipiell zu opponieren für außerhalb des Aufgabenbereichs der Sozialdemokratie fallend.

Um ein bestimmtes Beispiel zu wählen. Die Pachtung der Kiautschoubucht ist seinerzeit von der sozialistischen Presse Deutschlands sehr abfällig kritisiert worden. Soweit diese Kritik sich auf die *Umstände* bezog, *unter denen die Pachtung erfolgte,* war sie das Recht, ja die *Pflicht* der sozialdemokratischen Presse. Nicht minder richtig war es, auf das entschiedenste der Einleitung oder Förderung einer Politik der Aufteilung Chinas zu opponieren, weil diese Aufteilung ganz und gar nicht im Interesse Deutschlands liegt. Wenn aber einige Blätter noch weiter gegangen sind und erklärt haben, die Partei

---

44 *Zusatznote.* Die obigen Sätze sind mir seinerzeit als Zugeständnisse an den deutschen Chauvinismus ausgelegt worden, und später hat man meine Haltung im Weltkrieg als Widerspruch gegen sie hingestellt. Es handelt sich bei ihnen aber gar nicht um die Frage von Krieg und Frieden, sondern um die auswärtige Politik der Sozialdemokratie im Frieden.

müsse unter allen Umständen und grundsätzlich die Erwerbung der Bucht verurteilen, so kann ich mich dem durchaus nicht anschließen.

Das deutsche Volk hat kein Interesse daran, daß China aufgeteilt und Deutschland mit einem Stück Reich der Mitte abgefunden wird. Aber das deutsche Volk hat ein großes Interesse daran, daß China kein Raub anderer Nationen wird, es hat ein großes Interesse daran, daß Chinas Handelspolitik nicht dem Interesse einer einzelnen fremden Macht oder einer Koalition fremder Mächte untergeordnet werde – kurz, daß in bezug auf alle China betreffenden Fragen Deutschland ein entschiedenes Wort mitzusprechen habe. Sein Handel mit China erheischt ein solches Einspruchsrecht. Insofern nun die Erwerbung der Kiautschoubucht ein Mittel ist, ihm dieses Einspruchsrecht zu sichern und es zu stärken – und daß sie dazu beiträgt, wird schwerlich bestritten werden können –, liegt meines Erachtens darin ein Grund für die Sozialdemokratie, sich nicht prinzipiell gegen sie aufzulehnen. Von der Art, wie die Erwerbung eingeleitet, und den guten Reden, mit denen sie begleitet wurde, abgesehen, war sie nicht der schlechteste Streich der auswärtigen Politik Deutschlands.

Es handelt sich um die Sicherung des freien Handels mit und in China. Denn daß auch ohne jene Erwerbung China in steigendem Grade in den Kreis der kapitalistischen Wirtschaft gezogen würde, auch ohne sie Rußland seine Politik der Umklammerung fortgesetzt und bei der ersten Gelegenheit die mandschurischen Häfen okkupiert hätte, kann keinem Zweifel unterliegen. Es war also nur die Frage, ob Deutschland ruhig zuschauen solle, wie durch Schaffung einer vollendeten Tatsache nach der anderen China immer mehr in Abhängigkeit von Rußland geriet, oder sich eine Position sichern sollte, auf Grund deren es auch unter normalen Verhältnissen jederzeit seinen Einfluß auf die Gestaltung der Dinge in China geltend machen kann, statt sich mit nachträglichen Protesten begnügen zu müssen. Soweit lief und läuft die Pachtung der Kiautschoubucht auf den Erwerb einer Bürgschaft für die zukünftigen Interessen Deutschlands in China hinaus, als was sonst sie auch proklamiert wurde, und soweit könnte auch die Sozialdemokratie sie gutheißen, ohne sich das geringste an ihren Prinzipien zu vergeben.

Indes kann es sich bei der Unverantwortlichkeit der Leitung der auswärtigen Politik Deutschlands gar nicht um deren positive Unterstützung, sondern *nur um die richtige Begründung des negativen Verhaltens der Sozialdemokratie handeln.* Ohne Garantie dafür, daß solche Unternehmungen nicht doch über den Kopf der Volksvertretung hinweg zu anderen als den angegebenen Zwecken ausgenützt werden, etwa als Mittel, um irgendwelchen kleinen Tageserfolg zu erzielen, der die größeren Interessen der Zukunft preisgibt – ohne solche Bürgschaften kann die Sozialdemokratie keinen Anteil an der Verantwortung für Maßnahmen der auswärtigen Politik auf sich nehmen. [45]

Somit läuft, wie man sieht, die hier entwickelte Regel für die Stellungnahme zu den Fragen der auswärtigen Politik so ziemlich auf die bisher in der Praxis von der Sozialdemokratie beobachtete Haltung hinaus. Inwieweit sie in ihren grundsätzlichen Voraussetzungen mit der in der Partei herrschenden Anschauungsweise übereinstimmt, liegt nicht bei mir, zu erörtern.

Im großen und ganzen spielt bei diesen Dingen die Überlieferung eine viel größere Rolle, als wir meinen. Es liegt in der Natur aller vorwärtsstrebenden Parteien, auf schon vollzogene Änderungen nur geringes Gewicht zu legen. Ihr Hauptaugenmerk ist stets auf das gerichtet, was sich noch nicht geändert hat, eine für bestimmte Zwecke – das Setzen von Zielen – ganz berechtigte und nützliche Tendenz. Durchdrungen von ihr verfallen solche Parteien aber auch leicht der Gewohnheit, länger als nötig oder nützlich an überkommenen Urteilen festzuhalten, an deren Voraussetzungen sich sehr viel geändert hat. Sie übersehen oder unterschätzen diese Veränderungen, sie suchen immer mehr nach Tatsachen, jene Urteile trotzdem als richtig erscheinen zu lassen, als sie auf Grund der Gesamtheit der einschlägigen Tatsachen die Frage untersuchen, ob das Urteil nicht mittlerweile Vorurteil geworden ist.

Solch politischer Apriorismus scheint mir auch oft bei der Behandlung *der Frage der Kolonien* eine Rolle zu spielen.

Prinzipiell ist es für den Sozialismus oder die Arbeiterbewegung heute ganz gleichgültig, ob neue Kolonien Erfolge erzielen oder nicht. Die Vorstellung, daß die Ausbreitung der Kolonien die Verwirklichung des Sozialismus aufhalten werde, beruht zuletzt auf der ganz veralteten Idee, daß die Verwirklichung des Sozialismus von der zunehmenden Verengerung des Kreises der ganz Wohlhabenden und der steigenden Verelendung der Massen abhänge. Daß die erstere ein Märchen ist, ward in den früheren Abschnitten nachgewiesen, und die Elendstheorie ist nun so ziemlich allgemein aufgegeben worden, wenn nicht mit allen Konsequenzen und geradeheraus, so doch mindestens in der Form, daß man sie möglichst hinweginterpretiert. Aber selbst wenn sie richtig wäre, sind die Kolonien, um welche es sich heute für Deutschland handelt, auch entfernt nicht imstande, so schnell auf die sozialen Zustände daheim zurückzuwirken, daß sie einen etwaigen Zusammen-

---

45 *Zusatznote.* Zur richtigen Beurteilung des Vorstehenden sei daran erinnert, daß, als das Obenstehende geschrieben wurde, im Winter 1898/99, das durch den verlorenen Krieg mit Japan entkräftete, von inneren Wirren zerrüttete China unter völlige Botmäßigkeit des zarischen Rußland kommen zu wollen schien. Ich gebe aber zu, den Einfluß der Launen eines ihnen hemmungslos unterworfenen Monarchen auf die deutsche Auslandspolitik unterschätzt zu haben.

bruch auch nur um ein Jahr aufhalten könnten. In dieser Hinsicht hätte die deutsche Sozialdemokratie von der Kolonialpolitik des Deutschen Reiches ganz und gar nichts zu fürchten. Und weil dem so ist, weil die Entwicklung der Kolonien, die Deutschland erworben hat (und von denen, die es etwa noch erwerben könnte, gilt das gleiche), so viel Zeit in Anspruch nehmen wird, daß von nennenswerter Rückwirkung auf die sozialen Verhältnisse Deutschlands auf lange Jahre hinaus nicht die Rede sein kann, gerade aus diesem Grunde kann die deutsche Sozialdemokratie auch die Frage dieser Kolonien ohne Voreingenommenheit behandeln. Selbst von ernsthafter Rückwirkung des Kolonialbesitzes auf die politischen Verhältnisse in Deutschland kann nicht die Rede sein. Der Marinechauvinismus zum Beispiel steht unzweifelhaft mit dem Kolonialchauvinismus in enger Verbindung und zieht aus ihm eine gewisse Nahrung. Aber er würde auch ohne ihn bestehen, wie Deutschland seine Marine hatte, lange ehe es an den Erwerb von Kolonien dachte. Immerhin ist einzuräumen, daß dieser Zusammenhang noch am ehesten geeignet ist, eine grundsätzliche Bekämpfung der Kolonialpolitik zu rechtfertigen.

Sonst liegt wohl Grund vor, bei Erwerbung von Kolonien stets deren Wert und Aussichten streng zu prüfen und die Abfindung und Behandlung der Eingeborenen sowie die sonstige Verwaltung scharf zu kontrollieren, aber kein Grund, solchen Erwerb als etwas von vornherein Verwerfliches zu betrachten. Ihre durch das gegenwärtige Regierungssystem gebotene politische Stellung verbietet der Sozialdemokratie, in diesen Dingen eine andere als kritisierende Haltung einzunehmen, und die Frage, ob Deutschland heute der Kolonien bedarf, kann hinsichtlich der Kolonien, die überhaupt noch zu haben sind, mit gutem Fug verneint werden. Aber auch die Zukunft hat an uns ihre Rechte. Wenn wir berücksichtigen, daß Deutschland zur Zeit jährlich ganz erhebliche Mengen Kolonialprodukte einführt, so müssen wir uns auch sagen, daß einmal die Zeit kommen kann, wo es wünschenswert sein mag, mindestens einen Teil dieser Produkte aus eigenen Kolonien beziehen zu können. Wir mögen uns den Gang der Entwicklung in Deutschland so rasch wie nur möglich vorstellen, so werden wir uns doch darüber keinen Täuschungen hingeben können, daß in einer ganzen Reihe anderer Länder es noch eine geraume Zeit braucht, bis sie zum Sozialismus übergehen werden. Wenn es aber nicht verwerflich ist, die Produkte tropischer Pflanzungen zu genießen, so kann es auch nicht verwerflich sein, solche Pflanzungen selbst zu bewirten. Nicht das *Ob*, sondern das *Wie* ist hier das Entscheidende. Es ist weder nötig, daß Besetzung tropischer Länder durch Europäer den Eingeborenen Schaden an ihrem Lebensgenuß bringt, noch ist es selbst bisher durchgängig der Fall gewesen. Zudem kann nur ein bedingtes Recht der Wilden auf den von ihnen besetzten Boden anerkannt werden. Die höhere Kultur hat hier im äußersten Fall auch das höhere Recht. Nicht die Eroberung, sondern die Bewirtung des Bodens gibt den geschichtlichen Rechtstitel auf seine Benützung. [46]

Dies die wesentlichen Gesichtspunkte, welche meines Erachtens für die Stellung der Sozialdemokratie zu den Fragen der Kolonialpolitik maßgebend sein sollten. Auch sie würden in der Praxis keine nennenswerte Änderung in den Abstimmungen der Partei herbeiführen, aber es kommt, wiederhole ich, nicht nur darauf an, wie im gegebenen Fall abgestimmt wird, sondern auch, wie diese Abstimmung *begründet* wird.

Es gibt in der Sozialdemokratie Leute, denen jedes Eintreten für nationale Interessen als Chauvinismus oder Verletzung der Internationalität und der Klassenpolitik des Proletariats erscheint. Wie seinerzeit Domela Nieuwenhuis Bebels bekannte Erklärung, daß im Fall eines Angriffs von seiten Rußlands die Sozialdemokratie für die Verteidigung Deutschlands ihren Mann stellen werde, für Chauvinismus erklärte, so fand auch neuerdings Belfort Bax in einer ähnlichen Erklärung H.M. Hyndmans verwerflichen Jingoismus. [47] Es soll nun zugegeben werden, daß es nicht immer leicht ist, die Grenze zu bestimmen, wo die Vertretung der Interessen der eigenen Nation aufhört, berechtigt zu sein und in Afterpatriotismus übergeht; aber das Heilmittel gegen Übertreibungen nach dieser Seite hin liegt sicherlich nicht in noch größerer Übertreibung nach der anderen Seite. Es ist vielmehr im regen Gedankenaustausch der Demokratien der Kulturländer zu suchen und in *Unterstützung aller für den Frieden wirkenden Faktoren und Institute.*

Kehren wir jedoch zur Frage der nächsten Forderungen des Parteiprogramms zurück. Wenn einige dieser Forderungen in der Agitation und parlamentarischen Aktion der Partei bisher gar nicht oder nur in Form von Teilreformen auf die Tagesordnung gestellt wurden, so ist hinsichtlich anderer das Ziel hier und da schon weiter gesteckt worden, als es das Programm verlangt. So fordert dieses, daß die Erwerbsarbeit der Kinder unter vierzehn Jahren verboten werde, auf dem Züricher Arbeiterschutzkongreß von 1897

---

46 „Selbst eine ganze Gesellschaft, eine Nation, ja alle gleichzeitigen Gesellschaften zusammengenommen sind nicht Eigentümer der Erde. Sie sind nur ihre Besitzer, ihre Nutznießer und haben sie als boni patres familias den nachfolgenden Generationen verbessert zu hinterlassen." (Marx, Kapital, III, 2, Seite 309.)

47 Hyndman vertritt mit großer Entschiedenheit die Idee, daß England zum Schutz seiner Nahrungsmittelzufuhr einer jeder möglichen Kombination von Gegnern gewachsene Kriegsflotte bedarf. „Unsere Existenz als eine Nation von freien Menschen hängt von unserer Beherrschung der See ab. Dies kann von keinem anderen Volke der Gegenwart gesagt werden. So sehr wir Sozialisten naturnotwendig Gegner von Rüstungen sind, müssen wir doch die Tatsachen anerkennen." („Justice", 31. Dezember 1898.)

ward dagegen fünfzehn Jahre als die Mindestgrenze für die Erwerbsarbeit der Kinder bezeichnet, und verschiedenen Sozialisten ist auch das noch zu wenig. Es ist indes meine Überzeugung, daß unter den gegebenen Verhältnissen diese Erweiterung nicht als eine Verbesserung betrachtet werden kann. Wird die Arbeitszeit auf ein Maß beschränkt, wie es der junge Körper ohne Schaden verträgt und das ausreichende Zeit zu Spiel, Erholung und Fortbildung frei läßt, so ist der Beginn produktiven Arbeitens für junge Leute, die das vierzehnte Lebensjahr zurückgelegt haben, kein so großes Übel, daß ein allgemeines Verbot gegen sie nötig wäre. Es kommt da ganz auf die Natur und die Bedingungen der Arbeit an, wie das übrigens die Gesetzgebung grundsätzlich heute schon anerkennt, indem sie für einzelne Gewerbe die Beschäftigung jugendlicher Arbeiter ganz verbietet, in anderen die Tageszeiten genau bestimmt, während deren sie stattfinden darf. In der Weiterausbildung dieser Regulierungen sowie in der Vervollkommnung des Unterrichtswesens sehe ich die rationelle Entwicklung des Jugendschutzes und nicht in mechanischer Heraufsetzung der Altersgrenze für die gewerbliche Arbeit.

Der Zusammenhang dieser Frage mit der Schulfrage ist übrigens allgemein anerkannt. Von der Schule her und in Verbindung mit dieser ist die Frage der jugendlichen Arbeit zu regeln, wenn das Resultat befriedigend sein soll. [48] Wo und soweit die gewerbliche Arbeit der Gesundheitspflege und den geistigen und sittlichen Erziehungsaufgaben der Schule Eintrag tut, ist sie zu verbieten, dagegen ist jedes allgemeine Verbot, das auch nicht mehr

---

48 In einer Schrift „Wie es gemacht werden kann" hat ein englischer Ingenieur, John Richardson, Mitglied der sozialdemokratischen Föderation, einen Plan der Verwirklichung des Sozialismus ausgearbeitet, nach dem der Unterricht bis zum einundzwanzigsten Jahre obligatorisch gemacht und mit vollständig freiem Unterhalt der Schüler verbunden werden soll. Aber vom vierzehnten Jahre ab sollen je vier Stunden und vom neunzehnten Jahr ab je sechs Stunden täglich produktiver Arbeit gewidmet werden. Darin und in verschiedenen anderen Punkten geht der Plan, so sehr er die ökonomischen Schwierigkeiten der Sache unterschätzt, jedenfalls von durchaus vernünftigen Grundsätzen aus. „Soll eine soziale Reform erfolgreich ausfallen", schreibt der Verfasser, „so muß sie folgenden Bedingungen nachkommen: Erstens muß sie möglich sein, das heißt sie muß mit der menschlichen Natur rechnen, wie sie ist und nicht wie sie sein sollte; zweitens darf sie keine gewaltsame und plötzliche Veränderung in der Verfassung der Gesellschaft versuchen; drittens muß, während die Anwendung schrittweise erfolgt, die Wirkung jedesmal eine unmittelbare und sichere sein; viertens muß sie, wenn erst eingeleitet, in ihrer Wirkung dauernd sein und automatisch funktionieren; fünftens muß ihr Wirken den Anforderungen der Gerechtigkeit, ihre Verwirklichung denen der Billigkeit entsprechen, und sechstens muß sie elastisch sein, das heißt beständige Erweiterung, Modifizierung und Vervollkommnung zulassen." („How it can be done, or Constructive Socialism. London, The Twentieth Century Press.)

schulpflichtige Altersklassen trifft, entschieden zu verwerfen. Ganz und gar verkehrt ist es, in diese Frage solche ökonomische Rücksichten wie Beschränkung der Produktion oder Arbeiterkonkurrenz hineinspielen zu lassen. Im Gegenteil wird es immer gut sein, sich gegenwärtig zu halten, daß die produktive oder, um einen weniger zweideutigen Ausdruck zu gebrauchen, die gesellschaftlich nützliche Arbeit einen hohen Erziehungswert besitzt und schon darum nicht als eine Sache betrachtet werden darf, die um ihrer selbst willen bekämpfenswert ist.

Von größerer Bedeutung als die Frage der Erhöhung der schon auf dem Programm stehenden Forderungen ist heute die Frage der *Ergänzung* des Parteiprogramms. Hier hat die Praxis eine ganze Reihe von Fragen auf die Tagesordnung gesetzt, die bei Schaffung des Programms teils als in noch zu weiter Ferne liegend betrachtet wurden, als daß die Sozialdemokratie sich speziell mit ihnen zu befassen habe, teils aber auch in ihrer Tragweite nicht hinreichend erkannt wurden. Hierhin gehören die *Agrarfrage,* die Fragen der *Kommunalpolitik,* die *Genossenschaftsfrage* und verschiedene Fragen des *gewerblichen Rechts.* Das große Wachstum der Sozialdemokratie in den acht Jahren seit Abfassung des Erfurter Programms, seine Rückwirkung auf die innere Politik Deutschlands sowie die Erfahrungen anderer Länder haben die intimere Beschäftigung mit all diesen Fragen unabweisbar gemacht, und dabei sind denn manche Ansichten, die damals hinsichtlich ihrer vorherrschten, wesentlich berichtigt worden.

II. Die Agrarfrage

Was die *Agrarfrage* anbetrifft, so haben selbst diejenigen, die die bäuerliche Wirtschaft für dem Untergang geweiht betrachten, ihre Anschauungen über das Zeitmaß der Vollziehung dieses Untergangs erheblich geändert. Bei den neueren Debatten über die von der Sozialdemokratie zu beobachtende Agrarpolitik haben zwar auch noch große Meinungsverschiedenheiten über diesen Punkt mitgespielt, aber prinzipiell drehten sich diese darum, ob und gegebenenfalls bis zu welcher Grenze die Sozialdemokratie dem Bauern als solchem, das heißt als selbständigem ländlichen Unternehmer, gegen den Kapitalismus Beistand zu leisten habe.

Die Frage ist leichter gestellt als beantwortet. Daß die große Masse der Bauern, wenn sie auch keine Lohnarbeiter sind, dennoch zu den arbeitenden Klassen gehören, das heißt ihre Existenz nicht aus bloßem Besitztitel oder Geburtsprivilegium ziehen, stellt sie von vornherein der Lohnarbeiterschaft näher. Andererseits bilden sie in Deutschland einen so bedeutenden Bruchteil der Bevölkerung, daß bei Wahlen in sehr vielen Kreisen ihre Stimmen den Entscheid zwischen kapitalistischen und sozialistischen Parteien geben. Wollte oder will die Sozialdemokratie sich nicht darauf beschränken, Arbeiterpartei in dem Sinne zu sein, daß sie im wesentlichen nur die politische Ergänzung der Gewerkschaftsbewegung bildet, so muß sie darauf bedacht sein, mindestens einen großen Teil der Bauern am Siege ihrer Kandidaten zu interessieren. Das geht bei der Masse der Kleinbauern auf die Dauer nur dadurch, daß man für Maßregeln eintritt, die ihnen in unmittelbarer Zukunft Besserung in Aussicht stellen, ihnen unmittelbare Erleichterung bringen. Aber die Gesetzgebung kann bei vielen dahinzielenden Maßregeln nicht zwischen Klein- und Mittelbauer unterscheiden, und andererseits kann sie nicht dem Bauern als Staatsbürger und Arbeiter helfen, ohne ihn mindestens indirekt auch als „Unternehmer" zu unterstützen.

Es zeigt sich dies unter anderem an dem Programm sozialistischer Agrarpolitik, das Kautsky am Schlusse seines Werkes über die Agrarfrage unter der Rubrik „Die Neutralisierung der Bauernschaft" skizziert hat. Kaustky weist überzeugend nach, daß selbst nach einem Siege der Sozialdemokratie für diese kein Grund vorliege, die Beseitigung der bäuerlichen Güter mit Hochdruck zu betreiben, ist aber auch zugleich entschiedener Gegner der Unterstützung solcher Maßregeln oder Aufstellung solcher Forderungen, die darauf abzielen, „Bauernschutz" in dem Sinne zu bilden, daß sie den Bauern als Unternehmer künstlich erhalten. Er schlägt nun eine ganze Reihe von Reformen vor, beziehungsweise erklärt ihre Unterstützung für zulässig, die auf Entlastung der Landgemeinden und Vermehrung ihrer Einnahmequellen hinauslaufen. Welcher Klasse aber würden diese Maßregeln in erster Reihe zugute kommen? Nach Kautskys eigener Darlegung den Bauern. Denn wie er an anderer Stelle seines Werkes betont, könne auf dem Land selbst unter der Herrschaft des allgemeinen Stimmrechts von nennenswerter Einwirkung des Proletariats auf die Gemeindeangelegenheiten nicht die Rede sein. Dazu sei es dort zu isoliert, zu rückständig, zu abhängig von den wenigen Arbeitgebern, die es kontrollieren. „An eine andere Kommunalpolitik als eine im Interesse des Grundbesitzes ist da nicht zu denken." Ebensowenig sei heute „an eine moderne Landwirtschaft durch die Gemeinde, an einen genossenschaftlichen landwirtschaftlichen Großbetrieb, betrieben von der Dorfgemeinde, zu denken". („Die Agrarfrage", Seite 337 und 338.) Soweit und solange das richtig, würden aber Maßregeln wie „Einverleibung der Jagdbezirke des großen Grundbesitzes in die Landgemeinden", „Verstaatlichung der Schul-, Armen- und Wegelasten" offenbar zur Verbesserung der ökonomischen Lage der Bauern und damit auch zur Befestigung ihres Besitzes beitragen, praktisch also doch als Bauernschutz wirken.

Unter zwei Voraussetzungen scheint mir das Eintreten für solchen Bauernschutz unbedenklich: Erstens, daß ihm ein kräftiger Schutz der ländlichen

Arbeiter gegenübersteht, und zweitens, daß, was ohnehin Vorbedingung seiner Verwirklichung ist, Demokratie in Staat und Gemeinde herrscht. [49] Beides ist auch bei Kautsky unterstellt. Aber Kautsky unterschätzt das Gewicht der ländlichen Arbeiter in der demokratisierten Landgemeinde. So hilflos, wie er es an der angegebenen Stelle beschreibt, sind die Landarbeiter nur noch in solchen Gemeinden, die ganz außerhalb des Verkehrs liegen, und deren Zahl wird immer geringer. Im allgemeinen ist der Landarbeiter, wofür Kautsky selbst genug Material vorführt, sich heute schon seiner Interessen ziemlich bewußt und würde es unter dem allgemeinen Stimmrecht immer mehr werden. Außerdem bestehen in den meisten Gemeinden zwischen den Bauern selbst allerhand Interessengegensätze und zählt die Dorfgemeinde in Handwerkern und kleineren Geschäftsleuten Elemente, die in vielen Dingen mehr Interessen mit den Landarbeitern als mit der Bauernaristokratie gemein haben. All das würde es in den wenigsten Fällen dazu kommen lassen, daß die Landarbeiter allein einer geschlossenen „reaktionären Masse" gegenüberständen. Auf die Dauer müßte vielmehr auch in der Landgemeinde die Demokratie im Sinne des Sozialismus wirken. Ich halte die Demokratie im Verein mit den Rückwirkungen der großen Umwälzungen im Verkehrswesen für mächtigere Hebel der Emanzipation der Landarbeiter als die technischen Veränderungen der bäuerlichen Wirtschaft.

Faktisch ist übrigens Kautskys Programm in der Hauptsache, und zwar gerade in den Punkten, auf die er das größte Gewicht legt, bloß Anwendung der Forderungen der bürgerlichen Demokratie auf die Agrarverhältnisse, verstärkt durch ausgedehnte Schutzbestimmungen für die ländlichen Arbeiter. Nach dem Vorausgeschickten liegt es auf der Hand, daß dies in meinen Augen nichts weniger als ein Tadel sein soll. Auch sage ich damit nichts, was nicht Kautsky selbst sehr ausdrücklich hervorgehoben hat. Er meint sogar, seinem Programm den Titel eines sozialdemokratischen Agrarprogramms absprechen zu müssen, weil dessen Forderungen zugunsten der Landarbeiter in der ländlichen Selbstverwaltung teils schon in den Arbeiterschutzforderungen und den nächsten politischen Forderungen der Sozialdemokratie im wesentlichen enthalten seien, teils aber, außer der Forderung der Verstaat-

---

49 Ich sehe hier von den verwaltungstechnischen Fragen ab, die mit diesen Fragen verknüpft sind. Offenbar wäre es ein Widersinn, dem einen Körper – dem Staat – die Pflicht der Aufbringung der Mittel, dem anderen – den Gemeinden – ein unbeschränktes Verfügungsrecht über diese Mittel zuzuweisen. Entweder müßte dem Staat als dem Organ, das die Mittel aufbringt, ein weitgehendes Recht finanzieller Kontrolle der Gemeindeausgaben eingeräumt werden, oder aber es müßten die Gemeinden mindestens für einen Anteil an den Kosten der aufgeführten Zwecke selbst aufzukommen haben, so daß zweckwidrige Ausgaben auch ihnen zur Last fielen.

lichung der Wald- und Wasserwirtschaft, nur „kleine Mittel" aufzähle, die anderwärts teilweise schon durchgeführt seien und bezüglich deren sich die Sozialdemokratie von anderen Parteien nur durch die Rücksichtslosigkeit unterscheide, mit der sie das Allgemeininteresse gegen das Privateigentum vertrete. Indes hängt es ja auch gar nicht von der Tragweite der einzelnen Forderungen, sondern vom Charakter und der Tragweite der *Gesamtheit* der Forderungen in ihrem Zusammenhange ab, ob ein Programm als sozialdemokratisch bezeichnet werden kann oder nicht. Die Sozialdemokratie kann als nächste Forderungen nur solche aufstellen, die auf die Verhältnisse in der Gegenwart passen, wobei die Bedingung ist, daß sie in sich den Keim zur Weiterentwicklung in der Richtung der von ihr erstrebten Gesellschaftsordnung tragen. Es gibt aber keine Forderung dieser Art, für welche nicht die eine oder die andere nichtsozialdemokratische Partei auch eintreten könnte und wird. Eine Forderung, die alle bürgerlichen Parteien notwendigerweise zu prinzipiellen Gegnern hätte, wäre durch diese Tatsache allein als utopistisch gekennzeichnet. Die Sozialdemokratie kann andererseits Forderungen, die unter den gegebenen Wirtschafts- und Machtverhältnissen mehr zur Befestigung der heutigen Eigentums- und Herrschaftsverhältnisse als zu deren Lockerung dienen würden, nicht daraufhin aufstellen, daß die betreffenden Maßnahmen unter anderen Verhältnissen, auf einer vorgerückteren Stufe der Entwicklung, Hebel zur sozialistischen Umgestaltung der Produktion werden können. Eine solche Forderung, von der Kautsky nach sorgfältiger Prüfung Abstand genommen hat, ist zum Beispiel die der Verstaatlichung der Hypotheken.

Ich versage es mir, Kautskys Programm, dem ich, wie schon bemerkt, prinzipiell durchaus zustimme, in allen Einzelheiten durchzugehen, glaube aber einige auf es bezügliche Bemerkungen nicht unterdrücken zu sollen. Für mich lassen sich, wie schon dargelegt, die Hauptaufgaben, welche die Sozialdemokratie heute gegenüber der Landbevölkerung zu erfüllen hat, in drei Gruppen zerlegen. Nämlich *1. Bekämpfung aller noch vorhandener Reste und Stützen der Grundbesitzerfeudalität und Kampf für die Demokratie* in der *Gemeinde* und dem *Distrikt*. Also Eintreten für Aufhebung der Fideikommisse, der Gutsbezirke, der Jagdprivilegien usw. wie bei Kautsky. In Kautskys Fassung „Durchführung vollster Selbstverwaltung in der Gemeinde und der Provinz" scheint mir das Wort „vollster" nicht gut gewählt und würde ich es durch das Wort „demokratisch" ersetzen. Superlative sind fast immer irreführend. „Vollste Selbstverwaltung" kann auf den Kreis der *Teilnehmer* gehen, wo das, was es sagen will, sicher besser durch demokratische Selbstverwaltung bezeichnet wird; es kann aber auch auf die *Verfügungsrechte* gehen, und da würde es einen Absolutismus der Gemeinde bedeuten, der weder nötig ist noch mit den Anforderungen einer gesunden Demokratie vereinbar wäre. Über der Gemeinde steht, ihr bestimmte Funktionen zuweisend und das Gesamtinteresse gegen ihr Sonderinteresse vertretend, die allgemeine Gesetzgebung der Nation. *2. Schutz und Entlastung der arbeitenden Klasse in der Landwirtschaft.* Unter diese Rubrik fällt der Arbeiterschutz im engeren Sinne: Aufhebung der Gesindeordnung, Begrenzung der Arbeitszeit der verschiedenen Kategorien der Lohnarbeiter, Gesundheitspolizei, Unterrichtswesen sowie solche Maßregeln, welche den Kleinbauern als Steuerzahler entlasten. In Hinsicht des Arbeiterschutzes scheint mir Kautskys Vorschlag, die Arbeit der jugendlichen Arbeiter zwischen 7 Uhr abends und 7 Uhr morgens zu verbieten, nicht zweckmäßig. In den Sommermonaten würde dies Verlegung der Arbeiten von den Morgenstunden in die heißeste Tageszeit bedeuten, wo jetzt vielmehr gewöhnlich die Arbeit gänzlich ruht. Auf dem Lande wird im Sommer allgemein früh aufgestanden, und für gewisse Arbeiten in der Erntezeit ist zeitiger Beginn unumgänglich.[50] Der Normalarbeitstag läßt sich auf dem Lande nicht in der gleichen Weise durchführen wie in der Industrie. Seine Verwirklichung ist nur möglich, wie dies Kautsky auch selbst ausführt, durch das Mittel eines Arbeitsplans, der für den ganzen Kreislauf der Arbeiten des Jahres festgesetzt wird, auf die Natur der verschiedenen, vom Wetter usw. abhängigen Saisonarbeiten Rücksicht nimmt und dem für die jüngeren Arbeiter ebenso wie für die Erwachsenen ein Durchschnitt des Höchstmaßes der zulässigen Arbeitszeit zugrunde gelegt wird. Dem Normalarbeitstag von acht Stunden für die Erwachsenen würde dann ein Normalarbeitstag von sechs Stunden für die jungen Leute entsprechen. *3. Bekämpfung des Eigentumsabsolutismus und Förderung des Genossenschaftswesens.* Hierunter fallen Forderungen wie „Einschränkung der Rechte des Privateigentums am Boden zur Förderung: 1. der Separation, der Aufhebung der Gemenglage, 2. der Landeskultur, 3. der Seuchenverhütung" (Kautsky). „Reduzierung übermäßiger Pachtzinsen durch dazu eingesetzte Gerichtshöfe" (Kautsky). Bau gesunder und bequemer Arbeiterwohnungen durch die Gemeinden. „Erleichterung des genossenschaftlichen Zusammenschlusses durch die Gesetzgebung" (Kautsky). Berechtigung der Gemeinden, Boden durch Kauf oder Expropriation zu erwerben und an Arbeiter und Arbeitergenossenschaften zu billigem Zins zu verpachten.[51]

---

50 So in der Wiesenkultur beim Schnitt des Grases, wobei den jungen Personen die Aufgabe zufällt, das geschnittene Gras auszubreiten, damit es tagsüber in der Sonne trockne. Will man ihnen diese Arbeit und die ergänzende Arbeit des Wendens und Häufens nicht verbieten, so ist es ihnen wie der Sache selbst zuträglicher, diese in den heißesten Monaten etwa in der Zeit von 6 bis 10 Uhr vormittags und 4 bis 8 Uhr nachmittags zu erlauben.

51 Einen derartigen, allerdings mit zuviel Einschränkungen versehenen Paragraphen enthält das neue englische Lokalverwaltungsrecht. Er war in der ursprünglichen

III. Die Genossenschaftspolitik

Die letztgenannte Forderung leitet zur *Genossenschaftsfrage* über. Nach dem, was im Abscchnitt über die ökonomischen Möglichkeiten der Genossenschaften gesagt wurde, kann ich hier kurz sein. Es handelt sich heute nicht darum, ob Genossenschaften sein sollen oder nicht. Sie sind und werden sein, ob die Sozialdemokratie es will oder nicht. Zwar könnte oder kann sie durch das Gewicht ihres Einflusses auf die Arbeiterklasse die Ausbreitung der Arbeitergenossenschaften verlangsamen, aber dadurch würde sie weder sich noch der Arbeiterklasse einen Dienst leisten. Ebensowenig empfiehlt sich das spröde Manchestertum, das vielfach in der Partei gegenüber der Genossenschaftsbewegung an den Tag gelegt und mit der Erklärung begründet wird, es könne innerhalb der kapitalistischen Gesellschaft keine sozialistischen Genossenschaften geben. Es gilt vielmehr bestimmt Stellung zu nehmen und sich klar zu werden, welche Genossenschaften die Sozialdemokratie empfehlen und nach Maßgabe ihrer Mittel moralisch unterstützen kann und welche nicht. Die Resolution, welche der Berliner Parteitag von 1892 bezüglich des Genossenschaftswesens gefaßt hat, ist schon deshalb ungenügend, weil sie nur eine Form desselben, die industrielle Produktivgenossenschaft, im Auge hat, gegenüber der, soweit sie als selbständiges Konkurrenzunternehmen gegen die kapitalistischen Fabriken gedacht ist, allerdings die größte Sprödigkeit am Platze ist. Aber was von ihren wirtschaftlichen Möglichkeiten gilt, gilt nicht von anderen Formen der genossenschaftlichen Unternehmung. Es gilt nicht von den Konsumgenossenschaften und den mit ihnen verbundenen Produktionsanstalten. Und es fragt sich, ob es nicht auch hinfällig ist hinsichtlich der ländlichen Genossenschaft.
Wir haben gesehen, welchen außerordentlichen Aufschwung die Kredit-, Einkaufs-, Molkerei-, Werk- und Vertriebsgenossenschaften in allen modernen Ländern bei der Landbevölkerung nehmen. Aber diese Genossenschaften sind in Deutschland durchgängig Bauerngenossenschaften, Repräsentanten der „Mittelstandsbewegung" auf dem Lande. Daß sie im Verein mit der Verbilligung des Zinsfußes, die die steigende Kapitalakkumulation mit sich bringt, in der Tat viel dazu beitragen können, bäuerliche Wirtschaften gegenüber dem Großbetrieb konkurrenzfähig zu erhalten, halte ich für unwiderlegt. Diese bäuerlichen Genossenschaften sind denn auch zumeist der Tummelplatz von antisozialistischen Elementen, von kleinbürgerlichen Liberalen,

---

Fassung, in der die liberale Regierung ihn 1894 vorschlug, viel radikaler, mußte aber angesichts der Opposition der Konservativen, hinter denen das Haus der Lords stand, abgeschwächt werden.

Klerikalen, Antisemiten. Für die Sozialdemokratie kommen sie heute fast überall außer Betracht, wenn es auch in ihren Reihen manchen Kleinbauern geben mag, dem die Sozialdemokratie näher steht als jene Parteien. Den Ton gibt bei ihnen der Mittelbauer an. Wenn die Sozialdemokratie jemals Aussicht hatte, durch das Mittel der Genossenschaften stärkeren Einfluß auf die betreffende Schicht der Landbevölkerung zu gewinnen, so hat sie den Anschluß eben verpaßt. Für sie kann oder könnte heute nur die Genossenschaft der Landarbeiter und Zwergbauern in Betracht kommen, deren Form noch nicht gefunden oder jedenfalls noch nicht erprobt ist. Bedenken wir aber, daß dauernde gewerkschaftliche Organisationen der Landarbeiter bisher selbst in England noch nicht möglich gewesen sind, wo keine Gesindeordnung und kein Koalitionsverbot sie hindern, daß daher ihre Aussichten auch bei uns sehr gering sind[52], während andererseits alle möglichen Agenten heute am Werke sind, durch Rentengüter und ähnliche Schöpfungen Landarbeiter an die Scholle zu ketten, dann müssen wir uns auch sagen, daß der Sozialdemokratie die Aufgabe zufällt, mindestens einen Weg aufzuzeigen, der die Landarbeiter befähigte, sich auf ihre eigene Weise das Mittel der Genossenschaft zunutze zu machen. Die wichtigsten Erfordernisse dazu sind: genügender Grund und Boden und Eröffnung von Absatzmöglichkeiten. Im Hinblick auf das erstere scheint mir die oben formulierte Forderung, wonach die Gemeinden das Recht erhalten sollten, Boden durch Enteignung zu erwerben und zu billigen Bedingungen an Arbeitergenossenschaften zu verpachten, diejenige, die bei demokratischer Entwicklung am nächsten liegt. Die Absatzmöglichkeit aber würden der ländlichen Arbeitergenossenschaft, sofern sie mit dem Boykott der kapitalistischen Geschäftswelt zu kämpfen hätte, die Arbeiterkonsumgenossenschaften der Städte bieten können.

Indes stehen die ländlichen Arbeitergenossenschaften damit noch auf dem Papier, denn die Demokratie soll erst noch erkämpft werden. Es könnte nun noch die Gründung solcher durch Selbsthilfe oder Privatmittel in Betracht kommen, wie F. Oppenheimer sie vorschlägt. Das ist aber eine Sache, die ebenso wie die Gründung von Konsumgenossenschaften für die Sozialdemokratie als Partei außerhalb des Bereichs ihrer Aufgaben liegt. Als politische

---

52 *Zusatznote.* Über die sehr bedeutenden Erfolge, welche die Landarbeiterbewegung Italiens seit einigen Jahren verzeichnen kann, scheint mir eine abschließende Beurteilung ihrer sozialökonomischen Wirkung noch nicht am Platze. Sie sind aber jedenfalls der Beachtung wert. Hat doch die Erkämpfung der demokratischen Republik in Deutschland auch den deutschen Landarbeitern, deren Organisation schon in den letzten Jahren vor dem Krieg einen schönen Aufschwung genommen hatte, den Weg zu großen Schöpfungen freigelegt.

Kampfpartei kann sie sich nicht auf wirtschaftliche Experimente einlassen. Ihre Aufgabe ist es, die gesetzlichen Hindernisse aus dem Wege zu räumen, welche der genossenschaftlichen Bewegung der Arbeiter im Wege stehen, und für die zweckmäßige Umgestaltung derjenigen Verwaltungsorgane zu kämpfen, die eventuell berufen sind, die Bewegung zu fördern.

Wenn aber die Sozialemokratie als Partei nicht den Beruf hat, Konsumgenossenschaften zu gründen, so heißt das nicht, daß sie ihnen kein Interesse widmen soll. Die beliebte Erklärung, die Konsumgenossenschaften seien keine sozialistischen Unternehmungen, beruht auf demselben Formalismus, wie er lange gegenüber den Gewerkschaften geübt wurde und jetzt anfängt, dem entgegengesetzten Extrem Platz zu machen. Ob eine Gewerkschaft oder ein Arbeiterkonsumverein sozialistisch sind oder nicht, hängt nicht von ihrer Form ab, sondern von ihrem *Wesen,* von dem *Geiste,* der sie durchdringt. Sie sind sicherlich niemals der Wald, aber sie sind Bäume, die sehr nützliche Teile und wahre Zierden des Waldes abgeben können. Unbildlich gesprochen, sie sind nicht *der* Sozialismus, aber sie tragen als Arbeiterorganisationen genug vom Element des Sozialismus in sich, um sich zu wertvollen und unerläßlichen Hebeln der sozialistischen Befreiung zu entwickeln. Ihren wirtschaftlichen Aufgaben werden sie sicher am besten nachkommen, wenn sie in ihrer Organisation und Verwaltung vollständig sich selbst überlassen bleiben. Aber wie sich die Abneigung und selbst Gegnerschaft, die viele Sozialisten früher der Gewerkschaftsbewegung gegenüber fühlten, allmählich in freundschaftliche Neutralität und dann in das Gefühl der Zusammengehörigkeit verwandelt hat, so wird es ähnlich mit den Konsumvereinen gehen — ist es teilweise schon mit ihnen gegangen. Die Praxis ist auch hier die stärkste Führerin.[53]

Diejenigen Elemente, die Feinde nicht nur der revolutionären, sondern jeder Emanzipationsbewegung der Arbeiter sind, haben durch ihren Feldzug gegen die Arbeiterkonsumvereine die Sozialdemokratie genötigt, als Partei für diese einzutreten. Ebenso hat die Erfahrung gezeigt, daß solche Befürchtungen, wie daß die Genossenschaften der politischen Arbeiterbewegung intellektuelle oder andere Kräfte entziehen würden, durchaus unbegründet sind. An einzelnen Orten mag das vorübergehend einmal der Fall sein, auf die Dauer wird aber überall eher das Umgekehrte eintreten. Die Sozialdemokratie kann der Gründung von Arbeiterkonsumgenossenschaften, wo die wirtschaftlichen und gesetzlichen Vorbedingungen dazu gegeben sind, ohne Bedenken zusehen, und sie wird gut tun, ihnen ihr volles Wohlwollen zu schenken und sie nach Möglichkeit zu fördern.

---

53 *Zusatznote.* Seitdem das Obige geschrieben wurde, hat sich der Arbeiterkonsumverein seine volle Anerkennung in der Sozialdemokratie erkämpft.

Nur unter einem Gesichtspunkt könnte der Arbeiterkonsumverein prinzipiell als bedenklich erscheinen, nämlich als das Gute, das dem Besseren im Wege steht, wobei als das Bessere die Organisation der Güterbeschaffung und des Gütervertriebs durch die Gemeinden zu gelten hätte, wie sie in fast allen sozialistischen Systemen vorgezeichnet wird. Aber erstens braucht der demokratische Konsumverein, um alle Mitglieder der Gemeinde zu umfassen, in der er seinen Sitz hat, gar keine prinzipielle Änderung, sondern nur eine Erweiterung seiner Konstitution, die durchaus im Einklang mit seinen natürlichen Tendenzen steht (an einzelnen kleineren Orten sind Konsumgenossenschaften heute schon sehr nahe daran, alle Bewohner der Gemeinde als Mitglieder zu zählen), und zweitens liegt die Verwirklichung dieses Gedankens noch in so weiter Ferne, setzt sie so viele politische und wirtschaftliche Veränderungen und Zwischenstufen der Entwicklung voraus, daß es unsinnig wäre, im Hinblick auf sie auf die Vorteile zu verzichten, welche die Arbeiter heute mittels der Konsumvereine erzielen können. Heute kann es sich, soweit die politischen Gemeinden in Betracht kommen, nur um Fürsorge für ganz bestimmte allgemeine Bedürfnisse durch sie handeln.

IV. Die Kommunalpolitik

Damit kommen wir schließlich zur *Gemeindepolitik der Sozialdemokratie.* Auch diese war lange Zeit das oder ein Stiefkind der sozialistischen Bewegung. Es ist zum Beispiel noch nicht allzulange her, daß in einem mittlerweile eingegangenen, von sehr geistreichen Leuten redigierten sozialistischen Blatte des Auslands der Gedanke, die Munizipalitäten heute schon als Hebel sozialistischer Reformarbeit zu benützen und, ohne deshalb von der parlamentarischen Aktion abzusehen, von der Gemeinde her an die Verwirklichung sozialistischer Forderungen zu gehen, mit Hohn als kleinbürgerlich zurückgewiesen wurde. Die Ironie des Schicksals hat es gewollt, daß der Hauptredakteur jenes Blattes nur auf dem Rücken des Munizipalsozialismus ins Parlament seines Landes einzurücken vermocht hat. Ähnlich hat in England die Sozialdemokratie in den Gemeinden ein ergiebiges Feld fruchtbarer Tätigkeit gefunden, ehe es ihr gelungen ist, eigene Vertreter ins Parlament zu schicken. In Deutschland war die Entwicklung eine andere, hier hatte die Sozialdemokratie längst parlamentarisches Bürgerrecht erlangt, ehe sie in den Gemeindevertretungen in nennenswertem Maße Fuß faßte. Mit ihrer wachsenden Ausbreitung mehrten sich indes auch ihre Erfolge in den Gemeinderatswahlen, so daß sich immer mehr die Notwendigkeit der Ausarbeitung eines sozialistischen Kommunalprogramms herausgestellt hat, wie solche für einzelne Staaten oder Provinzen auch schon vereinbart wurden. So hat erst kürzlich, am 27. und 28. Dezember 1898, eine Konferenz sozialistischer Gemeindevertreter der Provinz Brandenburg sich über ein Programm für Gemeindewahlen geeinigt, das im ganzen seinem Zweck vortrefflich entsprechen dürfte und in keinem Punkte zu prinzipieller Kritik herausfordert. Aber es beschränkt sich, wie man dies von einem Aktionsprogramm auch nicht anders erwarten kann, auf Forderungen, die innerhalb der heute den Gemeinden zustehenden Rechte liegen, ohne sich auf eine prinzipielle Auseinandersetzung darüber einzulassen, welches nach sozialistischer Auffassung die Rechte und die Aufgaben der Gemeinde sein sollen. Auf diese Frage hätte dagegen ein allgemeines Kommunalprogramm der Sozialdemokratie wohl mit einigen Worten einzugehen. Was verlangt die Sozialdemokratie *für* die Gemeinde, und was erwartet sie *von* der Gemeinde?

Das Erfurter Programm sagt in dieser Hinsicht nur: „Selbstbestimmung und Selbstverwaltung des Volkes in Reich, Staat, Provinz und Gemeinde, Wahl der Behörden durch das Volk", und verlangt für alle Wahlen das allgemeine, gleiche und direkte Stimmrecht aller Erwachsenen. Über das rechtliche Verhältnis der aufgezählten Verwaltungskörper zueinander äußert es sich nicht. Zweifelsohne hat die Masse der Delegierten, gleich dem Schreiber dieses, seinerzeit die Sache so verstanden, daß die Reihenfolge in der Aufzählung der Körper ihre rechtliche Rangordnung anzeigen sollte, so daß in Konfliktfällen Reichsgesetz über Staatsgesetz usw. zu gehen hätte. Aber damit würde zum Beispiel die Selbstbestimmung des Volkes in der Gemeinde zum Teil wieder aufgehoben beziehungsweise eingeschränkt. Wie weiter oben ausgeführt, halte ich in der Tat auch heute noch dafür, daß das Gesetz oder der Beschluß der Nation die höchste Rechtsinstanz der Gesellschaft zu bilden hat. Indes das sagt nicht, daß die Begrenzung der Rechte und Vollmachten zwischen Staat und Gemeinde dieselbe sein soll, die sie heute ist.

Heute ist zum Beispiel das Enteignungsrecht der Gemeinden sehr eingeschränkt, so daß eine ganze Reihe von Maßnahmen wirtschaftspolitischen Charakters am Widerstand oder an übertriebenen Forderungen der Grundeigentümer ein geradezu unübersteigbares Hindernis finden würden. Eine Erweiterung des Enteignungsrechts wäre demgemäß eine der nächsten Forderungen des Kommunalsozialismus. Es ist indes nicht nötig, ein absolutistisches, ganz unbeschränktes Enteignungsrecht zu verlangen. Die Gemeinde würde immer zu verpflichten sein, sich bei Enteignungen an die Bestimmungen des allgemeinen Rechtes zu halten, die den einzelnen gegen Willkür zufälliger Mehrheiten schützen. Eigentumsrechte, die *das allgemeine Gesetz* zuläßt, müssen in jedem Gemeinwesen unantastbar sein, solange als und in dem Maße wie das allgemeine Gesetz sie zuläßt. Zulässiges Eigentum anders als gegen Entschädigung entziehen, ist Konfiskation, die nur im

Falle außergewöhnlichen Zwanges der Umstände (Krieg, Seuchen) gerechtfertigt werden kann.[54]

Die Sozialdemokratie wird also für die Gemeinden neben der Demokratisierung des Wahlrechts Erweiterung ihres in verschiedenen deutschen Staaten noch sehr beschränkten Enteignungsrechts verlangen müssen, wenn eine sozialistische Gemeindepolitik möglich sein soll. Außerdem volle Unabhängigkeit ihrer Verwaltung, insbesondere der Sicherheitspolizei von der Staatsgewalt. Was sie von den Gemeinden zu verlangen hat, ist hinsichtlich der *Steuer-* und *Schul*politik im wesentlichen schon im allgemeinen Programm der Partei niedergelegt, hat aber im Brandenburger Programm einige wertvolle Erweiterungen erfahren (Errichtung von Schulkantinen, Einstellung von Schulärzten usw.). Ferner sind heute mit Recht in den Vordergrund gerückt die auf die Ausbildung der *kommunalen Eigenbetriebe* beziehungsweise der *öffentlichen Dienste* und der *Arbeiterpolitik* der Gemeinden bezüglichen Forderungen. In ersterer Hinsicht wird als prinzipielle Forderung aufzustellen sein, daß alle auf das *allgemeine* Bedürfnis der Gemeindemitglieder berechneten und Monopolcharakter tragenden Unternehmungen von der Gemeinde in eigener Regie zu betreiben sind und daß im übrigen die Gemeinde danach streben soll, den Kreis der Leistungen für ihre Angehörigen beständig zu erweitern. Hinsichtlich der *Arbeiterpolitik* muß von den Ge-

---

54 Ich habe diesen Gedanken schon vor Jahren sehr energisch in meinem Vorwort zum Auszug aus Lassalles „System der erworbenen Rechte" Ausdruck gegeben, welches Werk ja selbst, wie Lassalle schreibt, dem Zweck gewidmet ist, das revolutionäre Recht mit dem positiven Recht zu versöhnen, das heißt, noch im revolutionären Recht dem positiven Recht Genüge zu leisten. Auf die Gefahr hin, spießbürgerlicher Gesinnung bezichtigt zu werden, stehe ich nicht an, zu erklären, daß mir der Gedanke oder die Vorstellung einer Enteignung, die nur in Rechtsform gekleidete Wegnahme wäre — von einer Enteignung nach dem Rezept Barères gar nicht zu reden —, durchaus verwerflich erscheint, ganz abgesehen davon, daß ein solches Enteignen auch aus rein wirtschaftlich utilitarischen Gründen zu verwerfen wäre. „Wie weitreichende Eingriffe in das Gebiet bisheriger Eigentumsprivilegien man auch dabei — in der Übergangsepoche zur sozialistischen Gesellschaft — vorausetzen mag, es werden nicht die sinnlos waltender brutaler Gewalt sein können, sondern sie werden der Ausdruck einer bestimmten, wenn auch neuen und sich mit elementarer Kraft geltend machenden Rechtsidee sein." (Gesamtausgabe von Lassalles Werken, 3. Band, Seite 791.) Die dem ureigenen Rechtsprinzip des Sozialismus am meisten entsprechende Form der „Expropriation der Expropriateure" ist die der Ablösung durch Organisationen und Institutionen.

Zusatz zur neuen Ausgabe. Im Gegensatz zu dem hier Ausgeführten haben diejenigen russischen Sozialisten, die sich Bolschewiki nennen, als sie in Rußland zur Herrschaft kamen, die Wegnahme ohne Entschädigung im breitesten Umfang vorgenommen. Daß die große Masse des russischen Volkes nicht den mindesten Vorteil davon gehabt hat, sondern unter der ärgsten wirtschaftlichen Zerrüttung leidet, bestreiten kaum die Wortführer des Bolschewismus selbst mehr.

meinden verlangt werden, daß sie als Beschäftiger von Arbeitern, ob es sich nun um Arbeiten in eigener Regie oder um Verdingungscharakter handelt, als Mindestbedingung die von den Organisationen der betreffenden Arbeiter anerkannten Lohn- und Arbeitszeitsätze innehalten und das Koalitionsrecht dieser Arbeiter verbürgen. Es soll indes hierbei bemerkt werden, daß, wenn es auch nur richtig ist, dahin zu wirken, daß die Kommunen als Beschäftiger von Arbeitern den privaten Unternehmern hinsichtlich der Arbeitsbedingungen und Wohlfahrtseinrichtungen mit gutem Beispiel vorangehen, es doch eine kurzsichtige Politik wäre, für die kommunalen Arbeiter so hohe Bedingungen zu verlangen, daß sie ihren Berufskollegen gegenüber in der Lage einer außergewöhnlich privilegierten Schicht kämen und die Kommune erheblich teurer produzierte als die Privatunternehmer. Das würde auf die Dauer nur zu Korruption und Schwächung des Gemeinsinns führen.

Die moderne Entwicklung hat den Gemeinden noch andere Aufgaben zugewiesen: die Einrichtung und Überwachung von Ortskrankenkassen, wozu sich vielleicht in nicht allzulanger Zeit die Übernahme der Invaliditätsversicherung gesellen wird. Ferner die Errichtung von Arbeitsnachweisen und von Gewerbegerichten. Hinsichtlich der Arbeitsnachweise vertritt die Sozialdemokratie als Mindestforderung die Sicherstellung ihres paritätischen Charakters und hinsichtlich der Gewerbegerichte ihre obligatorische Einführung, die Ausdehnung ihrer Vollmachten. Skeptisch, wo nicht abweisend steht sie den Versuchen kommunaler Versicherung gegen Arbeitslosigkeit gegenüber, da die Anschauung vorherrscht, daß diese Versicherung eine der legitimen Aufgaben der Gewerkschaften bildet und von ihnen auch besser besorgt werden kann. Das kann aber nur für gut organisierte Gewerbe gelten, die leider noch eine kleine Minderheit der Arbeiterschaft bilden. Die große Masse der Arbeiter ist noch unorganisiert, und es fragt sich, ob nicht die kommunale Versicherung gegen Arbeitslosigkeit mit Heranziehung der Gewerkschaften so organisiert werden kann, daß sie, weit entfernt, einen Eingriff in die legitimen Funktionen der letzteren zu bilden, gerade zum Mittel wird, sie zu fördern. Jedenfalls würde es die Aufgabe sozialdemokratischer Gemeindevertreter sein, da, wo solche Versicherungen unternommen werden, mit aller Energie auf die Heranziehung der Gewerkschaften zu dringen.[55]

---

[55] *Zusatznote.* Auch hier hat die Praxis zunächst im Sinne des oben Ausgeführten entschieden. Das zuerst 1901 in Gent eingeführte System, das weitgehende Nachahmung gefunden hat, verwirklichte die Arbeitslosenversicherung durch eine Verbindung kommunaler und gewerkschaftlicher Fürsorge.

Seiner ganzen Natur nach ist so der Munizipalsozialismus ein unumgänglicher Hebel zur Ausbildung oder vollen Verwirklichung dessen, was wir im vorigen Abschnitt als *demokratisches Arbeitsrecht* bezeichnet haben. Aber er wird und muß Stückwerk bleiben, wo das Wahlrecht der Gemeinde Klassenwahlrecht ist. Das aber ist in weit mehr als drei Vierteln Deutschlands der Fall. Und so stehen wir auch hier, wie mit Bezug auf die Landtage, von denen ja die Gemeinden in hohem Grade abhängen, und die anderen Organe der Selbstverwaltung (Kreis, Provinz) vor der Frage, wie gelangt die Sozialdemokratie dazu, das für sie geltende Klassenwahlsystem zu beseitigen, ihre Demokratisierung zu erkämpfen?

Die Sozialdemokratie hat zur Zeit in Deutschland, neben dem Mittel der Propaganda durch Wort und Schrift, das Reichstagswahlrecht als wirksamstes Mittel der Geltendmachung ihrer Forderungen. Sein Einfluß ist so stark, daß er sich selbst auf diejenigen Körper erstreckt, die durch Zensuswahlrecht oder Klassenwahlsystem der Arbeiterklasse unzugänglich gemacht sind, denn die Parteien müssen auch dort auf die Reichstagswähler Rücksicht nehmen. Wäre das Reichstagswahlrecht vor jedem Eingriff geschützt, so ließe es sich daher bis zu einem gewissen Grade rechtfertigen, daß die Frage des Wahlrechts zu den anderen Körpern als untergeordnet behandelt wird, obwohl es auch dann falsch wäre, sie auf die leichte Schulter zu nehmen. Aber das Reichstagswahlrecht ist nichts weniger als gesichert. Wohl werden die Regierungen und die Regierungsparteien nicht leicht sich zu seiner Abänderung entschließen, denn sie sagen sich wohl selbst, daß ein solcher Schritt bei der Masse der deutschen Arbeiter einen Haß und eine Erbitterung erregen müßte, die sich ihnen bei geeigneten Gelegenheiten in verschiedener Weise sehr unangenehm fühlbar machen würden. Die sozialistische Bewegung ist zu stark, das politische Selbstbewußtsein der deutschen Arbeiter zu entwickelt, als daß man mit ihnen kavaliermäßig verfahren könnte. Auch darf man bei einem großen Teil selbst der prinzipiellen Gegner des allgemeinen Wahlrechts eine gewisse moralische Scheu voraussetzen, dem Volk ein solches Recht zu nehmen. Wenn aber unter normalen Verhältnissen die Verkürzung des Wahlrechts eine revolutionäre Spannung mit all ihren Gefahren für die Regierenden schaffen würde, so kann dagegen von ernsthaften technischen Schwierigkeiten einer solchen Änderung des Wahlrechts, die einen Erfolg unabhängiger sozialistischer Kandidaturen nur noch als Ausnahme zuließe, nicht die Rede sein. Es sind lediglich die politischen Rücksichten, die hier den Ausschlag geben. Daß es aber Situationen gibt, wo die auf sie gestützten Bedenken wie Spreu vor dem Winde zerstieben würden, braucht hier nicht des Ausführlichen dargelegt zu werden, noch daß es nicht innerhalb der Macht der Sozialdemokratie liegt, sie zu verhindern. Sie kann wohl ihrerseits den Entschluß, sich durch keine

Provokation zu gewalttätigen Zusammenstößen verleiten zu lassen, bis in seine äußersten Konsequenzen durchführen, aber sie hat nicht die Macht, die politisch unorganisierte Masse unter allen Umständen von solchen zurückzuhalten.

Aus diesem und anderen Gründen erscheint es nicht wohlgetan, die Politik der Sozialdemokratie einseitig von den Bedingungen und Möglichkeiten des Reichstagswahlrechts abhängig zu machen. Obendrein haben wir gesehen, daß es auch mit diesem nicht so schnell vorwärtsgeht, wie man nach den Erfolgen von 1890 und 1893 folgern mochte. Während die sozialistische Stimmenzahl in den dreijährigen Perioden von 1887 bis 1890 um 87 Prozent und von 1890 auf 1893 um 25 Prozent stieg, ist sie in den fünf Jahren von 1893 auf 1898 nur um 18 Prozent gestiegen. Ein an sich auch noch sehr bedeutender Zuwachs, aber kein Zuwachs, der dazu berechtigte, von der nächsten Zukunft Außergewöhnliches zu erwarten.

Nun ist die Sozialdemokratie nicht ausschließlich auf das Wahlrecht und die parlamentarische Tätigkeit angewiesen. Es bleibt ihr auch außerhalb der Parlamente ein großes und reiches Arbeitsfeld. Die sozialistische Arbeiterbewegung würde sein, auch wenn ihr die Parlamente verschlossen wären. Nichts zeigt dies besser als die erfreulichen Regungen der russischen Arbeiterwelt. Aber mit ihrem Ausschluß aus den Vertretungskörpern würde die deutsche Arbeiterbewegung in hohem Grade des inneren Zusammenhangs verlustig gehen, der heute ihre verschiedenen Glieder verbindet, sie würde einen chaotischen Charakter erhalten, und an die Stelle des ruhigen, unablässigen Vormarsches im festen Schritte würden sprunghafte Vorwärtsbewegungen treten mit den unausbleiblichen Rückschlägen und Ermattungen.

Eine solche Entwicklung liegt weder im Interesse der Arbeiterklasse, noch kann sie jenen Gegnern der Sozialdemokratie als wünschenswert erscheinen, die zu der Erkenntnis gelangt sind, daß die gegenwärtige Gesellschaftsordnung nicht für alle Ewigkeiten geschaffen ist, sondern dem Gesetz der Veränderung unterliegt und daß eine katastrophenmäßige Entwicklung mit all ihren Schrecken und Verheerungen nur dadurch vermieden werden kann, daß den Veränderungen in den Produktions- und Verkehrsverhältnissen und der Klassenentwicklung auch im politischen Recht Rechnung getragen wird. Und die Zahl derer, die das einsehen, ist in stetem Wachsen. Ihr Einfluß würde ein viel größerer sein, als er heute ist, wenn die Sozialdemokratie den Mut fände, sich von einer Phraseologie zu emanzipieren, die tatsächlich überlebt ist, *und das scheinen zu wollen, was sie heute in Wirklichkeit ist: eine demokratisch-sozialistische Reformpartei.* [56]

---

56 *Zusatznote.* Dieser Satz hat die große Anfechtung erfahren. Wer sich aber nicht an

Es handelt sich nicht darum, das sogenannte Recht auf Revolution abzuschwören, dieses rein spekulative Recht, das keine Verfassung paragraphieren und kein Gesetzbuch der Welt prohibieren kann und das bestehen wird, solange das Naturgesetz uns, wenn wir auf das Recht zu atmen verzichten, zu sterben zwingt. Dieses ungeschriebene und unvorschreibbare Recht wird dadurch, daß man sich auf den Boden der Reform stellt, so wenig berührt, wie das Recht der Notwehr dadurch aufgehoben wird, daß wir Gesetze zur Regelung unserer persönlichen und Eigentumsstreitigkeiten schaffen.

Ist aber die Sozialdemokratie heute etwas anderes als eine Partei, welche die sozialistische Umgestaltung der Gesellschaft durch das Mittel demokratischer und wirtschaftlicher Reform anstrebt? Nach einigen Erklärungen, die mir auf dem Parteitag in Stuttgart entgegengehalten wurden, möchte es vielleicht so scheinen. Aber in Stuttgart hat man meine Zuschrift an den Parteitag als eine Anklage gegen die Partei aufgefaßt, daß sie im Fahrwasser des Blanquismus segle, während sie tatsächlich nur gegen einige Leute gerichtet war, die mit Argumenten und Redensarten blanquistischer Natur gegen mich losgezogen waren und ein Pronunziamento des Kongresses gegen mich erwirken wollten. Und wenn sich einige sonst ruhige und objektiv urteilende Leute durch das Geräusch, das meine Artikel sehr wider meinen Willen und mein Erwarten verursacht hatten, vorübergehend haben dazu verleiten lassen, gegen mich aufzutreten und so scheinbar jenen Anathema-Rufern zuzustimmen, so hat mich das keinen Augenblick über den ephemeren Charakter dieser Übereinstimmung täuschen können. Wie sollte ich desselben Cunow Widerlegung meiner Ausführungen gegen die Zusammenbruchsspekulation anders als Produkt einer vorübergehenden Stimmung nehmen, der noch im Frühjahr 1897 schrieb:

> „Noch stehen wir recht weit ab vom Endziel der kapitalistischen Entwicklung. In den Hauptzentren des Handels und der Industrie lebend, die enorme Steigerung der Produktion und den Verfall des liberalen Bürgertums vor Augen, unterschätzen wir nur allzu gerne die Entfernung und die Hindernisse, welche uns noch vom Ziele trennen. In welchem Lande ist denn schon die Selbstabwirtschaftung des Kapitalismus so weit vorgeschritten, daß es als reif für die sozialistische Wirtschaftsform gelten kann? In England nicht, in Deutschland und Frankreich noch weniger." (H. Cunow, Unsere Interessen in Ostasien, „Neue Zeit", 15. Jahrg., 1. Band, S. 806.)

---

den Buchstaben hält, der verschiedener Auslegung fähig ist, sondern die Worte in dem Sinne nimmt, in dem sie hier entwickelt werden, wird es verstehen, wenn ich erkläre, trotz der Revolutionen der Jahre 1917, 1918 und 1919 an ihm festzuhalten.

Selbst ein positives Verdikt des Stuttgarter Parteitags gegen meine Erklärung hätte mich nicht an meiner Überzeugung irremachen können, daß die große Masse der deutschen Sozialdemokratie von blanquistischen Anwandlungen weit entfernt ist. Nach der Oeynhausener Rede wußte ich, daß eine andere Haltung des Parteitags, als die er tatsächlich eingenommen, nicht zu erwarten war, und habe das auch vorher in Briefen ganz bestimmt ausgesprochen.[57]

Die Oeynhausener Rede hat seitdem das Schicksal so vieler anderer Reden außergewöhnlicher Menschen geteilt, sie ist offiziös berichtigt und die Wolke für ein Wiesel erklärt worden. Und in welchem Sinne hat die Partei sich seit Stuttgart geäußert? Bebel hat in seinen Reden über die Attentate mit der äußersten Energie Verwahrung dagegen eingelegt, daß die Sozialdemokratie eine Politik der Gewalt vertrete, und alle Parteiblätter haben diese Reden mit Beifall registriert, nirgends ist ein Protest laut geworden. Kautsky entwickelt in seiner Agrarfrage Grundsätze der Agrarpolitik der Sozialdemokratie, die durchaus solche demokratischer Reform sind, das in Brandenburg beschlossene Kommunalprogramm ist ein demokratisches Reformprogramm. Im Reichstag tritt die Partei für Erweiterung der Vollmachten und obligatorische Einführung der gewerblichen Schiedsgerichte ein, dieser Organe zur Förderung des gewerblichen Friedens. Alle Reden ihrer Vertreter daselbst atmen Reform. In demselben Stuttgart, wo nach Klara Zetkin der „Bernsteiniade" der Garaus gemacht ward, gingen kurz nach dem Kongreß die Sozialdemokraten mit der bürgerlichen Demokratie ein Wahlbündnis für die Gemeinderatswahlen ein, und in anderen württembergischen Städten folgte man ihrem Beispiel. In der Gewerkschaftsbewegung geht eine Gewerkschaft nach der anderen dazu über, die Arbeitslosenunterstützung einzuführen, was praktisch ein Aufgeben des reinen Koalitionscharakters bedeutet, und erklären sie sich für paritätische, Unternehmer und Arbeiter umfassende städtische Arbeitsnachweise, während in verschiedenen großen Parteiorten — Hamburg, Elberfeld — von Sozialisten und Gewerkschaftlern an die Gründung von Konsumgenossenschaften gegangen wird. Überall Aktion für Reform, Aktion für sozialen Fortschritt, Aktion für Erringung der Demokratie — „man studiert die Einzelheiten der Probleme des Tages und sucht nach Hebeln und Ansatzpunkten, um auf dem Boden dieser die Entwicklung der Gesellschaft im Sinne des Sozialismus vorwärts zu treiben".

---

57 *Zusatznote.* Am 6. September 1898 kündigte Wilhelm II. auf einem Galadiner in Bad Oeynhausen ein Gesetz an, das die Anreizung zum Streik mit Zuchthausstrafe ahnden werde. Ein in diesem Sinne lautender Gesetzentwurf wurde aber in der Wintersession 1898/99 vom Reichstag mit großer Mehrheit abgelehnt.

So schrieb ich gerade vor einem Jahre[58], und ich sehe keine Tatsache, die mich veranlassen könnte, ein Wort davon zurückzunehmen.

Im übrigen wiederhole ich, je mehr die Sozialdemokratie sich entschließt, das scheinen zu wollen, was sie ist, um so mehr werden auch ihre Aussichten wachsen, politische Reformen durchzusetzen. Die Furcht ist gewiß ein großer Faktor in der Poliktik, aber man täuscht sich, wenn man glaubt, daß Erregung von Furcht alles vermag. Nicht als die Chartistenbewegung sich am revolutionärsten gebärdete, erlangten die englischen Arbeiter das Stimmrecht, sondern als die revolutionären Schlagworte verhallt waren und sie sich mit dem radikalen Bürgertum für die Erkämpfung von Reformen verbündeten. Und wer mir entgegenhält, daß Ähnliches in Deutschland unmöglich sei, den ersuche ich, nachzulesen, wie noch vor fünfzehn und zwanzig Jahren die liberale Presse über Gewerkschaftskämpfe und Arbeitergesetzgebung schrieb und die Vertreter dieser Parteien im Reichstag sprachen und stimmten, wo darauf bezügliche Fragen zu entscheiden waren. Er wird dann vielleicht zugeben, daß die politische Reaktion durchaus nicht die bezeichnendste Erscheinung im bürgerlichen Deutschland ist.

---

58 „Der Kampf der Sozialdemokratie und die Revolution der Gesellschaft", „Neue Zeit", 16. Jahrgang, 1. Band, Seite 451.

Schlußkapitel
Endziel und Bewegung

Kant wider Cant.

Es wurde schon an verschiedenen Stellen dieser Schrift auf den großen Einfluß verwiesen, den die Überlieferung bei der Beurteilung von Tatsachen und Ideen auch in der Sozialdemokratie ausübt. Ich sage ausdrücklich „*auch* in der Sozialdemokratie", weil diese Macht der Überlieferung eine sehr verbreitete Erscheinung ist, von der keine Partei, keine literarische oder künstlerische Richtung frei ist und die selbst in die meisten Wissenschaften stark hineinspielt. Sie wird auch kaum jemals völlig auszurotten sein. Es wird stets eine gewisse Zeit vergehen müssen, bis die Menschen die Unvereinbarkeit der Überlieferung mit dem Gewordenen soweit erkennen, um die erstere völlig zu den Akten werfen zu können. Bis dies geschieht oder ohne Schaden für die bestimmte Sache geschehen kann, bildet die Überlieferung gewöhnlich das kräftigste Mittel, diejenigen zusammenzuhalten, die kein starkes, unausgesetzt wirkendes Interesse oder äußerer Druck zusammenkettet. Daher die intuitive Vorliebe aller Männer der Aktion, und seien sie in ihren Zielen noch so revolutionär, für die Überlieferung. „Never swop horses whilst crossing a stream" — wechsle niemals die Pferde, während du über einen Strom hinwegsetzest — dieses Motto des alten Lincoln wurzelt in demselben Gedanken wie Lassalles bekanntes Anathem gegen den „nörgelnden Geist des Liberalismus", die „Krankheit des individuellen Meinens und Besserwissenwollens". Während die Überlieferung wesentlich erhaltend ist, ist die Kritik stets zunächst destruktiv. Im Augenblick einer wichtigen Aktion kann daher selbst die fachlich berechtigtste Kritik vom Übel und deshalb verwerflich sein.

Dies anerkennen, heißt natürlich nicht, die Überliefung heiligsprechen und die Kritik verpönen. Parteien sind nicht immer inmitten der Stromschnelle, wo alle Aufmerksamkeit nur einer Aufgabe gilt. Für eine Partei, die mit der tatsächlichen Entwicklung Schritt halten will, ist die Kritik unentbehrlich und kann die Überlieferung zur drückenden Last, aus einer motorischen Kraft eine hemmende Fessel werden.

Nun legen sich aber die Menschen in den wenigsten Fällen gern volle Rechenschaft über die Tragweite der Veränderungen ab, die sich in den Voraussetzungen ihrer Überlieferungen vollzogen haben. Gewöhnlich ziehen sie es vor, solchen Veränderungen bloß so weit Rechnung zu tragen, als es sich um Anerkennung unabweisbarer Tatsachen handelt, und sie so gut es geht mit den überkommenen Schlagworten in Einklang zu bringen. Das Mittel dazu heißt Rabulistik, und das Ergebnis für die Phraseologie ist in der Regel Cant.

Cant — das Wort ist englisch und soll im sechzehnten Jahrhundert aufgekommen sein, als Bezeichnung für den frömmelnden Singsang der Puritaner. In seiner allgemeineren Bedeutung bezeichnet es die unwahre, entweder gedankenlos nachgeplapperte oder mit dem Bewußtsein ihrer Unwahrheit für irgendwelchen Zweck ausgenutzte Redensart, ob es sich nun um Religion oder Politik, graue Theorie oder grünes Leben handelt. In diesem weiteren Sinne ist der Cant uralt — keine ärgeren Cantdrescher zum Beispiel als die Griechen der nachklassischen Periode — und durchdringt in unzähligen Gestalten unser ganzes Kulturleben. Jede Nation, jede Klasse und jede durch Doktrin oder Interesse verbundene Gruppe hat ihren eigenen Cant. Teilweise ist er so sehr zur reinen Sache der Konvention, zur bloßen Form geworden, daß sich niemand mehr über seine Inhaltlosigkeit täuscht und der Kampf gegen ihn müßiges Schießen auf Spatzen wäre. Dies gilt aber nicht von dem Cant, der im Gewand der Wissenschaftlichkeit auftritt, und dem Cant gewordenen politischen Schlagwort.

Mein Ausspruch: „Das, was man gemeinhin Endziel des Sozialismus nennt, ist mir nichts, die Bewegung alles" ist vielfach als Ableugnung jedes bestimmten Zieles der sozialistischen Bewegung aufgefaßt worden, und Georg Plechanow hat sogar entdeckt, daß ich diesen „famosen Satz" aus dem Buche „Zum sozialen Frieden" von Gerhard v. Schulze-Gävernitz herausgelesen habe. Dort heißt es nämlich an einer Stelle, daß es zwar für den revolutionären Sozialismus unentbehrlich sei, die Verstaatlichung aller Produktionsmittel als Endziel zu nehmen, nicht aber für den praktisch-politischen Sozialismus, der nahe Ziele dem entfernteren voranstelle. Weil also hier eine Art Endziel als für praktische Zwecke entbehrlich hingestellt wird und auch ich geringes Interesse für eine Art Endziel bekannt habe, bin ich „kritikloser Nachtreter" von Schulze-Gävernitz. Man muß gestehen, solcher Nachweis zeugt von frappantem Gedankenreichtum.[1]

---

1 *Note zur neuen Ausgabe.* Wenn ich hier und weiterhin einige scharfe Abweisungen Plechanowscher Angriffe unverändert lasse, obwohl ihr Verfasser nun zu den Toten gehört, so möchte ich doch nicht unterlassen, zu bemerken, daß selbst zur Zeit, wo ich sie niederschrieb, ich keinen Augenblick die großen Verdienste verkannte, die Plechanow sich um die Verbreitung der Marxschen Lehren in Rußland erworben hat, und seiner hingebenden Wirksamkeit für die Sache des Sozialismus durchaus dankbares Andenken widme. Ich kann die Angriffe, so sehr sie mich damals verletzten, dem unter so tragischen Umständen Gestorbenen um so weniger nachtragen,

Als ich vor acht Jahren das Schulze-Gävernitzsche Buch in der „Neuen Zeit" besprach, habe ich, obwohl meine Kritik noch stark von Voraussetzungen beeinflußt war, die ich heute nicht mehr hege, doch jene prinzipielle Gegenüberstellung von Endziel und praktischer Reformtätigkeit als unwesentlich beiseite gelassen und – ohne auf Protest zu stoßen – zugegeben, daß für England eine weitere friedliche Entwicklung, so wie Schulze-Gävernitz sie in Aussicht stellte, wenigstens nicht unwahrscheinlich sei. Ich drückte die Überzeugung aus, daß bei Fortdauer der freien Entwicklung die englische Arbeiterklasse wohl ihre Forderungen steigern, aber nichts verlangen werde, dessen Notwendigkeit und Durchführbarkeit nicht jedesmal über allen Zweifel erwiesen sei. Das ist im Grunde nichts anderes als was ich heute sage. Und wenn man mir die inzwischen erzielten Fortschritte der Sozialdemokratie in England entgegenhalten wollte, so erwidere ich darauf, daß mit dieser Ausbreitung eine Entwicklung der englischen Sozialdemokratie aus einer utopistisch-revolutionären Sekte, als die Engels selbst sie wiederholt hingestellt hat, in eine Partei der praktischen Reform Hand in Hand gegangen ist und sie erst möglich gemacht hat. Kein zurechnungsfähiger Sozialist träumt heute noch in England von einem bevorstehenden Sieg des Sozialismus durch eine große Katastrophe, keiner von einer raschen Eroberung des Parlaments durch das revolutionäre Proletariat. Dafür aber verlegt man sich immer mehr auf die Arbeit in den Munizipalitäten und anderen Selbstverwaltungskörpern und hat man die frühere Geringschätzung der Gewerkschaftsbewegung aufgegeben, mit dieser und hier und da auch schon mit der Genossenschaftsbewegung engere Fühlung genommen.

Und das Endziel? Nun, das bleibt eben *Endziel*. „Die Arbeiterklasse . . . hat keine fix und fertigen Utopien durch Volksbeschluß einzuführen. Sie weiß, daß, um ihre eigene Befreiung und mit ihr jene höhere Lebensform hervorzuarbeiten, der die gegenwärtige Gesellschaft durch ihre eigene ökonomische Entwicklung unwiderstehlich entgegenstrebt, daß sie, die Arbeiterklasse, lange Kämpfe, eine ganze Reihe geschichtlicher Prozesse durchzumachen hat, durch welche die Menschen wie die Umstände gänzlich umgewandelt

---

als sie ja doch ersichtlich von einem Gefühl eingegeben waren, das ich zwar für unbegründet erklären muß, aber für nichts weniger als unedel erachte, nämlich dem Gefühl der Furcht, daß die ihm über alles stehende Propaganda der marxistischen Lehre durch meine Schriften Schaden erleiden könne.
Die Auffassung freilich, der die Furcht entsprang, halte ich heute mehr als je für bekämpfenswert, denn sie ist der geistige Boden, auf dem die Doktrin N. Ulianow Lenins erwachsen ist. Der Schüler und seinerzeit Mitarbeiter Plechanows hat in der großen Krise Rußlands genau entgegengesetzt gehandelt wie der Meister und dadurch dessen letztes Lebensjahr schwer verbittert. Aber er hat doch nur wie dieser das materialistische Element der Lehre ins Extrem übertrieben.

werden. Sie hat keine Ideale zu verwirklichen; sie hat nur die Elemente der neuen Gesellschaft in Freiheit zu setzen, die sich bereits im Schoße der zusammenbrechenden Bourgeoisgesellschaft entwickelt haben." So Marx in der Schrift „Der Bürgerkrieg in Frankreich". Nicht in allen Punkten, aber im Grundgedanken war es dieser Ausspruch, an den ich bei Niederschrift des Satzes vom Endziel dachte. Denn was sagt er schließlich anderes, als daß die Bewegung, die Reihe der Prozesse alles, jedes vorher eingehender fixierte Endziel aber ihr gegenüber unwesentlich ist? Ich habe seinerzeit schon erklärt, daß ich die Form des Satzes vom Endziel, soweit sie die Auslegung zuläßt, daß jedes als Prinzip formulierte allgemeine Ziel der Arbeiterbewegung für wertlos erklärt werden soll, gern preisgebe. Aber was an vorgefaßten Theorien vom Ausgang der Bewegung über ein solches allgemein gefaßte Ziel hinausgeht, das die prinzipielle Richtung und den Charakter der Bewegung bestimmt, wird notgedrungen stets in Utopisterei verlaufen und zu irgendeiner Zeit sich dem wirklichen theoretischen und praktischen Fortschritt der Bewegung hindernd und hemmend in den Weg stellen.

Wer nur ein wenig die Geschichte der Sozialdemokratie kennt, wird auch wissen, daß die Partei groß geworden ist durch fortgesetztes Zuwiderhandeln gegen solche Theorien und Verletzung der auf Grund ihrer gefaßten Beschlüsse. Was Engels im Vorwort der Neuauflage des „Bürgerkriegs" hinsichtlich der Blanquisten und Proudhonisten in der Kommune sagt, nämlich daß sie beide durch die Praxis genötigt wurden, gegen das eigene Dogma zu handeln, hat sich in anderer Gestalt noch oft wiederholt. Eine Theorie oder Grundsatzerklärung, die nicht weit genug ist, um auf jeder Stufe der Entwicklung Wahrnehmung naheliegender Interessen der Arbeiterklasse zu erlauben, wird immer durchbrochen werden, wie noch alle Abschwörungen von reformerischer Kleinarbeit und von Unterstützung nahestehender bürgerlicher Parteien immer wieder vergessen wurden. Und immer wieder werden die Parteikongresse die Klagen zu hören bekommen, es sei hier oder dort im Wahlkampf das Endziel des Sozialismus nicht genug in den Vordergrund gestellt worden.

In dem Zitat aus Schulze-Gävernitz, das Plechanow mir entgegenschleudert, heißt es, durch Aufgeben der Behauptung, daß die Lage des Arbeiters [in der modernen Gesellschaft] hoffnungslos sei, verliere der Sozialismus seine revolutionäre Spitze und werde er zur Begründung gesetzgeberischer Forderungen verwendet. Aus dieser Gegenüberstellung geht deutlich hervor, daß Schulze-Gävernitz den Begriff revolutionär immer im Sinne des auf den gewaltsamen Umsturz abzielenden Strebens gebraucht. Plechanow dreht die Sache um und wirft mich, weil ich die Lage des Arbeiters nicht als hoffnungslos hinstelle, weil ich ihre Verbesserungsfähigkeit und verschiedene andere Tatsachen anerkenne, die bürgerliche Ökonomen festgestellt haben, zu den „Gegnern des wissenschaftlichen Sozialismus".

„Wissenschaftlicher Sozialismus" – in der Tat. Wenn je das Wort Wissenschaft zum reinen Cant herabgewürdigt wurde, so in diesem Falle. Der Satz von der „Hoffnungslosigkeit" der Lage des Arbeiters ist vor mehr als fünfzig Jahren aufgestellt worden. Er läuft durch die ganze radikal-sozialistische Literatur der dreißiger und vierziger Jahre, und viele festgestellte Tatsachen schienen ihn zu rechtfertigen. So ist es begreiflich, wenn Marx im „Elend der Philosophie" das Unterhaltsminimum für den natürlichen Arbeitslohn erklärte; wenn es im Kommunistischen Manifest kategorisch heißt, „der moderne Arbeiter dagegen, statt sich mit dem Fortschritt der Industrie zu heben, sinkt immer tiefer unter die Bedingungen seiner Klasse herab. Der Arbeiter wird zum Pauper, und der Pauperismus entwickelt sich noch schneller als Bevölkerung und Reichtum"; und wenn in der Schrift „Die Klassenkämpfe" gesagt wird, daß die geringste Verbesserung der Lage des Arbeiters „eine *Utopie* bleibt innerhalb der bürgerlichen Politik". Ist nun die Lage der Arbeiter heute noch hoffnungslos, so sind natürlich auch diese Sätze noch richtig. Letzteres impliziert der Vorwurf Plechanows. Die Hoffnungslosigkeit der Lage des Arbeiters ist danach unumstößliches Axiom des „wissenschaftlichen Sozialismus". Tatsachen anerkennen, die gegen sie sprechen, heißt nach ihm den bürgerlichen Ökonomen nachtreten, die diese Tatsachen konstatiert haben. Ihnen gebühre daher der Dank, den Kautsky mir zugebilligt hatte. „Richten wir ihn gleich überhaupt an alle Anhänger und Anbeter der *‚wirtschaftlichen Harmonien‘,* und vor allem selbstverständlich an den – *unsterblichen Bastiat!"*

Der große englische Humorist Dickens hat in einem seiner Romane diese Art zu disputieren sehr gut charakterisiert. „Deine Tochter hat einen Bettler geheiratet", sagt eine in dürftigen Verhältnissen lebende etwas großspurige Dame zu ihrem Manne, und als dieser ihr erwidert, der neue Schwiegersohn sei doch nicht gerade ein Bettler, erhält er die vernichtende sarkastische Antwort: „So? Ich wüßte nicht, daß er große Liegenschaften besitzt." Eine Übertreibung bestreiten, heißt die entgegengesetzte Übertreibung behaupten.

Es gibt überall naive Gemüter, auf die solche Dialektik Eindruck macht. Etwas anerkennen, was bürgerliche Ökonomen gegen sozialistische Voraussetzungen eingewendet haben – welche Verirrung! Ich bin aber verhärtet genug, die Sarkasmen der Mrs. Wilfer einfach für kindisch zu halten. Ein Irrtum wird dadurch nicht der Forterhaltung wert, daß Marx und Engels ihn einmal geteilt haben, und eine Wahrheit verliert dadurch nicht an Gewicht, daß sie ein antisozialistischer oder nicht vollwichtig sozialistischer Ökonom zuerst gefunden oder dargestellt hat. Auf dem Gebiet der Wissenschaft stellt die Tendenz keine Privilegien oder Ausstoßungsdekrete aus. Seine Einseitigkeiten in der Darstellung der Entwicklungsgeschichte des modernen England, die ich seinerzeit sicher scharf genug zurückgewiesen habe, haben Herrn von Schulze-Gävernitz nicht verhindert, sowohl in seiner Schrift „Zum sozialen Friden" wie in seiner Monographie „Der Großbetrieb ein wirtschaftlicher und sozialer Fortschritt" Tatsachen festgestellt zu haben, die für die Erkenntnis der wirtschaftlichen Entwicklung der Gegenwart von großem Werte sind, und weit entfernt, darin einen Vorwurf zu erblicken, erkenne ich gern an, durch Schulze-Gävernitz ebenso wie durch andere, aus der Schule Brentanos hervorgegangene Ökonomen (Herkner, Sinzheimer) auf viele Tatsachen aufmerksam gemacht worden zu sein, die ich vorher nicht oder nur ganz unzulänglich gewürdigt hatte. Ich schäme mich sogar nicht zu gestehen, auch aus Julius Wolffs Buch „Sozialismus und sozialistische Gesellschaftsordnung" einiges gelernt zu haben.

Georg Plechanow nennt das „eklektische Verquickung [des wissenschaftlichen Sozialismus] mit den Lehren der bürgerlichen Ökonomen". Als ob nicht neun Zehntel der Elemente des wissenschaftlichen Sozialismus aus den Schriften „bürgerlicher Ökonomen" genommen wären, als ob es überhaupt eine Parteiwissenschaft gäbe. [2]

2 Ein meinen Ansichten sehr nahestehender russischer Sozialist, S. Prokopowitsch, macht mir in der Revue der belgischen Sozialdemokratie in einem sehr scharfsinnigen Artikel über den Stuttgarter Parteitag den Vorwurf, daß ich in meinem Kampfe gegen den Unfug, die Wissenschaft zur Parteisache machen zu wollen, nicht konsequent sei. Dadurch, daß ich der Theorie einen Einfluß auf die Taktik der Partei einräumte, trüge ich selbst zur Konfusion bei, die in dieser Beziehung in der Sozialdemokratie herrsche. „Die Taktik der Partei", schreibt er, „wird weit mehr als das theoretische Wissen von den tatsächlichen sozialen Verhältnissen bestimmt. Es ist nicht das theoretische Wissen, was den Einfluß auf die Taktik der Partei ausübt, sondern im Gegenteil, die Taktik der Partei ist es, die unbestreitbar die Doktrinen beeinflußt, die in der Partei Kurs haben. Für die modernen Bewegungen der Massen sind es immer die Vollmars, die den Bernsteins vorangehen . . . die Wissenschaft wird stets ,Parteisache' sein, wenn die Männer der Aktion an der Idee festhalten, daß irgendwelche Auffassung von der ökonomischen Entwicklung die Taktik der Partei beeinflussen könne. Die Wissenschaft wird erst von dem Moment an frei sein, wo man erkannt haben wird, daß sie den Zielen der Partei zu *dienen*, nicht aber sie zu *bestimmen* hat." Statt mich dagegen zu wenden, daß man die Taktik der Partei von einer von mir für falsch betrachteten Doktrin abhängig mache, hätte ich mich dagegen wenden müssen, daß man sie überhaupt von irgendeiner Theorie der sozialen Entwicklung abhängig mache. (Avenir Sociale, 1899, I, S. 15/16.)
Ich kann einem großen Teile des hier Gesagten rückhaltlos zustimmen, wie ich dies ja auch im ersten Kapitel bei Erörterung der Rolle der Eklektik angedeutet habe, das schon gedruckt war, als ich den Artikel Prokopowitschs erhielt. Wo die Doktrin sich zur Herrscherin aufwirft, ist es die Eklektik, die als Rebellin für die freie Wissenschaft Bresche legt. Aber ich kann mir kein dauerndes kollektives Wollen ohne

Zum Unglück für den wissenschaftlichen Sozialismus Plechanows sind die vorher zitierten marxistischen Sätze von der Hoffnungslosigkeit der Lage des Arbeiters umgeworfen worden in einem Buche, das den Namen trägt „Das Kapital. Kritik der politischen Ökonomie". Da lesen wir von der durch das Fabrikgesetz von 1847 bewirkten „physischen und moralischen Wiedergeburt" der Textilarbeiter von Lancashire, die „das blödeste Auge schlug". Es war also nicht einmal die bürgerliche Republik notwendig gewesen, um eine gewisse Verbesserung in der Lage einer großen Kategorie der Arbeiterschaft herbeizuführen. In demselben Buche steht, daß die jetzige Gesellschaft „kein fester Kristall, sondern ein umwandlungsfähiger und beständig im Prozeß der Umwandlung begriffener Organismus", daß auch in der Behandlung der wirtschaftlichen Fragen seitens der offiziellen Vertreter dieser Gesellschaft „ein Fortschritt unverkennbar" sei. Ferner daß der Verfasser den Resultaten der englischen Fabrikgesetzgebung einen so weiten Raum im Buche gewidmet habe, um auf dem Festlande zur Nachahmung anzuspornen und so dahin zu wirken, daß der Umwälzungsprozeß der Gesellschaft sich in immer humaneren Formen vollziehe. (Vorwort.) Was alles nicht Hoffnungslosigkeit, sondern Verbesserungsfähigkeit der Lage des Arbeiters bedeutet. Und da seit 1866, wo dies geschrieben wurde, die geschilderte Gesetzgebung nicht abgeschwächt, sondern verbessert, verallgemeinert und durch in gleicher Richtung wirkende Gesetze und Einrichtungen ergänzt worden ist, kann heute von Hoffnungslosigkeit der Lage der Arbeiter noch weit weniger die Rede sein als damals. Wenn solche Tatsachen konstatieren dem „unsterblichen Bastiat" nachtreten heißt, so gehört zu den Nachtretern dieses liberalen Ökonomen in erster Reihe — Karl Marx.
Plechanow zitiert mit großem Behagen Liebknechts Ausspruch auf dem Stuttgarter Parteitag: „Ein Geist wie Marx mußte in England sein, um dort

einen kollektiven Glauben denken, der, wieviel immer das Interesse zu seiner Ausbildung beitragen mag, doch zugleich von irgendwelcher verbreiteten Ansicht oder Erkenntnis dessen abhängig ist, was allgemein wünschbar und durchführbar ist. Ohne solche kollektive Überzeugung daher auch kein beharrliches kollektives Handeln. Diese Tatsache ist es, die mein von Prokopowitsch angefochtener Satz feststellt. „Das zweite Moment (bei der Bestimmung taktischer Fragen) ist intellektueller Natur: der Höhegrad der Erkenntnis des Gesellschaftszustandes, die erlangte Einsicht in die Natur und die Entwicklungsgesetze des Gesellschaftskörpers und seiner Elemente". („Neue Zeit", 16. Jahrgang, 1. Band, Seite 485.) Von der Ansicht ausgehend, daß dies der Fall, kann ich die Heranziehung der theoretischen Erkenntnis bei der Erörterung taktischer Fragen nicht verfemen, sondern nur mich dagegen wenden, daß man die Wissenschaft als solche, anders denn als außerhalb der Partei stehende Sache behandle. Übrigens heißt einer Sache dienen ebenfalls sie beeinflussen. „Am Ende hängen wir doch ab von Kreaturen, die wir machten", sagt schon Mephistopheles.

sein ‚Kapital' zu schreiben, Bernstein aber läßt sich imponieren von der kolossalen Entwicklung der englischen Bourgeoisie." Er findet ihn indes noch viel zu günstig für mich. Man brauche kein Marx zu sein, um in England dem wissenschaftlichen Sozialismus (im Sinne von Marx und Engels) treu zu bleiben. Mein Abfall stamme vielmehr daher, daß ich mit diesem Sozialismus „schlecht vertraut" sei.

Es kann mir selbstverständlich nicht einfallen, über letzteres mit einem Manne zu streiten, dessen Wissenschaft es verlangt, bis zum großen Umsturz unter allen Umständen die Lage des Arbeiters für hoffnungslos zu erklären. Anders mit Liebknecht. Wenn ich dessen Ausspruch recht verstanden habe, so lief er darauf hinaus, mir mildernde Umstände zuzubilligen. So gern ich das anerkenne, so muß ich doch erklären, daß ich die mildernden Umstände nicht akzeptieren kann. Natürlich liegt es mir fern, mich mit dem Denker Marx zu messen. Aber es handelt sich hier nicht um meine größere oder geringere Inferiorität gegenüber Marx. Es kann jemand gegen Marx recht haben, der ihm an Wissen und Geist nicht entfernt das Wasser reicht. Worum es sich handelt, ist, ob die von mir konstatierten *Tatsachen* richtig sind oder nicht und ob sie die Konsequenzen rechtfertigen, die ich aus ihnen gezogen habe. Wie aus dem Vorstehenden ersichtlich, ist auch ein Geist wie Marx nicht von dem Schicksal verschont geblieben, seine vorgefaßten Meinungen in England erheblich zu modifizieren, ist auch er in England gewissen Ansichten, die er dorthin brachte, abtrünnig geworden.

Nun kann man mir entgegenhalten, Marx habe allerdings jene Verbesserungen anerkannt, wie wenig jedoch diese Einzelheiten seine Grundanschauung beeinflußt haben, beweise das Kapitel über die geschichtliche Tendenz der kapitalistischen Akkumulation am Schlusse des ersten Bandes „Kapital". Worauf ich zu erwidern habe, daß, soweit das richtig ist, es gegen jenes Kapitel spricht und nicht gegen mich.

Man kann dies vielzitierte Kapitel in sehr verschiedenartigem Sinne auffassen. Ich glaube der erste gewesen zu sein, der es, und zwar wiederholt, als summarische Kennzeichnung einer Entwicklungs*tendenz* gedeutet hat, die der kapitalistischen Akkumulation innewohne, die aber in der Praxis sich nicht rein durchsetze und daher auch nicht zur dort geschilderten Zuspitzung der Gegensätze zu treiben brauche. Engels hat sich niemals gegen diese meine Auslegung gewendet, sie weder mündlich noch im Drucke für falsch erklärt. Er hat auch kein Wort dagegen einzuwenden gehabt, als ich 1891 in einer Abhandlung über eine Schulze-Gävernitzsche Arbeit mit Bezug auf die einschlägigen Fragen schrieb: „Es ist klar, daß wo die Gesetzgebung, die planmäßige und bewußte Aktion der Gesellschaft, entsprechend eingreift, das Walten der Tendenzen der wirtschaftlichen Entwicklung durchkreuzt, unter Umständen sogar aufgehoben werden kann. Marx und Engels haben das nicht nur nie geleugnet, sondern im Gegenteil stets betont." ("Neue Zeit", 9. Jahrgang, 1. Band, S. 736.) Liest man das erwähnte Kapitel in dieser Auffassung, so wird man auch bei seinen einzelnen Sätzen immer stillschweigend das Wort „Tendenz" hinzusetzen und sich dadurch der Notwendigkeit enthoben sehen, sie durch sinnverrenkende Auslegungskünste mit der Wirklichkeit in Einklang zu bringen. Jedoch würde oder wird alsdann das Kapitel selbst, je mehr die tatsächliche Entwicklung fortschreitet, immer bedeutungsloser werden. Denn seine theoretische Bedeutung liegt nicht in der Feststellung der allgemeinen Tendenz zu kapitalistischer Zentralisation und Akkumulation, die ja lange vor Marx von Bourgeois-Ökonomen und Sozialisten konstatiert worden war, sondern in der Marx eigenen Darstellung der Umstände und Formen, unter denen sie sich auf höherer Stufe verwirklichen, und der Resultate, zu denen sie führen sollte. In dieser Hinsicht aber zeitigt die faktische Entwicklung immer neue Einrichtungen und Kräfte, immer neue Tatsachen, angesichts deren die dortige Darstellung ungenügend erscheint und in entsprechendem Maße an Fähigkeit einbüßt, als Vorzeichnung der kommenden Entwicklung zu dienen. Dies meine Auffassung.

Man kann indes das Kapitel auch anders verstehen. Man kann es dahin auffassen, daß all die erwähnten und etwa noch erfolgenden Verbesserungen nur zeitweilige Abhilfe gegen die niederdrückenden Tendenzen des Kapitalismus schaffen, daß sie unbedeutende Modifikationen bedeuten, die gegen die von Marx konstatierte Zuspitzung der Gegensätze auf die Dauer nichts Gründliches ausrichten können, diese vielmehr schließlich doch — wenn auch nicht buchstäblich, so doch im wesentlichen — in der geschilderten Weise eintreten und zu der angedeuteten katastrophenmäßigen Umwälzung führen werde. Diese Auffassung könnte sich auf die kategorische Fassung der Schlußsätze des Kapitels berufen und erhält eine gewisse Bekräftigung dadurch, daß am Ende doch wieder auf das Kommunistische Manifest verwiesen wird, nachdem kurz vorher auch Hegel erschienen ist mit seiner Negation der Negation — Wiederherstellung des von der kapitalistischen Produktionsweise negierten individuellen Eigentums auf neuer Grundlage.

Es ist nach meiner Ansicht unmöglich, schlechthin die eine Auffassung für richtig und die andere für absolut falsch zu erklären. Für mich illustriert vielmehr das Kapitel einen *Dualismus, der durch das ganze monumentale Marxsche Werk* geht und in weniger prägnanter Weise auch an anderen Stellen zum Ausdruck kommt. Einen Dualismus, der darin besteht, daß das Werk wissenschaftliche Untersuchung sein und doch eine lange vor seiner Konzipierung fertige These beweisen will, daß ihm ein Schema zugrunde liegt, in dem das Resultat, zu dem hin die Entwicklung führen sollte, schon von vornherein feststand. Das Zurückkommen auf das Kommunistische

Manifest weist hier auf einen tatsächlichen Rest von Utopismus im Marxschen System hin. Marx hatte die Lösung der Utopisten im wesentlichen akzeptiert, aber ihre Mittel und Beweise für unzulänglich erkannt. Er unternahm also deren Revision, und zwar mit dem Fleiß, der kritischen Schärfe und der Wahrheitsliebe des wissenschaftlichen Genies. Er verschwieg keine wichtige Tatsache, er unterließ es auch, solange der Gegenstand der Untersuchung keine unmittelbare Beziehung zum Endziel des Beweisschemas hatte, die Tragweite dieser Tatsachen gewaltsam zu verkleinern. Bis dahin bleibt sein Werk von jeder der Wissenschaftlichkeit notwendig Abbruch tuenden Tendenz frei.[3] Denn die allgemeine Sympathie mit den Emanzipationsbestrebungen der arbeitenden Klasse steht an sich der Wissenschaftlichkeit nicht im Wege. Aber sobald sich Marx solchen Punkten nähert, wo jenes Endziel ernsthaft in Frage kommt, da wird er unsicher und unzuverlässig, da kommt es zu solchen Widersprüchen, wie sie in der vorliegenden Schrift unter anderem im Abschnitt über die Einkommensbewegung in der modernen Gesellschaft aufgezeigt wurden, da zeigt es sich, daß dieser große wissenschaftliche Geist doch schließlich Gefangener einer Doktrin war. Er hat, um es bildlich auszudrücken, im Rahmen eines vorgefundenen Gerüsts ein mächtiges Gebäude aufgerichtet, bei dessen Aufbau er sich so lange streng an die Gesetze der wissenschaftlichen Baukunst hielt, solange sie nicht mit den Bedingungen kollidierten, die ihm die Konstruktion des Gerüsts vorschrieb, sie aber vernachlässigte oder umging, wo das Gerüst zu eng war, um ihre Beobachtung zu erlauben. Statt da, wo es dem Bau Schranken setzte, kraft deren dieser es nicht zum Freistehen bringen konnte, nun das Gerüst zu zertrümmern, änderte er am Bau selbst auf Kosten der Proportion herum und brachte ihn so erst recht in Abhängigkeit vom Gerüst. War es das Bewußtsein dieses irrationellen Verhältnisses, das ihn von der Fertigstellung des Werkes immer wieder zu Verbesserungen an Einzelteilen gehen ließ? Wie dem auch sei, meine Überzeugung ist, daß, wo immer jener Dualismus sich zeigt, das Gerüst fallen muß, wenn das Gebäude zu seinem Rechte kommen soll. Im letzteren und nicht im ersteren liegt das, was wert ist, von Marx fortzuleben.

Nichts bestärkt mich in dieser Auffassung mehr als die Ängstlichkeit, mit der gerade die tiefer angelegten derjenigen Marxisten, die sich noch nicht vom dialektischen Schema des Werkes — dies das besagte Gerüst — haben trennen können, an gewissen, von der Wirklichkeit überholten Aufstellungen des „Kapital" festzuhalten suchen. So wenigstens kann ich es mir nur

---

3 Ich sehe hier allerdings von jener Tendenz ab, wie sie in der Behandlung von Personen und der Darstellung von Vorgängen zum Ausdruck kommt, und die mit der ökonomischen Entwicklung keinen notwendigen Zusammenhang hat.

erklären, wie ein sonst dem Tatsächlichen so zugewandter Kopf wie Kautsky mir in Stuttgart auf die Bemerkung, daß die Zahl der Besitzenden seit Jahr und Tag zu- und nicht abnehme, entgegenrufen konnte: „Wenn das richtig wäre, dann wäre der Zeitpunkt unseres Sieges nicht nur sehr weit hinausgeschoben, dann kämen wir überhaupt nicht ans Ziel. Wenn die Kapitalisten zunehmen und nicht die Besitzlosen, dann entfernen wir uns immer mehr vom Ziel, je mehr die Entwicklung vor sich geht, dann festigt sich der Kapitalismus, nicht der Sozialismus."

Ohne den Zusammenhang mit dem Marxschen Beweisschema wäre mir der vorstehende Satz, der von Plechanow als „trefflich" voll und ganz unterschrieben wird, im Mund eines Kautsky unbegreiflich. In ähnlicher Auffassung hatte mir schon Rosa Luxemburg in ihren früher erwähnten Artikeln, die ja überhaupt in bezug auf Methode zum Besten gehören, das gegen mich geschrieben wurde, entgegengehalten, daß bei meiner Auffassungsweise der Sozialismus aufhöre, eine objektive historische Notwendigkeit zu sein, und eine idealistische Begründung erhalte. Obwohl ihre Beweisführung einige haarsträubende logische Quersprünge aufzeigt und in eine ganz willkürliche Gleichsetzung von Idealismus und Utopismus ausläuft, trifft sie doch insofern den Kern der Sache, als ich in der Tat den Sieg des Sozialismus nicht von dessen „immanenter ökonomischer Notwendigkeit" abhängig mache, es vielmehr weder für möglich noch für nötig halte, ihm eine rein materialistische Begründung zu geben.

Daß die Zahl der Besitzenden zu- und nicht abnimmt, ist nicht eine Erfindung bürgerlicher Harmonie-Ökonomen, sondern eine von den Steuerbehörden oft sehr zum Verdruß der Betreffenden ausgekundschaftete Tatsache, an der sich heute gar nicht mehr rütteln läßt. Was hat aber diese Tatsache für den Sieg des Sozialismus zu besagen? Warum soll an ihr beziehungsweise ihrer Widerlegung die Verwirklichung des Sozialismus hängen? Nun, einfach deshalb, weil es das dialektische Schema so vorzuschreiben scheint, weil eine Stange aus dem Gerüst herauszubrechen droht, wenn man zugibt, daß das gesellschaftliche Mehrprodukt nicht von einer abnehmenden, sondern von einer wachsenden Zahl von Besitzenden angeeignet wird. Aber nur die spekulative Doktrin wird von dieser Frage berührt, für die faktischen Bestrebungen der Arbeiter ist sie ganz nebensächlich. Weder ihr Kampf um die politische Demokratie noch ihr Kampf um die Demokratie im Gewerbe wird davon betroffen. Die Aussichten dieses Kampfes hängen nicht von der Stange der Konzentration des Kapitals in den Händen einer zusammenschrumpfenden Zahl von Magnaten ab noch von dem ganzen dialektischen Gerüst, wozu diese Stange gehört, sondern von dem *Wachstum des gesellschaftlichen Reichtums beziehungsweise der gesellschaftlichen Produktivkräfte in Verbindung mit dem all-*

gemeinen sozialen Fortschritt, insbesondere der intellektuellen und morali-
schen Reife der Arbeiterklasse selbst.
Hinge der Sieg des Sozialismus von dem unausgesetzten Zusammenschrumpfen der Zahl der Kapitalmagnaten ab, so müßte die Sozialdemokratie, falls
sie folgerichtig handeln wollte, wenn nicht die Anhäufung von Kapitalien in
immer weniger Händen mit allen Mitteln unterstützen, so doch mindestens
alles unterlassen, was dieses Zusammenschrumpfen aufhalten könnte. Faktisch tut sie oft genug das Gegenteil. So, wo es auf ihre Stimmen ankommt,
in Fragen der Steuerpolitik. Vom Standpunkt der Zusammenbruchstheorie
wäre überhaupt ein großer Teil ihrer praktischen Tätigkeit Penelopenarbeit.
Aber nicht sie ist es, die in dieser Hinsicht im Unrecht ist. Der Fehler liegt
bei der Doktrin, soweit diese der Vorstellung Raum gibt, daß der Fortschritt von der Verschlechterung der Verhältnisse abhängt.
Kautsky wendet sich im Vorwort seiner Agrarfrage gegen diejenigen, die von
der Notwendigkeit einer Überwindung des Marxismus sprechen. Er sehe
wohl Zweifel und Bedenken auftauchen, aber diese allein bedeuteten noch
keine Entwicklung über die gewonnene Entwicklung hinaus.
Das ist insoweit richtig, als Zweifel und Bedenken noch keine positive Widerlegung sind. Aber sie können der erste Schritt zu solcher sein. Indes handelt es sich denn überhaupt um Überwindung *des* Marxismus oder nicht
vielmehr um Abstoßung gewisser Reste von Utopismus, die der Marxismus
noch mit sich herumschleppt und in denen wir die Urquelle der Widersprüche in Theorie und Praxis zu suchen haben, die dem Marxismus von seinen
Kritikern nachgewiesen worden sind? Diese Schrift ist schon umfangreicher
geworden, als sie sollte, ich muß es mir daher versagen, auf alle hierher ge-
hörigen Punkte einzugehen. Aber um so mehr halte ich es für meine Pflicht,
zu erklären, daß ich eine ganze Reihe von anderer Seite erhobener Einwände
gegen gewisse Einzelheiten der Marxschen Lehre für unwiderlegt, einzelne
für unwiderlegbar halte. Und ich kann dies um so eher tun, als diese Einwände für die Bestrebungen der Sozialdemokratie ganz unerheblich sind.
Wir sollten in dieser Hinsicht etwas weniger empfindlich sein. Es ist schon
wiederholt vorgekommen, daß von Marxisten Ausführungen, von denen sie
glaubten, daß sie den Lehren vom Marx diametral widersprächen, mit
großem Eifer bekämpft wurden, während sich schließlich herausstellte, daß
der vermeintliche Widerspruch zum größten Teile gar nicht bestand. Ich habe da unter anderem die Polemik im Auge, die sich an die Untersuchungen
des verstorbenen Dr. Stiebeling über die Wirkung der Verdichtung des Kapitals auf die Ausbeutungsrate knüpfte. Sowohl in der Ausdrucksweise als
auch in den Einzelheiten seiner Berechnungen ließ sich Stiebeling große Fe-
ler zuschulden kommen, die aufgedeckt zu haben vor allem das Verdienst
Kautskys ist. Dagegen hat der dritte Band „Kapital" gezeigt, daß der Grund-

gedanke von Stiebelings Arbeiten: die Abnahme der Ausbeutungsrate mit der steigenden Verdichtung des Kapitals, nicht in jenem Widerspruch zur Marxschen Lehre stand, wie es den meisten von uns damals erschien, wenn seine Begründung der Erscheinung auch eine andere ist als bei Marx. Seinerzeit aber mußte Stiebeling hören, daß wenn, was er ausführe, richtig sei, die theoretische Grundlage der heutigen Arbeiterbewegung, die Marxsche Lehre, falsch sei. Und wirklich konnten sich diejenigen, die so sprachen, auf verschiedene Stellen von Marx berufen. Eine Analyse der Kontroverse, die sich an die Stiebelingschen Aufsätze knüpfte, würde überhaupt sehr gut zur Veranschaulichung verschiedener Widersprüche der Wertlehre dienen können. [4]

Ähnliche Widersprüche bestehen hinsichtlich der Abschätzung des Verhältnisses von Ökonomie und Gewalt in der Geschichte, und sie finden ihr Gegenstück in den Widersprüchen in der Beurteilung der praktischen Aufgaben und Möglichkeiten der Arbeiterbewegung, die an anderer Stelle schon erörtert wurden. Es ist indes ein Punkt, auf den es nötig ist, hier noch einmal zurückzukommen. Jedoch soll nicht die Frage untersucht werden, wie weit ursprünglich und im weiteren Verlauf der Geschichte die Gewalt die Ökonomie bestimmt hat und umgekehrt, sondern lediglich die Frage der schöpferischen Kraft der Gewalt in der gegebenen Gesellschaft. Während früher gelegentlich von Marxisten der Gewalt hierin eine rein negative Rolle zugewiesen wurde, macht sich heute eine Übertreibung in der entgegen-

---

4 Ich möchte in dieser Beziehung auf den sehr bemerkenswerten , ,,Lxbg." gezeichneten Artikel über die Stiebelingsche Arbeit im Jahrgang 1887 der ,,Neuen Zeit" aufmerksam machen, wo unter anderem die Lösung des Problems der Profitrate vorweggenommen wurde. Der mir unbekannte Verfasser sagt hinsichtlich des Mehrwerts sachlich genau dasselbe, was ich im Abschnitt über die Werttheorie ausgeführt habe, wenn er schreibt: ,,Die Mehrwertsrate, das Verhältnis des Totalprofits zum Totalarbeitslohn, ist ein Begriff, der auf die einzelnen Produktionszweige nicht angewendet werden kann" (Seite 129). Was Kautsky dem damals entgegenhielt, war sicher das Beste, was auf Grund der vorliegenden Bände ,,Kapital" überhaupt gesagt werden konnte, und traf auch die *Form*, in die Lxbg. seine Gedanken kleidete. Denn der *Begriff* der Mehrwertsrate läßt sich zweifelsohne auf die einzelnen Produktionszweige anwenden. Aber was Lxbg. wirklich meinte, war doch richtig. Die Mehrwertsrate ist eine *meßbare* Größe nur für die als Einheit genommene Gesamtwirtschaft und kann daher, solange diese nicht realisiert ist, für die einzelnen Produktionszweige nicht festgestellt werden – wenigstens so lange nicht, als man den Arbeitswert nicht in direkte Beziehung zum Arbeitslohn setzt. Mit anderen Worten, es gibt kein wirkliches Maß für die Mehrwertsrate der einzelnen Produktionszweige.

Zusatz zur neuen Ausgabe. Der volle Name des hier zitierten Verfassers ist M. Luxenberg. Von dem Genannten ist Ende 1919 eine Schrift ,,Das Valuta-Elend und seine Beseitigung" erschienen (Frankenhausen, Schröder & Höhne), die mir aller Beachtung wert erscheint.

gesetzten Richtung bemerkbar, wird der Gewalt nahezu schöpferische Allmacht zugewiesen und erscheint die Betonung der politischen Tätigkeit geradezu als *die* Quintessenz des „wissenschaftlichen Sozialismus" – oder auch „wissenschaftlichen Kommunismus", wie eine neue Mode den Ausdruck, nicht gerade zum Vorteil seiner Logik, verbessert hat.

Nun wäre es abgeschmackt, auf die Vorurteile früherer Generationen hinsichtlich der Fähigkeiten der politischen Macht zurückzugehen, denn es hieße auch hier, noch hinter jene zurückgehen. Die Vorurteile, welche die Utopisten zum Beispiel in dieser Hinsicht hegten, hatten ihren guten Grund, ja, man kann kaum sagen, daß sie Vorurteile waren, denn sie beruhten auf der faktischen Unreife der arbeitenden Klassen der Epoche, angesichts deren nur vorübergehende Pöbelherrschaft auf der einen und Rückfall in Klassenoligarchie auf der anderen möglich war. Unter diesen Umständen mußte die Verweisung auf die Politik als eine Ableitung von dringenderen Aufgaben erscheinen. Heute sind diese Voraussetzungen zum Teil gehoben, und darum wird kein zurechnungsfähiger Mensch daran denken, die politische Aktion mit den Argumenten jener Epoche kritisieren zu wollen.

Der Marxismus drehte, wie wir gesehen haben, zunächst die Sache um und predigte, unter Hinweis auf die potentiellen Fähigkeiten des industriellen Proletariats, die politische Aktion als vornehmste Aufgabe der Bewegung. Aber er bewegte sich dabei in großen Widersprüchen: auch er erkannte, und er unterschied sich dadurch von den demagogischen Parteien, daß die Arbeiterklasse die zu ihrer Emanzipation erforderte Reife noch nicht erlangt hatte und daß auch die ökonomischen Vorbedingungen dazu noch nicht gegeben waren. Trotzdem aber wandte er sich immer wieder einer Taktik zu, die beide Vorbedingungen als nahezu erfüllt annahm. Wir stoßen in seinen Publikationen auf Stellen, wo die Unreife der Arbeiter mit einer Schärfe betont wird, die sich wenig vom Doktrinarismus der ersten Sozialisten unterscheidet, und bald hinterher auf Stellen, nach denen man annehmen sollte, daß alle Kultur, alle Intelligenz, alle Tugend nur in der Arbeiterklasse zu finden sei, Sätze, die es unerfindlich machen, warum die extremsten Sozialrevolutionäre und Gewaltanarchisten nicht recht haben sollen. Dementsprechend ist die politische Aktion immer wieder auf die baldigst erwartete revolutionäre Katastrophe gerichtet, der gegenüber die gesetzliche Arbeit lange nur als ein pis aller, eine bloß zeitweilige Auskunft erscheint. Und wir vermissen jegliches prinzipielles Eingehen auf die Frage, was von der gesetzlichen und was von der revolutionären Aktion erwartet werden kann.[5]

---

5 *Zusatznote.* Dies ist im wesentlichen dem Umstand geschuldet, daß, solange Marx lebte, die politische Arbeiterbewegung in den meisten Ländern sich erst noch die Vorbedingungen ersprießlichen gesetzlichen Wirkens erkämpfen mußte.

Daß in letzterer Hinsicht große Unterschiede vorwalten, leuchtet auf den ersten Blick ein. Aber sie werden gewöhnlich nur darin gesucht, daß das Gesetz oder der Weg gesetzlicher Reform der langsamere, der der Revolutionsgewalt der schnellere und radikalere sei.[6] Dies trifft jedoch nur bedingt zu. Es kommt ganz auf die Natur der Maßnahmen an, auf ihre Beziehung zu den verschiedenen Volksklassen und Volksgewohnheiten, ob der gesetzliche oder der revolutionäre Weg der verheißendere ist.

Im allgemeinen kann man hier sagen, daß der revolutionäre Weg (immer im Sinne von Revolutionsgewalt) schnellere Arbeit leistet, soweit es sich um das Hinwegräumen von Hindernissen handelt, die eine privilegierte Minderheit dem sozialen Fortschritt in den Weg stellt: daß seine Stärke auf der negativen Seite liegt.

Die verfassungsmäßige Gesetzgebung arbeitet in dieser Hinsicht in der Regel langsamer. Ihr Weg ist gewöhnlich der des Kompromisses, nicht der Abschaffung, sondern der Abfindung erworbener Rechte. Aber sie ist da stärker als die Revolution, wo das Vorurteil, der beschränkte Horizont der großen Masse dem sozialen Fortschritt hindernd in den Weg tritt, und sie bietet da die größeren Vorzüge, wo es sich um die Schaffung dauernd lebensfähiger ökonomischer Einrichtungen handelt, mit anderen Worten für die positive sozialpolitische Arbeit.

In der Gesetzgebung hat in ruhigen Zeiten der Intellekt die Übermacht über das Gefühl, in der Revolution das Gefühl über den Intellekt. Wenn aber das Gefühl oft ein mangelhafter Dirigent ist, so der Intellekt ein schwerfälliger Motor. Wo die Revolution durch Übereilung sündigt, tut es die alltägliche Gesetzgebung durch Verschleppung. Die Gesetzgebung wirkt als *planmäßige,* die Revolution als *elementarische* Gewalt.

Sobald eine Nation einen politischen Zustand erreicht hat, wo das Recht der besitzenden Minderheit aufgehört hat, ein ernsthaftes Hindernis für den sozialen Fortschritt zu bilden, wo die negativen Aufgaben der politischen Aktion zurücktreten hinter den positiven, da wird die Berufung auf die gewaltsame Revolution zur inhaltlosen Phrase.[7] Man kann eine Regierung, eine privilegierte Minderheit stürzen, aber nicht ein Volk.

---

6 In diesem Sinne spricht Marx im Kapitel über den Arbeitstag von den „eigentümlichen Vorzügen der französischen revolutionären Methode", die sich in dem französischen Zwölfstundengesetz von 1848 gezeigt hätten. Es diktiere für alle Arbeiter und alle Fabriken ohne Unterschied denselben Arbeitstag. Letzteres ist richtig. Es ist aber festgestellt worden, daß dies radikale Gesetz über ein Menschenalter toter Buchstabe blieb.

7 „Zum Glück hat der Revolutionarismus in diesem Lande aufgehört, mehr als eine affektierte Phrase zu sein." Monatsbericht der Unabhängigen Arbeiterpartei Englands, Januar 1899.

Selbst das Gesetz, mit allem Einfluß der durch die bewaffnete Macht geschützten Autorität hinter sich, ist oft ohnmächtig gegen eingewurzelte Sitten und Vorurteile des Volkes. Die Mißwirtschaft im Italien des Jahrhundertende hatte ihren letzten Grund keineswegs im bösen Willen oder mangelnden guten Willen des Hauses Savoyen. Gegenüber der Tradition gewordenen Korruption des Beamtentums und der Leichtlebigkeit der Volksmasse versagten häufig die bestgemeinten Gesetze und Verordnungen. Ähnlich in Spanien, in Griechenland und in noch potenzierterem Maße im Orient. Selbst in Frankreich, wo die Republik Großes für den Fortschritt der Nation geleistet hat, hat sie doch gewisse Krebsschäden des nationalen Lebens nicht nur nicht ausgerottet, sondern eher noch gesteigert. Was unter dem Bourgeoiskönigtum als unerhörte Korruption erschien, liest sich heute wie harmlose Spielerei. Eine Nation, ein Volk ist nur im Begriff eine Einheit, die gesetzlich proklamierte Souveränität des Volkes macht dieses noch nicht in Wirklichkeit zum bestimmenden Faktor. Sie kann die Regierung in Abhängigkeit bringen gerade von denen, gegenüber denen sie stark sein sollte: den Beamten, den Geschäftspolitikern, den Eigentümern der Presse. Und das gilt für revolutionäre nicht minder wie für konstitutionelle Regierungen.

Die Diktatur des Proletariats heißt, wo die Arbeiterklasse nicht schon sehr starke eigene Organisationen wirtschaftlichen Charakters besitzt und durch Schulung in Selbstverwaltungskörpern einen hohen Grad von geistiger Selbständigkeit erreicht hat, die Diktatur von Klubrednern und Literaten. Ich möchte denjenigen, die in Unterdrückung und Schikanierung der Arbeiterorganisationen und Ausschluß der Arbeiter aus der Gesetzgebung und Verwaltung den Gipfel der Regierungskunst erblicken, nicht wünschen, einmal den Unterschied in der Praxis zu erfahren.[8] Ebensowenig würde ich es für die Arbeiterbewegung selbst wünschen.

Trotz der großen Fortschritte, welche die Arbeiterklasse in intellektueller, politischer und gewerblicher Hinsicht seit den Tagen gemacht hat, wo Marx und Engels schrieben, halte ich sie doch selbst heute noch nicht für entwickelt genug, die politische Alleinherrschaft zu übernehmen. Ich sehe mich um so mehr veranlaßt, dies offen auszusprechen, als gerade in dieser Hinsicht ein Cant sich in der sozialistischen Literatur einschleicht, der alles verständige Urteil zu erdrücken droht, und ich weiß, daß ich nirgends so sicher

---

8 *Zusatznote.* Insofern ist es kein Zufall, daß der heute vielfach zu verzeichnende Rückfall von Sozialisten in die wildesten Auswüchse des Blanquismus von Rußland ausging. Die willige Aufnahme, die er als Theorie bei einem großen Teil der Sozialisten des Westens findet, ist der Rückwirkung des Krieges auf die Geister geschuldet.

bin, auf eine objektive Beurteilung meiner Ausführungen zu stoßen als bei denjenigen Arbeitern, welche die Vorhut im Befreiungskampf ihrer Klasse bilden. Noch von keinem Arbeiter, mit dem ich über sozialistische Probleme gesprochen, habe ich in diesem Punkte wesentlich abweichende Ansichten gehört. Nur Literaten, die niemals in intimer Beziehung zur wirklichen Arbeiterbewegung gestanden haben, können in dieser Hinsicht anders urteilen. Daher die — um keinen schärferen Ausdruck zu gebrauchen — komische Wut Georg Plechanows gegen alle Sozialisten, die nicht in die ganze Klasse des Proletariats das von vornherein hineinlegen, was zu werden ihr geschichtlicher Beruf ist, die noch Probleme sehen, wo er schon die Lösungen hat.

Man hat den Utopismus noch nicht überwunden, wenn man das, was in der Zukunft werden soll, spekulativ in die Gegenwart verlegt, beziehungsweise der Gegenwart andichtet. Wir haben die Arbeiter so zu nehmen, wie sie sind. Und sie sind weder so allgemein verpaupert, wie es im Kommunistischen Manifest vorausgesehen ward, noch so frei von Vorurteilen und Schwächen, wie es ihre Höflinge uns glauben machen wollen. Sie haben die Tugenden und die Laster der wirtschaftlichen und sozialen Bedingungen, unter denen sie leben. Und weder diese Bedingungen noch ihre Wirkungen lassen sich von einem Tage auf den anderen beseitigen.

Die gewaltigste Revolution kann das allgemeine Niveau der großen Mehrheit einer Nation nur sehr langsam ändern. Es ist ganz gut, Gegnern des Sozialismus auf die famosen Berechnungen, wie wenig eine gleichmäßige Verteilung der Einkommen an dem Einkommen der großen Masse ändern würde, zu antworten, eine solche gleichmäßige Verteilung bilde den kleinsten Teil dessen, was der Sozialismus zu verwirklichen suche. Aber man darf darüber nicht vergessen, daß das andere, die Steigerung der Produktion, keine Sache ist, die sich so leicht improvisiert. „Erst auf einem gewissen, *für unsere Zeitverhältnisse sogar* sehr hohen Entwicklungsgrad der gesellschaftlichen Produktivkräfte wird es möglich, die Produktion so hoch zu steigern, daß die Abschaffung der Klassenunterschiede ein wirklicher Fortschritt, daß sie von Dauer sein kann, ohne einen Stillstand oder gar Rückgang in der gesellschaftlichen Produktionsweise herbeizuführen." Welcher Spießbürger, welcher Gelehrte dies geschrieben hat? Nun kein anderer als Friedrich Engels.[9]

Haben wir die zur Abschaffung der Klassen erforderte Höhe der Entwicklung der Produktivkräfte schon erreicht? Gegenüber den phantastischen Zahlen, die früher in dieser Hinsicht aufgestellt wurden und auf Verallgemeinerungen der Entwicklung besonders begünstigter Industrien beruhen,

---

9 Vergl. „Soziales aus Rußland", Vorwärts-Ausgabe, Seite 50.

haben in der Neuzeit sozialistische Schriftsteller sich bemüht, auf Grund
sorgfältiger, in die Details eindringender Berechnungen zu sachgemäßen
Schätzungen der Produktionsmöglichkeiten einer sozialistischen Gesellschaft zu gelangen, und ihre Resultate lauten denn auch von jenen Zahlen
sehr verschieden.[10] Von einer allgemeinen Reduktion der Arbeitszeit auf
fünf und vier oder gar drei und zwei Stunden täglich, wie ehedem angenommen wurde, kann in absehbarer Zeit gar keine Rede sein, wenn das allgemeine Lebensniveau nicht bedeutend ermäßigt werden soll. Selbst bei
kollektivistischer Organisation der Arbeit würde sehr jung mit dem Arbeiten angefangen werden müssen und erst in sehr vorgerücktem Alter aufgehört werden können, wenn bei gleicher Produkten- und Dienstmenge erheblich unter den Achtstundenarbeitstag soll heruntergegangen werden
können.

Kurz, man kann nicht die ganze arbeitende Klasse im Laufe von ein paar
Jahren in Verhältnisse bringen, die sich sehr wesentlich von denen unterscheiden, in denen sie heute lebt. Dies sollten eigentlich gerade diejenigen
zuerst einsehen, die hinsichtlich des Zahlenverhältnisses der besitzlosen zu
den besitzenden Klassen sich gern in den weitestgehenden Übertreibungen
ergehen. Aber wer in dem einen Punkt irrationell denkt, tut es eben gewöhnlich auch im anderen. Und darum wundert es mich auch gar nicht,
wenn derselbe Plechanow, den es empört, die Lage der Arbeiter als nicht
hoffnungslos dargestellt zu sehen, für meine Ausführungen über die Unmöglichkeit, in absehbarer Zeit das Prinzip der wirtschaftlichen Selbstverantwortlichkeit der Arbeitsfähigen preiszugeben, nur das vernichtende Urteil „spießbürgerlich" hat.

Wer aber sich in der wirklichen Arbeiterbewegung umsieht, der wird auch
finden, daß die Freiheit von denjenigen Eigenschaften, die dem aus der
Bourgeoisie stammenden Affektationsproletarier als spießbürgerlich erscheinen, dort sehr gering eingeschätzt wird, daß man dort keineswegs das
moralische Proletariertum hätschelt, sondern im Gegenteil sehr darauf aus
ist, aus dem Proletarier einen „Spießbürger" zu machen. Mit dem unsteten,
heimat- und familienlosen Proletarier wäre keine andauernde, solide Gewerkschaftsbewegung möglich; es ist kein Bourgeoisvorurteil, sondern in

---

10 Vergl. Atlanticus, „Ein Blick in den Zukunftsstaat, Produktion und Konsum im
   Sozialstaat" (Stuttgart, Dietz) sowie die Aufsätze „Etwas über Kollektivismus"
   von- Dr. Josef Ritter v. Neupauer in Pernerstorfers „Deutsche Worte", Jahrgang
   1897/98. Beide Arbeiten sind nicht einwandfrei, aber sind denjenigen, die sich über
   die einschlägigen Fragen zu unterrichten wünschen, sehr warm zu empfehlen. Neupauer meint, daß wenn man die Leistung aller Maschinen im Durchschnitt berechnete, es sich zeigen würde, daß sie schwerlich ein Drittel der menschlichen Arbeitskraft ersparen.

Jahrzehnten der Organisationsarbeit gewonnene Überzeugung, die so viele der englischen Arbeiterführer — Sozialisten und Nichtsozialisten — zu eifrigen Anhängern der Mäßigkeitsbewegung gemacht hat. Die Arbeitersozialisten kennen die Fehler ihrer Klasse, und weit entfernt, sie zu glorifizieren, suchen die gewissenhaften unter ihnen sie mit allen Kräften zu bekämpfen.

Ich muß hier noch einmal auf Liebknechts Wort zurückkommen, daß ich mir habe durch das großartige Wachstum der englischen Bourgeoisie imponieren lassen. Das ist nur insoweit richtig, als ich mich von der Unrichtigkeit der früher in unserer Literatur kursierenden, auf mangelhafter Statistik beruhenden Angaben über das Verschwinden der Mittelklassen überzeugt habe. Aber es allein hat nicht genügt, mich zur Revision meiner Anschauungen über die Schnelligkeit und die Natur der Entwicklung zum Sozialismus zu bewegen. Viel wichtiger war, was genauere Bekanntschaft mit der klassischen Arbeiterbewegung der Neuzeit mich gelehrt hat. Und ohne kritiklos zu verallgemeinern, habe ich mich überzeugt und es von vielen Seiten bestätigt erhalten, daß es auf dem Festland prinzipiell nicht anders ist als in England. Es handelt sich nicht um nationale, sondern um soziale Erscheinungen.

Wir können nicht von einer Klasse, deren große Mehrheit eng behaust lebt, schlecht unterrichtet ist, unsicheren und ungenügenden Erwerb hat, jenen hohen intellektuellen und moralischen Stand verlangen, den die Einrichtung und der Bestand eines sozialistischen Gemeinwesens voraussetzen. Wir wollen sie ihr daher auch nicht andichten. Freuen wir uns des großen Fonds von Intelligenz, Entsagungsmut und Tatkraft, den die moderne Arbeiterbewegung teils enthüllt und teils erzeugt hat, aber übertragen wir nicht, was von der Elite — sage von Hunderttausenden gilt, kritiklos auf die Massen, auf die Millionen. Ich will die Äußerungen nicht wiedergeben, die mir von Arbeitern in bezug auf diesen Punkt mündlich und schriftlich zuteil geworden sind, ich brauche mich auch vor verständigen Leuten nicht gegen den Verdacht des Pharisäertums und Schulmeisterdünkels zu verteidigen. Aber ich gestehe gern, daß ich hier etwas mit zweierlei Maß messe. Gerade weil ich von der Arbeiterklasse viel erwarte, beurteile ich alles, was auf Korruption ihres moralischen Urteils abzielt, sehr viel strenger, als was in dieser Hinsicht in den oberen Klassen geschieht, und sehe ich mit dem größten Bedauern, wie sich in der Arbeiterpresse hier und da ein Ton des literarischen Dekadententums breitmacht, der nur verwirrend und schließlich korrumpierend wirken kann. Eine aufstrebende Klasse braucht eine gesunde Moral und keine Verfallsblasiertheit. Ob sie sich ein ausgemaltes Endziel setzt, ist, sobald sie mit Energie ihre naheliegenden Ziele verfolgt, schließlich untergeordnet. Das wichtige ist, daß ihre Ziele erfüllt sind von einem bestimmten

Prinzip, das eine höhere Stufe der Wirklichkeit und des ganzen gesellschaftlichen Lebens ausdrückt, daß sie durchdrungen sind von einer sozialen Auffassung, die in der Entwicklung der Kultur einen Fortschritt, eine höhere Moral und Rechtsauffassung bezeichnet.

In dieser Auffassung kann ich den Satz: „die Arbeiterklasse hat keine Ideale zu verwirklichen" nicht unterschreiben, erblicke ich in ihm vielmehr nur das Produkt einer Selbsttäuschung, wenn er nicht eine bloße Wortspielerei seines Verfassers ist. Und in diesem Sinne habe ich seinerzeit gegen den Cant, der sich in die Arbeiterbewegung einzunisten sucht und dem die Hegelsche Dialektik bequeme Unterkunft bietet, den Geist des großen Königsberger Philosophen, des Kritikers der reinen Vernunft, angerufen. Die Wutanfälle, in die ich damit verschiedene Leute versetzt habe, haben mich nur in der Überzeugung bestärkt, daß der Sozialdemokratie ein Kant not tut, der einmal mit der überkommenen Lehrmeinung mit voller Schärfe kritisch-sichtend ins Gericht geht, der aufzeigt, wo ihr scheinbarer Materialismus die höchste und darum am leichtesten irreführende Ideologie ist, daß die Verachtung des Ideals, die Erhebung der materiellen Faktoren zu den omnipotenten Mächten der Entwicklung Selbsttäuschung ist, die von denen, die sie verkünden, durch die Tat bei jeder Gelegenheit selbst als solche aufgedeckt ward und wird. Ein solcher Geist, der mit überzeugender Schärfe bloßlegte, was von dem Werke unserer großen Vorkämpfer wert und bestimmt ist fortzuleben und was fallen muß und fallen kann, würde uns auch ein unbefangeneres Urteil über diejenigen Arbeiten ermöglichen, die, obwohl nicht von den Ausgangspunkten ausgehend, die uns heute als maßgebend erscheinen, doch denselben Zwecken bestimmt sind, für welche die Sozialdemokratie kämpft. Daß die sozialistische Kritik es hierin manchmal noch sehr fehlen läßt und alle Schattenseiten des Epigonentums offenbart, wird kein unparteiisch Denkender leugnen.

Ich habe in dieser Richtung selbst mein Redliches geleistet und werfe daher auf niemand einen Stein. Aber gerade weil ich von der Schule bin, glaube ich berechtigt zu sein, dem Bedürfnis nach Reform Ausdruck zu geben. Wenn ich nicht fürchten müßte, falsch verstanden zu werden (auf das falsch gedeutet werden, bin ich natürlich vorbereitet), würde ich das „zurück auf Kant" in ein „zurück auf Lange" übersetzen. Denn so wenig es sich für die Philosophen und Naturforscher, die zu jenem Motto stehen, um ein Zurückgehen bis auf den Buchstaben dessen handelt, was der Königsberger Philosoph geschrieben, sondern nur um das *fundamentale Prinzip seiner Kritik,* so könnte es sich auch für die Sozialdemokratie nicht um ein Zurückgehen auf alle sozialpolitischen Ansichten und Urteile eines Friedrich Albert Lange handeln. Was ich im Auge habe, ist die Lange auszeichnende Verbindung von aufrichtiger und unerschrockener Parteinahme für die Emanzipationsbestrebungen der Arbeiterklasse mit einer hohen wissenschaftlichen Vorurteilslosigkeit, die stets bereit war, Irrtümer zu bekennen und neue Wahrheiten anzuerkennen. Vielleicht ist eine so große Weitherzigkeit, wie sie uns aus Langes Schriften entgegenleuchtet, nur bei Leuten zu finden, die jener durchdringenden Schärfe ermangeln, welche das Eigentum bahnbrechender Geister wie Marx ist. Aber nicht jede Epoche bringt einen Marx hervor, und selbst für einen Mann von gleichem Genie wäre die heutige Arbeiterbewegung zu groß, um ihm jene Stelle einzuräumen, die Karl Marx in ihrer Geschichte einnimmt. Heute braucht sie neben den streitbaren die ordnenden und zusammenfassenden Geister, Leute, die hoch genug stehen, um die Spreu vom Weizen sondern zu können, und groß genug denken, auch das Pflänzchen anzuerkennen, das auf anderem Beete als dem eigenen gewachsen ist, die vielleicht nicht Könige, aber warmherzige Republikaner sind auf dem Gebiet des sozialistischen Gedankens.

Nachwort

Selten hat die Aufnahme einer Schrift ihren Verfasser in gleichem Maße überrascht, wie es dem Schreiber dieses mit der vorliegenden Arbeit gegangen ist. Aus dem Vorwort zur ersten Auflage ersieht man, daß ich sie vornehmlich als eine Auseinandersetzung mit meinen sozialistischen Kritikern niederschrieb. Ich lebte damals in einem ziemlich abgelegenen Vorort Süd-Londons, hatte nur wenig Verkehr und las von deutschen Tageszeitungen regelmäßig nur einige Organe der Sozialdemokratie. So war ich denn wohl darauf vorbereitet, daß mein Buch auf Widerspruch bei Parteigenossen stoßen werde, daß es aber in der Partei einen Entrüstungssturm gegen mich hervorrufen und mir außerdem einen gewissen Namen in weiteren Kreisen der nichtsozialistischen Welt verschaffen sollte, hatte ich nicht vermutet. Ich war eben von früher her gewohnt, die Auseinandersetzungen mit Parteigenossen als häusliche Angelegenheiten der Sozialdemokratie zu betrachten, von denen die gegnerischen Organe wohl in ihrer Weise Kenntnis nahmen, ohne ihnen jedoch, soweit es sich nicht um Fragen der politischen Taktik handelte, ein größeres Interesse zu widmen.

Wenn es mit diesem Buch anders ging, so ist dies wohl zunächst dem Umstand zuzuschreiben, daß hier zum ersten Male von einem der marxistischen Schule zugehörenden Sozialisten an einer Reihe von Sätzen des Marxismus selbst Kritik geübt wurde, während bis dahin die Diskussion unter Marxisten fast immer nur um die Auslegung solcher Sätze und die aus ihnen sich ergebenden Folgerungen gehandelt hatte, der Marxismus aber als diejenige sozialistische Doktrin galt, welche die Arbeiterklasse durch die Verkündigung des in Bälde bevorstehenden Zusammenbruchs der kapitalistischen Wirtschaftsordnung zu feindseliger Haltung gegenüber dem Staat schlechthin und zu absoluter Gleichgültigkeit in bezug auf nationale Interessen erziehe. Mit der Erschütterung des Glaubens an das eiserne Gefüge der Marxschen Lehre müsse nun, so ward gemeint, auch diese geistige Disposition der Arbeiter erschüttert und letztere somit weniger staatsfeindlicher Tendenzen zugängig gemacht werden. Die Schrift ward daher in der bürgerlichen Presse lebhaft begrüßt und mit Lobeserhebungen aller Art überschüttet.

Mußte das allein schon meine im Kampfe mit den bürgerlichen Parteien liegenden Parteigenossen gegen es verstimmen, so machten es sich die Führer der damals gerade gegründeten Nationalsozialen Partei, der nun verstorbene Friedrich Naumann und seine Mitstreiter aus der Welt der Intellektuellen, geradzu zu einer Spezialität, mich in den Augen meiner Partei bloßzustellen. Mit Zitaten aus der Schrift, die sie gewandt so zusammenzustellen wußten, daß sie wie eine Beweiskette für die nationalsoziale Lehre erschienen, traten sie den Rednern der Partei in Versammlungen entgegen und setzten gar manchen von ihnen, der dieser Dialektik nicht gewachsen war, in Verlegenheit. „Ich wurde vor Schrecken blaß, als Naumann in der Versammlung sagte: ‚Das sagt Bernstein' ", erklärte mir, als ich wieder in Deutschland war, ein solcher Genosse und las mir treuherzig die Rede vor, die er sich ausgearbeitet hatte, um sie auf einem Parteitag gegen mich loszulassen. Konnte ich ihm zürnen, als er dann die Absicht ausführte? Eher hatte ich Ursache, Naumann zu zürnen, der in seinem Blatt triumphierend geschrieben hatte: „Bernstein ist unser vorgeschobenster Posten im Lager der Sozialdemokratie", ohne zu bedenken, daß dieses herausfordernde Wort bei der Masse der Agitatoren der Partei den Wunsch wecken mußte, einen so bedenklichen „Posten" so schnell als möglich loszuwerden.

In den Reihen der theoretisch geschulten Sozialisten wiederum empfand man es unangenehm, daß ich wohl an Sätzen von Marx Kritik geübt, es aber unterlassen hatte, die aus dieser Kritik abzuleitenden Folgerungen rückhaltlos darzulegen, statt mich auf mehr andeutende Bemerkungen zu beschränken. Die einen erblicken darin Mangel an moralischem Mut, andere Mangel an ausgereiftem theoretischen Denken. Nun hatte ich in der Tat mit Rücksicht auf die Agitationsbedürfnisse der Partei nicht immer die letzten Folgerungen aus meinen kritischen Sätzen gezogen, sondern es für genügend erachtet, zum Nachdenken über das mir zweifelhaft Erscheinende anzuregen. Aber den Grund meiner Zurückhaltung mochte ich nicht offen ausposaunen, und so erging es mir bei den Männern der Theorie nicht besser als bei den Männern der Agitation. Eine Flut von Angriffen ergoß sich aus beiden Lagern über mich, auf einem Parteitag – Hannover 1899 – ward förmliches Gericht über mich gehalten, und wenn es mir auch nicht persönlich an den Kragen ging, die in der Sozialdemokratie stets gehegte Achtung vor der freien Meinung sich vielmehr in schöner Weise betätigte, so blieb mir doch die scharfe Ablehnung meiner kritischen Sätze und positiven Vorschläge nicht erspart.

In meinem Denken und Fühlen zu innig mit der Partei verwachsen, um ihr bewußt Unbequemlichkeiten zu bereiten, beschränkte ich mich in der Beantwortung der meist sehr gereizten Angriffe aus Parteikreisen auf das Abwehren von Mißverständnissen und Mißdeutungen und überließ der Zeit das entscheidende Wort über die von mir entwickelten Prognosen. Daß dies in bezug auf die meisten Punkte positiv ausgefallen ist, das heißt, meine Schlußfolgerungen bestätigt hat, glaube ich feststellen zu können, ohne mir den Vorwurf zuzuziehen, daß Autoreneitelkeit meinen Blick trübe. Die in dieser

Neuausgabe in Zusatznoten zu den Feststellungen über Betriebsentwicklung, Klassengliederung, Einkommensverteilung gegebenen Zahlen beweisen, daß bis zum Kriegsausbruch die Entwicklung den in diesem Buch angezeigten Weg ging. Auch meine Ausführungen über die veränderte Gestaltung des Krisenproblems können als von den Tatsachen bestätigt gelten. Und was ich über die ökonomische Kraft und die soziale Kehrseite des kapitalistischen Gegenmittels gegen die Krisen in diesem Buch geschrieben habe, ist eine fast allen Sozialisten und Sozialreformern gemeinsame Erkenntnis.

Es fehlt nun freilich nicht an Theorien, die noch über das von mir in bezug auf diese Fragen Gesagte hinausgehen. Franz Oppenheimer hat in verschiedenen Schriften die Theorie verfochten, daß die von Karl Marx dem Kapital zugeschriebene Ausbeutungstendenz mit ihren Folgen, zu denen auch die Krisen aus Überproduktion gehören, sich gar nicht hätte entwickeln können, wenn nicht die gewaltsame Aneignung des Grund und Bodens durch den Feudaladel die ökonomische Vorbedingung dafür geschaffen hätte, und daß nur dem Fortbestand des monopolistischen Großgrundbesitzes die Fortdauer dieser Ausbeutung geschuldet sei. Diese deduktiv mit bestechender Dialektik niedergelegte Lehre sucht er in seiner Schrift „Großgrundeigentum und soziale Frage" an der Hand der Wirtschaftsgeschichte empirisch zu beweisen, und es muß zugegeben werden, daß seiner sehr geschlossenen Beweisführung eine starke Überredungskraft innewohnt. Im Grunde sagt sie freilich nichts anderes, als was Marx im Schlußkapitel des ersten Bandes von „Das Kapital": „Die moderne Kolonisationstheorie" dargelegt hat, nämlich daß die kapitalistische Ausbeutung zu ihrer Entfaltung eine Bevölkerung nötig hat, der die Zuflucht auf das Land zur eigenen bäuerlichen Bewirtung durch Gesetz oder Monopolisierung abgeschnitten ist.

Indessen hat die Wirtschaftsgeschichte der Vereinigten Staaten, Kanadas usw. gezeigt, daß die moderne Großindustrie sich auch entwickeln kann, wo solche Zufluchtsmöglichkeit in hohem Maße vorhanden ist, und dann vermöge der Gesetze der Konkurrenz Verhältnisse schafft, die das Aufkommen und die Ausbreitung des Monopols begünstigen. Der „ökonomische Mensch", den Oppenheimer seiner Deduktion als den Ausschlag gebend zugrunde legt, ist eben schließlich eine Abstraktion, da in der Realität allerhand nichtökonomische Beweggründe die Menschen bei der Wahl der Niederlassung, des Berufs usw. beeinflussen und damit zu Abweichungen von der Entwicklungslinie führen, welche die Welt einer rein ökonomischen Menschheit aufzeigen würde. Immerhin muß Oppenheimer zugestanden werden, daß er durch strenge Auseinanderhaltung des rein ökonomischen vom politischen usw. Faktor in der sozialen Entwicklung sich große Verdienste um die wissenschaftliche Erkenntnis erworben und die Quelle vieler Fehlschlüsse bürgerlicher und sozialistischer Ökonomen aufgedeckt hat.

In mancher Hinsicht hat mit Oppenheimer Ähnlichkeit der vor kurzem verstorbene russische Sozialist M. Tugan-Baranowsky, ein Denker, der außer einer eigenen Werttheorie auch eine eigene Krisentheorie aufgestellt hat. Die erstere, die er Theorie der absoluten Arbeitskosten nennt, lehnt die Marxsche Werttheorie in der metaphysischen Gestalt, die sie nach den Darlegungen im dritten Band von Marx' „Kapital" erhalten hat, ab, hält aber um so schärfer an der Lehre von der Ausbeutung des Lohnarbeiters durch den kapitalistischen Unternehmer fest und sucht sie durch den Nachweis stärker zu begründen, daß „das einzige wirkliche Kostenelement in der menschlichen Wirtschaft der Mensch ist". Seine Krisentheorie bestreitet die innere Notwendigkeit der Krisen in der modernen Gesellschaft und steht so in Zusammenhang mit seiner Ablehnung der Marxschen Begründung des Gesetzes von der Tendenz des Fallens der Profitrate, das er für falsch erklärt, und führt ihn folgerichtigerweise dazu, auch die Lehre vom notwendigen ökonomischen Zusammenbruch der kapitalistischen Produktion zu bestreiten. Es erhellt daraus ohne weiteres, daß Tugan-Baranowsky die in diesem Buch entwickelten Gedanken über verschiedene Stücke der Marxschen Ökonomie teilt und in seiner Weise bis zu ganz bestimmten Folgerungen weiterentwickelt hat. Er spricht sich positiv aus, wo ich nur erst kritische Einwände geäußert habe. Ich räume ein, daß das gewiß ein Vorzug seiner Arbeiten ist. Aber ich muß auch heute noch gestehen, daß ich ihm keineswegs in allen seinen Deduktionen folgen kann. Er verfällt wiederholt in die gleiche Art Beweisführung, die er Marx als Fehler anrechnet, und geht dann im Konstruieren noch weit über Marx hinaus. Er hat zum Beispiel ganz recht, wenn er darlegt, daß die Lehre vom Fall der Profitrate mit der Lehre von der Zunahme der Ausbeutung des Arbeiters unvereinbar ist. Aber damit ist die erstere durchaus noch nicht als falsch erwiesen.

Auf Seite 73 dieser Schrift wird der Fall der Profitrate als eine Tatsache hingestellt, und im allgemeinen Gang der Entwicklung ist er es auch. Aber die Erfahrung zeigt zugleich, daß bei der Vielheit von Faktoren, welche auf die Bewegung der Profitrate einwirken, die Linie dieser Bewegung nur eine unregelmäßige sein kann und es immer wieder Zeiten gibt, wo sie statt abwärts aufwärts sich wendet. Der Weltkrieg hat seinen ureigenen Wirkungen nach, als Zerstörer von Werten und Vermehrer von Ablenkungen der Kapitalanlagen in das Gebiet der Leihkapitale, zunächst die Linie ins Steigen bringen müssen. Indem er aber dann revolutionäre Erhebungen der Arbeiter als weitere Wirkung im Gefolge gehabt hat, die sich in erhöhte Lohn- usw. Ansprüche umsetzten, schuf er die Kraft, welche die Linie der Profitrate nach abwärts drängt, und auch hier läßt sich zur Zeit noch nicht sagen, welche Kraft sich in der absehbaren Zeit als die stärkere erweisen wird.

Außer Tugan-Baranowsky haben noch andere Sozialisten nach Erscheinen dieser Schrift sich mit ihren auf die Theorie des Sozialismus bezüglichen Kapiteln mehr oder weniger zustimmend beschäftigt und an sie anknüpfend die Marxsche Theorie weiter zu entwickeln oder zu berichtigen gesucht. Auf sie im einzelnen einzugehen, muß ich mir indes versagen. Es kam mir nur darauf an, an einigen Beispielen zu zeigen, in welcher Richtung ich solchen Versuchen folgen könnte und wo ich ihnen Gefolgschaft versagen – „orthodox" bleiben würde. Meine Stellung zu der in der Note auf Seite 67 dieser Schrift geschilderten Werttheorie Leo v. Buchs findet man genauer dargelegt in einem Vorwort, das ich seinerzeit auf Wunsch des Verfassers für die zweite Auflage seiner Abhandlung „Intensität der Arbeit, Wert und Preis der Waren" verfaßt und dann in die Artikelreihe „Allerhand Werttheoretisches" (Dokumente des Sozialismus, Jahrgang 1905, Seite 270) übernommen habe. Dort heißt es an einer Stelle: „Gäbe es ein Maß, die Intensitätsgrade der Arbeit festzustellen, so wäre die Schwierigkeit, den Arbeitswert der Produkte zu bestimmen, gehoben." In neuerer Zeit beschäftigt sich die gewerbliche Physiologie nun in der Tat damit, ein solches Maß zu finden. Die sogenannte wissenschaftliche Betriebsführung, auch Taylor-System genannt, die den Arbeitsakt in seine rein mechanischen Elemente zu zerlegen sucht, ist ein erster Schritt dahin. Aber erst durch die weitere physiologische Feststellung des Aufwands an Nervenkraft, den das einzelne Arbeitselement erfordert, könnte den an eine wissenschaftliche Bestimmung des Arbeitswertes zu stellenden Anforderungen völliges Genüge geleistet werden. Wobei jedoch nicht zu vergessen ist, daß, wie in jenem Vorwort es weiter heißt, der so gefundene Arbeitswert „noch nichts über die Qualität, die Brauchbarkeit beziehungsweise den Nutzwert der Produkte sagt".

Für die Praxis haben sich mit dem Taylor-System in allerneuester Zeit Führer der Bolschewisten in Rußland stark beschäftigt. Während es im allgemeinen von den organisierten Arbeitern sehr mißtrauisch oder rundweg ablehnend beurteilt wird, scheint es im Lager der Bolschewisten, die doch als der äußerste linke Flügel des Sozialismus angesehen sein wollen, sehr warme Anwälte gefunden zu haben. Man kann das indes begreifen, wenn man sich näher mit dem bolschewistischen Unternehmen beschäftigt, das in so vieler Beziehung mit den in dieser Schrift niedergelegten Anschauungen über die sozialistische Entwicklung in Widerspruch steht und das daher Anspruch darauf hat, an dieser Stelle gewürdigt zu werden.

N. Ulianow Lenin, der Hauptvertreter des Bolschewismus in Theorie und Praxis, hat den Verfasser dieser Schrift wegen ihrer mit dem Titel Renegat beehrt. Nun wendet man sonst in der Politik das Wort auf Leute an, die einer Partei oder Bewegung abtrünnig geworden sind, während es sich in diesem Fall um eine im Interesse der Partei an doktrinären Anschauungen geübte Kritik handelte. Indes lag bei mir immerhin eine Art Abwendung vor, und einer bestimmten geistigen Verfassung mag es gleichgültig sein, ob jemand sich von einer wissenschaftlichen Theorie, etwa von der ptolemäischen zur kopernikanischen Astronomie, oder von einer sozialen Bewegung abwendet, Wandlung ist ihr Wandlung, und damit ist für sie das moralische Urteil gesprochen. Mag sein. Aber in einer kürzlich erschienenen Schrift belegt Lenin auch Karl Kautsky mit dem Beiwort Renegat, obwohl er Kautsky keinerlei Abwendung von einer bisher von ihm verfochtenen Anschauung, sondern lediglich die Weigerung vorwerfen kann, seine Auffassung von den Bedingungen der sozialen Entwicklung und der Politik der Sozialdemokratie zugunsten der Auffassung preiszugeben, welche der bolschewistischen Politik zugrunde liegt. Diese unterschiedslose Anwendung ein und desselben Begriffs für so grundverschiedene Dinge läßt eine geradezu erstaunliche Enge der Urteilsweise erkennen, und einer ebensolchen Enge begegnen wir in der Tat bei der näheren Betrachtung des bolschewistischen Unternehmens und der ihm zugrunde liegenden Doktrin.

Praktisch ist — oder war bisher — das bolschewistische Unternehmen ein Versuch, über eine bedeutende Phase notwendiger sozialer Entwicklung vermittels einer Reihe von Willkürakten hinwegzusetzen. Das noch überwiegend agrarische und, soweit industriell, nur erst über eine im ganzen wenig geschulte Arbeiterschaft verfügende Rußland sollte vermittels der Diktatur unmittelbar in ein sozialistisches Gemeinwesen umgewandelt werden. Die Diktatur wird in Anknüpfung an ein Wort von Marx Diktatur des Proletariats genannt, ist aber tatsächlich die Diktatur einer Partei, die, auf Teile des Proletariats gestützt, sich in einem günstigen Augenblick in den Besitz der Regierungsmittel gesetzt hat und mittels angeworbener Garden und Anwendung terroristischer Maßnahmen alle anderen Parteien, ob sozialistisch oder nicht sozialistisch, gewaltsam daniederhält. Sehr kam ihr dabei zugute, daß die Regierungen der Westmächte ihr den Krieg erklärten und die von politisierenden Generalen geführten Gegenbewegungen mit Geld und Munition unterstützten. Es ist eine alte Erfahrung, daß in Revolutionen kaum ein Zweites der an der Herrschaft befindlichen Partei größere Macht über die Geister verleiht, als ein ihr von außen oder von Gegenrevolutionären im Innern aufgedrungener Krieg. Im Hinblick auf sie schrieb Marx in seinen Aufsätzen über die Klassenkämpfe in der französischen Revolution von 1848: „Die Republik fand vor sich keinen *nationalen* Feind. Also keine großartigen auswärtigen Verwicklungen, welche die Tatkraft entzünden, den revolutionären Prozeß beschleunigen, die provisorische Regierung vorwärts treiben oder beschleunigen konnten. . . . Die Republik fand keinen Widerstand, weder von außen noch von innen. *Damit war sie entwaffnet.*" Daß die Bolschewisten solchen Widerstand fanden, verhalf ihnen zur Entfaltung einer Kraft, welche das Verhältnis ihres wirklichen Anhangs im Lande zur übrigen Bevölkerung um ein Vielfaches überstieg. Es legte den Widerstand der anderen sozialistischen Parteien gegen ihre innerpolitischen Maßnahmen vollständig lahm, da diese nicht das Odium auf sich laden wollten, auch nur indirekt die Helfer der auswärtigen Feinde und der Gegenrevolution zu machen; es gab ihren oft die despotischen Gewaltakte des Zarismus an Grausamkeit noch übertreffenden Unterdrückungsmaßnahmen, wie zum Beispiel das Nehmen und Erschießen von Geiseln, den Titel oder Schein berechtigter Notwehr, es versetzte sie in die Lage, mit dem Klassenhaß die nationalen Vorurteile als Triebkräfte ins Spiel zu bringen, und es lieferte ihnen die bequemste und die Geister am leichtesten gefangen nehmende Ausrede dafür, daß unter ihrer Herrschaft die wirtschaftliche Zerrüttung Rußlands, Hunger und Elend gewaltig zugenommen haben. Wie viel von dieser Zerrüttung auf Rechnung der Fortdauer des Kriegszustandes und wie viel auf Kosten der besonderen Sozial- und Wirtschaftspolitik der Bolschewisten gesetzt werden muß, ist nun freilich nicht leicht auseinanderzuhalten, und die Billigkeit gebietet, anzuerkennen, daß jedenfalls ein großer Teil davon der ersteren Ursache zuzuschreiben ist. Man darf jedoch dabei nicht vergessen, daß auch die Fortdauer des Kriegszustandes selbst wiederum in hohem Grade Folge der Politik der Bolschewisten ist, und zwar wenn nicht eine gewollte, so doch eine mit objektiver Notwendigkeit hervorgerufene. Dadurch, daß sie 1917 die gewählte Nationalversammlung, in der sie in der Minderheit waren, mit Waffengewalt auseinandergetrieben und Rußland unter die Diktatur einer Partei stellten, riefen sie selbst den Bürgerkrieg hervor und gaben sie ausländischen Staaten den Grund oder Vorwand, ihrer Regierung die Anerkennung zu versagen. Ebenso verlängerte den Kriegszustand ihre Gepflogenheit, in Ländern, mit denen sie offiziell Frieden unterhielten oder abzuschließen im Begriff standen, auf den Umsturz von deren Verfassung und Wirtschaft abzielende Agitationen finanziell zu unterstützen.

Daß aber auch ohne Krieg und Kriegszustand das bolschewistische Unternehmen einen Rückgang der Produktion zur Folge haben mußte, erhellt aus der einfachen Tatsache, daß die Leiter sich immer wieder dazu genötigt gesehen haben, getroffene Maßnahmen wirtschaftspolitischer Natur rückgängig zu machen und teils auf vorher verworfene Methoden der bürgerlichen Wirtschaft zurückzugreifen, teils die Arbeit in den über Nacht sozialisierten Betrieben unter Zwangsbestimmungen zu stellen, welche hinter denen des unbeschränkten kapitalistischen Systems durchaus nicht zurückbleiben. Sie haben den ursprünglich verkündeten Gedanken, die kaufmännischen und technischen Betriebsleiter und die sonstigen besonders qualifizierte und verantwortliche Dienste verrichtenden Angestellten nur wenig besser zu bezahlen als die einfachen Lohnarbeiter, aufgeben müssen, nachdem die Erfahrung sie belehrt hatte, daß sich eingewurzelte soziale Gebräuche nicht ungestraft plötzlich beiseite schieben lassen, und sind dazu übergegangen, gleich den Bourgeois-Unternehmern durch das Lockmittel sehr hoher Bezahlungen möglichst leistungsfähige Kräfte für ihre verschiedenen Fabrikations- usw. Anstalten zu gewinnen. Es ist interessant zu lesen, wie Lenin seinem Publikum diese Wandlung begreiflich machte. In seiner Schrift „Die nächsten Aufgaben der Sowjet-Macht" (Bern 1918) schrieb er:

> „Die Fachleute sind in der Masse unvermeidlich bürgerlich infolge der ganzen Umgebung („Milieu") des öffentlichen Lebens, das sie zu Fachleuten gemacht hat. . . . Wir mußten jetzt zu dem alten bürgerlichen Mittel greifen und auf eine sehr hohe Bezahlung der Dienstleistungen der größten unter den bürgerlichen Fachleuten eingehen. Alle, die die Sache verstehen, sehen das ein, aber nicht alle dringen in die Bedeutung dieser Maßnahme seitens eines proletarischen Staates ein. Es ist klar, daß eine solche Maßnahme ein Kompromiß ist, ein Abrücken von den Prinzipien der Pariser Kommune und jeder proletarischen Macht, die eine Gleichstellung der Gehälter mit der Entlohnung eines Durchschnittsarbeiters verlangen, einen Kampf gegen das Karrieremachen in Taten und nicht in Worten fordern."

Ja, die Maßnahme bedeute

> „nicht nur den Stillstand auf gewissem Gebiet und in gewissem Grade der Offensive gegen das Kapital, sondern auch einen *Schritt nach rückwärts* seitens unserer sozialistischen Sowjet-Staatsgewalt, die von Anfang an eine Poltik der Herabsetzung der hohen Gehälter bis zum Verdienst eines Durchschnittsarbeiters angesagt und durchgeführt hatte."

Die Lakaien der Bourgeoisie — welchen Ehrentitel Lenin hier ganz besonders auf die Menschewiki, die Leute von Maxim Gorkis Organ „Nowaja Shisn" und die Rechtssozialrevolutionäre angewendet haben will — mögen über das Eingeständnis kichern, die Bolschewisten brauchten sich aber um dies Kichern nicht zu kümmern.

> „Es hat kaum einen einzigen siegreichen militärischen Feldzug in der Geschichte gegeben, in dem es sich nicht ereignet hätte, daß der Sieger einzelne Fehler machte, teilweise Niederlagen erlitt, zeitweilig hier nachgab und dort zurückging. Und der von uns unternommene „Feldzug" gegen das Kapital ist ums Millionenfache schwieriger als der schwierigste militärische Feldzug, und wegen eines einzelnen und vereinzelten Rückzuges in Trübsal zu versinken, wäre dumm und schimpflich."

Es läge ziemlich nahe, hier Lenin mit seiner eigenen Waffe zu schlagen und von Renegatentum zu sprechen. Aber es kommt Ernsteres in Frage. Er spricht vom militärischen Feldzug. Bei diesem wird es indes, wie man weiß, mit den Fehlgriffen der Heerführer keineswegs so leicht genommen, wie er es hinstellt. Fehler, die auf mangelhafter Sachkenntnis beruhen, werden dem Führer im Gegenteil sehr scharf angerechnet, unter Umständen mit Entlassung oder Inhaftierung bestraft. Mit Recht verlangt man von ihm gründliche Kenntnis seines Operationsgebiets und der Wirkungen der verschiedenen Operationen. Dilettantenhaftes Herumtasten wird ihm als Verbrechen angerechnet, weil es Versuchsspiel auf Kosten von Menschenleben bedeutet. Lenin bemerkt nicht, daß er mit seinem Vergleich das schärfste Urteil ausspricht über die bolschewistische Methode des sozialen Umwälzens ins Blaue hinein. Denn wenn der Feldzug gegen das Kapital so millionenfach schwieriger ist als der schwierigste militärische Feldzug, so war zu verlangen, daß er mit viel tieferem Eindringen in das Wesen und die Anforderungen der Volkswirtschaft, mit viel sorgfältigerem Vorstudium unternommen wurde, als mit der Ausprobung, was bei der prokrustesartigen Anwendung einiger aus Marx' Schriften aufgegriffenen Schlagworte herauskommt. Bedeutet doch jede falsche Maßnahme auch hier zwecklose Vernichtung von Existenzen und außerdem Schädigung des Volkswohlstandes im allgemeinen.

Wie die mechanische Gleichsetzung der Löhne, so hat sich auch die mechanische Gleichstellung der Arbeiter, mit der die Bolschewisten ihre Sozialisierung einleiteten, bald als verfehlt herausgestellt. In der bolschewistischen „Kommune des Nordens" vom 30. März 1919 las man:

> „In gegenwärtigem Zeitpunkt entfaltet sich ein furchtbarer Kampf im Schoße des Proletariats selbst zwischen zwei diametral entgegengesetzten Tendenzen. . . . Mit der Gleichsetzung der Löhne, mit der Anwendung des Prinzips der Stimmenmehrheit in der Leitung der Werkstätten, mit einer sogenannten demokratischen Politik schneiden wir den Ast ab, auf dem wir sitzen. Denn die Blüte unseres Proletariats, die besten Arbeiter, ziehen es vor, aufs Dorf zu gehen und Heimarbeit zu verrichten, bloß um nicht in den ruinierten und staubigen Zwingfesten zu bleiben, die sich Fabriken nennen.
> Was sich vollzieht, ist die Diktatur der Handlanger im eigentlichen Sinne des Wortes." (Entnommen der französischen Ausgabe der Schrift des Sozialrevolutionärs Boris Sokolow „Die Bolschewisten von sich selbst beurteilt".)

Danach scheint man die Arbeiter der Fabriken ohne Rücksicht auf die Beschaffenheit ihrer Arbeiten als Gesamtheit kurzweg über die Lohnsätze haben abstimmen lassen, wobei es dann in der Tat geschehen kann, daß die hochqualifizierten Arbeiter von ungelernten Arbeitern majorisiert werden.

In diesem Falle hätte das von den Nachläufern des Bolschewismus gern ge-
brauchte Wort „formale Demokratie" in der Tat seinen Sinn. Es ist in falscher Form angewendete Demokratie. Nun haben die Bolschewisten das
auch eingesehen und auf Grund eines Ukases der Volkskommissare einen
Tarif einführen lassen, der 27 verschiedene Kategorien von Arbeitern unterscheidet. Aber daß der grobe Fehler überhaupt gemacht werden konnte,
zeigt wieder, mit wie wenig Eindringen in das Wesen der Wirtschaftsfragen
die Bolschewisten bei ihrem Unternehmen vorgegangen sind. Sie glaubten,
mit diesen Problemen fertig zu sein, wenn sie einige verallgemeinernde
Sätze aus Marx über den Produktionsprozeß des Kapitals und den Kauf
und die Wertung der Arbeitskraft schablonenhaft auf die doch so differen-
zierten Wirtschaftszweige unterschiedslos zur Anwendung brachten. Erst die
Praxis mußte sie belehren, daß das Marxsche Werk nur eine zusammenfassende Kritik, aber kein Handbuch der Volkswirtschaft ist, und nicht klein
ist die Zahl der ihnen durch die harte Logik der Tatsachen abgenötigten Be-
kenntnisse, die in der Sache, wenn auch nicht eingestanden, nur Anerkennung von Feststellungen sind, die man in dieser Schrift niedergelegt findet.
So liest man in der Februarnummer 1920 der deutschen Ausgabe der bolschewistischen „Russischen Korrespondenz" in einem Artikel des Bolschewisten Kaktyn über „Unser Verhältnis zur Kleinindustrie und zur Produk-
tionsgenossenschaft". (Die Auszeichnungen rühren von mir her.)

> Neben den gewaltigen Staatstrusts in den konzentriertesten Zweigen
> unserer Industrie sind wir gezwungen – ob wir wollen oder nicht –,
> das Vorhandensein von kleinen Unternehmungen und Hausindustrien
> zuzulassen. Wenn es uns zu Beginn des Aufbaus der Volkswirtschaft
> auf einer neuen Grundlage schien, als könne man diese Arten von In-
> dustrien umgehen, indem man sie auf dem Wege beschleunigter Kon-
> zentration in eine mittlere oder Großindustrie umwandelt, so haben
> uns der Verlauf dieses Prozesses und seine durch den Krieg und die
> wirtschaftliche Blockade hervorgerufenen Komplikationen sehr bald
> vom Gegenteil überzeugt; wir haben *eingesehen,* daß es *noch längere
> Zeit dauern wird,* bis die *Kleinindustrie für die Konzentration reif ge-
> worden ist,* und daß man ihr die Möglichkeit dieser verhältnismäßig
> langwierigen Entwicklung geben müsse. . . .
> Eine genauere Orientierung über den Zustand unserer Kleinindustrie,
> besonders der Heimarbeit, zeigt ganz klar, daß diese Art der Produk-
> tion bei uns *so tiefe Wurzeln im ganzen wirtschaftlichen Leben* –
> mit seiner *unentwickelten zersplitterten Landwirschaft* und dem *kul-
> turellen Tiefstand der Bevölkerung* – gefaßt hat, daß ihre künstlich
> hervorgerufene Vernichtung oder eine Beschleunigung der Entwick-
> lung eine Menge *unüberwindlicher Hindernisse und Reibungen* hervor-
> rufen würde. Eine ganze Reihe von Hausindustrien haben einen so

selbständigen Charakter und eine *so große Bedeutung für die Versorgung der Bevölkerung* mit lebenswichtigen Gegenständen, daß die entsprechenden Zweige der *Großindustrie* mit ihnen *absolut nicht konkurrieren* und ihre Erzeugnisse durch billigere Waren der Massenfabrikation nicht ersetzen können. So steht eine Reihe von Artikeln, die aus Holz, Eisen, Lehm usw. in der Heimindustrie angefertigt werden, auf dem inneren Markt – was Billigkeit und Anpassungsfähigkeit an die Bedürfnisse der Konsumenten anbetrifft – *konkurrenzlos da.* "

Wenn man, wird weiter ausgeführt, unter normalen Verhältnissen, wie sie vor dem Kriege bestanden, auf ein verhältnismäßig rasches Verschwinden dieser Industriearten gegenüber dem raschen Aufstieg der Großindustrie habe rechnen dürfen, so könne man selbst „während der schwierigen Krise unserer Großindustrie . . . von der Möglichkeit einer beschleunigten Entwicklung dieses Prozesses nicht mehr sprechen, *obgleich die Befreiung der Arbeit und die Vergesellschaftung der Produktionsmittel alle äußeren Vorbedingungen hierfür geschaffen haben*". Der Verfasser fährt fort:

„Wir müssen – im Gegenteil – mit einer größeren Verzögerung dieses Prozesses und sogar mit einem neuen *Aufstieg* in der Entwicklung der obengenannten Zweige der Kleinindustrie rechnen – als Resultat *eines gewissen Zerfalls der großindustriellen Unternehmungen*, wie auch der Konzentrierung von großen Geldmitteln in Händen eines bestimmten Teiles der Landbevölkerung, die für dieses Geld Anwendung sucht."

Der Verfasser knüpft an diese Feststellung Vorschläge, wie man jene vielen Klein- und Hausindustrien unterstützen könne, ohne damit der Großindustrie, was unter keinen Umständen geschehen dürfe, Rohstoffe usw. zu entziehen. Verschiedenes davon ist zweifelhafter Natur, kann indes hier unerörtert bleiben, Das Wichtige ist das Zugeständnis, daß die Privatunternehmung in gewaltigem Umfang noch längere Zeit auch in der Industrie Rußlands unentbehrlich ist. Privatunternehmung heißt aber Privatkapital, selbst wenn es in viele Hunderttausende kleiner Betriebe verteilt ist. Da nun die Bolschewisten außerdem sich dazu verstanden haben, den klein- und mittelbäuerlichen Betrieb unbehindert fortbestehen zu lassen – ihn durch Zerschlagen großer Güter sogar vermehrt haben, bleibt dem Privatkapital ein so gewaltiger Raum in der russischen Volkswirtschaft, daß von Kommunismus im Sinne der vollen Verwirklichung einer gesellschaftlichen Gemeinwirtschaft da überhaupt nicht die Rede ist. Es ist mir nicht gelungen, eine Statistik der privaten und verstaatlichten Betriebe im bolschewistischen Rußland zu ermitteln, noch habe ich feststellen können, ob eine solche überhaupt existiert. Ich glaube aber nicht fehl zu gehen mit der Annahme, daß es in Rußland neben den vielen kleinen auch noch eine ganze Anzahl mittlerer

Privatbetriebe gibt, und selbst wenn es im Augenblick nicht wäre, müssen unter den geschilderten Verhältnissen, wenn nicht das ganze Wirtschaftsleben stagnieren soll, aus einer Reihe der kleinen Betriebe schrittweise größere werden, ohne darum sofort zu Großbetrieben sich auszuwachsen. Der Schlußsatz des zuletzt zitierten Stückes kündigt das sogar implizite an.

Man sieht hiernach, was es mit der auf Seite 116 dieser Schrift zurückgewiesenen Ankündigung auf sich hat, ein halbes Jahr sozialistischer Regierungsgewalt werde hinreichen, die kapitalistische Gesellschaft der „Geschichte" zu überweisen. An Zerstörung von Kapital hat es in Rußland nicht gefehlt, die bolschewistische Literatur ist voll von Klagen, daß zuviel Kapital vernichtet worden ist, und wenn man der Behauptung, der Krieg und die Blockade seien schuld, ein gutes Stück Berechtigung nicht versagen darf, so findet man in den Organen der Bolschewisten, die sich mit Wirtschaftsfragen beschäftigen, eine Fülle von Berichten über maßlose Kapitalvergeudung durch verkehrte Finanzmaßnahmen, mangelndes Verantwortungsgefühl, Steigerung statt Abnahme des bürokratischen Schlendrians, Überwiegen örtlicher Sonderinteressen in bestimmten Sowjets und ähnliches mehr. Die Bolschewisten aus Überzeugung haben gewiß ihr möglichstes getan, den Übeln zu steuern, und die offene Aussprache über erkannte Übel berührt oft angenehm. Aber die Verhältnisse sind eben stärker als der gute Wille, und im Wirtschaftsleben entscheidet nicht das Tun einzelner Idealisten, sondern das Gebaren der Masse, und deren Moral wird durch den Terrorismus nicht gehoben, sondern herabgedrückt. Es gehörte keine besondere Prophetengabe, sondern nur einige Kenntnis der Geschichte und der Massenpsychologie dazu, zu den Folgerungen zu gelangen, denen ich auf Seite 138 und 157 dieser Schrift Ausdruck gegeben habe, nämlich daß ein Zeitpunkt, wo, wie in einer Revolution, die Gemüter erhitzt und die Leidenschaften gespannt sind, der am wenigsten geeignete ist für tiefgreifende organisatorische Fortentwicklung der Produktion und daß die Klassendiktatur nicht Fortschritt, sondern Rückfall der Kultur anzeigt. Festgestellt muß aber werden, daß so ziemlich jedes Kapitel in der Geschichte der bolschewistischen Revolution Beweise für die Richtigkeit jener Sätze erbringt. Selbst das Unterrichtswesen der Sowjetrepublik, dessen umfassender Plan das Schaustück des Bolschewismus ist, leidet, einzelne Oasen ausgenommen, schwer unter den Rückwirkungen der zersetzenden Gewaltpolitik der Bolschewisten.

In großen politischen Revolutionen kann man stets zwei Phasen unterscheiden: die Phase überwiegender Beseitigung von hinfällig Gewordenem und die Phase des organischen Aufbaus von notwenig gewordenem Neuen. In der ersten Phase geht es selten ohne jede terroristisch wirkende Aktion ab, die aber deshalb noch nicht brutal gewalttätig zu sein braucht. Ebenso braucht sie sich nicht über einen langen Zeitraum zu erstrecken. Es liegt im Gegenteil im Interesse der Revolution selbst, daß diese Phase möglichst schnell zurückgelegt wird. Denn je länger der mit ihr verbundene Bürgerkrieg sich hinzieht, um so mehr wird, wie alle früheren Revolutionen gezeigt haben und wie wir es jetzt wieder sehen, das schöpferische Werk der zweiten Phase beeinträchtigt, zu einem großen Teil unmöglich gemacht. Da aber das letztere das Ziel, der Terrorismus der ersten Phase nur das Mittel ist, muß das Streben der Sozialisten darauf gerichtet sein, Bedingungen zu schaffen, die jenes Verhältnis gewährleisten. Dies wird in der vorgeschrittenen bürgerlichen Gesellschaft erreicht durch die sozialdemokratische Arbeiterbewegung. Sie ist in der Politik wie in der Wirtschaft, als Partei- wie als Gewerkschafts- und Genossenschaftsbewegung die Schule der organisch schaffenden Revolution. Sie entwickelt den Sinn für das jeweilig mit dem größten Vorteil in Angriff zu Nehmende und zugleich die Fähigkeit, es durchzuführen, sie schärft das Unterscheidungsvermögen für das tatsächlich Überlebte und das noch Lebens- und Entwicklungsfähige, sie schützt daher vor verderblichen Experimenten, deren Schaden stets auf die Arbeiter zurückfällt, und sie verbürgt den Erfolg für notwendig und durchführbar erkannter aufbauender Arbeit. Gewiß ist auch hier nicht alles Gold, was glänzt, wir leben noch nicht im Zeitalter der Vollkommenheit. Aber gerade in den Tagen der deutschen Revolution von 1918 hat sich gezeigt, von welchem großen Vorteil für diese es war, daß Deutschland über eine so starke, durch Gewerkschafts-, Partei- und Genossenschaftsarbeit geschulte Arbeiterbewegung verfügte. In kürzester Frist war der Weg der ersten Phase zurückgelegt und konnte die Arbeit des Aufbaus beginnen.[1] Wären die Verhältnisse, unter denen die Revolution herbeigeführt worden war, die Zerrüttung des deutschen Wirtschaftslebens und die Erschütterung der sozialen Ethik durch den Weltkrieg, nicht der sozialen Arbeit so überaus ungünstig gewesen, dann hätte sich in noch viel glänzenderer Weise gezeigt, wie eine Revolution unblutig verlaufen und großes Reformwerk verrichten kann, die eine Million politisch und drei Millionen gewerkschaftlich organisierter Arbeiter zur Stütze und treibenden Kraft hat. Aber die furchtbare Last, die das Kaisertum ihr in Gestalt von Schulden und Verpflichtungen drückendster Art hinterlassen hat, gestattete ihr kein freies Atmen, und schwer ist sie in ihrem Werk dadurch beeinträchtigt worden, daß es den Bolschewisten gelang, Teile der politisch weniger geschulten deutschen Arbeiterschaft, darunger namentlich das leicht erreg-

---

1 Eine grundsätzliche Richtung ist auf Seite 163 angezeigt. Ferner möchte ich auf den Vortrag „Leitgedanken für eine Theorie des Sozialisierens" verweisen, den ich im Februar 1919 im Staatswissenschaftlichen Seminar der Universität Basel gehalten habe und von dem eine stenographische Aufnahme unter dem Titel „Die Sozialisierung der Betriebe" im Verlag der Nationalzeitung, Basel, erschienen ist.

bare jugendliche Element, für ihre anscheinend radikalere Doktrin der Räte-
diktatur und für die Entfesselung von revolutionären Streiks zu gewinnen,
die wiederholt schwere Schädigungen über das deutsche Wirtschaftsleben
brachten und die Geister verbitterndes Eingreifen der bewaffneten Macht
nach sich zogen. Daß die Bolschewisten für ihre Auslandspropaganda große
Geldmittel aus öffentlichen Fonds anwandten, ist allgemein bekannt und
darf daher auch hier bemerkt werden. Sie können sich dafür unter anderem
auf das Beispiel ihrer zaristischen Vorgänger in der Beherrschung Rußlands
berufen, aber sie können nicht behaupten, daß ihre Methode, bezahlte Agenten in anderen Ländern zu unterhalten behufs Förderung von Gegenbewegungen gegen deren demokratische Entwicklung und Hineintragen von
Zwist in deren sozialistischen Parteien, in der sozialistischen Bewegung ihre
Vorgänger hat. Daß sie in dieser wie übrigens noch mancher anderen Hinsicht unbedenklich auf die übelsten Methoden des alten Systems zurück-
greifen, steht jedoch mit ihrer ganzen politischen Denkweise im Einklang.
Ihre sozialistische Theorie ist ein vergröberter Marxismus, soweit sie nicht
hinter Marx zurückgeht, ihre politische Doktrin Überschätzung der Schöp-
ferkraft der brutalen Gewalt und ihre politische Ethik nicht Kritik, sondern
Verkennung der liberalen Ideen, die in der großen Französischen Revolution des achtzehnten Jahrhunderts ihren klassischen Ausdruck fanden. Aber
wie sie durch die unbeugsame Sprache der Tatsachen sich schon gezwungen
sehen, ihre Wirtschaftspolitik einer durchgreifenden Revision zu unter-
werfen, so wird auch die Zeit nicht ausbleiben, wo vor der Revolte des un-
ausrottbaren Strebens der Völker nach Freiheit und Recht sie auch ihre Politik und Ethik werden gründlich zu revidieren haben.

Über die Autoren

Eduard Bernstein, geboren 6. Januar 1850 in Berlin, kaufmännischer Angestellter, Journalist und Schriftsteller, literarischer Sekretär von *K. Höchberg,* seit 1880 in ständigem Briefwechsel mit *K. Marx* und vor allem *F. Engels,* mit dem er auch sehr befreundet war, 1881–1890 Redakteur von „Der Sozialdemokrat" in Zürich und London, 1883–1900 ständiger Mitarbeiter von „Die Neue Zeit", bis 1914 der „Sozialistischen Monatshefte", 1901 Rückkehr nach Deutschland, 1917 Mitglied der USPD, 1919 der SPD, 1902–1907, 1912–1918, 1920–1928 MdR, 1932 in Berlin gestorben.

Horst Heimann, Dr. rer. pol., geb. 1933 in Schlesien, Studium der Politologie, Geschichte und Philosophie in Berlin und Paris, bis 1976 Wissenschaftlicher Mitarbeiter an der FU Berlin, seit 1977 Dozent der Friedrich-Ebert-Stiftung in Freudenberg, zahlreiche Veröffentlichungen zur Theorie des Demokratischen Sozialismus.

CIP-Kurztitelaufnahme der Deutschen Bibliothek

Bernstein, Eduard:
Die Voraussetzungen des Sozialismus und die Aufgaben der Sozialdemokratie / Eduard Bernstein. Eingeleitet von Horst Heimann. –
8. Aufl., Neusatz d. 1921 erschienenen 2. Aufl. – Berlin; Bonn: Dietz,
1984.

   (Internationale Bibliothek; Bd. 61)
   ISBN 3-8012-1061-8

NE: GT

Bernstein und Kautsky in der Internationalen Bibliothek

Eduard Bernstein

Band 95
Ein revisionistisches Sozialismusbild
Drei Vorträge von Eduard Bernstein
Herausgegeben und eingeleitet von Helmut Hirsch
2., erw. u. überarb. Aufl. 167 S. 15,– DM

Band 118
Sozialdemokratische Lehrjahre
Mit einer Einleitung von Thomas H. Eschbach
XII, 196 S., 1 Porträt, 20,– DM

Band 44
Sozialismus und Demokratie in der großen englischen Revolution
Mit einer Einleitung von Werner Blumenberg
6. Aufl. 380 S. 15,– DM

Karl Kautsky

Band 97
Bernstein und das Sozialdemokratische Programm
Eine Antikritik von Karl Kautsky
Mit einer Einführung von Hans-Josef Steinberg
3. Aufl. 203 S. 15,– DM

Band 13
Das Erfurter Programm
In seinem grundsätzlichen Teil erläutert
Mit einer Einleitung von Susanne Miller
19. Aufl. 259 S. 15,– DM

Band 38
Ethik und materialistische Geschichtsauffassung
22. Tsd. 144 S. 10,– DM

Band 2
Karl Marx' ökonomische Lehren
Herausgegeben und eingeleitet von Hans-Josef Steinberg
Nachdruck der 25. Aufl. 255 S. 22,– DM

Band 45
Der Ursprung des Christentums
Eine historische Untersuchung
Eingeleitet von Karl Kupisch
16. Aufl. 572 S. 15,– DM

Bände 47, 48 und 48a
Vorläufer des neueren Sozialismus
Mit Einleitungen von Karl Kupisch
Bd. I: 8. Aufl., 416 S. 25,– DM
Bd. II: 9. Aufl., 372 S. 25,– DM
Bd. III (zusammen mit Paul Lafargue): 3. Aufl. 1895, 172 S., 18,– DM

Verlag J.H.W. Dietz Nachf.